생생한
비브리칼 장편스토리

사도 **바울**

Apostle Paul
The Realistic Biblical Story

| 김순남 作 |

Loving Touch

Apostle Paul
The Realistic Biblical Story

Copyright © 2020 by Kim, Soon-Nam
Jesus Loving Touch Press

Requests for information should be addressed to:
Author Contact: Kim, Soon-Nam Dr. Cand.
010-9305-5908/ E-mail: ksn5043@hanmail.net

Jesus Loving Touch Press
Printed in Korea

Korean Version Published May 1. 2020

Author-Korean by Kim, Soon-Nam Dr. Cand.
Editorial and Publication-Jesus Loving Touch Press

Publication Registration 25100-2016-000073(2014.2.25)
17 (Jugong Apart 1709-203), Deongneung-ro 66-gil,
Dobong-gu, Seoul, Korea
010-3088-0191/ E-mail: pjesson02@naver.com

Author contact
Cell. Phone : 010-9305-5908
GUTS-Global United Theological Seminary in JEJU

| 헌 | 사 |

이 책은 일평생 나의 선교를 후원한 동역자

김원일 장로, 계명재 장로, 전성일 장로, 성원제 집사,

임창빈사장, 정대건장로, 권미자집사, 정은경권사, 임희자 권사,

김애희 집사, 김종배 장로, 문화재 집사와 함께 사역한 김덕수 목사,

금성교회 태종호 목사, 송문빈 장로, 박자민 장로, 박종현 장로,

김종곤 장로, 높은뜻푸른교회, 부산호산나교회, 뉴저지필그림선교교회,

은혜와평강교회, 뉴욕동산교회, 뉴욕한신교회 장길준 목사,

염천장로교회 목사님과 성도님들, 이름 없이 기도해 주신 동역자들

그리고 중국의 나의 사랑하는 제자들에게 헌정합니다.

현재 선교사이자 국제연합신학대학 총장인 저자 김순남 목사가 학자들의 눈높이에 맞춘 교리서나 전문 신학 서적으로 기록하지 않았다. 현지인들과 평신도들의 눈높이에 맞춰서 소설 기법으로 바울의 생애를 자서전처럼 기록했다. 저자는 X국에서 23년 넘게 사역하면서 도처에 24개의 학교를 설립한 이론과 실천이 겸비된 학자이다.

이론적인 책들은 서점에 즐비하지만, 성경을 처음 접하거나 성경을 공부하려는 사람을 위해 쉬운 글로 기록된 바울의 자서전은 드문 줄 안다. 저자는 신학교 재학시절부터 이론을 추구하면서 이를 현장과 어떻게 연계시킬 수 있는가에 관심을 두던 사역자이다. 오랜 세월 동안 선교현장을 누비면서 자신이 바울 자신처럼 현장감 있게 사도행전과 바울서신을 원(One) 스토리로 엮었다. 사역현장에서 일하던 바울의 사역을 교리에 얽매이지 않고 살아있는 삶의 현장을 생생하게 보여주는 것은 독자가 바울과 함께 있는 느낌을 자아내 준다.

저자는 자신이 이천 년 전 역사 속으로 들어가서 바울의 선교현장을 함께 누빈 것처럼, 자신의 눈으로 본 것처럼 모든 사건을 현재 시점으로 기술하였다. 그러므로 본서는 바울의 일대기를 예수님의 초기 사역부터 바울의 처형까지 사도행전과 바울 서신들에 충실하면서도 소설 기법을 통해 당시 상황을 상상으로 동원하여 바울이 어떤 정황에서 사역하였나를 독자가 쉽게 이해하도록 스토리화 하였다.

바울의 삶을 8부로 기술하면서 바울이 유대인이자 바리새인으로, 또 변화를 받고 영적 세계의 최전선에서 이방인의 사도로 살았던 당시 그의 모습을 서술함으로 독자들이 바울의 사역에 동참하는 것처럼 했다. 바울이 주님을 만나 변화되는 과정은 현대 그리스도인이 지금 주님을 만나는 것처럼 드라마틱하게 서술하였다. 본서에서 한 가지 사실만을 강조한 저자는 곧 바울이 만난 예수, 바울에게 특별한 은혜를 베푸신 예수 그리스도를 전하기 위하여 선교현장의 복음 전사로서 어떤 고난도 감내하며 자신의 싸움을 다 싸우고, 끝까지 달려가는 바울을 제시하기도 한다.

　　본서는 1세기의 바울이 21세기 선교현장을 누비면서 체험하는 여러 정황을 전하는 생생한 '선교사역 보고서'라고 할 수 있다. 복음 전도의 열정을 잃어버린 현대교회와 목회자들, 더 나아가 성도들에게 삶의 최고의 가치인 복음의 내용과 복음을 전파하는데 전 생애를 바친 바울 사도의 생애를 전하면서 우리가 분발할 것을 촉구한다. 바울의 이야기는 바로 오늘을 사는 우리들의 이야기이므로 목회자와 선교사, 신학도, 또 평신도에게 반드시 일독을 권한다. 바울은 그리스도인의 모델이다. 우리도 삶의 현장을 선교현장으로 살아가는 주님의 제자같은 삶을 이룰 것을 요구한다.

전 총신대 총장; 현 ATEA 대표
김의원 목사 Ph.D.

　　가끔 인생은 예기치 못하는 상황에서 엉뚱한 일이 일어나고 그래서 무엇이 이뤄지기도 합니다. 소설 사도 바울은 미국에 있는 아들을 보러 가서 우연히 한 나이드신 뮤지컬 배우분을 만나게 되었습니다. 그분은 사람들에게 복음을 전하기 위하여 사도 바울의 일생에 대한 뮤지컬 제작에 열망을 가지고 기도하고 계셨답니다. 뮤지컬을 위한 원본 소설이 필요하니 바울과 같은 선교 경험이 있는 선교사가 써주었으면 한다고 내게 요청했습니다.

　　사실, 사도 바울의 이야기는 모두가 너무 익숙하고 많은 정보가 있어서 목사가 소설로 쓰기에는 좋은 내용은 아니라고 생각되어 흥미가 없었지만, 순간 중국에 있는 동역자들에게 남겨줄 교육적 가치는 있겠다는 생각이 들어서 집필하기로 약속을 했습니다.

　　본 글을 집필해 가는 동안 나타나는 회의감은 너무나도 뻔한 내용이라 독자로 하여금 끝까지 책을 손에 놓지 않게 하는 긴장감이 있겠느냐는 것이었습니다. 몇 번을 중단한 끝에 그래도 생각보다는 빨리 일 년에 이 소설을 완성할 수 있었던 것은 전적으로 하나님의 은혜요 또 그분과의 약속에 대한 책임감을 어쩌지 못해 희미하나마 제자들에게 베풀고자 하는 바울의 선교 열정 때문이라고 하겠습니다.

가끔 反 기독교 소설들의 이야기를 보며 수십 년이 지나면 그 가짜조차도 진실처럼 왜곡되어 훗날 이 세상 사람들에게 역사적 사실처럼 인식되게 될 것입니다. 그렇다면 나도 진실(복음)을 보존하기 위해서 이 글을 완성해야 한다는 사명감으로 썼습니다.

거의 사실에 가깝게, 그리고 생생한 비브리칼 스토리로 재현하려고 이 천년 이상 과거 초대교회 현장으로 돌입했습니다. 아마 전문가나 신학자가 볼 때 약 2% 부족함이나 모순이 발견될 겁니다. 그러나 저는 스토리 소설이라는 핑계로 용서를 독자 여러분께 구합니다.

이 책을 쓰도록 요청해준 그레이스 강 배우님, 용기를 준 사랑하는 아내 이선희, 교정을 맡아 수고한 딸 김하나 교수, 이글을 쓰도록 연결한 아들 김유신 작곡가, 읽기 쉽도록 여러 아이디어를 제공하여 출판해주신 리빙터치프레스 CEO 배수영 박사님과 추천사를 써 주신 김의원 박사님(전 총신대 총장)께 감사드리며 이 책이 다소나마 사도 바울의 일생을 통하여 하나님나라 확장에 열정을 바칠 동역자들에게 감동을 주어 분발하게 한다면 이보다 더한 기쁨이 없을 겁니다. 특히 모든 독자가 복음을 확실히 이해하고 믿기를 소원합니다. 모든 영광을 우리 주 예수그리스도와 하나님 아버지께 올려 드립니다.

제주도 가장 서편, 해지는 곳 신창에서
저자 김 순 남 올림

목차 / Contents

목차 / Contents

도표 및 그림 목차

사도 바울의 생애

바울의 탄생과 회심

AD 2-5(?)   바울의 탄생(길리기아 탈소(다소),베냐민 지파)
AD ?   가마리엘 문하생(5년간 율법수학)
AD 30   예수 그리스도 죽음, 부활 승천
AD 30-32   스데반의 순교와 교회 핍박
AD 35-37   바울의 회심과 아라비아 체류
AD 35/36   첫 번째 예루살렘 방문(베드로, 야고보와 교류)
AD 47-48   바나바와 함께 안디옥교회(팀미니스트리)
AD 45   두 번째 예루살렘 방문(안디옥교회 헌금을 예루살렘 전달)

제1차 세계선교여행/사역

AD   안디옥교회 선교사 파송: 바울, 바나바
AD 46-48   **제1차 선교여행**(구브로,버가,안디옥,이고니온,루스드라,더베)
AD   ① 갈라디아서 기록(48-49, 안디옥에서 예루살렘 여정중)
AD 49   세 번째 예루살렘 방문(이방인 할례 문제)
AD   예루살렘 총회(제1차 전도여행 선교보고 등)

제2차 세계선교여행/사역

AD 51-53   **제2차 선교여행**(빌립보,데살로니가,베뢰아,아덴,고린도)
AD 51-52   고린도 지역 사역
AD   ② 데살로니가서전서 기록(51년 초봄 고린도)
AD   ③ 데살로니가서후서 기록(51년 가을 고린도)
AD 52   네 번째 예루살렘 방문(수리아 안디옥으로 귀환)

Paul's Life of Apostle

제3차 세계선교여행(사역)

AD 54-58   **제3차 선교여행**(에베소,마케도니아,고린도,드로아,밀레도)
AD 52-55   에베소 지역 사역
AD   ④ 고린도전서 기록(55년 봄 에베소)
AD   ⑤ 고린도후서 기록(56년 초 마케도니아)
AD 55-57   마케도니아, 일루리곤, 아가야 지역 사역
AD   ⑥ 로마서 기록(57년 봄 고린도)
AD 57   다섯 번째 예루살렘 방문, 체포, 구금(유대인 성전출입 고소)
AD 58-59   벨리스 총독 당시 가이사랴 구금
AD 59   베스도 총독 부임, 아그립바 왕 재판

제4차 로마선교(사역)

AD 57-59   **제4차 선교사역**(가이사랴 옥중/재판 로마 연금)
AD 59 9월 로마로 항해(호송중, 유라굴라 광풍 만남)
AD 60 2월 로마에 도착
AD 60-62 로마 가택 연금
AD 60-63 ⑦ 골로새서 기록(60-61년)
AD 60-61 ⑧ 빌레몬서 기록(60-61년)
AD 60-63 ⑨ 에베소서 기록(60-63년)
AD 61-63 ⑩ 빌립보서 기록(61-63년)

제5차 로마선교(사역)

AD 62-64   **제5차 선교사역**(로마구금 이후/전도활동과 순교)
            (서바나,에베소,그레데,마케도니아,드로아,밀레도,
            고린도,니고볼리,로마 등에서 사역)
AD 60-63 ⑪ 디모데전서 기록(62-63년, 마케도니아)
AD 60-61 ⑫ 디도서 기록(63년, 마케도니아 혹 니고볼리 여행 중)
AD 64-65 바울의 체포와 두 번째 투옥
            ⑬ 디모데후서 기록(64년 혹 67년?, 로마)
AD 61-63 ⑭ 히브리서 기록(64년 혹 65년, 로마?)
AD 67   바울의 순교

1. Apostle Paul
The Realistic Story_APRS
생생한 비브리칼 장편스토리

1부 사도 바울_ |로마 총독부|

1-1
로마 총독부1)

예수의 예루살렘 입성으로 예루살렘 성은 끓는 가마처럼 소용돌이 쳤다. 이미 많은 해외에 거주하는 유대인들이 유월절을 지키기 위하여 예루살렘에 들어와 그 숫자는 날로 늘어가고 있었다. 예루살렘에 주둔하고 있는 로마의 주둔군 수도 늘었고 경비도 한층 강화되었다. 로마군은 군중의 소요 위험을 인지하고 자주 성 안팎을 순시하며 만약의 사태를 대비하고 있었다. 그러나 겉으로는 평소와 다름없이 특별한 다른 조치를 취하고 있지는 않았다.

총독 빌라도는 천부장 막시미우스에게 말했다. "절대로 유대인들을 자극해서는 안되네. 내가 아는바, 나사렛 예수라는 그 젊은이는 반란을 획책할 위험한 자가 아니라는 것은 장담할 수 있네. 유대 군중들이나 셀롯당2)이 그를 메시야로 오해하여 유대 왕으로 옹립하려 하는 움직임이 문제긴 하지만 말이야…!"
총독의 말을 들은 부관은 말한다. "그렇다면 총독 각하께서는 나사렛 예수가 위험인물이 아니라고 확신하시는 것입니까? 유대인들은 그를 다윗

왕의 혈통으로 유다를 해방시키고 옛 이스라엘 왕국을 회복시킬 지도자로 생각하고 있는 것 아닙니까? 예수를 추종하는 자들이 모이는 것을 보면, 그를 중심으로 반역의 기운이 무르익었다고 해도 과언이 아닙니다만…," 부관은 잠시 말을 멈추고 빌라도를 보더니, "제가 보고 받은 바로는 셀롯 당이 예루살렘으로 집결하고 있다는 첩보도 있고요"하고 말했다.

"그래, 조심해야지, 그러니 성문을 통과할 때 철저히 조사하여 조치하도록 하게! 아 참, 그런데 가이사랴에서 온 부대들은 지금 어디 있나?"하고 총독은 물었다.

"예, 각하, 분부하신 대로 예루살렘으로 통하는 여러 길목에 분산 배치하였습니다. 수상한 기미가 보이면 먼저 조치하고 보고하도록 했습니다."

"잘했네, 작전은 은밀하고 정확해야 하네. 그럴리야 없지만, 만에 하나, 예수의 제자 중에 셀롯당과 손잡고 반역을 꾀한다면 가이사가 가장 싫어하는 일이 벌어진단 말이야, 무슨 수를 써서라도 이번 유월절 만은 잘 넘겨야 하네."

총독은 다시 심각하게 천부장의 어깨에 손을 올리며, "막시미우스! 내가 솔직히 말하는데 난 유다 총독은 맡고 싶지 않았어. 로마가 통치하는 제국 내에서 가장 반역 가능성이 높은 곳이라는 것을 잘 알고 있었거든, 그러나 어쩔 수 없었어. 날 지지해 주던 원로원의 장로가 죽었거든. 그 장로와 척진 원로원의 영감들이 날 죽으라고 유다 총독으로 보냈지 … !" 만약, 유다에서 소동이라도 난다면 아마 그 영감들이 좋아라고 가이사에게 모함을 해댈꺼야. 그러니 천부장, 정말 이번 유월절은 잘 넘겨야 하네, 누가 됐건 조그마한 소요 조짐이라도 보이거든 가차없이 무자비하게 진압해 버리게!" 총독은 자신의 지녔던 검을 천부장에게 넘겨 주었다.

천부장은 자세를 바로 하고 그 검을 받아들더니 "예, 총독각하, 명심하겠습니다. 결코 소요가 일지 않도록 잘 방비하겠습니다"하고 절도있게 예를 표했다. "그리고 각하! 나사렛 예수에게 정보원을 더 붙일까요?"하고 물었다. "아니, 그럴 필요는 없을 것 같아. 시절이 시절이니만큼 그 사람에 대하여 여러 경로로 조사하고 있지만, 그 사람은 좀 우리와는 딴 세상 사람 같아! 그가 사람들에게 하는 설교가 우리나 유대 제사장들이 추구하는 세속적인 것과는 거리가 너무 멀단 말이야. 이 세상 이야기가 아니지"

"그렇다면 각하께서 그가 반역하지 않을 것이라 생각하시는 무슨 근거라도…?" "글쎄, 뭐 감(感)이랄까! 그런 것 있지 않나. 그 사람의 특징은 다른 반란수괴와 다른 것이, 다른 누구와도 연대하지 않고 독자적으로 행동하고 있다는 것이지. 대제사장 그룹이나, 서기관, 사두개인, 바리세인, 셀롯당! 그 누구와도 관계하고 있지 않아. 오히려 그들이 잘못됐다고 공격하고 있지 않은가 말이야. 만약 그가 정말 반란을 일으키고 가이사를 대항하고자 한다면, 이런 자들의 힘을 빌리지 않고는 불가능하지. 군대나 조직없이 왕국을 세울 수는 없지 않겠나? 더군다나 그를 추종하는 자들은 갈릴리 어부나 유대인들이 가장 싫어하는 세리 정도라니! 그런 자들로 무슨 정치적인 도모를 할 수 있겠나?" 고개를 저으며 천부장을 보았다.
"그렇기는 하지만, 그는 자신을 그리스도(Messiah[3])라고 분명히 밝히고 있지 않습니까? 많은 사람이 그를 다윗 왕통의 계승자라 기대하고 있고요."

"그 점은 나도 좀 아리송하네만 그가 왕국이라는 말을 자주 쓰긴 하지. 그러나 자세히 살펴보면 그가 말하는 왕국이라는 것이 우리가 생각하는 그런 개념이 전혀 아니란 말이야! 확실한 건, 그가 갈릴리 벳세다에서 군중들을 가르칠 때, 그의 왕국 백성이 받을 여덟 가지 복에 대해서 교훈했는데, 그중에 온유한 자가 땅을 기업으로 받고, 화평케 하는 자가 하나님의 아들이 된다고 가르쳤다고 하네. 그 뿐 아니라 원수를 원수로 갚지말고, 원수를 사랑하고, 자기를 핍박하는 자들을 위하여 기도하라고 했다는구먼, 그렇게 가르친 사람이 무력을 동원해서 피를 보려고 할리가 없지 않은가? 믿기지 않지만, 그날 그가 신비한 능력으로 군중 오천 명을 먹였는데, 군중들은 이 사람이야말로 애굽에서 나올 때 이스라엘을 가나안으로 인도하던 모세 같은 선지자라고 생각했다는군. 그래서 군중들이 야합(野合)하여 그를 유대 왕으로 추대하고자 모의하고 있을 때, 예수는 미리그걸 알아차리고 군중을 피하여 갈릴리 건너편으로 도망쳤다지 뭔가? 만약 그가 진실로 유다 왕이 되고 싶었다면 그때가 거사하기에 얼마나 좋은 때였는가? 거기에 장정만 오천 명 이상이 있었지 않나 말이야?"

총독의 장황한 설명을 들은 천부장이 말했다. "정말 그렇긴 하네요. 우리 정보원의 보고로도 현재 예수와 연대한 유대의 정파들은 단 한 곳도 없다고는 합니다"
"막시미우스 그래서 내가 보건데 예수는 절대 반란을 일으키지 않을 거야. 절대로…! 그런데 내가 염려하는 것은 사실 예수가 아니라, 예수의 명성을 이용하려는 셀롯당이네. 그래서 일단 폭동이 발생할 것을 대비는 하는 것이 현명한 방법이지. 이미 많은 순례자들이 예루살렘 성내에 들어왔지 않은가? 이 민족은 일단 일이 터지면 피를 봐야 끝나는 종자들이니까, 천부장도 마카비 혁명을 잘 알지? 방심하다 천추의 한을 남기게 되네."
천부장은 굳은 결심으로 총독의 말에 예를 표했다. "예 각하! 알겠습니다. 조금도 차질 없도록 대비하겠습니다" 천부장 막시미우스는 가슴에 손을 대고 경례를 표하며 자신의 결심을 내보였다.

1-2
가말리엘의 교법사 학교

한편, 예루살렘에 있는 가말리엘 교법사4) 학교에는 문하생들이 여기 저기에 모여 현재 논란이 되는 나사렛 예수에 관하여 진지한 토론을 하고 있었다. 한 학생이 교법사 가말리엘에게 "선생님, 이틀 전에 나사렛 예수라는 놈이 성에 들어왔다는데 그 소문 들었습니까? 감히 우리 바리새인을 폄하(貶下)하고, 우리를 위선자라, 마귀의 자식들이라면서 우리의 가르침을 받지 말라고 선동하는 그놈 말입니다"하고 분을 토하며 말했다.

그러자 다른 제자가 같잖다는 듯, "하이고, 그놈이 나귀 타고 예루살렘에 들어오는데, 수많은 군중이 마중 나갔다지 뭡니까? 종려나무 가지를 흔들고, 어떤 어리석은 자들은 그 앞에 자기 옷을 깔아 환영했다고 합니다. 이 불학무식(不學無識)한 놈들이 '호산나'! '호산나'!를 외치며 환영했다는데, 제깟 놈이 무슨 개선장군이나 되는 양 거드름을 피웠답니다. 정말 용서 못할 놈입니다. 선생님, 지금 온 예루살렘이 미쳐 돌아가고 있어요. 무지한 민중이 거짓 그리스도에게 다 속아 넘어간다니까요. 도대체 우리 지도자들은 뭐하고, 총독은 왜 그놈을 체포해서 처형하지 않는지 모르겠어요"하고 침을 튀겨가면서 불평을 장황하게 늘어놓았다.

그들의 푸념을 눈감고 듣던 가말리엘은 못마땅한 표정으로 그들을 바라보며, "명색이 학문하는 자들의 말이 왜 그렇게 경망(輕妄)스러우냐? 내가 몇 번이나 말했느냐? 무식한 사람들처럼 말하지 말고, 제발 학자다운 말을 사용하라고 말이다. 흥분만 하지 말고 좀 더 논리적으로 말할 수 없느냐?"하고 책망했다. 그러자 학생 하나가 "아니 선생님은 도대체 그놈이 우리를 모욕하는 것이 분하지도 않습니까?"하고 볼멘소리를 했다.

가말리엘은 얼굴을 찌푸리며, "아니 또, 그놈이라니…, 말을 좀 순화하래 도…." 불평을 쏟아내는 그 제자에게 경고했다. "그럼 나사렛 예수 그놈, 아니, 그자가 자기를 '그리스도'라, 하나님의 아들이라'하고, 심지어 거룩하고 거룩한 성전을 헐어 버려라. 자기가 사흘 만에 짓겠다며 망령된 말을 했는데, 선생님은 도대체 억울하지도 않단 말입니까?" 대들듯 항의했다.

이에 다른 제자가, "예, 선생님 그자는 이 민족의 지도자인 우리를 독사의 자식이라, 너희 아비는 마귀라 했다는 말을 듣지 않았습니까? 우리의 가르침은 받되 행하는 것은 본받지 말라고 비난했다고 합니다." 이에 다른 제자가 나서며, "더 화가 나는 것은 우리 보고 열심히 사람들을 가르쳐서 우리보다 더 지독한 지옥의 자식들로 만든다고 악평(惡評)하고요. 분합니다! 선생님, 도대체 그런 놈에게 존칭어는 무슨 존칭어입니까?" 항의했다.

계속되는 제자들의 불만에 가말리엘은, "자, 제자들아, 진정하고 우리가 좀 더 냉정하게 접근해 보자. 그에 대해서 비단 우리 바리새파뿐 아니라, 사두개파, 제사장, 서기관들도 의혹을 가지고 그를 시험해 봤지만 아무도 그의 논리를 이기지 못하였고, 그보다 나은 논리를 내놓는 사람은 없었지 않느냐? 또 그가 행한 이적 기사는 하나님의 종인 모세나 엘리야와 과히 견줄만하지 않느냐? 보아라! 선지서에 예언한 일들이 그를 통해서 나타나고 있으니 백성들이 열광하는 것도 무리는 아니지. 그리고 그가 우리를 향하여 지적하는 말들이 전혀 근거가 없는 것도 아니지 않나…?"

"선생님. 아닙니다. 그놈이 아주 교묘한 방법으로 사술(邪術)을 부려 백성을 미혹하는 겁니다. 그도 아니라면 분명 그자는 바알세불의 능력을 빌려 우리를 속이고 있는 겁니다"하고 단정적으로 말했다.

"너는 또 무슨 근거로 그렇게 단정하느냐? 그러면 내가 예수가 말한 것을 빌려서 너희에게 물어보자. 예수가 바알세불5)의 능력을 빌려서 그런 기적을 행했다면, 너는 왜 바알세불 보다 더 전능하신 하나님의 능력을 의지한다고 하면서 병자를 하나도 고치지 못하느냐?" 제자가 부끄러운 듯 입을 다물자 다른 제자가 "아니 그렇다면 지금 선생님은 예수가 메시아라고 인정이라도 하신다는 것입니까?"하고 물었다.

"아니, 나도 그렇게는 생각지 않지. 지금 그를 메시아라고 단정할 수 없고, 아니라고 말하기도 어렵다. 좀 더 지켜보고 신중하게 판단해야 한다는 것이다." 또 다른 제자가 "선생님은 산헤드린공회가 예수를 체포하기 위하여 모종의 조치를 취하고 있다는 사실을 아십니까?" 조용히 물었다. "안다. 그런데 대제사장 가문의 그런 결정은 현명한 방법이 아니라고 생각한다. 사실을 따져 그가 메시아인지 아닌지를 판단해야 할 거야! 무력을 사용해서 무조건 제거하려 한다면 율법과도 부합하지 않고, 또 백성들의 동의도 얻기 힘들거야"하고 대답했다.

"선생님, 그렇다면 지금 만약 나사렛 예수가 붙잡혀 재판을 받게 된다면, 선생님은 그를 죽이는 쪽과 살리는 쪽 어디에 투표를 하시겠습니까?"하고 진지하게 물었다. "참 어려운 질문이구나! 나는 어찌해야 하겠나?"하고 바로 대답하지 못하자 모두가 고개를 돌려 질문한 제자를 보았다. 그 야고보라는 제자는 득의(得意)한 듯 자신의 질문에 스스로 감탄했다.

이에 가말리엘은 심각하게 생각하다가 "이전에 생각해 보진 않았지만, 만약 그런 상황이 된다면 그가 죽을 수밖에 없겠지…. 그렇다면 나는 죽이는 쪽에 투표를 해야겠네"하고 말했다. 모든 제자가 깜짝 놀라 이구동성으로 "아니 그러면 나사렛 예수는 메시아가 아니라는 것입니까?"하고 되물었다. "누가 그렇게 말했느냐? 그렇게 된다면 그 상황을 통하여 그가 진정 메시아인지 아닌지 알 수 있는 확실한 기회가 될 수 있다는 것이다" "아니, 어떻게요?" "그가 정말 메시아라면 자신을 스스로 구원할 뿐만 아니라, 이스라엘을 정복한 로마를 물리치고 다윗 왕국을 재건하겠지. 만약에, 만약에 말이다. 그가 가짜라면 당연히 죽임을 당하겠으니 가짜임이 명확히 밝혀지지 않겠느냐? 그렇게 되면 이 혼란이 좀 더 빨리 정리될 수도 있겠지, 그래서 나는 죽이는데 가(可)하는 편에 투표할 것이다."

제자들은 가말리엘의 대답에 감탄했다. "참, 현명하신 말씀입니다. 그렇겠네요." 그 중 한 제자가 "참, 이런 때 탈소(다소)6)에 간 우리의 천재 사울이 있었다면, 이 열성파 이론가는 뭐라고 할지 궁금하네요"하고 말했다. 그러자 가말리엘은, "이때, 사울이 예루살렘에 있지 않은 것은 천만다행이다. 사울은 우수한 학생이지만 행동이 너무 빠르고 과격한 사람이라 자칫 돌이킬 수 없는 큰 실수를 저지르기 십상이지 제발 이런 문제들이 해결되기 전에 돌아오지 않는 것이 사울 자신에게도 좋을 거야"라고 말했다.

1-3
나사렛 예수 십자가형 받음

그로부터 며칠 후, 예수는 밤중에 감람산에서 체포되어 대제사장 가야바의 저택으로 끌려갔다. 예수는 거기서 열린 재판정에서 수모와 채찍에 맞아 모진 고초를 당했다. 산헤드린공회는 이미 짜여진 각본에 따라 예수를 신성모독 죄로 사형에 처하기로 가결했다. 그러나 그들에게 사형 권한이 없으므로 스스로 형집행을 못하고 예수를 총독에게 고소했다.

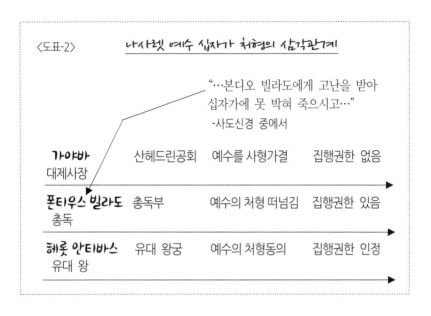

〈도표-2〉 나사렛 예수 십자가 처형의 삼각관계

"…본디오 빌라도에게 고난을 받아 십자가에 못 박혀 죽으시고…"
-사도신경 중에서

가야바 대제사장	산헤드린공회	예수를 사형가결	집행권한 없음
폰티우스 빌라도 총독	총독부	예수의 처형 떠넘김	집행권한 있음
헤롯 안티바스 유대 왕	유대 왕궁	예수의 처형동의	집행권한 인정

마침 폰티우스(본디오) 빌라도[7]는 수많은 순례자가 모이는 유월절이라 예루살렘 치안을 직접 관장하려 가이사랴를 떠나 예루살렘 안토니오 성채(城砦)에 머물고 있었다. 총독은 이 재판이 자신에게 득(得)보다는 실(失)이 많은 함정같은 재판이란 것을 잘 알고 있었다. 그는 오래 전부터 나사렛 예수와 유대 여러 종파의 복잡한 관계에 대한 정보를 보고 받고 있었으므로 상황을 잘 알고 있었다. 산헤드린이 예수로 인하여 그들의 지도력이 약화되자 예수를 제거할 명분을 찾고 있다는 것도 잘알았다.

빌라도가 만약 산헤드린공회[8] 편을 들면 백성들의 인심을 잃을 것이고,

나사렛 예수의 편을 들면 제사장, 레위인, 사두개인, 바리새인, 귀족을 비롯한 지도층과 원수질 것이 분명했다. 그가 어떤 선택을 해도 통치에 이로울 것이 없는 난처한 재판이 될 것은 자명했다. 그때, 섬광처럼 묘수(妙手)가 생각났다. 순간 그는 자신의 그 묘수에 스스로 희열을 느꼈다. "그렇지 예수는 갈릴리 나사렛 사람이지, 이 재판을 헤롯에게 넘기면 난처한 문제가 해결되는거야!" 마침 오순절을 지키기 위해 갈릴리 왕 헤롯 안티파스가 예루살렘에 와 있었다.

빌라도는 속내를 숨기고 원고인 대제사장들에게, "여러분의 고소는 이해하지만, 잘 아시다시피 나사렛 예수는 내 관할 백성이 아닙니다. 마침 가까운 곳에 갈릴리 왕이 와 있는데, 내가 이 재판을 진행한다면 이는 분명월권(越權)이고 헤롯 왕도 이의를 제기할 것이오. 그래서 예수를 갈릴리 왕에게 보내도록 하겠소" 하고 말했다. 대제사장들은 헤롯을 책망했던 선지자 요한의 사건을 알고 있었으므로 빌라도보다는 헤롯이 낫겠다 싶어총독 빌라도의 제안을 대꾸없이 따랐다.

사실, 헤롯 안티파스[9]는 빈말이라도 유대에 자기를 대신할 다른 왕이 생겼다면 결코 용납할 위인이 아니었다. 빌라도는 헤롯을 존중하는 양, 군사로 하여금 예수를 포박하여 헤롯에게 보내며, 정치적 입지를 한층 강화시킬 욕심에 찬 즐거운 상상을 했다.
"흠, 헤롯 이놈! 골탕 한번 먹어봐라! 네가 좋아라고 예수를 죽인다면, 나는 내손에 피 묻히지 않고 골치거리를 제거하게 되고, 백성들은 네 놈이 선지자 요한을 죽이고 이제 또 그리스도라고 존중받는 예수까지 죽인 불의한 왕이라 여기겠지! 이거야 말로 일석이조(一石二鳥) 아닌가? 참, 이런 때, 헤롯이 예루살렘에 와있다니, 하늘이 내편이 되어 주는구먼. 만약 예수를 죽여서 유대 백성이 소요라도 일으킨다면 이 기회에 헤롯을 고소하고, 황제에게 갈릴리도 내 관할로 편입시켜 달라고 해야지…!"

나사렛 예수는 로마 군사들에 의해 헤롯에게 압송되었다. 헤롯 역시 나사렛 예수의 소문을 많이 듣고 있었고, 괘씸하게 여기던 차에 이렇게 예루살렘에서 죄인의 신분으로 추락한 예수와 조우하게 된 것을 기이하게 생각했다. 그는 평소 예수의 이야기를 들을 때마다 혹, 얼마 전에 자기가 살해한 선지자 요한이 환생한 것 아닌가 궁금하기도 했다.
"오, 환생한 요한을 내가 다시 보게될 줄 몰랐네. 유대 왕인 나 헤롯이 이렇게 팔팔하게 살아있는데, 감히 유대 왕을 참칭(僭稱)하다니. 원수는 외나무 다리에서 만난다더니 오늘이 바로 그 날이로다. 그동안 내 심기를 불편하게 했던 이 역도를 오늘 제거해야지"하고 별렀다.
"이보게 발레리우스 경, 원수는 외나무 다리에서 만난다고…. 바로 오늘이 유대 왕을 참칭(僭稱)하는 이 역도를 제거할 절호의 기회가 아닌가? 마침 산헤드린공회의 고소도 있고 말이야! 내가 그들편에 선다면 공회가 내게 감사하겠지…. 오늘이 바로 그들의 인심을 얻을 수 있는 아주 좋은 기회라고 생각이 되는데…"하고 소년처럼 좋아했다.

참모장 발레리우스는 눈을 크게 뜨고 정색을 하며, "대왕이시여! 지금이 매우 중요한 때이므로 잘 판단해야 합니다. 이 재판은 그렇게 간단한 일이 아닙니다. 만약 잘못 처리하시면 두고두고 오래동안 후환(後患)이 될 것입니다."했다. "뭐라고 후환? 아니 그대는 예수가 정말 메시야라고 말하고 싶은 건가?" 헤롯이 물었다. "대왕! 잘 생각해보십시오. 빌라도도 나사렛 예수를 자기가 죽이고 싶지 않겠어요? 그런데 왜 자기 손으로 처단하지 않고, 굳이 대왕께 보내려 할까요?" 헤롯은 얼어 붙은 듯, 걸음을 멈추고 골똘하게 생각했다. "그렇지 빌라도가 어떤 작자(作者)인데, 자기 관할에서 발생한 사건의 재판권을 내게 넘겨? 호시탐탐 갈릴리를 노리고 있는 그 원수가 말이야…! 그래, 필시 뭔가 있는거야!"

"그렇습니다. 분명 먼저 총독부에 고소된 것인데 왜 대왕에게 그 재판권을 넘기겠습니까?" 이 말에 헤롯은 더 심각한 표정이 되었다. 잠시 후, "아, 그렇지! 이게 큰 함정이 되겠는걸. 만약 내가 예수를 죽인다면 백성들은 예수를 의인(義人)으로 생각하고 있기 때문에 나를 또 의인을 죽인 '불의한 왕'이라고 하겠구먼. 그렇지 않아도 이전에 선지자 요한을 죽인 일로 인심을 많이 잃었는데 말이야. 그리고 이일로 백성이 소요라도 일으킨다면 빌라도는 이를 핑계로 황제에게 나를 모함하고 갈릴리도 삼키겠다는 수작이로구나" 의문을 풀듯 말했다.
"맞습니다. 대왕! 대왕은 영명(令明)하십니다. 빌라도는 대왕과 백성을 이간시키고, 대왕의 선택으로 소요를 촉발하여 황제의 신임을 잃게하려는 수작입니다. 지금 예루살렘의 분위기는 예수에 대한 기대로 꽉 차있습니다. 그런데 예수를 죽인다면 백성의 반발을 얻게 될 것은 자명한 일입니다"라고 말해 주었다.

헤롯은 그에게 다시 지시했다. "발레리우스 참모장! 예수를 고이 빌라도에게 다시 보내주게! 아이구, 예수를 다시 보는 빌라도의 얼굴이라니 상상만 해도 재밌구나. 제 놈 손으로 꼼짝없이 예수를 죽일 수밖에 없을 거야! 시기심에 꽉 찬 산헤드린공회의 저 늙은이들은 반드시 예수를 죽이자 할 것이고, 참모장! 아예 우리 헤롯당도 총독법정에 보내 예수를 죽이라고 선동하게 하게나!"
헤롯은 "그렇지만 아무리 그래도 저 역도(逆徒)를 그냥 보낼 수는 없지.

자칭 유대인의 왕이라고 했으니 우스꽝스러운 왕으로 만들어 줘야지. 그대는 그에게 자색옷을 입히고 가시관을 씌워 빌라도에게 보내게"하면서 통쾌하게 웃었다. 예수의 얼굴은 가시관으로 인해 일그러졌고 이마에서 흘러내리는 피로 흥건하게 물들었다.

군중들은 동정하는 사람도 적지 않았지만, 많은 사람이 호송되는 예수의 뒤를 따라가며 처형하라는 구호를 외치기도 하고 돌을 던지기도 하였다. 예수가 되돌아왔다는 전령의 보고를 받은 빌라도는 헤롯의 예상 밖 조치에 내심 놀랐다. "아니, 헤롯이 어떻게 눈치를 챘지?" 그는 아주 난처한 표정으로 부관에게 중얼거렸다. "이제 어쩐다, 저 교활한 여우가 속지를 않네. 그렇지만 산헤드린공회의 뜻대로 안 될 것이다!"
그리고 부관에게, "부관 지금 감옥에 있는 놈 중에 가장 흉악한 놈이 누구인가?"하고 물었다. 부관은 바로 대답했다. "예, 민란을 일으키고 살인 강도 짓을 일삼았던 '바라바'라는 자가 있습니다"하고 말했다. "그래 그럼 됐네! 부관은 그자를 재판정 뒤에 준비시키고, 내가 부르거든 법정으로 들여보내게"하고 명했다 "아니 각하! 바라바를 어떻게 하려고요?" 부관이 놀라 물었다. "한 번 두고 보게나. 내 모략에 헤롯이 좀 감탄하도록 해줘야겠어" 하고 빌라도는 자신있게 말했다. "알겠습니다. 각하의 모략은 소관이 추측하기 어렵습니다" 부관은 대답했다.
나팔 소리와 함께 법정이 열리고 예수가 로마병정들에 의해 끌려들어 왔다. 예수를 따라 대제사장, 서기관, 바리새인, 사두개인등, 귀족의 무리와 산헤드린의 공회원들, 레위인들, 그리고 반 헤롯파인 셀롯당, 뿐 만 아니라, 많은 헤롯당들도 거기에 있었다.

이들이 예수 근처에 엄청나게 많이 둘러쌌으므로 일반 백성들은 심판 법정 가까이 진입할 수조차 없었다. 얼굴이 피로 물든 예수는 총독부 재판정에 세워졌다. 빌라도가 위엄을 갖추어 총독 보좌에 앉아 재판을 시작하라고 선언했다. "지금부터 산헤드린 공회에 의해 고소당한 나사렛사람 예수의 재판을 시작하겠다!"라고 법정 서기가 선포하였다.

빌라도는 심판장 석에 앉아서 "상소내용을 고하라"라고 말했다. 그래서 대제사장이 준비한 여러 증인들의 고소가 시작되었으나 상당 시간이 흐르도록 증언들이 서로 일치하지 못했다. 이에 빌라도가 나서며, "너희가 나사렛 사람 예수를 죽일 죄가 있다고 고소하였다. 그러나 내가 들어보니 이 사람은 너희 종교와 유관한 것이지, 로마제국의 법과는 무관하니 너희 규례대로 태장을 시행한 후 방면토록 하겠다. 괜찮겠는가?"라고 물었다.

산헤드린공회의 서기관 하나가 소리쳤다. "아닙니다! 그를 죽임이 마땅합니다. 그는 자칭 하나님이고, 또 자신을 유대인의 왕이라고 했습니다. 유대인의 왕은 가이사의 임명을 받아야 하는데, 저자는 스스로를 왕이라고 참칭했으니, 이는 로마법을 위반했을 뿐만 아니라 가이사의 권위를 무시한 것입니다. 바로 저자는 반역자입니다. 그러니 제국의 법에 따라 십자가형을 시행함이 마땅합니다"하고 주장 했다.

빌라도는 여유 있게 부관을 보며 싱긋 웃었다. "내 그럴 줄 알았지, 바라바를 법정으로 들여 보내라"하고 지시했다. 로마병정들이 쇠사슬로 결박한 바라바란 거한(巨漢)을 끌고 법정으로 들어 왔다. 바라바는 무서운 소리와 광기 어린 눈으로 반항하며 끌려들어 왔다.

갑작스런 거한의 출현에 사람들은 그를 주목하며 조용해졌다. "바라바다! 바라바![10] 그 살인강도 대장말이야!"하고 수근거렸다. 빌라도는 대기하고 있던 백부장에게 지시하여 바라바를 예수 왼편에 서게 했다. 헝클어진 머리칼과 수염 사이로 괴물처럼 거친 숨을 몰아쉬며, 군중과 군인, 심지어 총독 빌라도까지 맹수처럼 노려보다가 크게 소리쳤다.

"나는 죽음이 무섭지 않아! 죽일 테면 죽여봐라! 죽여봐! 하 하 하 하!" 그의 흉악한 모습에 잠시 군중은 예수의 일을 잊어버린 것 같았다. 어느 정도 빌라도의 계획은 맞아들어가는 것 같았다. 총독은 재판정에 있는 군중을 향해 큰 소리로 말했다. "예루살렘 백성 여러분! 대로마제국은 유다의 관습을 존중하여 유월절에 죄인에게 특사를 베푸는 전례가 있는데, 마침 유월절이니 죄인 하나를 특사로 방면하겠소. 여기 민란을 일으키고, 많은 사람을 살인하고, 강도 짓을 일삼았던 흉악범 바라바와 지금, 여러분에게 고소당한 나사렛 예수, 이 두 사람 중에서 살릴 자를 선택하시오" 하고 군중을 향해 말했다.

군중은 나사렛 예수의 처형을 선택했다

빌라도는 군중이 어떤 경우라도 바라바를 선택하는 일은 없을 것이라 예상했다. 잠시 군중들의 수근거림이 있었다. 거기에 있던 대제사장들이 서로 의논을 하더니 의견의 통일을 본듯 했다. 마침내 대제사장 가야바가 일어나 앞으로 나오더니, "존경하는 총독님! 우리의 뜻이 일치하게 결정되었습니다. 우리 모두는 바라바를 살리고 나사렛 예수를 십자가형에 처할 것을 요구합니다!"라고 온 군중이 듣도록 크게 말했다.

산헤드린공회원이 일제히 주먹을 쥐고 오른손을 높이 들며, "우리도 바라바를 살리고, 가이사의 반역자인 예수를 십자가형에 처할 것을 요구합니다"하고 소리쳤다. 이번에는 헤롯당들이 힘을 모아 같은 소리로 외쳤다. 바리새인, 사두개인 등, 모인 모든 종파가 이구동성으로, "바라바를 살리시오! 바라바를 살려라! 예수를 처형하라!"하고 소리쳤다.

셀롯당도 서로 눈짓하자 한 사람이 나즈막한 목소리로, "차라리 잘 됐어 나사렛 예수가 막다른 길에 서면 자기의 신비한 능력을 발휘하여, 로마와 그 앞잡이들을 물리칠 거야! 이제 예수도 마지막 선택의 시간이 온 거야! 그가 결심만 한다면 지금이 혁명을 일으킬 가장 적절한 환경이 아니겠나? 그 큰 능력을 가진 그가 그냥 허무하게 죽진 않을 거야!" 그들은 예수가 기적을 일으켜, 자기를 고소한 제사장 무리와 로마총독과 그 군대를 몰아 낼 것을 기대했다. 그가 갈릴리의 풍랑을 말 한마디로 잔잔하게 만들지 않았는가?

그들도 일제히 소리를 높였다. "바라바를 살려라! 예수를 죽여라!" 재판정 에 와있던 바리새파 가말리엘과 그 제자들도 추이를 살피다가 동조하여 소리쳤다. "예수를 십자가형으로 처벌하라!" 그 함성은 안토니오 성채의 벽과 예루살렘 성전, 그리고 성벽에 부딪혀 거대한 메아리가 되었다. 군 중의 요구는 성난 파도처럼 모든 소리를 흡수해버렸다. 순간, 총독 빌라 도의 안색이 확 바뀌었다. 모두가 마귀로 변해 자신을 향하여 달려드는 것 같았다.

"참모장, 참모장, 내가 잘못들은 것 아니지? 저들이 예수가 아니라, 바라 바를 살리라고 하는 것 아닌가? 오, 이제 완전히 미쳐버렸군, 미쳐버렸 어!" 하고 낙담하여 말했다. 군중은 재판정인 박석 가까이 몰려들고 군인 들은 창을 가지고 그들의 접근을 저지하느라 진땀을 흘리고 있었다.
"각하, 정말 이해할 수 없는 일이 벌어지고 있습니다. 저들이 다 미쳐버렸 습니다" 빌라도가 "참모장! 어떻게 반대자는 하나도 없어? 그 많던 예수 의 추종자들은 대체 다 어디를 간 거야? 벳세다에서 떡을 먹었다던 그 오천 명은 지금 어디있고, 저 반대자들의 소리만 들리는지 모르겠네?" 총독은 여유를 가질 수가 없었다.

군중의 외침은 마치 거대한 파도처럼 빌라도를 밀어붙이는 것 같았다. 순간 정신이 혼미해지고 몸이 비틀거렸다. 곁에 있던 부관과 참모장 신하들이 놀라 빌라도를 부축하며 걱정했다. 빌라도는 정신을 수습하고 몸을 바로 가누었다. 군중의 요구는 더욱 커지고 있었다. 모두의 눈이 핏발이 보일 정도로 흥분하여 외치고 있었다. 빌라도는 소맷자락으로 얼굴의 땀을 닦았다. 그리고 체념하듯 중얼거렸다. "아, 저 산헤드린공회의 늙은이들! 그리고 교활한 헤롯! 내가 저들의 농간에 걸려들었구나!" 그는 후회하며 체념하여 결단해야 했다. 그날 아침, 빌라도가 재판정에 나올 때, 유대인 출신인 그의 아내가 충고로 한 말이다. "내 어젯밤 꿈에 예수라는 사람의 일로 많이 시달렸습니다. 꿈이 이상하니 예수라는 죄인에게 불리한 재판을 하지 마십시오."

이런 상황에서 빌라도는 어떻게든 총독의 권위를 세우려 했다. "너희의 요구대로 바라바를 사면하겠다. 그러면 여기 있는 나사렛 예수를 어떻게 하랴?" 큰 소리로 군중에게 물었다. 그러자 군중은 외쳐댔다. "나사렛 예수를 십자가에 못 박으소서! 십자가에 못 박으소서!" 이에 빌라도가 손을 높이 들었다. 기수들이 깃발을 높이 세우자 나팔수들이 나팔을 높이 불렀다. 법정 광장은 순식간에 조용해지고 군중은 총독을 주목했다.

빌라도는 나사렛 예수에게 사형을 선고했다
빌라도는 진땀을 수건으로 닦고난 후, 수건을 예수의 발 앞으로 던지며, "나사렛 사람 예수를 십자가에 못박아 처형하라." 큰 소리로 선고(宣告)해 버렸다. 순간, 군중들 틈에서 박수와 승리의 함성이 터져나왔다. "로마 황제 만세! 빌라도 총독 만세!" 함성이 상당 시간 계속되었다.

빌라도가 부관에게 "죄패에 유대인의 왕 예수라고 써 붙여라. 나도 최소한의 분풀이는 해야 하지 않겠나?"하고 말했다. 그러자 빌라도의 부관은 서기에게 소리를 질러 선포했다. "죄패는 유대인의 왕 예수라고 써라" 대제사장 가야바가 앞으로 나오며 소리쳤다. "그런 죄패는 불가하오! 자칭 유대인의 왕이라고 써야 하오!" 그러자 부관이 들고 있던 황제가 하사한 검을 낚아채 높이 들더니, "나는 마땅히 쓸 것을 썼다. 내 명을 어기는 자는 가이사의 명을 어기는 것이고, 예수처럼 죽음을 면치 못할 것이다.

'비아 돌로로사 길'을 거쳐 골고다까지 십자가 지시다
천부장은 형을 집행하고 나머지는 다 돌아가라!" 백성을 향하여 손짓하더니 휑하고 공관으로 들어가 버렸다. 천부장은 백부장에게 죄인을 골고다로 호송해서 형을 집행하라고 명령했다. 예수는 재판정을 나가 좁은 돌로로사 길[11]을 통해 십자가를 지고 올라갔다. 가는 동안 로마 병정들이 수시로 그를 향해 채찍을 날렸고 어떤 자들은 돌을 던지기도 했다. 그는 몇 번씩 쓰러지며 무거운 십자가를 끌며 정오가 되기 전 골고다를 향해 올라갔다. 골고다 언덕엔 십자가 셋이 섰다. 갑자기 예루살렘 하늘이 어두워지고, 섬광이 번뜩이더니 연속 고막을 찢을 듯 벼락이 쳤다. 땅도 진동하며 흔들렸다. 사람들은 두려움에 질려 발걸음을 재촉하며 처소로 돌아가기 바빴다. 어떤 사람들은 나사렛 예수를 죽인 것 때문에, 하나님이 진노가 임한 게 아닌가?하고 두려워 떨었다.

1-4
가말리엘의 실망

교법사 가말리엘과 그 문하생들은 예수가 죽은 것을 끝까지 확인했다. 예수 사망 후, 어두움이 몰려왔고 뇌성과 땅이 진동했던 것은 사실이지만, 그 외에 어떤 다른 기적도 보지 못했다. 그들은 확인하듯 교법사 가말리엘에게 물었다. "선생님, 이제 예수가 메시야가 아니었다는 사실은 확실해진 거지요?" 이 말에 가말리엘은 낙담한 듯, "아마 그런 것 같다. 메시야라면 그렇게 끝날 리가 없지… 참 허망하구나. 비록 우리와 좋은 사이가 아니었지만, 사실 나는 마음으로 그가 이 나라를 회복할 구세주이길 바랐는데 말이다. 참 허망하게 끝났구나. 또, 우리가 하나님이 약속하신 진짜 메시야를 얼마나 더 기다려야 한단 말이냐?"

가말리엘이 낙심하며 눈물을 훔치자, 자신들의 판단이 옳았다고 좋아하던 제자들은 아무 말도 하지 못하며 선생의 뒤를 따라 골고다에서 내려왔다. 자신들의 스승이 메시야가 올 때가 바로 이때라고 생각했고, 메시야를 간절히 기다리며 살아온 사람이라는 것을 잘 알고 있기 때문이었다.

2. Apostle Paul
The Realistic Story_APRS
생생한 비브리칼 장편스토리

2부 사도 바울_ 탈소 사람, 사울의 등장

2-1
예수의 부활 소문
그리고 탈소(다소) 사람 사울

"선생님!, 선생님! 큰일 났습니다" 한 제자가 다급하게 소리치며 기도하고 있는 가말리엘에게 급히 다가왔다. "또, 무슨 큰일이냐?" 가말리엘은 제자의 소리를 듣고 시들하게 대답했다. "예, 대제사장이 그러는데 예수의 시체를 제자들이 도둑질 해 갔다고 합니다"라고 말했다. "무슨, 그럴 리가 있나? 무덤은 바위로 막아 봉인했고 파수꾼들을 배치하지 않았느냐? 그건 우리도 확인한 일이고….""그러게요. 가능해 보이진 않지만, 아무튼 대제사장이 그렇게 말하고 있다고 합니다.""지금 예수의 잔당(殘黨)들이 그럴 능력이 있을까? 제 살길 찾기도 바쁠 터인데 …. "

가말리엘은 대제사장의 말에 의심이 들었다. "그건 그렇고, 그럼 무덤을 지키던 파수꾼들은 어떻게 됐나? 경비 실패로 사형을 당할 수도 있는데 …?""아니요, 그들은 어떤 처벌도 받지 않았답니다. 들리는 말로는 뭐, 적당히 잘 무마됐다고 하네요"하고 대답했다. "그것 또한 이상하구먼 적당히 무마라니 …"하고 중얼거렸다.

그러자 다른 제자가 "근데요, 선생님! 어떤 사람들이 그러는데 예수가 부활했을 거라고 그러네요. 그가 죽기 전에 내가 죽을 것인데, 삼일 후에 다시 살아 날거라고 예언을 했대요"하고 말했다.

"애들아, 그런 말을 믿지 마라. 다시 살아날 능력이 있으면 죽지도 않았겠지! 너희들은 괜한 일에 휘말리지 않도록 각별히 조심해라." 당부했다. 말은 무관심하게 했지만, 가말리엘은 통쾌하지가 않았다. 생각하지 않으려 했는데 제자의 말이 자꾸 귀에 걸리는 것이어서 심기가 편치 못했다.

ㅣ 그림-1 열한 제자와 무리들에게 부활의 몸을 증거하시는 예수님

몇 시간 지나지 않아 한 제자가 급하게 학교로 들어오며 가말리엘을 보자마자, "선생님, 제가 방금 들은 이야기인데 나사렛 예수가 부활했고, 그를 따르던 어떤 여자가 그를 만났다고 하네요. 또 베드론가 하는 예수의 제자도 부활한 예수를 만나보았다는 소문이 사방에서 들려 옵니다. 진위야 어떻든 과연 그럴 가능성이 있을까요?"하고 진지하게 물었다.

가말리엘은 긴 한숨을 내쉬더니, "글쎄다. 우리 바리새인의 교리는 분명 죽은 사람이 부활하게 된다는 것인데, 그게 우리의 교리긴 하지! 그러나 한 번도 경험해 보지 못했으니 말이다 …!. 만약, 정말 예수가 부활했다면 우리의 교리가 맞는 것이긴 한데…, 우리가 직접 그를 보지 않는 한 어떻게 믿겠냐? 이 나라에 또 무슨 일이 일어날지 나는 불안하기만 하구나. 제사장 가야바의 말대로 예수의 제자들이 일을 꾸미고 있는지도 모르겠고…, 그런데 그들은 보잘 것 없는 갈릴리인들이 아니냐?"

가마리엘의 말을 들은 제자는 "선생님, 예수가 정말 살아났다면 조만간 우리도 볼 수 있지 않겠습니까?"하고 진지하게 물었다. 가말리엘은 "예수의 부활이 사실이라면 그렇겠지만, 허나 그럴 가능성이 있을지 모르겠다"

사울의 등장

바로 그 때, 등에 짐을 무겁게 짊머지고 먼지를 가득 뒤집어쓴 한 청년이 학사 안으로 들어왔다. 그 청년은 가말리엘 앞으로 오더니 정중하게 인사를 건넸다. "스승님! 그동안 평안하셨습니까? 저 사울입니다."

"아니, 너, 사울이 아니냐? 몇 년 만이냐?"하고 가말리엘은 자리에서 일어나 반갑게 사울을 포옹하며 입을 맞췄다.

"예, 그렇습니다. 그동안 집안의 가업도 열심히 배웠고, 소아시아와 로마 제국의 여러 도시도 두루 돌아보았습니다. 그러다 보니 금방 몇 년이 지나갔네요"하고 말했다.

"그래, 잘왔다. 여러 나라를 다녀서 많은 것을 배우고, 경험했다니 학문이 더 높은 경지에 이르렀겠구나. 몸도 아주 건강해 보이는구나"하고 다시 한번 포옹을 했다. 가말리엘의 여러 문하생들이 사울이 돌아왔다는 소식을 듣고 몰려 왔다. 그들은, "아니, 이게 누구야! 탈소의 사울 아니냐? 와, 정말 반갑다. 네가 돌아오기를 얼마나 기다렸는지 아느냐?" 사울은 동문들과 반갑게 그리고 일일이 입맞춤으로 문안 인사를 나누었다.

나사렛 예수의 소문은 친구들에게 들렸다

한 친구가 기다렸다는 듯이, "사울아, 야, 네가 없는 동안, 이 예루살렘에 수많은 일들이 있었어. 우리가 이전에 경험하지 못한 일이라 갈피를 잡지 못하고 그저 우왕좌왕하다 그 사건이 그렇게 허무하게 끝났지"라고 했다. "뭐가? 뭘, 우왕좌왕해?" 호기심 많은 사울은 관심을 가지고 물었다. "그런게 있었어. 아, 너 혹시 나사렛 예수라는 사람, 그에 대해 들어봤어?" 하고 물었다. "아니 내가 가이사랴에서 올라오면서 주막에서 사람들을 만났는데, 어떤 사람들의 안색이 별로 밝지 못했어. 이상해서 내가 물으려 하면 뭔가를 말하려다가도 피하고, 그래서 이상하게 생각하긴 했는데 그간 예루살렘에 뭔 일이 있었어?"하고 물었다. 그 물음에 한 친구가, "아서라! 친구들! 방금 도착했는데 너희들 말에 정신차릴 틈도 없겠다. 차차 이야기하고 오늘은 이 천재가 돌아 왔으니 환영잔치를 성대하게 해야하지 않겠어?"하고 말했다.

〈도표-3〉   **사울의 반(反) 예수 운동 진행과정**

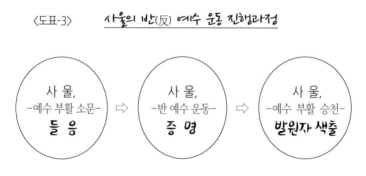

유대인 주류 사회의 일원이었던 사울이 '반(反) 예수 복음운동'을
살았던 비례대로, 사울이 바울로 거듭나면서 정 반대의 삶,
예수 복음운동의 기수(旗手)로 살았음을 살필 수 있다.

2-2
사울이 나사렛 예수의 이야기를 들음

이튿날 아침, 사울은 친구 시므온과 함께 후원의 정자에 앉아 대화를 나누고 있었다. 그는 진중한 사람이고 언제나 사울의 의견을 잘 들어주어서 특히 좋아했다. 그는 "사울아, 네가 조금만 일찍 왔더라면 아주 극적인 일을 경험할 수 있었을 텐데 말이다."하고 아쉬운 듯 말했다. 그에 사울이, "대체 어제부터 뭔데 그래? 뭐 나사렛 예수라고? 그 선지자 요한의 일 말인가?"하고 물었다. "아니, 선지자 요한 그는 헤롯 안티파스에게 살해당했고, 그런 정도는 아무 일도 아니지"

"그래, 선지자 요한의 일이 아무 것도 아닐 정도면 도대체 얼마나 큰일이야?"하고 사울이 호기심이 가득하여 물었다. "네가 탈소에서 전해 들었던 그 선지자 요한이 친히 메시아라고 소개한 사람이 나타났었거든!"하고 말했다. "뭐라고, 메시아가 나타나?" 사울은 크게 놀라 시므온을 책망하듯 말했다. "이 사람이 농담하기는! 농담할 일이 따로 있지!" "농담이라니 모르면 말도 마! 이스라엘 전 지역이 네가 없는 삼 년 동안 지글지글 들끓었어! 들어 볼래? 그가 나타나자 우리는 정말 메시야가 온 줄 알았다니까!" 말했다. "그럼 아니란 말이야 뭐야?"하고 사울은 되물었다. "그러니 자네 한 번 들어 봐! 선지자 요한이 한창 유대 광야에서 활동하며 요단강에서 세례를 줄 때, 나사렛 사람 예수라는 이가 그의 앞에 나타난거야."

사울이 들었던 예수에 대한 소문
사울은 눈을 반짝이며 친구 시므온을 주목했다. "아, 그런데 선지자 요한이 그를 뭐라고 했는지 알아? 바로 그가 메시아라고 했다는 거야! 그리고 요한은 그에게 세례를 주었어. 그 후로 예수라는 이 사람이 놀라운 이적 기사를 행하기 시작했지. 그건 사실이야! 소경이 눈을 뜨고, 문둥병자가 완전히 나음을 입고, 중풍병자가 일어나고, 귀신을 물리쳤고, 각양 이적을 일으켰지. 심지어 어떤 사람은 그가 갈릴리 호수 위로 걸어갔다고도 했어. 또, 불과 이 주일 전, 베다니에서 사는 나사로라는 사람을 죽은 지 나흘이 지났는데도 살렸어. 그래, 그건 사실이야. 우리도 확인했어! 나사로라는 사람이 현재 살아있거든, 그 때에 온 예루살렘이 큰 소동이 났었지. 그가 틀림없는 메시야라고 말이야!"

사울의 친구 시므온은 예수의 소문을 전하면서 목이 타는듯, 연신 물을 마시면서 다시 예수에 대하여 소개했다. "그는 사람들에게 회개하라 천국이 가까웠느니라 하면서 하나님 나라의 도(Gospels)를 가르쳤지. 수천의 사람들이 그를 따르고 그의 가르침도 받았어. 어떤 때는 삼 일 동안이나 날밤을 새면서 그의 강론을 들었지 뭔가!"

시므온의 말을 듣던 사울이 물었다. "아니 삼 일 동안 먹지도 않고 말이야?" 그가 대답했다. "그 사람들이 무얼 먹었냐면 말이야 사울아! 정말 놀랍지 않냐? 물고기 두 마리와 떡 다섯 덩어리로 현장에 모였던 성인 오천 명 이상을 먹였다고 그랬어" "아니, 그게 말이나 되냐? 그런 거짓을 믿는 거야?" 사울은 놀라 반문했다. "음, 그래, 실은 나도 믿고 싶진 않지만, 먹은 건 사실이야! 그 자리에 있었던 내 친구 요셉이 자기도 먹었다고 말했으니까?"

"그런 일들이 어떻게 가능하냐? 그 친구가 순간 어떻게 된 것 아니야?" 사울은 믿지 못하겠다는듯 말했다. "그가 예수의 추종자도 아닌데 거짓말

은 아닐 거야! 굳이 거짓말할 필요도 없고, 그는 우리와 같은 바리새인이
거든, 실은 우리 바리새파에서 나사렛 예수의 그런 기적들을 확인하기 위
해 파견했던 사람이었어." "아니, 뭣 때문에 우리 바리새인을 파견해?"
"사람들이 그를 메시야라고 하니까 확인하기 위해서였고, 또 수많은 사람
이 그를 추종하여 배우고 있었거든, 그런데 그는 우리 하고는 뭐, 별반
좋은 사이가 아니었어. 솔직히 말하면 원수 같았지!" 그에 사울이 반응하
면서, "원수, 왜?" 하고 물었다.
"응, 예수 그 사람이 우리 바리새파를 마구 질책했어. 뿐만아니라 우리 장
로들의 유전이 하나님의 뜻과 다르다고 글쎄, 어느 날은 우리 바리새인들
을 향해, '독사의 자식들'이라고 악평했다니까."

순간 이 말을 들은 사울의 표정이 험하게 일그러졌다. "뭐, 그런 놈이 다
있나? 어디 감히 이스라엘 백성 모두가 인정하는 우리를 모욕해? 더군다
나 우리의 신성한 장로의 유전(遺傳)이 하나님의 뜻을 거슬린다고, 그것
도 모자라 '독사의 자식'이라고 모욕하다니…, 이 사람 완전히 마귀의 종
이로구먼. 혹 그자가 사두개파 아니야?" 얼굴을 붉히며 물었다.

"아니야, 확언(確言)하는데, 그는 사두개파는 아니야! 왜냐하면 예수는 우
리 뿐만 아니라, 사두개파를 심하게 책망했거든. 사두개파가 군중들 앞에
서 그와 논쟁을 벌이다 개망신을 여러 번 당했지." "아니 그럼 그때, 우리
바리새파 랍비[12]들은 그의 잘못된 것을 들춰내서 창피를 주지 않고 뭘했
어?" "말도 마! 예루살렘에서 한다하는 수사학 대가(大家) 랍비들을 대표
로 뽑아 보냈는데, 그와 논쟁에서 사두개파 못지않게 망신을 당했어. 분
하긴 했지만, 그와의 실력 차이는 확연(確然)했지."
"그는 성경에 박식하고, 논리가 정연해 권위가 있었거든. 냉정하게 보면

그가 한 말이 꼭 틀린 것도 아니었어. 그 사람이 만약 우리 바리새파를 우호적으로 대했다면 우리는 그를 '대 랍비'라고 불렀겠지"라고 했다.
"아마 자네라면 그 나사렛 촌사람 정도는 능히 이겼을거야! 솔직히 말해서 우리 학교에서 강의하던 랍비들도 망신당하고 온 사람이 적지 않아" 말했다. "아니, 그럼 가말리엘 선생님은? 그런 자를 왜 가만히 놔뒀다는 말인가? 우리 선생님은 예루살렘 최고의 학자잖아?" 바울이 물었다.

바울은 예수에 대하여 시기하는 마음이 강하게 일어났다. "자네도…, 선생님 성격 잘 알지 않나. 매사에 신중하신 분이라 끝까지 나서지 않으셨고, 화가 난 우리를 향해서도 경거망동하지 말라고 하셨다네."
"아주 흥미진진한 얘긴데 그럼 그 예수라는 사람, 지금 어디 있어? 언제 내가 만나볼 수 있을까?"하고 관심을 보이며 물었다. "아니, 그건 불가능해. 그 사람은 열흘 전에 처형당했거든.""뭐, 처형? 아니 그가 죽었어? 이상하잖아? 죽은 사람을 살린 자가 왜 죽어?"하고 놀라 반문했다.
"그의 제자 '유다'라는 자가 그를 배반하고 그를 대제사장에게 팔아넘겼어. 대제사장이 예수를 넘겨 주는 자에게 은전 삼십을 현상금으로 걸었었거든.""대제사장은 왜?" 하고 사울이 물었다. "그는 제사장 가문과도 사이가 아주 나빴어. 그는 그들을 성전을 더럽히는 자들이라고 책망했거든. 분노한 산헤드린공회가 그를 총독에게 고소해서 십자가형을 받게 했지."

가말리엘의 율법학교 학생들의 대화를 듣던 사울이 갑자기, "하! 하! 하! 하!"하고 소리치며 웃었다. "아이 참 싱겁네! 호수를 걸어서 건너고, 죽은 자를 살렸다는 자가 자신의 죽음도 못 막아서 죽은거야?
그리고 더 우스운 것은 자신의 제자에게 배반을 당하다니 그게 어떻게 메시야라고 할 수 있어?" 통쾌하다는 듯 말하며 묘한 눈빛을 번뜩였다.

사울은 친구 시므온의 말이 전혀 믿기지 않았다. "그래, 자네 말도 옳아! 믿기 어려운 일이지. 거기까지 생각하면 그건 사기극이라고 할 수도 있어. 근데 그가 죽을 때 온 예루살렘에 어둠이 임했고, 벼락이 치고, 지진도 있었거든. 어떤 사람들은 메시야를 죽였기 때문에 하나님이 진노하셨다고 수근거렸다네." "그건 우연이었을 수도 있지, 지진도 있고, 일식(日蝕)도 있을 수 있잖아?" 사울은 대수롭지 않게 평가절하해서 들었다.

"그래, 예수는 처형당해 죽었고, 그 제자들은 그날로 모두 숨어버렸어. 아마 겁나서 갈릴리로 도망쳤을 거야. 대제사장이 그 무리들을 다 잡으라고 명령했거든. 네가 없는 삼 년 동안 나사렛 예수로 인해 날마다 놀라운 화젯거리가 있었지. 나라에 정말 걷잡을 수 없는 소용돌이가 있었다네." "근데 왜, 그가 십자가형을 받았지? 그가 정치범이었나? 우리 율법을 어긴 것이라면 사십에 하나 감한 매로 충분한데 말이야!" 하고 되물었다.
"정말이지 나사렛 예수의 인기는 대단했거든, 그래서 대제사장들의 지위가 아무것도 아니게 된 거야. 봐라 백성들이 하나님의 아들이 나타났다며 따라가니까, 제사장이 뭐 필요하겠어. 직접 백성들이 하나님을 만날 수 있는데 …. 그러니 제사장 가문과 사두개파들이 우리보다 더 못 견뎌했지. 그들은 예수를 꼭 제거할 필요가 있었어. 결국, 예수가 스스로 유대인의 왕이 되어 반란을 선동했다고 고소해서 십자가에 못박게 했다네"

사울은 싱겁다는 듯 아쉬움을 표했다. "어쨌건 결과는 시원하네. 메시야가 어찌 죽을 수 있겠어. 그건 정말 온 유대가 놀아난 대단한 사기극이었네. 지금 제자놈들이라도 있다면 혼을 내줄 터인데 말이야…:" "사울, 그렇지만 그게 끝이 아니야. 지금 다시 이상한 소문이 돌기 시작했다네" "죽은 나사렛 예수가 부활했다는 거야. 예수의 시체를 너도 잘 아는 우리파 아리마데 요셉이라는 장로가 자기가 파 놓은 무덤에 매장했는데, 시체가 감쪽같이 사라졌다는 것이며, 부활한 예수가 함께 다니던 여자에게 나타났고, 또 그 제자들에게도 나타났다나. 그래서 대제사장이 이런 말하는 자는 극형에 처한다고 엄한 지시를 내렸지만 소문이 잦아들지 않아."

그는 사울의 안색을 살피더니 다시 말했다. "사실인지 아닌지 모르겠지만, 파수꾼들이 무덤을 경비하다가 무덤이 열리는 것을 보고 놀라서 도망가 대제사장에게 보고했다네. 대제사장이 총독에게 예수의 시체를 도둑맞았다고 보고하라 했다는 말도 있어. 대제사장이 이 일로 인해 빌라도에게 거액의 뇌물을 주었다는 말도 있고, 도대체 이 일의 결국이 정말 궁금하네. 예수가 처형되면 모든 게 끝날 것이라고 그랬는데, 지금은 오히려 더 복잡해졌다니까."

사울은 날카롭게 시므온을 주시하며 말했다. "자네는 무슨 소리를 하는 건가? 예수가 다시 살아나기라도 했다는 건가?" 다시 시므온은 대답했다. "아니, 믿어지진 않지만, 최근에 하도 이상한 일이 많아서…" 사울은 시므온에게 항의하듯 말했다. "내가 예루살렘에 없었을 땐 어쩔 수 없었지만, 내가 예루살렘에 있는 이상, 나사렛 도당(徒黨)들이 백성을 속이도록 놔두지는 않겠어. 그리고 이 협잡꾼들을 싸그리 잡아다 혼내주겠어. 감히 백성들을 미혹하다니! 죽은 사람이 어떻게 살아난다는 거야?"

때마침 외출하고 돌아오던 가말리엘이 그들 앞을 지나다가 물었다. "사울아 잘 쉬었느냐? 피곤하지 않느냐?" 사울이 가말리엘에게 물었다. "예, 선생님 저는 조금도 피곤하지 않습니다. 그런데 스승님! 방금 시므온에게 나사렛 예수에 관한 일을 들었습니다. 선생님의 견해는 어떠신지요?"
그러자 가말리엘은 사울의 맞은편 의자에 털썩 앉으며, 하늘을 올려다보며 한숨을 내쉬었다. "글쎄다. 정말 예수에 관한 일은 나도 뭐라고 단정지을 수가 없구나. 그의 부활에 관해서는 우리가 부정할 입장이 아니지. 우리 바리새파 교리는 죽은 자의 부활을 믿고 있지 않느냐? 그러니 부인할 수도 없고, 그렇지만 그런 일이 나사렛 예수에게서 확실히 일어났느냐는 소문만 무성하지 실재(實在)를 확인할 수 없다. 사실, 요즘은 모든 일이 어찌나 바쁘게 돌아가는지 모르겠다. 그래서 이번 일은 진위 여부를 가리기가 어렵구나. 나도 무슨 확실한 판단이 있을 수 없어서 그저 관망중이라고 할 수밖에 없구나."

다시 사울이 스승에게 물었다. "선생님은 나사렛 예수라는 사람이 약속된 메시야일 가능성이 조금이라도 있다고 보시는 겁니까?" 가말리엘이 대답했다. "사울아! 세상의 모든 일은 우리가 그렇게 쉽게 단정할 수 있는 일은 없다. 모든 가능성을 놓고 생각해 봐야지. 사실 그가 한 일이나 한 말들은 선지자들의 예언들과 어느 정도 일치하고 있는 것도 사실이었어. 그런데 그는 기대와 달리 허망하게 죽어버렸지. 결과적으로 그가 메시야는 아닌 것은 분명하다. 왜냐하면 메시야는 우리를 지배하고 있는 이방 세력들을 이 땅에서 축출하거나 그들을 정복하고, 예루살렘에 강력한 다윗 왕국을 세워 전 세계를 지배해야 하거든. 처음 예수의 출현은 그럴 듯 했지만, 그는 실패한 혁명가일지 몰라도 메시야는 아니야!"

"그렇지요! 그가 메시야는 아니라는 확신이 들지요." 사울은 스승 가말리엘의 의견이 자기와 같으므로 안도했다. 그러자 시므온이 말했다. "선생님 그렇지만 그 나사렛 예수가 다시 살아났다는 소문이 들리고 있습니다. 선생님도 그 소문을 들으셨나요?" "그래 여러 사람에게서 듣고 있지." "그가 부활했다는 것이 사실일까요?" 시므온이 물었다.

사울이, "시므온 무슨 질문이 그래, 그의 부활이 사실이냐니?"하고 책망하듯 말했다. 시므온은, "사울아! 내가 믿는다는 말이 아니라 그런 소문이 들리니까, 선생님의 견해를 여쭤본거야. 사실 우리 바리새파의 견해는 인간이 부활한다고 믿지 않아?"라고 했다. 다시 사울은 대꾸했다. "그거야 말세에 그런 거지, 지금은 말세가 아니잖나? 우리가 믿는 것은 어떤 개인의 단독 부활을 믿는 것은 아니야. 말세에 하나님의 심판대에서나 가능한 일이지."

사울이 힘주어 말했다. "그렇지요, 선생님. 예수가 다시 산다는 것은 불가능한 일일 거예요. 저는 확신합니다. 다시 살 수 있는 능력이 있다면 무엇 때문에 고통스럽게 굳이 십자가에 못 박혀 죽겠습니까?" 가말리엘이대답한다. "내 생각이 바로 그거다. 그래서 내가 나사렛 예수를 메시야로 인정을 못하는 거야."

"선생님, 이번만은 그런 거짓이 활개 치지 못하도록 바리새파의 명예를 걸고 떠돌고 있는 낭설(浪說)을 잠재워 보겠습니다" 진지하게 사울이 답했다. "그렇게 해라. 그러나 어떤 이유든 사람을 다치게 하는 일이 없도록 온건(穩健)하게 처리해라. 우리 바리새파는 너무 외골수(-骨髓)야." 사울은, "걱정하지 마십시오. 내 반드시 예수 도당의 거짓을 지혜로운 방법을 동원하여 만천하에 공개하도록 하겠습니다" 굳은 결심을 보였다.

2-3
사울이 반(反) 예수 운동의 중심에 서다

산헤드린공회의 강력한 단속으로 예수의 부활 소문은 그다지 위력이 발휘되지 못했다. 부활한 예수를 보았다는 소문은 많았지만, 다들 산헤드린공회의 처벌이 두려워 쉬! 쉬!하며 전할 뿐이었다. 사울은 노기등등하여 예수 부활 소문의 근원지를 알아내기 위하여 여러 곳을 찾아 다녔으나, 자신의 면전(面前)에서 예수의 부활을 주장하는 사람을 찾지 못해 성과 없는 나날을 보내고 있었다. 그러나 민중 사이에는 쉬쉬하는 가운데 예수 부활이 '진짜다', '가짜다'하는 논쟁들이 수면 아래서 확산되고 있었다.

이런 소식이 대제사장의 가문에도 전해지자 그들은 이 소문을 조기에 진화해야겠다고 생각했다. 그래서 대제사장 가야바는 산헤드린공회를 소집했다. 안나스, 알렉산더, 요한 등 대제사장의 문중과 사두개파와 바리새파 사람들도 몇몇이 대표로 왔는데, 그중에 사울은 교법사 가말리엘의 수행자로 그 곳에 참석하게 되었다.

평소 두 파는 원수지간이었지만, 예수 처형에 관련해서 두 파가 협력해서 가편(可便) 투표를 하여 공범(共犯) 인식이 있었다. 그들은 예수부활 소식에 동일한 두려움을 느끼고 함께 모이지 않을 수 없었다.

"여러분, 여러분도 잘 알다시피 나사렛 예수가 부활했다는 유언비어를 퍼트리는 자들이 도처에서 생겨나니 이 문제를 논의하려고 여러분을 소집한 것입니다. 갈릴리 도당들은 불온(不穩)한 소문을 조작하고 또, 민중에 퍼트리고 있소. 이는 우리 산헤드린공회를 백성들로부터 불신하게 만들고 바리새파와 사두개파[13]에게 예수 죽음에 대한 책임을 전가하여 우리 지도력을 약화시키려는 공작이 분명하오. 이러한 유언비어가 계속되면 백성은 또 혼란에 빠지고, 우리를 원망할 것이고, 이것을 이용하여 로마에 대항하자는 불온한 무리가 생겨날 것입니다 이 소문이 사그러들지 방책을 강구해야 겠습니다. 좋은 의견이 있는 분은 기탄없이 말씀해 보시오."

한동안 회중은 조용히 의견을 말하는 사람이 없었다. 얼마간 시간이 흐르자, 가야바는 다시 물었다. 역시 아무 대답도 없었다. 가야바는 재촉하듯 한 사람 한 사람의 얼굴을 보았다. 그러다 마침 가말리엘 곁에 있는 사울과 눈이 마주쳤다. 그러자 사울이 갑자기 자리에서 일어나면서 예수 부활의 소문을 잠재울 간단한 방법이 있다고 했다. 그리고 사울은 자신을 소개했다. "저는 바리새파, 가말리엘 문하에서 학생을 가르치는 베냐민 지파 탈소의 사울입니다."

"사울이라! 그럼, 사울 랍비는 어떤 방책이 있는지 말씀해 보겠오?"하고 가야바가 발언 기회를 주었다. "예, 아주 간단합니다. 예수의 시체를 찾아 공개한다면, 그가 부활하지 못했다는 것을 알 것이고 소문은 즉시 잦아들 것입니다"라고 했다. 그러자 대제사장들은 실망한 빛이 역력했다. 사울의 말을 들은 몇몇은 그렇다고 동조했지만 가야바와 다른 대제사장들은 황당하다는 표정으로, "예수의 시체가 무덤에 있을 리 있겠소, 시체는 그 제자들이 도적질해 갔다는 이야기를 듣지 못했소?"하고 물었다.

"예, 제가 탈소에서 온지 며 칠되지 않아 저간(這間)의 사정을 잘 모릅니다. 그러나 설사 그들이 도적질해 갔더라도 예루살렘 어디엔가는 예수의 시체가 있지 않겠습니까? 자기의 선생이니 그 시체를 훼손(毀損)할 리는 없고요? 제가 들으니 그 시체는 몰약(沒藥)을 넣었다고 들었는데, 아직 썩지는 않았을 것입니다. 하늘로 올라가지 않았다면 분명 이곳 예루살렘 어딘가에는 있을 것입니다"하고 확신에 차서 말했다.
"그건 모를 일이오. 갈릴리 도당들은 그동안 온갖 거짓을 꾸며왔고, 어떤 짓이라도 할 수 있는 자들이오." 안나스[14]가 대답을 했다. 사울은 두 사람이 자기 의견에 동조하지 않는 것을 듣고 이상하게 생각하여, "아니 왜,

찾아보지도 않고 미리 예수의 시체가 없을 것이라고 단정합니까? 제가 책임을 지고 예수의 시체를 찾아보겠으니 제게 권한을 주십시오. 수단 방법 가리지 않고 찾아낼 것이며, 이 거짓 도당들을 반드시 색출해서 예루살렘에서 거짓이 활개 치지 못하도록 하겠습니다"하고 말했다.

대제사장 가야바가 답답하다는 듯 말하려 하자, 옆에 있던 알렉산더가 가야바의 옷자락을 살짝 끌어당기더니 그에게 가까이 다가서며 나지막하게 전했다. "공(窆)15)은 더이상 말씀하지 마십시오. 괜한 의심을 삽니다. 그냥 사울에게 그 권한을 주십시오. 그가 그 시체를 찾을리 없습니다. 찾다가 안 되면 가짜 시체라도 가져올지도 모르고요. 그것을 예수 시체라고 하면 그만 아니겠습니까?"교활한 웃음을 지었다.

"오, 이런! 그런 묘수가…", 가야바도 감탄하듯 미소를 머금고 일어섰다. 그리고 권위 있게 좌중(座中)을 보면서, "좋소, 바리새파 가말리엘 문하의 사울 랍비가 좋은 제안을 했소. 장래가 촉망되는 청년이오. 부디 예수의 시체를 찾아 그들의 거짓을 만천하에 드러내 주시오. 그리고 이 선동분자들을 잡거든 남녀노소 불문하고 체포하여 심판에 넘기시오. 내가 성전 경비병 몇 사람을 붙여 주리다. 이번 일이 잘 마무리 된다면 내 산헤드린공회의 수장(首長)으로 사울 랍비에게는 큰 상을 내리겠소"하고 말했다.

사울이 만족한 얼굴로 대답했다. "고맙습니다. 제게 그런 권한을 주신다면 결코 실망 시키지 않겠습니다. 반드시 거짓을 밝혀내고 갈릴리 도당들을 처벌하여 진리가 무엇인지 천명(天命)하겠습니다. 상은 사양하겠습니다"하고 힘주어 말했다. 가야바는 만족한 듯, "여러 장로들께서도 이의 없지요? 그럼 가말리엘 문하의 사울 랍비가 이 일을 책임지고 담당하는 것으로 결정하겠습니다"라고 선언했다.

거기에 모인 사람들은 사울을 주목했다. 아주 총명해 보이고 굳은 결심으로 그의 눈에 독기(毒氣)가 서려 있었다. 가야바는 회중을 음식이 잘 차려진 큰 식당으로 안내했다. 그들은 음식을 나누며 자신들이 하나의 공동체라는 인식으로 단합하여 지금의 난국을 잘 극복하자고 다짐했다. 심지어 원수 같았던 사두개파도 사울을 격려했으며, 또, 원로들은 가말리엘을 격려했다. "참으로 열정이 가득한 훌륭한 제자를 두셨소, 장래가 촉망되오" 그러나 사울과 달리 가말리엘은 별로 기뻐하지 않았다. 그저 예의상, 예!하고 건성으로 응대하고 있을 뿐이었다. 사울은 순식간에 반(反) 예수운동의 중심에 서게 되었다.

2-4
사울, 예수 부활의 허구성을 증명

가말리엘 일행이 가야바의 저택에서 나가자, "이게 뭔 일이랑가? 오늘 바리새파가 웬일이야! 마치 부활이 없다는양 행동하니"하고 사두개파 청년들이 비웃으며 말했다. "그러게, 지금 저 자(者)는 스스로의 교리를 부인하고 있어 예수가 부활했다면 자기네 교리가 맞는 것이 될 터인데, 왜 앞장서서 예수의 시체를 찾으려 하지 희한한 일이네…."
"그건 예수를 죽이는데 사실 그들의 역할도 컸잖아. 만약 예수부활이 기정사실화한다면 백성들의 원망을 바리새파도 피할 순 없지. 아마 지도력이 우리보다 더 추락할 걸!" "흥! 바보 같은 사울, 산헤드린공회에서 직책을 주니 좋아하는 것 좀 봐!"하고 비웃었다. "예수의 시체를 찾지 못하면 완전 바보가 될걸!" 여기저기서 사울의 결정을 비웃었다. 그러나 사울은 개의치 않았다. 사울 나름대로 결과로 증명할 자신이 있었다.

가말리엘은 저만치 몇 제자들과 앞서가고 있었다. 사울은 걸음을 재촉하여 가말리엘에게 가까이 다가가자 그가 멈춰 서며 말했다. "사울아! 네가 너무 앞서 가는 것 아닌가 부담스럽구나" 아니, 그럼 선생님은 예수가 부활했다는 것을 믿는 것입니까?" "아니지, 나는 믿지 않아. 그러나 그런 일을 증명하는 데는 많은 시간이 필요하지. 또 사람들을 잡아들인다고 해결될 일도 아니고 …. 아무쪼록 산헤드린공회의 위임을 받았으니 신중하고, 애매한 사람들이 다치는 일이 없었으면 한다"고 당부했다. "예, 선생님 말씀을 십분 명심하겠습니다." 사울은 자기가 맡은 직책을 가말리엘도 인정하는 것 같아 안도하며 공손하게 대답했다.

이튿날부터 사울은 산헤드린공회에서 파견된 사람들과 예루살렘을 속속들이 뒤졌다. 별다른 성과가 없었다. 사울은 초조해지기 시작했다. 소문은 무성한데 부활했다는 실체를 찾을 수가 없었다. 예수의 가짜 부활의 실상을 증명하려는 권한을 위임받은 지도 거의 삼십 일이 지나가지만, 담대히 예수가 부활했다고 주장하는 사람이 나타나지 않아 어쩔 방법이 없었다. 그는 기드론 골짜기와 감람산을 다 뒤졌고 주변의 외진 곳들과 심지어 묘지를 찾아다니며 매장의 흔적이 있는지도 찾아보고, 무덤의 주인을 확인했다. 그러나 무연고자의 묘도 없고, 예수의 시체도 찾을 수가 없었다.

아리마대 요셉의 무덤으로부터 여러 경로를 따라 조사했지만, 흔적도 없었고 목격자도 나타나지 않았다. 유대인들은 율법 습성상(習性常) 시체를 만지는 일을 부정한 일로 여기므로 어느 집에 숨겨 둘 수도 없었다. 그러나 사방에서 예수를 최근에 만났다고 하는 소리가 있다고 해서 가보면 죄다 갈릴리 당들이 한 말인데 그들의 흔적도 오리무중이었다.

사울은 깊은 시름에 빠졌다. 분명 예수가 죽었다면 어딘가는 그 시체가 있어야 하지 않는가? 도대체 예수의 시체는 어디로 간 것일까? 분명 예루살렘을 빠져나가지 못했을 텐데. 죽은 사람이 어떻게 다시 살아난단 말인가? 더군다나 그토록 참혹하게, 그리고 확실하게 옆구리가 창에 찔려 죽은 것을 확인했다는데…, 예수의 최후 순간을 한 두 사람이 본 게 아니지 않는가?" 거기에 예수의 시체를 염(殮)했다는 아리마대 요셉과 니고데모를 찾아가 그의 죽음이 확실한 것을 확인하기까지 했다.

2-5
사울, 예수 승천 소식을 듣다

또, 며칠이 흘렀다. 예수가 부활했다는 소문은 날마다 세력을 얻어 사방으로 퍼져갔지만, 그 소문을 막으려는 사울의 노력은 성과가 없었다. 어느 날 사울이 베데스다 연못 옆을 지나가고 있을 때였다.
"사울아! 사울아!" 아킴이라는 사람이 사울을 불러서 말했다. "부활한 예수가 바로 어제 감람산에서 승천했다네. 그의 제자들과 그를 추종하는 오백여명이 거기서 작별을 했다는 거야!" 놀란 사울이 얼굴을 찌푸렸다. "자넨 그런 황당한 말을 믿나? 만약 예수가 정말 승천했다면 그가 세상에 온 목적이 없잖아? 그가 메시야라면 당연이 정복자들을 물리치고 이스라엘을 회복해야지, 그들을 그대로 놔둔 채 하늘로 올라갔다는 것 아닌가? 그렇다면 그는 무슨 목적으로 이 세상에 온 거야?"

사울이 예수의 가짜 소문 발원자 색출

사울은 잠시 생각하다가 아킴에게 말했다. "이것은 놈들의 기만(欺瞞)이 확실해. 선지자들의 예언은 분명 이것이 아니었어. 메시야는 분명 무너진 다윗 왕국을 영광의 나라로 회복한다고 했잖아. 이스라엘이 만국을 지배하고 조공을 받는 나라가 된다고 했는데, 그런데 아무것도 이룬 것 없이 하늘로 갔다고? 그러니 내가 가짜 메시야라고 할 수밖에…". "아킴! 이제 내가 예수의 시체를 찾으러 다닐 필요가 없게 되었어. 이제 누구든 예수가 부활했다고 말하는 자들을 색출해야 할 단계야!"하고 소위 예수당이라는 자들을 잡아들일 굳은 의지를 나타냈다. 예수 승천의 소식을 들은 사울은 예수의 시신 추적을 멈추고 가짜 소문의 발원자(發源者)들을 색출하는 것으로 선회(旋回)했다.

3. Apostle Paul
The Realistic Story_APRS
생생한 비브리칼 장편스토리

3부 사도 바울_|오순절에
성령께서 강림|

3-1
오순절에 성령이 강림하시다

예수가 십자가형을 당한지 49일째 밤이 되었다. 그날 밤 예루살렘에 있는 '마가'라는 청년의 집에는 감람산 벳바게에서 예수의 승천을 목격했던 예수의 열 한 제자, 백이십 문도, 오백여 사람이 함께 모여 기도를 하고 있었다. 그동안 산헤드린공회의 경고가 무서워 조심조심 전했지만, 예수의 부활과 승천을 목격했기 때문에 그들은 용감해졌다.

성령이 강림하시기를 기도하며 마가의 집에 모였다
"이제 주님은 다시 오신다! 주님이 약속하셨다.""주님이 우리에게 하나님의 약속하신바 성령을 기다리라고 하셨다.""성령이 우리에게 임하면 우리는 권능을 받게 되고 능력을 얻어서 예루살렘과 유다와 사마리아와 땅끝까지 주님의 증인이 될 것이라고 약속하셨다. 그러기에 우리는 약속하신 성령을 기다려야 한다."
그들은 특별한 약속은 없었지만, 마음이 합해지고 자연스럽게 최후에 만찬이 있었던 마가네 집에 모여 집회를 이어갔다. 예루살렘 마가의 다락방16)은 많은 사람이 모이기 좋은 장소였다. 거기에다 로마 시민권을 가진 유력한 유지(有志)여서 사람들이 함부로 대하지도 못했다. 그렇기에 제자들은 그 동안 그 집에 숨어 안전하게 지낼 수 있었다. 그날의 집회는 밤이 깊도록 계속되었다.

| 그림-2 마가 요한의 다락방에서 오순절에 성령님께서 임하심

오순절 성령께서 강림 하시다

드디어 다음 날 오순절이 거의 날이 새가고 있었으며, 그들의 기도는 더욱 뜨거워지고 있었다. 온 집안이 기도 소리로 충만한 그때, 홀연히 하늘로부터 급하고 강한 바람소리가 나기 시작하더니 그 소리는 온 집에 가득하였다. 사람들은 알 수 없는 기운에 휩싸였다. 기도 소리는 더욱 간절하고 커졌다. 강한 바람 소리가 얼마간 계속되면서 홀연히 주위가 환해지며 열 두 사도의 머리 위로 불같이 생긴 혀들이 머물러 있었다. 사람들은 갑자기 놀라 소리쳤다.

"저거 봐라! 불같은 혀들을[17]···"하고 누군가가 크게 소리쳤다. 모든 사람들이 그 광경을 주목하고 있을 때 그것들이 사도들에게 임함을 볼 수 있었다. 때는, 무교절 기간이라 예루살렘은 많은 이방에서 온 유대인들로 거리마다 골목마다 넘쳐났다. 불같은 혀들이 임하는 순간, 사람들의 놀라는 소리와 강한 바람 같은 소리, 그리고 기도 소리 때문에 지나가던 많은 순례자들이 모여들기 시작했는데, 마가네 저택은 다락방뿐만 아니라 온 집안 마당까지 모여든 사람들로 인산인해(人山人海)를 이루었다.

거기 모인 모든 사람의 마음은 알 수 없는 뜨거운 감동으로 충만하였다. 두려움과 떨림, 기쁨의 기운이 동시에 임하였다. 그러자 사도들이 한 사람씩 일어나서 말하기 시작하였는데 그들은 영에 충만하고 얼굴은 더 할 수 없이 밝게 빛났다. 그들이 예수 그리스도를 전하기 시작하자, 놀랍게도 각 나라에서 온 순례자들은 통역도 없이 그들이 거주하는 지방 방언으로 들을 수 있었다.

모인 이들은 서로의 얼굴을 보고, "여보게, 이 어찌 된 일인가? 저 사람들은 모두가 갈릴리 사람이 아닌가? 그런데 어떻게 우리 지방의 방언으로 들을 수 있단 말인가?"하고 서로 놀라고 있었다. "놀랍고 신기하네, 와!" 하고 찬탄이 계속되었다. 거기에 모인 회중은 엘람, 메소포타미아, 유다, 갑바도기아, 본도, 소아시아, 부르기아, 밤빌리아, 이집트, 리비아, 로마, 크레타, 아라비아 방언을 사용하는 사람들이었다.

사도들은 나사렛 사람 예수를 하나님이 약속하신 그리스도라고 전하고 있었다. 이 신비로운 현상에 경악하고, 두려워하며, 선포되는 말로 인해 감동하고 즐거워하므로 가슴이 벅차올라 사람들은 모두 어쩔 줄을 몰랐다. 그들은 무엇인가 새 역사가 시작되었다고 생각하게 되었다. "대체 이것이 무슨 현상이냐? 어떻게 이런 일이 일어날 수 있단 말인가? 우리가 우리 지방의 방언으로 하나님 큰 은혜로운 일을 듣게되다니."

거기에 모인 많은 사람들은 사도들의 증거와 예수 부활의 사실이 그냥 믿어져 구원의 감격으로 가득하여 찬송이 쏟아져 나왔다. 그런데 그런 신비로운 역사의 와중에도 전혀 감동받지 못하고 있는 사람들도 있었다. 어떤 사람들은 오히려 사도들을 악평하기를, "대체 이게 뭐하는 짓들이냐? 아니, 이른 아침부터 술 취해서 떠들어대니 …,""아니, 무슨 술을 얼마나 먹었길래 사람들이 저 모양이 되었는가? 에이, 정말 세상 말세로구나!" 그리고 그 사람들을 향하여, "이 사람들아 술을 깨라! 제발 술을 깨!"하고 빈정대고 뛰쳐나가는 사람도 있었고, 어떤 사람들은 자기 목전에 벌어진 기이한 현상을 애써 부인하며 고개를 가로젓는 사람도 있었다.

처음 보는 이런 현상에 영문을 몰라 서로 바라보며 의아해 하고 있을 때, 예수의 제자 열 둘 가운데 한사람인 베드로가 일어나서 큰 소리로 외쳤다. "예루살렘과 유다, 그리고 세계 각지에서 온 형제 여러분! 내가 여러분에게 지금 여기에서 일어난 이 일에 대하여 설명을 할 것이니 내 말을 들으시오!"

그러자 웅성거리던 모든 사람들이 조용해지면서 베드로를 주목하였다. "자 여러분도 알다시피 지금이 아침 아홉 시입니다. 어떤 사람들이 말하기를 우리를 보고 새 술에 취하였다고 하는데, 이 시간에 어떻게 술에 취하겠습니까?""우리들은 절대 술에 취한 것이 아닙니다"그가 강하게 부정한 후 사람들을 둘러보았을 때, 웅성거림이 있다가 다시 조용해졌다. "여러분! 하나님이 선지자 요엘에게 예언하심이 오늘 우리 중에 나타났습니다. 하나님은 선지자 요엘서 2: 28-32을 통하여 무어라고 말씀하셨습니까?"베드로가 회중에게 물었다. 그들은 대답없이 베드로의 설명에 주의를 기울였다.

"그 후에 내가 내 영을 만민에게 부어 주리니, 너희 자녀들이 장래 일을 말할 것이며 너희 늙은이는 꿈을 꾸며 너희 젊은이는 이상을 볼 것이며, 그 때에 내가 또 내 영을 남종과 여종에게 부어 줄 것이며, 내가 이적을 하늘과 땅에 베풀리니 곧, 피와 불과 연기 기둥이라 여호와의 크고 두려운 날이 이르기 전에 해가 어두워지고 달이 핏 빛같이 변하려니와 누구든지 여호와의 이름을 부르는 자는 구원을 얻으리니, 이는 나 여호와의 말대로 시온산과 예루살렘에서 피할 자가 있을 것 임이요. 남은 자 중에 나 여호와의 부름을 받을 자가 있을 것이심이니라"

베드로는 말하기를 잠시쉬었다. 그리고 다시 "바로 요엘 선지자를 통하여 약속하신 하나님의 성령을 오늘 우리에게 부어주신 것입니다. 여러분! 하나님의 성령이 우리에게 임했습니다!"하고 선언하였다." 베드로의 설명과 선언을 들은 사람들은, "아! 진정 약속하셨던 우리의 소망, 하나님의 성령이 우리에게 임하셨단 말인가?"라고 승인하고 베드로의 다음 설명을 기다렸다. "여러분, 사실 여러분이 보고 있는 이 현상은 일찍이 하나님께서 나사렛 사람 예수를 보내셔서 그가 하나님의 아들인 것을 알게 하시려고, 이적과 표적을 보이셨던 것과 관계가 있습니다. 그분이 놀라운 이적을 행하셨던 것을 여러분은 잘 알고 있을 것입니다"

그러자 여기저기서 웅성거림이 있었다. "뭐라고, 나사렛 예수! 우리가 십자가 처형하도록 했던 그 사람? 그 사람이 도대체 성령과 무슨 관계란 말인가?"하고 수근거렸다. "맞아! 그 사람이 나사렛 예수였지. 그가 자기를 하나님의 아들이라고 하긴 했는데…"하고 말하는 사람도 있었다.
베드로는 다시 큰 목소리로 연설을 시작했는데, 목소리에 힘이 있어서 듣는 사람은 마치 우뢰소리를 듣는 것 같았다. "여러분! 여러분은 나사렛 예수를 여러분의 생각과 능력으로 죽인 것으로 생각합니까? 결코 그렇지 않습니다" 이 말에 사람들은 다시 한번 술렁거렸다. "저건 무슨 소리지? 분명히 우리 지도자들이 잡아 고소했고 총독의 선고로 처형됐잖아?" 청중은 서로 반문했다.

"사실 그분의 죽으심은 하나님의 뜻이었습니다. 하나님은 그를 하나님의 미리 정하신 뜻을 이루기 위하여 우리에게 보내셨지만, 여러분은 하나님의 자비로운 뜻을 모르고, 심지어 악한 자들에게 맡겨 그를 십자가에 못 박아 죽도록 했습니다" 그는 책망하듯 말했다. "여러 형제들이여! 나사렛 예수는 비록 죽었지만, 사망에 매여 있을 수 없었습니다. 그분은 죽음의 권세를 이기고 다시 살아나셨습니다!"하고 선언하듯 소리쳤다.

"뭐라고, 나사렛 예수가 다시 살아 났다고?" 사람들은 동요했다. "저 사람 말이 정말일까? 그러면 그동안 떠돌던 소문이 정말이란 말인가?" "죽은 사람이 살아난다는 것이 가능한가? 수근거렸다. 베드로는 다윗의 시편으로부터 시작하여 예수의 부활을 증명해갔다.

"여러분! 우리는 그리스도가 부활하신 것을 직접 목격한 증인입니다. 우리 모두는 부활하신 그분을 직접 만났습니다. 그가 우리의 목전에서 승천하신 것도 친히 목격했습니다. 하나님은 그를 하나님 보좌 우편에 올리셨고, 그 주님께서 바로 오늘 임한 성령을 아버지께 받아 우리에게 주신 것입니다. 여러분이 십자가에 못 박아 죽게 한 그 분, 예수를 하나님은 우리 구주가 되게 하셨습니다!"라고 하자, 거기에 모인 많은 사람들이 심한 양심의 찔림과 동시에 두려움에 떨었다.

"어쩌면 좋아, 그때 나는 그분을 죽이라고 동조했어! 아! 나는 정말 어쩌면 좋아?" 가슴을 치며 눈물을 흘리며 자기 죄를 자복한 사람도 많았다. "정말이지, 나는 그때, 그가 거짓을 행한다고 생각했거든!"

"그런데 그분이 하나님의 아들이라니 …!" "우리가 그분을 못 박았으니, 이제 하나님의 진노를 어떻게 감당할까?"하고 죄책감에 자책하며 슬퍼하고, 가슴이 터질 것 같던 기쁜 감정은 순식간에 큰 공포로 변했다. 큰소리로 땅을 치며 울부짖는 사람들도 적지 않았다. 어떤 사람은 옷을 찢으며 괴로워했다.

"여러분! 이제 나사렛 예수가 하나님의 아들이요, 그리스도인 것을 믿습니까?" 베드로는 모인 사람들을 향하여 물었다. "예, 나는 믿습니다. 믿어요! 그런데 우리는 예수 그분을 십자가에 못 박았잖아요? 이제 우리는 어떻게 해야 합니까? 어떻게 하면 용서 받을 수 있을까요?"하고 사방에서 소리쳤다.

이에 베드로는 큰 소리로 대답했다. "여러분! 자기의 잘못을 회개하고 예수의 이름으로 세례를 받고, 죄 사함을 받으시오. 그리하면 여러분은 성령을 선물로 받게 될 것입니다! 이 약속은 여러분 뿐만 아니라 하나님께서 부르시는 세상 모든 사람들에게 주는 것입니다"라고 권면했다. 그들은 앞다투어 나가 사도들에게 자신들의 죄를 회개하고 신앙을 고백했다.

열 두 사도들은 세례받기를 원하는 모든 남녀에게 차별 없이 세례를 주었다. 그날에 자진하여 세례를 받은 자가 무려 삼천 명이 넘었다. 사람들마다, 그날 사죄의 감격과 성령 받은 기쁨으로 충만하였는데, 그 감정은 이전에 경험해 보지 못 한 다른 차원의 기쁨이었다. 바로 눈이 환히 열리며, 자기를 짓누르던 무거운 짐이 벗어진 자유함을 맛보았다.

성령이 임했다는 소문은 곧, 예루살렘과 유대지방으로 퍼져 나가기 시작했다. "예수님이 부활하고 승천하셨다. 그분이 하나님 아버지께 성령을 받아 그곳에 모인 사람들에게 성령을 부어 주었다는 구면." 오순절에 모였다가 복음을 듣고 회개한 사람들이 자기 고향으로 돌아가며, 자기들이 보고 듣고, 경험한 그 기쁨을 전했다. 이 놀라운 사건은 분명 예루살렘 성에서 일어난 일이지만, 그 안에서도 이 역사를 볼 수 있는 자와 보지 못하는 자로 분명히 갈렸다.

3-2
사울이 더욱 강퍅해지다

"여보게, 사울! 문 열어!" 사울은 눈을 비비며 일어났다. 그동안 사울은 날마다 예수의 추종자를 잡으려고 시간 가리지 않고 쫓아다녔기에 그날은 피곤하여 늦잠을 잤다. "응, 삭게! 왜 그래?" 눈을 부비며 삭게를 보았다. "빨리 나와 봐, 지금 성내(城內)에 놀라운 일이 일어났어!" 삭게가 숨을 몰아쉬며 소리쳤다. "뭐야, 죽은 예수라도 살아났다는 말인가?" 사울은 되물었다. "아니, 죽은 예수가 살아온 것보다도 더, 놀라운 사건이 있네!" "뭐-야! 더 놀라운 사건이라니…" 사울은 긴장하며 삭게의 표정을 살폈다. "이봐! 어제 예수의 잔당들이 마가라는 사람의 집에 모임을 가졌다네. 그런데 거기에 하늘로부터 성령이 임해서 큰 소동이 있었는데, 예수의 제자들, 바로 네가 쫓는 그 갈릴리당이 성령을 받아, 몰려온 유대인들과 경건한 이방인들이 그 나라 말로 들을 수 있도록 강론을 했다지 뭔가?" 하고 빠르게 말했다. 그 말을 듣는 순간, 사울의 얼굴은 벌써 분노로 일그러지고 있었다. 삭게라는 친구는 개의치 않고 말을 계속했다.

〈도표-4〉	오순절 성령 강림으로 나타난 현상의 결과
부정적 현상 (예수 복음)	_사울이 강퍅한 원인은 성령의 강림이다 거룩한 성령강림에 사울이 더 악랄해 졌다 _산헤드린공회가 예수의 처형을 결정하다 산헤드린공회는 무력으로 구속역사를 억제했다 구속역사는 억제할수록 더 확장되어 갔다
부정적 현상 (예수 복음)	_미문의 앉은뱅가 일어난 기적이다 성전미문 앉은뱅이가 일어난 기적의 힘은 베드로 설교로 5천명이 예수를 믿게했다 _초대교회 스데반 집사 순교이다 스데반의 순교로 폭력이 승리하는 듯 했다 오히려 그 순교는 폭력이 패배하게 되었다
예수복음 메신저 (궁극적 승리)	_악의 세력은 잠시 성공하는 듯 보였다 _결국, 악의 세력은 끝내 패배하고 만다 _바울, 의의세력의 힘으로 세상을 정복했다

"그들 말로, 나사렛 예수가 부활했다는 거야, 그래서 그 부활한 예수가 하늘로 올라가서 하나님 보좌 우편에 앉아 우리 조상에게 약속한 성령을 그 제자들에게 보냈다고 주장했대!" 사울의 눈에서 파란 불이 나는 듯했다. 삭게는 상관치 않고, "거기 모인 사람들이 자신이 잘못하여 그리스도를 죽였다고 울면서 회개했는데, 그 사람들 중, 삼 천명도 넘게 세례를 받아 예수당이 되었다는 거야! 이거 정말 놀랍지 않은가?" 되물었다.

사울은 자리를 박차고 일어났다. 그리고 앞에 있던 의자를 들어 내동댕이쳤다. "아니 이런 우매(愚昧)한 사람들이 있나! 삭게, 자네는 그 말을 믿나? 우매한 사람들이 또 속아 넘어간 거야! 도대체 죽은 사람이 어떻게 다시 살 수 있고, 뭐 성령이 임했다고…? 성전도 아닌 곳에 성령이 임하다니 내가 이 사기꾼들을 반드시 척결(剔抉)하겠어.

사울은 삭게의 말에 정신을 차린 듯, "그렇다면 어떻게 해야 하나? 이 거짓말쟁이들의 연극을 가만히 보고만 있을 수는 없지 않은가?" 사울은 힘이 빠져 말했다. "아니야! 이제 그들은 소수가 아니야! 감정적으로 처리할 일이 아니고, 머리를 써야지. 그들이 분산(分散)되는 기회를 타서 주동자를 잡아야 하네. 로마군대가 우리에게 협조하지 않는 한, 삼천 명 이상이나 되는 그들을 한 번에 어떻게 할 수 없어. 지금 형편으로 총독도 예수의 일로 산헤드린 공회와 틀어져 있는데, 로마군이 우리를 도울리 없지, 그들이 열심당처럼 칼이라도 품고 있다면 어쩌겠나?"하고 말했다.

사울은 삭게의 말에 동감했다. 그리고 생각난 듯, "그렇기는 하네만, 그렇다면 우선 그들이 모였다는 집에 나를 좀 안내하게나" 자신을 그곳으로 인도해 주기를 청했다. 그들은 함께 밖으로 나갔다. 두 사람은 걸음을 재촉하여 성령이 임했다는 그 저택으로 갔다. 그 집은 로마시민권을 가진 예루살렘의 유력한 귀족이며, 그 집 아들 이름은 '마가'였다.
그 집은 수많은 사람들이 출입하고 있어 크게 붐볐다. 그들은 이전처럼 누구를 의식하는 기색(起色)도 없었다. 그들의 얼굴은 자신감과 충만한 기쁨으로 가득하였다. 그 모양에 사울은 더욱 화가 치밀었다. 사울은 그들이 이미 큰 집단이 되었다는 사실을 확인하고 한편 두렵기도 했다. 들어가 보고 싶었지만, 마가의 가문이 로마 시민권을 가졌기에 총독 허락 없이 마음대로 그 집을 조사할 수 없고, 사람을 잡아낼 수도 없었다.
"주님의 부활은 사실이야! 그는 하나님의 아들이고 그리스도야! 성령이 우리에게 내렸으니 이보다 더 확실한 증거가 어디 있냐고, 나는 이제 확실히 믿을 수 있어!" 이미 안에서 모였던 두 사람이 감격한 얼굴로 대화하며 사울 곁을 지나갔다. 사울이 힐끗 그들을 보았는데 놀랍게도 그들은 바리새인이었다. 사울은 순간 소름이 끼쳤다. 아니 심지어 우리 바리새인 중에 이런 자들이 있을 줄이야…!

"삭게! 어떻게 바리새인이 저렇게 이단으로 변할 수 있나?" 사울은 낙담하듯 중얼거렸다. 그들을 당장 붙잡아다 태장으로 치고 싶었다. 그러나 지금은 때가 아니라고 생각했다. 생각보다 많은 사람이 마가의 집을 왕래하고 있으므로 수적으로도 열세였다. 지금 상황에선 대제사장 가문의 하인들을 동원한다고 해도 그들 수를 능가하지는 못할 것 같았다. 사울과 삭게는 맥없이 기숙사로 돌아왔다.

그는 어떻게 지혜롭게 그 갈릴리 예수당을 박멸한 것인지를 궁리했다. 도저히 믿어지지 않는 일에 사람들이 그렇게 쉽게 빠질 수 있다는 사실이 놀랍고 기괴했다. "미쳤어, 다들 미쳤다고!" 탄식이 절로 나왔다. 잠을 청해도 잠들 수가 없었다.

이제 이 문제는 사울 전 인생, 존재의 목적에 관한 문제가 된 것이다. 예수의 부활과 승천이 연관된 성령 강림을 인정한다는 것은 사울 자신의 생존의 의의(義意)를 뒤집어엎는 것이라고 생각되었다. 밤이 깊자 바울은 다시 성전으로 올라갔다. 가는 길에 스승의 숙소를 보니 불이 켜져 있고, 가말리엘도 깊은 상념에 잠긴 듯 눈을 감고 밖을 주시하고 있었다. 그도 그럴 것이 사울 이상으로 스승도 번뇌스럽기는 마찬가지라고 생각했다.

그는 조심히 율법 학교를 빠져 나왔다. 성전으로 가는 길은 자주 다니는 길이어서 어둠 속에서도 매우 익숙한 길이었다. 예루살렘 여호와의 성전은 마광한 대리석 기둥으로 인해 빛났다. 군데군데 켜놓은 등불로 인해서,

기둥들이 빛을 반사하고 있어서 밤에도 정말 장엄하고 아름답게 느껴졌다. 어두운 하늘에 영롱한 별빛은 성전과 어울려 신비함을 더했다. 그런데, 이 거룩한 성전이 무시되고, 감히 성전아닌 부정한 개인의 집에 성령이 임했다고 주장하다니. 사울은 성전 뜰에 엎드려 기도를 시작했다. 기도 시간이 길어지자 그의 눈에는 뜨거운 눈물이 솟구쳤다.

이 성전의 역사를 생각할 때, 얼마나 수 많은 일들이 있어왔는가? 솔로몬 왕 성전 건축 이후, 바벨론 침공으로 훼파된 성전, 그리고 스룹바벨의 성전 재건과 헬라 왕 안티오커스 에피파네스의 그 집요한 박해와 방해에도 성전의 순수성을 보전하고자 일으킨 마카비혁명, 그 혁명으로 인한 수십 년의 전쟁, 수많은 피를 흘리고 마침내 하나님의 보호하심으로 성전을 회복했고, 대헤롯의 성전건축에 이르도록 … 로마황제조차도 성전의 거룩함을 인정하여 어떤 이방인이라도 성전에 함부로 들어가면 죽일 수 있도록 권한을 주지 않았는가?

이는 유대인의 노력 때문이 아니라, 여호와 하나님 스스로 자기 성전을 보호하고 계시기 때문이라 생각되었다. 그는 어깨를 들먹이며 울었다. 아, 정말 존귀한 성전이다. 그런데 나사렛 예수당들로 인하여 이 거룩한 성전이 이렇게 멸시받고 있다니 …!
"하나님 여호와여! 이 거룩한 성전이 저 갈릴리 예수 도당으로 인하여 멸시되고 있습니다. 예수는 자기가 약속한 메시야라고 하고, 감히 자기 몸이 성전이라고 했답니다. 어떻게 거룩한 여호와의 성전을 두고 감히 그런 참람(僭濫)한 말을 할 수 있습니까? 그런데도 불구하고 저 우매한 수많은 무리들은 그를 따르고 있습니다. 성령이라니요, 아니요, 이는 틀림없는 악령의 역사일 것입니다. 여호와 하나님! 만일 제가 잘못 생각하는 것이라면, 내게 나사렛 예수, 그 부활했다는 사람을 제게 보여 주십시오. 제가 그를 볼 수 없다면 저는 이 모든 주장을 거짓으로 알고 반드시 그들을 진멸(殄滅)시켜 거룩한 성전과 우리 율법과 장로의 유전을 보존하도록 하겠습니다"

사울은 두 주먹을 불끈 쥐고 일어났다. 어둠 속에 빛나는 그의 눈은 결기(決起)로 반짝거렸다. 그의 가슴은 얼마간 시원했으며 스스로 위로하기를 하나님이 자신을 돕고 계신다는 확신으로 꽉 차 있었다.

3-3
산헤드린공회가 그리스도의 제거 결정

이튿날, 일찍이 사울은 대제사장의 저택으로 갔다. 이미 거기에는 산헤드린 공회원과 여러 유대 종교 지도자들이 모여있었다. 그들은 예수 출현이후 지도력에 심대(心大)한 타격을 받았으나 예수 제거에 성공함으로 다시 지도력을 회복하게 됐다고 안심하고 있었다. 그런데 사실은 더 감당하기 힘든 일이 벌어졌다. 그동안 예수의 부활을 쉬쉬하던 민중들이 이제 대놓고 예수가 부활했다고 전할 뿐만 아니라, 자신들이 경험해 보지도 못한 성령의 임재를 그들이 체험했다고 대담하게 선전하니 두려움을 느꼈다.

그 발단은 바로 마가라는 청년의 집에서 일어난 소위 '성령 강림'이라고 하는 사건이다. 그때부터 그들은 더 이상 유대 지도자들을 무서워하지 않고, 공공연히 예수가 부활했다, 승천했다 떠들며, 이제 대제사장이나 과거 선지자만이 받을 수 있는 성령을 받았다고 하니, 자신들은 하나님의 아들을 죽인 범죄자요, 하나님의 대적자가 된 셈이다. 무엇보다도 성령이 성전이 아닌 민간인의 집에 임했고, 그것도 일반 사람에게 임했으니 성전과 제사장들의 권위가 크게 떨어질 위기에 처하게 되었다.

모두가 근심과 분노의 감정을 억제하지 못해 불편한 표정이 역력했다. 대제사장은, "여러분 잘 오셨습니다. 그렇지 않아도 나는 공회를 소집하려 했습니다. 며칠 전 예루살렘 평민의 집에 성령이 강림했다고 주장하고, 또, 예수 부활을 주장하는 무리가 많아졌으며, 심지어 사두개인, 바리새인, 제사장, 서기관, 율법사 중에도 이 도(道)에 가입하는 자들이 있다 하니, 이들을 방치하면 우리 율법과 하나님의 성전이 얼마나 멸시받게 될지 알 수가 없게 되었습니다. 이로 인해 하나님은 우리민족을 심판할 것이오. 결과적으로 로마제국은 우리를 전멸시키려 할 것이오. 대체 이 일을 어쩌면 좋겠소?" 물었다.

모인 사람들이 흥분하여 소리치기 시작했다. "그 나사렛 도당들에게 큰 불이익을 주어야 하오!" "옳소! 옳소!" 대부분이 이에 동조하였다. 그러자 대제사장 가야바가 "자, 이제 소리만 내지를 것이 아니라 그들을 어떻게 제거할 것인지 안(案)을 내보시오"하고 말했다. 여러 의견들이 개진되었고, 최종적으로, 예수를 메시야로 시인하는 사람들은 회당에서 제명하고, 직장 소개는 물론, 그 자녀들은 회당에서 교육받을 수 있는 권리를 취소하는 불이익을 주기로 했다. 필요하다면 예수당의 괴수는 처형하여 추종자들에게 본보기[18]로 보이자고 결안(結案)했다.

이 일을 시행할 실무자로 사두개파에서는 안토니오라는 사람이, 바리새파에서는 사울이 선발되었다. 때마침 유다 총독 폰티우스 빌라도는 로마에 출장 중이라 그들이 이를 실행하기에 적당한 기회였다

3-4
미문의 앉은뱅이

산헤드린공회의 이런 결정을 일반에 통보했음에도 예수당의 증가를 막을 수 없었다. 오히려 많은 사람이 세례를 받음으로 기독교로 개종하였다.
자신이 아는 누구누구도 예수의 도에 개종하여 세례를 받았다는 소식을 들을 때마다 사울은 분노로 어쩔 줄 몰랐다. 예수 당원은 날마다 모였고 자기 돈이나 재산을 내놓아 가난한 사람들을 구제했기 때문에 그들의 선행은 예루살렘뿐만 아니라 온 유다까지 퍼지고 있었다.

그러므로 만약 사도라는 사람들을 직접 잡으려 하다가는 되려 백성들의 항의를 받을 수도 있었다. 사울은 그들의 선행과 구제를 들을 때마다, 시기심을 주체하기 힘들었다. 마음 한편으로 지도자들이 저 예수당처럼 선행하지 못하는 것을 탄식하며, 자신이라도 어떻게 해보려 했지만 지금 이 상황에서는 의미 없는 짓에 불과할 것이었다. 다른 친구들에게 우리도 구제하자고 제안해 봤지만, 바리새파 친구들은 오히려 정신이 어떻게 된 것 아니냐면서 구제 문제를 농담으로 치부할 뿐, 심각하게 받아들이는 사람은 없었다.

나사렛 예수 도당들은 점점 대담해지기 시작하여 예수가 그리스도라는 것과 그가 부활, 승천했다는 이 황당한 이야기를 숨어서 하는 것이 아니라 솔로몬 행각까지 와서 성전에 예배하러 온 순례자들을 상대로 공공연하게 전도하는 것이었다. 한편, 예수당 지도자인 베드로와 요한이 예수의 이름으로 많은 병자들을 고쳤는데, 심지어 바울 자신도 성전을 드나들 때 보았던, 미문에서 구걸하던 앉은뱅이를 걷고 뛰게하는 사건이 벌어졌다.

| 그림-3 성전 미문 앞에서 앉은뱅이를 일으키는 베드로와 요한

이 앉은뱅이는 예루살렘 사람이면 모르는 사람이 없었다. 왜냐하면 그는 나면서부터 앉은뱅이가 되었고, 아주 오래 그곳에서 구걸하고 있었다. 더군다나 그가 거기서 자리 잡음으로 미문[19](Beautiful Gate)이란 이름과 가장 부조화한 모양이 항상 연출되었고, 순례객들은 모두 그곳을 지나칠 때마다 그 모습이 미문이라는 이름과 어울리지 않는다고 여기고 있었기에, 예루살렘 사람이나 순례객들의 뇌리에 확실하게 각인되어 있었다. 그런 그가 걷고, 뛰고 하나님을 찬양하고 사방을 행보(行步)하고 다녔다니 예

수와 그 제자들의 위력을 확실하게 돋보이게 하는 사건임에 틀림없었다. 이 일을 목격한 사람들이 모여들어 베드로의 설교를 듣고 그날 하루에만, 오천 명이 예수를 믿고 개종을 한 것이다. 그런데 그날 사두개파와 대제사장의 가문은 베드로와 요한을 잡는데 성공했다. 그들은 두 사람을 감옥에 가두고 날이 새기를 기다려 재판을 진행하고자 했다. 그런데 앉은뱅이가 일어난 기적을 본 군중들이 몰려와 베드로와 요한의 편이 되어 격렬하게 항의했다.

"그들을 방면(放免)하시오! 도대체 그들이 지은 죄가 무엇이란 말이오?" 하고 제사장과 장로들에게 이의를 제기하는데 이전과 달리 조금도 망설임이 없었다. "그 사람들은 하나님의 선지자로서 앉은뱅이를 고쳤소! 그것이 잘못이란 말이오? 무엇 때문에 그들을 벌한단 말이오?"하고 항의했다. 제사장들은 어찌 해야 할지 곤란한 지경에 이르렀다.

며칠 전, 로마의 황제를 알현(謁見)하러 가기 전 폰티우스 빌라도 총독은 대제사장 가문의 원로들을 소집한 일이 있었다. 총독은 황제가 내린 검을 부관에게 들리고 그들을 향해서 말했다. "나는 솔직히 당신들의 종교문제에 조금도 관여하고 싶지 않소. 나사렛 예수의 일만해도 나는 정말이지 관여하기 싫었는데, 당신들이 작당해서 나를 압박하여 예수를 십자가형에 처하도록 했던 것이요."

그는 불만스럽게 말한 후, 험악한 인상을 써가면서, "지나간 일은 어쩔 수 없고, 지금부터 내가 하는 말을 잘 들으시오. 내가 가이사의 이름으로 당신들에게 명하는데 예루살렘과 유다에서 백성들 간에 충돌이나, 소요가 나지 않도록 하시오. 나사렛 예수가 그리스도든 당신들 신의 아들이든,

아니든, 죽었든, 다시 살았든 나는 이일에 관심이 없소. 그는 부관에게서 검을 받아 들면서, "만약 폭동이 나게 한다면 말이오. 내 돌아와서 그 관계된 사람들 역시 십자가형으로 처형토록 하겠소. 당신들은 여기서 분명히 약조하시오"하고 소리쳤다.

황제가 하사한 검을 빼든 빌라도의 눈에서 불이 나는 듯 했다. 그들은 별수 없이 총독의 명령을 따르겠다고 단단히 약조하고 나왔다. 그러므로 그들은 군중의 항의도 무섭고, 총독 빌라도의 명령도 무서웠다. 그들은 서로 상의한 후, 두 사도들에게 "공회가 이번만은 너희 잘못을 묵인하겠다. 앞으로 예수의 이름으로 아무 것도 하지 말고 전하지도 말라!"경고했다.

베드로가 조금도 두려움이 없이, "하나님 앞에서 당신들 말 듣는 것이 하나님 말씀을 듣는 것보다 옳은가 판단해 보시오. 우리는 우리가 보고 들은 것을 말하지 아니할 수 없소!"하면서 단호하게 그들 명령을 거부했다. 사도들이 산헤드린공회의 요구를 거부했는데도 산헤드린공회가 할 수 있는 일이라곤 그들을 협박하여 보낸 것이 전부였다. 하필, 이 일도 사울이 열심이 특심(特甚)하여 예수당을 잡으로 성밖으로 나간 사이에 일어났기에 이야기로만 들을 뿐 직접 목격하지 못했다. 이 사건은 놀라운 일이었지만 어찌된 일인지 더욱 화가 날 수밖에 없었다. 자신도 그 거지를 여러 차례 보았지만, 그가 나사렛 예수의 힘으로 일어났다는 사실을 인정할 수 없었고, 마귀의 역사로만 생각되었다.

그러던 어느 날 대제사장이 속한 사두개파 사람들이 드디어 예수의 사도 몇 사람을 잡아 옥에 가두는 쾌거(快擧)가 있었다. 이 일로 그들은 매우 즐거워했지만, 이튿날 재판하려고 사람을 보내니 옥문이 잠겨있는데도 사도들이 사라져 버린 것이다. 그들이 분노하여 경비병들을 책망하자, "정말이지 우리는 한시도 빈틈 없이 지켰습니다. 정말이라니까요!"하고 자신들도 믿을 수 없어 하며 변명하는데, 거짓을 말하는 것 같지 않았다.

"아니 이놈들아! 그러면 하늘로 솟구치거나 땅속으로 들어갔단 말이냐?" 하고 힐문(詰問)하고 있을 때, 한 사람이 급히 뛰어와 사도들이 새벽부터 성전에서 백성들을 가르치고 있다고 보고했다. "어찌된 일이냐? 놈들을 당장 잡아오라." 대제사장의 명을 받은 성전 경비대는 곧 바로 가서 강론하고 있는 그들을 체포해 산헤드린 공회로 끌고 왔다. 대제사장은 시기심이 발동하여 빌라도 총독의 경고도 잊은 채, 그들을 죽이고자 재판을 열었다. 그들은 살기 등등하여 사도들을 거칠게 대했다.

사울은 예수의 시체를 포기하고 이제 예수의 사도라는 자들을 멸하기로 결단했다. 예수의 사도라는 사람들은 여기저기서 가난한 자들을 구제하는 일 외에도 병자들을 고치는 기적을 행하고 예수의 그리스도 됨과 그의 부활을 외치고 다녔다. 그들은 하루가 다르게 큰 공동체를 형성해갔는데, 이제 정말 그 세력이 커져 손대기도 힘든 상황이 되어갔다. 하지만 사울이 사도라는 사람들을 잡으려 하면 늘 상황이 좋지 못했다. 사울은 그들 공동체가 크게 부흥한다는 소식을 들으면 조바심이 나서 안절부절 했다. 들리는 모든 것이 거짓이요, 기만이며, 그들의 기적도 간교한 조작과 위선으로 여겨졌다. 그들의 말과 행위가 이스라엘의 거룩한 성전과 율법을 무용화하려는 사탄의 시도라고 생각되었다.

3-5
스테반의 순교

수 많은 과부들이 예수 공동체의 구제를 받고 그 공동체에 속했으므로 예루살렘에 세워진 교회는 큰 부흥을 이루었다. 그런데 그 과부들은 출신지역에 따라 서로 쓰는 언어가 달랐다. 그로 인해 헬라어를 사용하는 공동체에 원망이 발생했다. 히브리어를 사용하는 과부들은 구제를 원활하게 받을 수 있는데 반해, 헬라어를 사용하는 과부들은 언어가 달라 그들의 궁핍함을 하소연해도 잘 전달되지 못해 자주 구제에서 제외되곤 했다.

이를 전해 들은 헬라어 공동체의 유대인 남자들이 사도들에게 불만을 토로했다. 이 문제를 해결하고자 사도들은 회중을 소집하고 헬라어를 구사하는 사람들 중 지혜와 성령이 충만한 자를 추천 받아 선거하게 했다. 그리하여 일곱 명의 집사를 안수하여 구제의 일은 집사들에게 위임했다. 그들이 지혜롭게 봉사하므로 공동체 불만은 곧 해소되었고 교회는 더 큰 부흥을 이뤘다.

그 일곱 집사들 중, 스테반[20]이라는 집사가 있었다. 그는 구제를 잘할 뿐만 아니라 사도들처럼 말씀도 잘 전했고, 많은 병자를 고치기도 해서 유명해졌다. 그는 외국에서 살다가 돌아온 헬라어를 쓰는 회당에 가서 예수가 그리스도라고 복음을 전했다. 이에 분개한 회당의 몇 사람이 일어나 스테반을 공격하였다. 스테반은 너무 열심인 나머지 혼자 그곳을 찾아 갔으며, 그들은 스테반과 논쟁을 벌여 그 부당함을 증명하려 했으나 말로 스테반을 이길 수가 없었다.

그들은 회당에 있는 사람들에게, "여러분 이 자(者)는 우리에게 하나님과 모세를 배반하도록 충동질하고 있습니다. 이런 자를 그냥 둬서는 안됩니다." 그러자 회당에 있는 사람 중에 흥분한 바리새인들이 일어나 다시 선동했다. "이스라엘의 하나님과 그의 신실한 선지자 모세님이 만홀히 여김 받아서는 안 된다" 소리를 지르기 시작했다. 군중은 영문도 모르고 분노하여 스데반을 체포하여 공회로 데리고 가는 중이었다.

사울이 스데반과 만남

그때 마침 사울은 예수 도당을 찾아 다니다 스데반을 끌고 오는 헬라당 사람들과 조우했다. 그들은 사울에게 스데반이 성전을 모독했고. 율법도 지킬 필요가 없다고 했으므로 공회에 고소하기 위해 체포해 왔다고 말했다. "이 자가 바로 예수 도당 일곱 집사중 한명인 '스데반'이란 놈입니다" 하고 소개했다. 사울은 속으로 쾌재(快哉)를 불렀다. 그동안 예수 도당들을 그렇게 찾아다녔지만 만날 수가 없었는데, 이렇게 핵심 집사(지도자)와 직접 마주하다니 이는 하나님께 열심히 기도한 결과라고 생각했다.

사울이 스데반을 산회드린공회에 고소함

사울은 그들의 말이 참이든 거짓이든 개의치 않았다. 참과 거짓을 떠나서 여호와 하나님을 무시하는 이 당파에 대해서는 자기가 잘 알기 때문에 본보기를 보여줘야 한다고 결의를 다지고 있던 터였다. "예수당 하나만 죽어도 놈들은 두려워서 더 이상 자유롭게 활동하지 못하리라." 그는 속으로 이 자를 반드시 죽여야 한다고 각오를 다지며 스데반을 끌고가 산헤드린 공회에 고소했다.

스데반은 혼자였고, 그의 무죄를 증명해 줄 그의 편은 없었다. 산헤드린

공회 역시 본보기 삼을 사람이 필요하던 차에 예수를 추종하는 예루살렘 교회의 중요한 사람이 수중에 들어오자 지체없이 심문을 시작했다. 이날의 재판은 대제사장 알렉산더가 재판장이 되어 심문을 시작했다. 사울을 비롯하여 거기 모인 사람들이 스데반에게 적의(敵意)를 보이고 있었다.

스데반의 공회 앞에서 변증 설교

스데반은 마치 딴 세상 사람처럼 기쁨이 가득하고 어떤 두려움도 없이 평화로와 보였고 빛나기까지 했다. 사울은 그 여유로운 모습이 더욱 괘씸하게 느껴져 이글거리는 눈빛으로 스데반을 쏘아보았다. 그리고 제사장 앞으로 나가서, "대제사장님! 이 자는 헬라파 유대인들의 회당에 가서 그들에게 나사렛 예수가 그리스도라는 것과 그가 우리 민족의 지도자들에 의하여 부당하게 살해되었으나, 삼일 만에 살아 났고 하늘에 올라가 하나님 보좌 우편에 앉았다고 했습니다. 그리고 예수가 세상에 있을 때, 성전을 헐면 삼일 만에 지을 수 있다고 하고, 모세의 율법은 폐해지고, 성전에서 제사도 필요 없다고 했답니다" 마치 자기가 직접들은 것처럼 고소했다.

산헤드린공회의 스데반 사형 언도

그 말을 들은 대제사장 알렉산더는 자리를 박차고 일어나 스데반 앞으로 가 그를 노려보다가, "스데반아, 정녕 네 주장이 사실이냐? 네가 진정 그렇게 말했단 말이냐?"하면서 추궁했다. 스데반은 아주 진심 어리고 상기된 표정으로 변론을 시작했다. 스데반은 긴 시간 동안 예수가 어째서 그리스도인가를 역사적 사실을 통해 증명하려 했다. 한동안 스데반의 말에 홀린 듯 듣고 있던 그들은 정신차렸다. 그들의 얼굴이 분노로 일그러졌다. "저놈의 말을 더 들을 것 없소, 완전히 미친 자의 소리요. 여기에 무슨 증거가 더 필요하단 말이오. 사형에 처함이 마땅하오" 이구동성으로 소리쳤다. 여기저기서 분노하여 스데반을 저주하는 소리가 공회에 가득하였다. 스데반의 변명에서 충분이 죽일 조건을 확보했다고 생각한 대제사장 알렉산더는 손을 들어 분노한 사람들을 안정시키더니 스데반의 죄를 나열한 후, "나는 저 이단을 사형에 처한다"라고 선고했다.

그러나 스데반은 조금도 두려워하지 않았다. 그의 얼굴은 천사처럼 빛났다. 그 순간 스데반의 눈에 하나님의 영광과 및 예수께서 하나님 우편에 서신 것이 보였다. 그와 반대로 분노한 그 무리들의 눈에는 그 영광스런 광경은 전혀 보이지 않았다. 스데반은 하늘 보좌에 앉으신 예수를 가리키며 감격하여 소리쳤다. "여러분 보세요. 하늘이 열렸습니다. 예수 그리스도가 하나님 우편에 서신 것을 나는 지금 봅니다. 여러분, 저 영광스런 빛과 인자가 서신 것을 좀 보세요!"크게 소리쳤다.

군중의 분노와 사울의 분노
그들은 스데반의 계속되는 큰 소리를 듣지 않으려고 그에게 달려들었다. 그리고 그를 발로 차고 그가 말을 하지 못하도록 얼굴을 때리기 시작했다. 스데반은 그들에게 맞으면서도 다시 일어나 손으로 하늘을 가리키며 "여러분 구주 예수를 믿으십시오. 그는 그리스도요. 하나님의 아들이며, 죽었다가 사셨고, 승천하여 하나님 보좌 우편에 앉으셨습니다. 그를 믿는 자는 영원한 구원을 얻습니다"라고 외쳤다. 그럴수록 그들은 더욱 험악해져 스데반을 집단으로 폭행하기를 그치지 않았다.

사울이 스데반의 피값에 대한 보증
마침내 분노한 그들은 스데반을 끌고 예루살렘 성 밖 힌놈의 골짜기로 나갔다. 그리고 거기서 대제사장 알렉산더가 사람들을 향하여 물었다. "지금 사형을 집행하려고 하는데 누가 이 자의 죽음이 합당하다고 그 피 흘림에 보증을 서겠소?"라고 모인 사람들을 향하여 말했다. 그런데 갑자기 조용해지며 아무도 나오지 않았다. 모두 악역(惡役)을 담당하고 싶지 않았다. 대제사장은 난처했다. 율법에 따르면 이 사형집행이 합당하다고 확실히 증인을 서는 사람이 있어야 집행이 가능했기 때문이었다.

군중과 함께 분노하던 사울이 주저함 없이 나서며, "예, 제가 그 피 값을 보증하겠습니다. 이자는 하나님과 성전 그리고 거룩한 율법과 우리 이스라엘 민족 지도자인 산헤드린의 권위를 무시하고 도전하는 참람한 죄를 범했습니다. 이 자의 사형은 지극히 당연한 것입니다"라고 했다.

대제사장은 크게 흡족해하며 말했다. "됐소, 참으로 하나님을 위한 용기 있는 행동이오". 이에 사람들은 용기를 냈고, 다시 여기저기서 분노하여, "저놈을 죽여라!" 고함치는 소리가 들리기 시작했다. 그들은 스테반의 옷을 사정없이 벗겼다. 그리고 그 옷을 개켜 사울의 발아래 놓았다. "죽여라! 돌로 쳐라! 살기 등등한 군중들의 함성이 골짜기에 메아리쳤다. 스테반은 하늘을 향하여 크게 부르짖었다. "주 예수여! 내 영혼을 받으시옵소서!" 그 소리는 힌놈의 골자기에 메아리쳤다.

스데반의 순교와 사울의 비정한 웃음

그는 무릎을 꿇고 다시 크게 주님을 부르더니 , "주여 이 죄를 저들에게 돌리지 마옵소서!" 자기를 해치려는 자들을 위하여 큰 소리로 부르짖었다. 그러자 무수한 돌들이 집사 스테반을 향하여 날아오기 시작했으며, 그 돌들에 머리를 맞은 스테반은 곧, 쓰러졌고 몇 번 꿈틀거리다가 더 이상 움직임이 없었다. 눈 하나 꿈쩍 않고 바라보던 사울의 얼굴에 순간적으로 비정(非情)한 쓴 웃음이 스쳐 지나갔다.

그때 그의 어깨를 탁 치며 격려하는 사람이 있었는데 바로 대제사장 알렉산더였다. "사울! 자네의 열심에 관한 이야기는 들었네만, 이처럼 열심인 줄은 몰랐네. 우리 공회는 자네의 충성스러움을 이제 확실히 인정할 것일세. 바리새파에 자네 같은 하나님을 경외하는 사람이 있다니, 가말리엘은 정말 좋은 제자를 두었구먼. 앞으로 더욱 협력하여 잘 해보도록 하세. 뒤는 내가 잘 보아 주겠네" 흡족한 표정으로 사울을 격려했다.

4. Apostle Paul
The Realistic Story_APRS
생생한 비브리칼 장편스토리

4부 사도 바울_|사울의 회심|

4-1
사울의 회심

그 사건 이후, 사울은 산헤드린공회로부터 상당한 인정을 받았고, 예수를 추종하는 사람들을 체포하여 공회에 넘기는 일을 주도적으로 맡게 되었다. 그리고 예수당을 섬멸하는 일에 상당한 성과를 내었다. 그는 그리스도인을 잡으면 심문하는 과정에서 예수 부활을 부인하도록 강요했고 불응하면 매질도 서슴지 않았다. 심지어 그의 스승 가말리엘이 사울을 염려하여 그런 일을 하나님께 맡기고 인위적으로 사람을 해하는 일을 하지 말라 했으나, 율법을 위한다는 그의 열심을 막지는 못했다.

때로는 오히려 동문(同門)들에게 그의 스승이 이 중한 일을 너무 미온적으로 대처하고 있다고 말하며, 자신이 비록 악명(惡名)을 얻게 되더라도 율법을 무시하는 나사렛 예수 도당들을 반드시 박멸하여 율법과 성전을 수호해야 한다고 강조하고 스스로도 다짐하곤 했다. 그는 어느새 그의 선생 가말리엘보다 대제사장들과 더 가깝게 지냈고, 그를 동조하여 추종하는 강경한 바리새파 사람들도 적지 않았다.

많은 예수교도들이 전도하다 사울에게 붙잡혀 공회에 넘겨졌기에 사울이란 이름은 예수교도들 사이에서 공포의 대상이었다. 그의 활동지역은 예루살렘뿐만 아니라 점점 더 광범위해졌다. 그는 여러 지역 회당들과 연결하여 예수의 전도자들을 가차 없이 잡아들였다. 사울의 조직적이고 집요한 핍박으로 사도들을 제외한 교회의 중진들은 유다 광야와 동굴로, 그리고 심지어 유대인이 지독하게 싫어하는 지역인 사마리아와 갈릴리, 그리고 심지어 국외인 시리아 다마스커스까지 도피했다.

〈도표-5〉 세계 선교와 바울의 3중적 의미

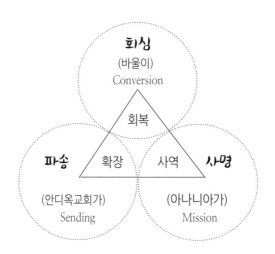

그러나 예수당들도 만만치 않았다. 그들은 도망을 치면서도 그들이 지나치는 지역에서 쉬지 않고 예수는 하나님의 약속하신 그리스도(메시아)이고, 죽은지 사흘 만에 부활했으며, 하늘로 올라가 약속한 성령을 보내 주셨기에 그를 믿으면 영생을 얻는다고 말하며 하나님 나라의 복음을 전했다. 그들이 급히 도망치며 전도를 했으므로 복음 역시 급속히 퍼져나갔고, 이에 곳곳에서 사람들이 믿고 세례를 받아 예수교로 개종하게 되어 오히

려 많은 사람들이 예수를 그리스도로 믿게 되었다.

이 소식을 들은 사울과 그 일행들은 자신들의 활동으로 그리스도인들이 예루살렘에서 숨어버린 효과를 보았으므로, 이제 영역을 넓혀 시리아 다마스커스까지 쫓아 가서라도 예수의 추종자들을 잡아 뿌리를 뽑아야 한다고 생각했다. 그러려면 현지 유대 회당들의 도움이 절실했다. 그래서 사울은 다시 대제사장을 찾아갔다.

"제게 유대에 있는 회당뿐만 아니라, 외국에 산재한 회당에서도 예수도당들을 잡아 올 수 있는 권세를 주십시오. 이들이 그곳 회당에 들어와 예수를 전하니 외국에서도 개종하는 자가 많다고 합니다. 저희는 이번에 시리아로 가도록 하겠습니다. 거기서 놈들을 잡아올 수 있도록 다마스커스 회당에 보내는 협조공문을 써주십시오"하고 청했다. 대제사장은 반색을 하며, "사울 청년, 정말 귀공처럼 열심인 사람은 처음 봅니다. 당신의 이런 열심은 하나님의 칭찬을 받게될 것이요. 예수 도당들이 전멸된다면 당신이 바로 일등공신이오. 우리 산헤드린공회는 당신의 공을 잊지 않고 반드시 포상할 것이며 바로 공문을 써 주도록 하겠소" 사울에게 더 할 수 없는 다정함을 보이며 접대를 하는 한편, 그사이 공문을 작성하여 넘겨줬다.

"잘 다녀 오시오. 꼭, 이 나사렛 이단들을 잡아 박멸해서 여호와의 영광이 훼손되지 않도록, 그리고 우리 유대교 수호자가 되도록 하시오. 다시 한번 약속하거니와 반드시 상을 내리도록 하겠소"하고 다짐하더니 사울 일행에게 필요한 경비도 두둑이 지원해 주었다. 대제사장들은 사울 일행을 전송하느라 대문까지 따라 나오며 격려의 말을 아끼지 않았다.

그들이 작별 인사를 마치고 저택을 빠져 나가자 대제사장 안나스는 그를 둘러싸고 있는 사두개파 청년들에게 언성을 높이며 책망을 했다. "도대체 너희는 뭐하는 놈들이냐! 한심하다. 한심해! 저 바리새파 사울 청년을 좀 봐라. 우리 유대교를 위하여 저처럼 열심인데 너희는 어떻게 예수 도당이 예루살렘에서 활개를 치는데도 아무런 제지가 없느냐?" 책망했다. 사두개파 청년 하나가, "대제사장님! 사람의 피를 보는 그런 부정한 일은 저 무식한 바리새파 놈들이 하도록 양보해야지요. 우리처럼 이성적인 사람들은 그들에게 적당한 명분을 제공하면 되지 않겠습니까?" 비웃으며 대답했다.

대제사장은 혀를 차며 못마땅한 듯 그 청년을 노려보았다. 그는 대제사장 요한의 아들이고 자신의 조카였다. 사두개파 청년들은 헬라식 교육을 받아서인지 별로 행동하는 그런 사람들은 아니었다. 더군다나 바리새파처럼 유대종교에 그다지 열심도 아니었다. 그들은 성전에서 나오는 수익들을 나누고 누리면 되었다. 예수 도당의 무리들이 아무리 그래도 예루살렘 성전의 영광은 여전하고, 그 외관(外冠)은 순례자로 하여금 외경심을 자아낼 만큼 충분한 위엄이 있었다. 이스라엘 사람들의 신앙심은 여전하고 따라서 자신들의 수익도 확고하게 보장되었다.

"숙부님, 우리가 성전을 장악하고 있으면 우리의 권세는 완전 보장입니다. 우리가 저들을 지도하면 저들의 수고가 곧 우리 공이 되지 않겠습니까? 피를 보는 일은 저 무식한 바리새파 놈들이 하게 하고, 우리 지성적 사두개당은 그 과실을 따먹기만 하면 됩니다. 굳이 욕도 먹지 않고, 바리새파와 예수 도당들이 싸우도록 두었다가 예수 도당들이 쇠약할 때 나서면 공은 우리 것이 되지 않겠습니까?" 하고 다른 청년이 말했다.

그는 대제사장 아나니아의 아들이었는데 역시 대제사장 안나스의 조카였다. 대제사장 안나스는 혀를 차며, "허튼소리 작작하고 너희들도 나가 예수 도당을 잡아오란 말이야!"하고 소리질렀다. "예, 예, 알았어요. 그들이 잡히기만 하면 즉시 잡아 대령하겠습니다" 사두개파 청년들이 와—! 하고 웃으며 저택을 빠져나갔다.

사울의 머릿속은 오로지 예수 도당을 어떻게 박멸하여 유일하신 하나님 여호와 신앙과 율법의 권위를 회복할까, 또 한편으로 이번 기회를 통해서 예루살렘과 유다에서 바리새파의 지위와 교리를 회복하고 나아가서는 오랫동안 사두개파에게 빼앗긴 성전을 되찾아 율법에 맞도록 정화하고자 하는 생각뿐이었다. 사울이 여장을 꾸리고자 가말리엘 학교에 들어왔다. 마침 가말리엘은 밖으로 나가던 중이었다. "사울아, 마침 잘 왔다. 네가 예수의 제자 스데반을 죽이는데 가편 증인을 섰느냐?"하고 떨리는 목소리로 물었다. "예, 제가 스데반을 처형하는 것이 마땅하다고 증인을 섰습니다" 사울은 정당한 일을 했다는 듯 말하면서 선생을 보았다. "이전에도 말했지만 네 행동이 너무 과격하구나. 너는 지금 네가 하는 일에 확신이 있느냐?"하고 가말리엘은 물었다.

사울은 놀라서 선생을 바라봤다. "아니 스승님, 그보다 더 확실한 일이 어디 있습니까? 예수가 그리스도라, 하나님의 아들이라, 죽은 자가 부활했다. 예수의 피로 죄가 사해졌다. 그런 해괴한 망언을 하는 자들이 잘못되었다는 것은 너무나 확실한 일이 아닙니까? 그러면 선생님은 예수가 그리스도라고 생각하십니까?"하고 반문(反問)했다.
"아니다. 아직은 그가 그리스도라고 단정할 수 없고, 아니라고도 단정할 수 없다." "뭐라고요? 아니라고 단정할 수 없다니요?" "그렇다. 우리의 교리는 사람의 부활을 주장하지 않느냐?" "그런데 너의 행동은 마치 부활이 있을 수 없는 일처럼 행동하니, 마치 사두개파 같구나" "아니, 스승님! 그렇게 심한 말씀을 하시다니요. 제가 사두개파 같다니요?" 항의하듯 물었다. "그래, 그렇지 않다면 사두개파에 동조하여 예수 부활을 주장하는 자들을 찾아 체포하고, 스테반이란 사람을 죽음으로까지 몰아갈 것이 무엇이냐?" 하고 책망하듯 꾸짖었다.

"스승님! 너무하십니다. 오히려 스승님이 저를 칭찬할 줄 알았습니다. 예수의 무리들은 우리 바리새인을 얼마나 능욕하고 비난했습니까? 예수 도당을 척결한 것은 진실로 우리 바리새인의 명예를 위한 것이었습니다." 다시 강경하게 말했다. "진리는 진리가 스스로 증거하는 것이다. 인위적(人爲的)으로 사람들을 강압하여 그 믿음을 바꾸려는 시도는 잘못된 것이다. 예수의 관한 소문들이 사실이 아니라면 스스로 능력을 얻지 못하고 소멸될 것이다. 거짓은 절대 오래가지 못한다."

"아닙니다. 저는 선생님처럼 그렇게 우유부단한 태도를 취할 수 없습니다. 이번 기회에 저는 예수 도당을 전부 진멸해버리겠습니다" 더 강경하게 주장했다. "뭐라고, 우유부단! 사울아, 네가 이제 내 말을 거스릴 작정이냐?" 가말리엘의 목소리는 노기(怒氣)로 떨렸다. "스승님, 두고 보십시오. 저는 예수와 그 무리들이 거짓을 일삼고 있다는 확신이 있습니다. 이번 기회에 반드시 예수 도당을 진멸하겠습니다. 저는 이만 가보겠습니다" 하고 스승과 다투지 않기 위하여 급히 밖으로 나갔다.
이미 문 앞엔 다마스커스에 함께 갈 건장한 체포조 성전 군병들이 여장(旅裝)을 준비하고 기다리고 있었다. "자, 바로 출발합시다. 이번 여정에 하나님이 우리와 함께하셔서, 예수 도당 수괴들을 반드시 잡아오도록 할 것이오” 사울은 그들을 격려하고 예루살렘을 떠나 다마스커스를 향했다.

4-2
사울이 부활하신 예수를 만나다

사울의 일행은 열심히 길을 재촉하여 제오일 정오(正午)가 될 때, 시리아 다마스커스 성문이 바라다 보이는 언덕에 다다랐다. “와! 드디어 다마스커스다!” 사울의 일행들은 무더운 날씨와 긴 행군에 지쳤으므로 큰 함성을 질렀다. “오! 이제 다 왔네” 여정에 지친 일행은 다시 활기를 되찾았다. 사울은 다마스커스에 도착해서 어떻게 예수 도당을 잡아올 것인지 궁리하다가 다마스커스 성문이 보인다는 말에 고개들어 성문을 바라보았다. 거대한 성인 다마스커스는 웅장한 성문 뒤편으로 도로를 따라 수십 개의 돌 기둥들이 사열하듯 서있는 것이 보였다.

그 순간이었다. 갑자기 태양빛보다 더 강렬한 빛이 그를 비추었다. 사울은 “악” 하고 외마디 소리를 지르며 꺼꾸러졌다. 그는 두 손으로 눈을 가리고 그 빛을 보지 않으려 이리저리 피했으나 그 빛은 더욱 강력한 힘으로 그를 비추었다. 갑자기 그의 눈은 고통스럽고 아무 것도 식별할 수 없는 암흑에 싸였다. 그가 어찌할 바를 모르고 눈을 감싸 쥐고 엎드러 졌을 때, 사울의 귀에 거부할 수 없는 하늘의 음성이 들려왔다.

“사울아! 사울아! 네가 어찌하여 나를 핍박하느냐?”
“사울아! 사울아! 네가 어찌하여 나를 핍박하느냐?”

책망하며 묻는 굉음(轟音)같은 소리에 사울은 두려움에 사로잡혔다. 그는 떨리는 목소리로 대답했으며 곧 바로 응답을 들었다.

"주여! 당신은 누구십니까?"
"나는 바로 네가 핍박하는 나사렛 예수니라-!"

사울은 나사렛 예수라는 말을 듣는 순간 큰 공포가 몰려들었다. 그럴 리 없는 일이 사실로 확인되는 순간이었다. 잘못 듣고 있는 것이 아니었다. 사울은 되물었으며, 다음 대답으로 들려왔다.

| 그림-4 다마스커스 도상에서 예수님을 만난 바울(사울)

"정말, 주께서 나사렛 예수라는 말씀입니까?"

"그렇다, 나는 하나님 아버지의 보내신 그의 아들 나사렛
예수, 아브라함과 이삭과 야곱과 그리고 모세와 다윗
네 민족의 역대 선지자들에게 약속한 그 메시야니라!"

"아니, 그럼 나사렛 예수가 바로 당신이고 하나님의
약속하신 그 메시야란 말씀입니까?"

떨리는 목소리로 되물었던 사울은 '내가 나사렛 예수다!'라는 대답을 듣고
크게 절망했다. 그렇다면 자신은 바로 하나님의 아들을 대적하는 천벌을
받을 짓을 한 것이다. "주여, 그럼 당신을 핍박하고, 당신을 믿는 사람들
을 공회에 잡아주고, 스테반을 죽인 이 사악한 자, 이 죄인을 어떻게 하
시렵니까? 정말, 저는 당신이 하나님의 아들일 것이라고는 상상해 본 적
이 없었습니다"하고 두려움에 몸을 떨며 스스로를 변호했다.

"네가 비록 큰 잘못을 했지만, 사람을 창조하신 천부께서 깨닫게 해주지
않으면 아무도 내가 그리스도인 것을 믿지 못한다. 이제 너는 일어나 성
으로 들어가거라. 이후로 네가 할 일을 가르쳐 줄 사람이 너를 만나러 올
것이니라"하는 응답을 들을 수 있었다. "주여! 그럼 이 죄인은 죽는 것이
아닙니까? 아, 감사합니다. 정말 감사합니다. 저는 앞으로 어떻게 해야 할
까요?" 사울은 어깨를 들먹이며 죄를 자복하며 울고 또 울었다. 같이 가
던 사람들도 그 밝은 빛으로 인해 같이 엎드려졌지만 예수가 사울에게 말
하는 소리는 듣지 못했다.

사울의 중얼거림이 멈추자 일행 중 한 사람이 정신을 차리고 걱정스런 얼
굴로 물었다. "사울님! 무슨 일이에요? 괜찮습니까?" 사울은 온몸에 힘이
빠져서 몸을 가누지 못해 그 사람을 의지하여 간신히 자리에서 일어났다.
그러나 그제야 그는 자신이 앞을 볼 수 없다는 사실을 깨달았다.
세상이 온통 흑암으로 싸여 있었다. "내 눈이! 도무지 아무것도 보이지
않아! 지금 해가 하늘에 떠 있습니까?" 사울은 떨면서 옆 사람에게 물었

다. 그리고 눈을 부비고 다시 주변을 살펴보았으나 역시 암흑뿐이었다.

한편 일행은 사울이 당한 화가 자신들에게도 미칠까 봐 겁이 났다. 한 사람이 공포에 찬 얼굴로 낙담하고 있는 사울에게 물었다.

"사울 랍비님, 이제 우리는 어찌하면 좋을까요?" 사울은 한숨을 내쉰 후, "방금 내게 나타나신 주님께서 성안으로 들어가라고 하셨으니, 우선 성안으로 들어가야 합니다." 사울은 자신을 부축하고 있는 사람에게 말했다. "아니, 갑자기 '주님'이라니요? 지금 말씀하시는 주님이란 대체 누구를 말하는 것입니까?" 일행 중 한 사람이 물었다. "아니 그럼 당신들은 나사렛 예수, 그 주님이 말씀하는 것을 듣지 못했습니까?" 되물었다. "나사렛 예수가 주(The Lord)라고요? 우린 아무 소리도 듣지 못했는데요." 이상하다는 듯 대답했다. 몇 사람은 사울이 미쳐버린 것 같다고 소근거렸다.

"아니 그렇게 큰 음성으로 말씀하셨는데 당신들은 듣지 못했단 말이오?" 하고 되물었다. "아주 밝은 빛이 비치는 것은 보았습니다만, 우린 아무 소리도 듣지 못했습니다. 일행 중 어떤 사람은 사울이 벌을 받았다고 생각했다. 한편에선 너무 열심인 나머지 미쳐버리지 않았을까 생각도 했다. 그들은 의심의 여지없이 함께 밝은 빛을 보았으므로 사울에게 어떤 특별한 일이 일어난 것은 분명하다고 믿었다.

"여기 이러고 있을 것이 아니고 사울님 말대로 우선 성안으로 들어 갑시다" 다른 한 사람이 자기들도 잘못될까 해서 재촉했다. 사울은 그들에게 이끌려 다마스커스성으로 들어갔다. 그들은 대로(大路)를 따라가다가 성문에서 가까운 큰집을 찾아 들어갔는데, 공교롭게도 최근에 예수를 믿게된 유다라는 유대인의 집이었다. 그집 대문에 '메주자(쉐마)'21)가 붙어 있는 것을 보고 유대인의 집이라는 것을 알고 그 집 문을 두드렸다.

그 집 하인이 대문을 열고 그들에게, "당신들은 누구시며, 무슨 일로 왔습니까?" 물었다. "예, 우리는 예루살렘 산헤드린공회의 보냄을 받아 다마스커스 회당에 공문을 전하러 온 랍비 사울의 일행입니다"라고 답했다. "예? 공회가 파송한 사울 선생 일행이라고요?" 하인은 얼굴색이 변하며 되물었다. "아니 당신이 사울 선생을 아시오?" 그들이 묻자, "아니요, 다만 요즈음 예루살렘에서 유명한 사람이라고 들었습니다."

그는 두려운 표정으로 대답했다. "그가 바로 저분이신데, 오는 도중 갑자기 실명했습니다. 며칠 묵으면서 눈을 좀 치료하면 좋겠는데요. 묵어 갈 수 있겠습니까?" 정중하게 청했다. 그러자 문지기는 좀 난처한 얼굴로, "잠시 기다려 주십시오. 일행이 많으니 주인님께 아뢰도록 하겠습니다" 하고 기다리게 한 후 들어갔다. "유다님, 큰일 났습니다. 예루살렘에서 예수 믿는 사람들을 잡으러 온 사울이라는 자가 지금 우리 집에 와서 유(遊)하기를 청하고 있습니다"하고 고했다.

"뭐라고? 아니 그 예루살렘의 악독한 사울이 여기를 왔다고…, 분명 예수를 믿는 사람들을 잡으러 다닌다는 그 사울이 맞냐?" 물었다. "예 일행이 많은 걸로 보아 그들이 틀림없습니다. 그들 몇 명은 몽치와 포승줄도 있습니다. 그리고 다마스커스 회당에 가는 공문을 가지고 왔다고 하더라구요." 유다는 두려운 얼굴로, "그래 지금 그들은 어디 있느냐?" 물었다. "예, 지금 대문에서 기다리고 있습니다. 주인님, 이 사람들을 우리 집에 받아들이면 골치 아플 것 같습니다. 주인 유다는 고개를 갸웃하며 잠시 생각에 잠겼다. "나그네와 행인을 잘 대접하라는 것은 우리 주님의 가르침이지, 비록 그가 우리를 해치러 온 사람이지만 고난 당한 사람에게 그럴 순 없지⋯. 그를 혹 우리 주님이 보냈는지도 모르지 않느냐. 일단 들어오게 해서 쉴 곳으로 안내하자"하고 말했다.

"주인님, 괜찮겠습니까?" 하인은 걱정스러운 듯 주인에게 말했다. "무슨 일 있겠나? 더군다나 눈이 안 보이면 우리가 당연히 도와줘야지. 주님은 원수라도 사랑하라고 하셨지 않느냐?" 유다는 진지하게 말했다. "알겠습니다. 그럼 들어오게 하겠습니다"하고 종은 문으로 나가 사울 일행을 들어오게 하고 물을 주어 발을 씻게 해주었다. 일행은 집주인 유다의 영접을 받았고, 친절하게 음식도 대접받았다.

주인 유다는 눈먼 사울을 특별 배려하여 방 하나를 따로 주었다. 사울은 홀로 방에서 지내면서 밖을 나가지 않고 모든 시간을 기도에 몰두했다. 그리고 암기(暗記)했던 율법과 선지서의 예언들을 되뇌며 나사렛 예수가 그리스도라는 사실을 연결해보려고 노력했다. 얼마지 않아 그는 유대인들이 메시야에 대하여 잘못 생각하고 있음을 깨닫게 되었다.

"그렇지, 우리가 고대하는 그리스도와 하나님이 보내시려 하는 그리스도는 달랐어. 우리는 로마와 이민족으로부터 우리 민족을 해방시켜 줄 군사적 그리스도를 고대했지만, 하나님이 보내신 그리스도는 하나님의 백성을 저희 죄에서 구원할 분이었던 거야! 그리하여 구원받은 자들을 모아 하나님 왕국을 이루기 위해 그래서 비천한 인간의 모습으로 나사렛이란 곳에 숨어오신 거야⋯!" 그는 문득 이사야 선지자의 예언이 번쩍이듯 생각났다. 그리고 이전에 외우고는 있었지만 깊이 생각해 보지 않았던 이사야의 예언 한 부분이 선명하게 생각났다.

"우리가 전한 것을 누가 믿었느냐? 여호와의 팔이 누구에게 나타났느냐? 그는 주 앞에서 자라나기를 연한 순 같고 마른 땅에서 나온 줄기 같아서 고운 모양도 없고 풍채도 없은즉 우리가 보기에 흠모할 만한 아름다운 것이 없도다"(이사야 53:1-2).

그렇지, 고운 모양도 없고 풍채도 없은 즉, 흠모할 만한 아름다운 것이 없도다…! 그래, 바로 그래서 나사렛 사람이야!" 그는 하나님의 아들이 왜 그렇게 초라한 모습의 나사렛 사람으로 오셨는지 이해되었다.

"아! 왜, 나는 한 번도 그리스도가 이런 초라한 모습으로 오실 거라고 생각해 보지 않았을까? 이사야 선지자의 이 예언을 유대 지도자들이 왜, 한 번도 생각해 보지 않았던 것일까? 그래! 그래! 우리는 그동안 우리 민족의 필요에 의해 그리스도에 관한 개념을 우리 스스로 만들어내고 있었던 거야 … 세상의 정복자, 통치자, 주권자. 심지어 우리 선생님까지도 고난 받고 십자가에 못 박히는 그리스도는 상상도 못 해보신 것이지!"

사울의 눈에는 쉴 새 없이 회개의 눈물이 흘러내리고 있었다. 그는 계속 이사야의 예언을 읊조려 내려갔다.

"그는 실로 우리의 질고를 지고 우리의 슬픔을 당하였거늘 우리는 생각하기를 그는 징벌을 받아 하나님께 맞으며 고난을 당한다 하였노라. 그가 찔림은 우리의 허물 때문이요, 그가 상함은 우리의 죄악 때문이라. 그가 징계를 받음으로 우리는 평화를 누리고, 그가 채찍에 맞음으로 우리는 나음을 받았도다. 우리는 다 양 같아서 그릇 행하며 각기 제 길로 갔거늘 여호와께서는 우리 모두의 죄악을 그에게 담당시키셨도다"
(이사야 53:4-6).

그는 깨달았다. "주님께서 우리에게 평화와 나음을 얻게 하기 위하여 그 큰 고난을 당하셨는데, 우린 아무도 그의 그 거룩한 일에 동조하지 않고, 우리 하고 싶은 일만 했어. 주님이 우리와 나를 위하여 죄를 짊어지시고 패역무도한 나를 위해서 십자가에 못박혔다"고 읊조렸다. 육신의 눈이 멀자 그는 비로소 영의 눈으로 주님을 볼 수 있게 되었다. 사울은 무릎을 꿇고 통곡을 하며 흐느껴 울었다. 눈물은 하염없이 사울의 볼을 타고 목덜미를 지나 가슴까지 흘러내렸다.

사울의 회개, 다마스커스 성 안에서

| 그림-5 사도 바울이 회심 후 묵상함

"주님 주님! 잘못했습니다" 주님의 그 고귀한 사랑을 아무도 알지 못하고, 홀로 십자가의 길을 가도록 했습니다. 다 우리 죄 때문인데…. 용서해주세요, 정말 몰랐습니다. 나는 이제 주님이 우리 죄를 속죄하기 위하여 대신 십자가지신 속죄양 되신 것을 확실히 믿습니다." 사울은 감격하여 속죄하면서 고백을 이어갔다. 당신이 하나님의 아들이심을 부정하고, 핍박하며, 많은 신자들을 괴롭히고, 배교하게 만들고, 공회에 넘겨 죽게 하고, 심지어 저 의인 스테반을 죽게 한 이 죄인을 용서해 주십시오."

사울의 사흘 금식 기도

사울은 회개 기도를 드리고 나자 한없이 자신의 잘못이 부끄럽고 원통했다. 그는 사흘 동안이나 식음을 전폐(全廢)하며 기도를 이어갔다. 그는 본래 율법과 선지서에 능한 사람이었다. 부활하신 예수를 만나서 인간의 타락과 인류의 불행과 그들을 구원하시려는 하나님의 계획과 구원의 약속, 아브라함으로부터 시작되는 믿음으로 얻는 구원의 모형들이 예수 그리스도의 십자가 사건 안에서 조화와 통일을 이루면서 하나님의 구원 역사와 약속, 이미 임한 하나님의 나라를 맛 보게 되었다.

성령은 이미 사울의 심령 속에서 강력하게 역사하고 있었다. 비록 눈은 보지 못하지만, 주님의 은혜로운 역사 속에서 주님과 깊은 교제를 나누고 있었다. 그는 특별히 스데반을 죽인 것을 생각하면 견딜 수가 없었다. 자신 같은 악인을 죽이지 않으신 전능하신 주님의 은혜가 하늘보다 높고 바다보다 넓다고 인식되었다.

스데반 집사가 죽을 때, 천사 같은 모습으로 그리스도를 증거하고 그를 돌로 치는 자들을 위하여 기도하는 모습을 상기하며, "그래, 주께서 용서하셔서 받아 주신다면, 나도 스데반처럼 살 것이다. 그리고 그의 마지막 모습이 바로 내 모습이 되리라…"하고 다짐하였다. 스데반에게 들었던 복음이 다시 생각나면서 새롭게 그의 가슴에 새겨지고 있었다.

또, 한편으로 이제 자신이 그리스도인들을 어떻게 대하여야 하고, 그들이 자신을 과연 그들의 공동체에 받아줄 것인가도 염려되었다. 그의 눈은 여전히 앞을 보지 못한채 오랫동안 엎드려 오직 주님의 자비를 구하고 있었다. 그는 이제 대제사장이나 바리새인이나 산헤드린 공회와도 단절할 것을 결심했다. 이전에 자랑스럽게 여기던 모든 것을 분토같이 여겼고, 그것들과 단절해도 조금도 아쉬움이 남지 않았다. 어떻게든 주님의 용서를 받아야 한다고 생각되었다.

4-3
아나니아 선지자 통해 세례, 사명 받음

아나니아에게 눈먼 사울을 치료하라는 명령

한편 다마스커스에 살면서 예수의 제자가 된 아나니아[22]는 자신의 집 다락에서 기도를 하고 있었다. 그는 오순절에 예루살렘에 순례를 갔다가 사도들로부터 복음을 전해 듣고 예수 그리스도를 구주로 영접한 사람이었다. 그는 늘 하던 습관대로 기도하려고 지붕 위로 올라갔다. 그가 기도를 하는 중간에 갑자기 온 주변이 환해지면서 문득, "아나니아! 아나니아!"하고 자신의 이름을 부르는 소리를 들었다. 아나니아는 깜짝 놀라 좌우를 돌아보았으나 아무도 보이지 않았다.

"아나니아야, 나는 네가 믿는 너의 주, 예수 그리스도니라" 음성이 들려왔다. "예, 주님! 제가 여기 있습니다. 무슨 일입니까? 말씀하옵소서" 아나니아는 두려워하며 황급히 엎드렸다. "아나니아야, 내가 네게 시킬 일이 있다. 너는 지금 직가로 가서 네 형제 유다라는 사람의 집을 찾아가거라. 그 집에 들어가면 예루살렘에서 온 사울이 있는데, 너는 그를 만나라. 그가 지금 기도하는 중이다. 그가 나의 징계를 받아서 앞을 볼 수 없게 되었는데, 네가 안수하여 낫게 된 것을 사울이 환상 중에 보았느니라."
아나니아는 깜짝 놀라며, "아니 사울이라고요? 주님! 제가 듣기로는 이 사람이 예루살렘에서 우리 형제들을 잡아다 공회에 넘겨 핍박을 받게하고 형제들에게 적잖이 해를 끼쳤고, 심지어 스테반 집사를 죽이도록 했다고 들었습니다. 들리는 소문에 지금 다마스커스에 온 것도 주의 이름을 부르는 형제자매를 무론(毋論)하고 예루살렘에 끌고 갈 권세를 대제사장에게 받아온 것이라고 했습니다"

주님께서 말씀하셨다. "내 종, 아나니아야! 나도 안다. 그러나 그는 앞으로 내 이름을 이방인과 임금들 앞, 그리고 이스라엘 자손들에게 전하기 위하여 택한 그릇이니라. 이제부터 그가 나를 위하여 얼마나 많은 고난을 받아야 할지 네가 안수할 때에 내가 그것을 사울에게 보이리라. 너는 안심하고 그를 찾아 가라!"

"주님, 그 악한 사람이 회개하다니요? 정말입니까? 주님의 능력은 참으로 놀랍습니다. 그 원수가 회개를 다 하다니요. 예 알겠습니다. 가겠습니다" 하고 아나니아는 대답했다. 직가23)에 있는 유다는 그가 이전부터 잘 아는 형제였다. 그 역시 오순절 순례길에서 주를 영접한 신자였다. 그는 바로 유다의 집에 가서 주님의 명을 전했다. 유다는 이 신비한 사건에 감격하면서, 하나님이 이 모든 일을 주장하고 계신다는 확신으로 인해 주께 감사하고, 곧 사울이 거처하는 방으로 아나니아를 인도했다. 앞을 보지 못하는 사울은 사람의 인기척이 들리자 아나니아와 유다 쪽을 바라보았다.

"누구요…?"하고 더듬거리며 물었다. 아나니아가 근엄한 목소리로 "형제 사울이여, 나는 예수 그리스도의 보내심을 받고 당신을 찾아 온 아나니아라는 주님의 선지자요. 바로 당신이 다마스커스로 오는 길에서 만났던 그분 말이요"설명하자 사울은 반색하며, "예, 기다리고 있었습니다. 어서오십시오. 주께서 환상 중에 당신이 내게 안수하는 것을 보이셨습니다." 반 갑고도 공손히 말했다.

치유의 기도와 기적

사울에게 이전의 악랄함은 흔적도 없었고 아주 유순한 사람으로 변해 있었다. "주님은 내게 명하시기를 당신에게 안수하여 다시 볼 수 있도록 하라고 하셨소. 사울 형제는 안수를 받겠소?" "그럼요! 받고말고요. 주님의 명령을 누가 거역하겠습니까?" 사울은 지체 없이 아나니아를 향하여 무릎을 꿇었다. 아나나니아는 사울 앞으로 가서 그의 머리 위에 손을 얹으며, "주 예수의 이름으로 사울의 눈이 회복되기를 원하노라!" 명령하듯 권위 있게 치유의 기도를 올렸다. 그리고 "형제 사울이여! 주님이 당신을 성령으로 충만케 하신다!" 큰 소리로 선언하듯 외쳤다.

사물을 감췄다가 보여주신 능력

성령은 불처럼, 거대한 파도처럼, 사울의 심령을 능력으로 파고들어 그야말로 성령으로 충만했다. 그리고 사울이 이후에 감당해야 할 무수한 고난들을 환상으로 보여주셨다. 사울은 고통 속에 떨었고 얼굴은 땀으로 범벅이 되었다. 한참이 지나서야 사울은 일어났다. 그의 눈은 눈물로 범벅이 되었다. 그러나 얼굴은 더할 나위 없이 밝고, 평화가 넘쳐흘렀다. 동시에 그의 눈에 모든 사물이 보이기 시작했다.

"아, 보입니다. 완전하게 보입니다. 오! 주님 감사합니다. 당신은 전능하신 창조주이시고 구세주이십니다. 저 같이 악한 죄인을 구원해 주신 것만도 감사한데 주님의 사도로 불러주시다니요. 이 웬 은혜입니까?" 사울은 감격에 겨워 흐느끼며 말했다. 그에게 더 이상 의심 같은 것은 없었다. 이미 성령의 인도따라 성경을 밝히 깨달아 예수가 바로 하나님의 아들이요 그리스도인 것을 확신했기 때문이다.

사울이 세례를 받다

아나니아는 사울에게 몇 가지를 고백하게 한 후 주 예수의 이름으로 세례를 주었다. 그는 사울을 안고, 사울도 아나니아를 얼싸안았다. 유다도 이 아름다운 일이 자신의 집에서 이루어진 것에 감격했다. 그들은 이미 주안에서 한 형제가 되었다. 세 사람과 여러 성도들은 날을 새며 예수의 그리스도 되심과 그의 복음과 은혜를 나누며 찬양과 기도를 했다. 그들이 복음을 전하는 곳마다 성령의 임재가 있었다. 이후로 그곳에는 많은 그리스도의 형제들이 모여왔다.

| 그림-6 바울이 회심 후 아나니아에게 세례 받음

사울의 간증

사울은 그들에게, "형제들! 나는 이 시간 여러분께 몇 말씀을 드리려고 합니다. 우리가 오는 길에 나는 태양 빛보다 더 밝은 빛을 보았습니다. 그리고 눈이 먼 것을 여러분은 다 보았습니다. 그 빛을 본 순간 그 죽었다던 나사렛 예수가 제게 나타나서, 그가 하나님의 아들인 것과 우리 선조에게 약속하신 그리스도인 것 그리고 다시 살아나시고 하늘에 올라 하나님 보좌 우편에 앉은 것을 제게 계시해 주셨습니다. 그리고 오늘 여러분은 주님이 직접 형제 아나니아를 보내 내 눈을 다시 볼 수 있도록 해준 것을 목도 했습니다.

여러분, 나는 나사렛 예수가 그리스도인 것을 확실히 믿습니다. 여러분은 이 놀라운 일을 경험했습니다. 우리 함께 예수님을 주로 믿읍시다. 그분은 살아계신 하나님이십니다." 사울의 복음은 성경적으로 시작되었다. 그들 중 몇 사람이 기쁘게 예수를 믿고 세례를 받았다. 그러나 몇몇은 "이건 말도 안돼, 이건 완전한 미친 짓이야! 사울 저 인간이 우리를 기만했어! 완전 미친 짓이었지. 이번 일만 잘처리했다면 사울은 공회원도 되고, 바리새파의 위신도 세울 수 있었는데… 똑똑한 사람이 미쳐버렸어!"하고 분해하기도 했다. 그들 몇은 사울을 억지로 끌고 예루살렘으로 데려가려 했다. 그러나 함께 온 사람들 중에 반대하는 사람들이 더 많았고, 거기에 예수의 신도들도 많이 있어서 결국 자신들만 돌아갈 수밖에 없었다.

그때로부터 사울은 열정적으로 다마스커스에 있는 형제들과 그가 받은 주님의 계시를 간증하기 시작했다. 사울은 아나니아와 함께 주변을 돌아다니며 예수가 율법과 선지서에 약속된 '그리스도'라고 증거하기 시작했는데, 그의 증언은 큰 권위가 있었다. 또 예수를 극심하게 반대했던 전력(前歷) 때문에 그의 놀라운 변화로 회심하고 돌아오는 사람이 적지 않았다.

4-4
다마스커스의 아레다 왕

사울의 개종 후의 복음사역

사울은 다마스커스의 여러 회당으로 복음을 전하기 위하여 찾아갔다. 바로 대제사장이 예수 믿는 자들을 잡으라고 공문을 보냈던 그 회당들이었다. 회당에서는 대제사장이 파견한 사람이기에 대제사장을 대하듯 사울을 반갑게 맞았다. 사울이 그들에게 예수가 그리스도인 것을 성경을 풀어가며 명확하게 증거하자, 회당장들과 그곳 지도자들은 도대체 뭐가 뭔지 이해가 되지 않았다.

대제사장이 뭐하러 저런 자를 보냈는지 알 수 없었다. 사울의 전도를 받은 자들 중 몇몇은 "뭐야! 아니, 저 사람이 예수 도당을 잡겠다고 대제사장이 보낸 그 사울 맞아? 저 사람이 왜 저렇게 됐어?" 또, 일부 바리새인과 사두개인은 사울에게 거칠게 힐문했다. "사울, 당신이 어떻게 이럴 수가 있어? 당신은 산헤드린공회를 배반했어! 예수도당을 잡으러 와서 오히려 예수를 선전하다니, 도대체 이게 어떻게 된 일이냐?"

"예, 설명하지요, 여러 부형님들 내가 산헤드린공희의 공문을 받아 다마스커스로 오는 길에 성문에 들어오기 전, 바로 내가 반대하고 핍박했던 나사렛 예수, 부활하신 그분을 만났습니다.""뭐라고, 아니 또 그 이야기냐! 시끄럽다! 예수 그놈이 부활하다니, 이놈이 어디서 우릴 속이려고 해! 저놈을 우리 회당에서 몰아 내버립시다!" 바울을 회당 밖으로 밀쳐냈다. 그러나 한편에서는 바울의 말을 듣고 예수를 구주로 영접하는 사람도 적지 않았고 심지어 회당장, 바리새인, 사두개인, 율법사, 서기관 중에서도 바울의 전도로 나사렛 예수를 구세주로 믿는 사람들이 많이 생겨났다.

예수를 믿는 사람들 대부분은 회당으로부터 쫓겨났다. 할 수 없이 그들은 따로 장소를 정하고 모임을 가지기 시작했는데, 곧 그곳에서 자연스럽게 예수교회가 시작되었다. 계획적으로 예수 증거를 반대하는 유대인들로 인하여 다마스커스에서 전도가 힘들어지자, 사울은 서북 아라비아 여러 곳에 다니며 말씀을 전하다가 다시 다마스커스로 돌아오곤 했다.

바울이 개종(改宗)을 하고 여러 회당을 찾아다니며 예수 그리스도를 전한 지 어느덧 삼 년의 세월이 훌쩍 지났다. 수많은 반대에도 불구하고 그의 전도 영향은 심히 컸다. 다마스커스와 아라비아 지역의 많은 유대인이 그리스도교로 개종하였고 곳곳에 교회가 생겨났다. 이에 위협을 느낀 그곳 바리새파와 사두개파들이 연합하여 사울을 공격하였다. 그들 중 일부는 다마스커스 성문을 지키며 사울이 외진 곳에 나오기를 기다렸다.

그러나 신자들도 가만히 있지 않았다. 그들은 사울을 보호하기 위하여 백방(百方)으로 노력했다. 누가 그리스도인인지 몰랐으므로 박해자들의 움직임은 쉬 노출되었고, 신도들은 그들의 도모를 미리 알고 방비했으므로 사울은 여러 번 위험을 피할 수가 있었다. 그들은 방법을 바꿔 다마스커스 아레다 왕에게 뇌물을 바쳐 왕명(王命)으로 사울 죽이기를 꾀했다.

"대왕이시여! 예루살렘에서 와서 다마스커스 치안을 어지럽히고 우리 유대교에 들어와 회당을 소란스럽게 하는 자가 있습니다. 존경하는 대왕이시여! 그를 체포하여 재판할 수 있도록 허락하여 주십시오" 요청했다. 그들은 다마스커스에서 오랫동안 살면서 그곳에서 기반을 굳힌 유지들이었다. 다마스커스에는 유대인이 오만명 이상 살고 있었기에 왕도 그들의 요청을 무시할 수는 없었다. 더군다나 많은 뇌물도 함께 가져왔으므로 ….

그래서 아레다 왕은 조금도 고민함이 없이, "그런 사악한 놈이 있나! 내가 통치하는 곳에서 감히 소란과 불법을 행하다니…! 예루살렘에서 온 사울이란 자를 너희 맘대로 처분해도 좋다. 군사도 붙여주마" 선심을 쓰며 허락했다. 군대장관은 편을 나누어 성문을 지키게 하고, 일부는 사울이 기거하는 곳을 찾아갔다. 그러나 궁정에 있으면서 비밀히 예수를 믿던 시녀가 궁정을 나와 재빠르게 그 소식을 형제들에게 전했다. 그들은 사울을 성벽 가까운 신자의 집으로 은신(隱身)시키고 날이 어둡기를 기다렸다.
아레다 왕의 군사들과 유대인들은 이 잡듯 다메섹 여러 곳을 수색하였으나 사울의 종적을 찾을 수가 없었다.

유대인들이 사울의 도주를 염려하자 아레다 왕의 백부장은 유대인에게 받은 뇌물이 있으므로, "제 놈이 뛰어야 벼룩이지 결코 다메섹 성을 빠져나가지 못할거요. 결국 성 안에 있을텐데 성문을 지키고 있으니 하늘로 날아가지 않는 한 별 수 있겠소? 혹시 놈이 변장할지도 모르니 지나는 자들을 철저히 수색하라고 명해 두었소"하고 대답했다.

광주리로 달아내려 도피시킴
밤이 깊어지자 형제들은 사울을 피신시키기로 했다. 형제들을 둘로 나누었다. 한편은 성 밖에서 은밀히 대기하고 한편은 광주리에 밧줄을 묶어 사울을 달아내려 도피시키기로 했다. 그들은 사울이 무사히 다마스커스를 빠져나가게 해달라고 간절히 기도했다. 마침 칠흑같이 어두운 밤이었다. 또한 안개까지 다마스커스 성 전역에 짙게 내려 앉았다.

형제들은 앞서거니 뒤서거니 주위를 살피며 순찰대를 피하여 성벽에 붙어 있는 성도의 집으로 들어갔다. 그리고 거기서 성 밖으로 나갔던 형제들이 성 밑으로 오기를 기다렸다. 갑자기 들개 짓는 소리가 들렸다. 그 소리는 약속된 군호였다. "오, 사울님, 성 밖에 형제들이 왔습니다." 그들은 순회하는 파숫꾼이 지나가기를 기다린 다음 작별인사를 마치고, 밧줄을 매단 큰 바구니에 사울을 들어가게 하고 서서히 밧줄을 풀어 내렸다. 이윽고 바구니는 성 아래 도착했다. 성 아래 대기하던 형제들이 사울을 데리고 성벽으로부터 멀리 피신하여 거기 준비해 둔 마차로 다마스커스를 떠나게 했다. 사울은 길을 잘 아는 형제들의 보호를 받으며 밤에만 이동하여 예루살렘으로 돌아왔다. 그가 예루살렘을 떠난 지 삼 년만이었다.

4-5
예루살렘에서 사울

사울은 저녁 시간을 기다렸다가 해가 지기 바로 전 변장(變裝)을 하고 예루살렘성으로 들어왔다. 사울은 가말리엘 문하(門下)로도 들어가지 못했고, 바리새파들의 모임에도 가지 못했다. 하물며 산헤드린공회야 말로 합류할 수 없었다. 그래서 그는 예루살렘에 살고 있는 그의 조카집으로 갔다. 사울이 예루살렘에 돌아왔을 때, 이미 삼 년이 지났기 때문에 예루살렘 교회 형편도 많이 달라져있었다.

사울이 개종한 사실을 기억하는 사람은 별로 없고, 다만 그가 옛날에 많은 신자를 잡아다 공회에 넘기고, 스테반을 죽였다는 것만 기억하고 있었다. 그는 그의 조카를 전도했고 조카 역시 기쁨으로 삼촌이 전한 복음을 받아 들였다. 바울은 조카 집에 머물면서 교회와의 접촉을 시도했다. 그러나 사울의 이름을 들은 예루살렘 성도들은 사울의 회심(悔心)을 믿지 않고 오히려 두려워하며, 혹 그가 자신들을 잡기 위하여 가장한 것이 아닌가 의심하고 가까이하려 들지 않았으며 오히려 따돌림시켰다. 많은 사도가 전도 목적으로 다른 지역으로 갔고, 베드로, 야고보, 바나바 정도가 예루살렘에 남아 있었으나, 그들을 만나기도 쉽지 않았고, 그들 역시 사울을 경계하였다.

바나바가 사울의 복음사역자의 가능성 추천

사울의 회심과 활동을 비교적 상세히 알고 있는 바나바가 하루는 베드로와 야고보에게 "사도님들, 탈소의 사울이 다마스커스에서 돌아왔다고 하는데 우리가 만나 봐야 하지 않을까요?"하고 권했다. "아, 우리야 사울의 회심을 들어서 알고 있지만, 성도들이 워낙 경계하니 우리도 쉽게 접근하는 것이 어떨지 모르겠네요"

예수의 친 동생인 야고보 사도가 말했다. "사울 형제가 이곳에 온 사실을 알게 되면 바리새파나 산헤드린공회도 우리를 더 극심하게 대적하려 할텐데…." 이말을 들은 베드로도 근심하며 바나바를 바라보았다. "그리고, 그가 확실히 개종한 것인지, 또 어떤 경로를 통해 개종한 것인지 알 수도 없고 무작정 들어오게 하면 성도들이 불안해 할텐데…." 바나바가 말을 이어갔다. "좋습니다. 그렇다면 이렇게 해보지요. 제가 다른 장소에서 먼저 사울을 만나보겠습니다. 그가 회심한 것이 확실하다면 제가 그를 데려오겠습니다. 그러나 조금이라도 미심쩍으면, 그를 데려오지 않겠습니다" 야고보가 "괜찮을까요? 혹시 바나바님을 해치려 들면 어쩌지요?"

"그 점은 마음 놓으십시오. 제가 로마 시민권이 있으니 아무리 사울이라도 쉽게 해치지 못할 것입니다. 형제들도 몇 데리고 갈게요. 만약 사울의 회심이 확실하다면 우리는 천군만마를 얻는 것과 같습니다. 우리를 핍박하고 주님의 부활을 그렇게 반대하여 스테반을 살해하는데 주모자가 된 그가 회심했다면, 예루살렘에서 이보다 더 주님의 능력과 그리스도의 부활을 증거하는데 유력한 인물도 없을 것입니다" "그렇긴 합니다. 바나바님, 그럼 조심히 다녀오십시오."

그리하여 바나바는 수소문해서 사울의 조카집을 찾아갔다. 사울은 거기서 바나바를 반갑게 영접했다. 바나바가 보니 사울은 예전의 살기등등했던 그 사람이 아니었고, 얼굴 가득 온유와 자애가 넘쳤다. 벌써 그의 표정에서도 회심이 느껴질 정도였다.
사울은 바나바에게 그가 다마스커스 도상(道上)에서 예수를 만나 회심한 것과 다마스커스 각 회당에서 복음을 전한 것, 아라비아로 가서 삼 년 동안 전도한 것, 아라비아에서 당한 여러 고난과 아레다 왕으로부터 도망쳐 예루살렘에 입성한 일 등, 그의 신앙과 그간의 활동을 말해주었다.

바나바는 사울이 이미 사도들 못지않게 열심히 성과있게 활동한 것을 알 수 있었다. 그런데 더 놀라운 것은 사울의 성경해석과 예수 그리스도를 증거하는 그의 신학교리적 증거들을 들었을 때, 그의 성경지식의 깊이에 놀라지 않을 수 없었다. 그의 예수 그리스도를 증거하는 성경 구절을 연결하고 인용하는 능력은 어느 누구와도 비교할 수 없이 탁월한 것이었다. 바나바는 큰 감동을 받았고 사울이 존경스럽기까지 하였다. "저는 스테반을 죽일 때, 주동했던 것을 정말 후회하고 슬퍼합니다. 아무리 율법에 열심이었어도 그렇게 까지 할 일은 아니었는데, 제가 그 때 왜 그렇게 완악

(頑惡)했는지, 회심 후에도 그 사건은 늘 제 마음을 무겁게 합니다.” 눈물을 흘리며 사죄했다. 사울을 만난 바나바는 십분 안심되었고 기쁨이 넘쳤다. 사도들도 충분이 사울을 받아들일 것이라 생각되었다.

“사울 형제! 정말 잘 오셨소. 지금 사도는 두 분만 예루살렘에 있는데 빨리 가서 뵙도록 합시다” 그리하여 두 사람은 베드로와 야고보가 기거하는 마가의 집으로 갔다. 베드로와 야고보도 바나바의 소개를 받고 사울의 고백을 들은 후 사울의 회심을 곧 인정했다. 그들은 금방 뜻이 통했고, 역시 사울의 성경해석의 탁월함을 금방 짐작할 수 있었다. 그는 율법서, 역사서, 선지서, 지혜서 등을 사용하여 그리스도를 증거했는데, 그의 성경해석 능력은 두 사도를 감탄하게 했다.

사울은 그리스도를 논리적으로 증거하는데 잘 준비된 사람이었다. 두 사도는 주님께서 교회의 교리적 안정을 위하여 이 사람을 보냈다고 믿게 되었다. 사울 역시 그곳에서 사도들과 교제하며 그들이 그리스도와 함께한 행적과 교훈들을 직접 들으며 자신의 신앙에 큰 도움을 받았다. 사도들은 사울이 자유롭게 활동하도록 사역의 길을 놓아 주었다. 사울은 주로 헬라파 유대인들에게 복음을 전했으며 헬라파 유대인의 회심이 늘어났다.

한편, 헬라파 유대교 지도자들의 분노가 극에 달했다. 그들은 사울에게 시비를 걸고 난제(難題)를 들이대며 사울을 공격했지만, 사울은 명료한 이치로 그들의 난제를 설명했으므로, 그들의 공격은 오히려 듣는 사람들이 회심하도록 도움을 주었다. 그래서 그들은 사울과 논증을 피하기로 하고, 암암리(暗暗裏)에 사울을 죽이기로 모의했다. 그들의 그런 모의는 곧바로 사도단에 알려졌다. 사도들은 사울이 예루살렘에 있어서는 그 자신도 위험하고 교회도 위험하다고 판단하여, 사울을 가이사랴 항구로 피신시켜 그의 고향 탈소까지 가도록 형제들을 동반시켜 보호해 주었다. 탈소에 온 사울은 그 곳에서 구 년을 보내며 수변에 복음을 전했다.

복음증거에 유리한 정치적 상황-지중해 변안 국가
복음은 예루살렘, 유대, 사마리아, 갈릴리와 지중해에 인접한 로마제국 여러 나라로 확장되며 든든히 서 가고 있었다. 기간 중 로마제국은 매우 평화로웠기 때문에 사람들이 각 나라 국경을 자유롭게 왕래할 수 있어서 복음전도에도 제약을 받지 않았다.

4-6
안디옥교회-세계 최초선교사 파송

이즈음, 안디옥에도 복음이 전해졌는데 이곳에서 교회는 크게 부흥하게 되었다. 안디옥은 과거 헬라제국의 고도였으므로 헬라 사람들이 아주 많이 살고 있었다. 그들이 복음을 듣고 예수를 믿게 되었는데 그 수가 심히 많았다. 안디옥교회의 부흥소식을 들은 예루살렘 사도들은 바나바를 파송해서 그들을 돕게 했는데, 바나바의 설교와 동역으로 안디옥교회는 더욱 성장을 하게 되었다. 따라서 그들을 가르칠 많은 교사가 필요했다.

바나바가 사울에게 안디옥으로 동사 사역 초청
어느 날 바나바는 문득 다소에 가 있는 사울이 생각났다. "그렇지, 사울 형제라면 이들을 바로 세우고 양육하는데 큰 역할을 할 수 있을거야. 그는 헬라어와 라틴어가 능숙하지 않은가…!" 생각이 여기에 미치자 바나바는 즉시 탈소로 가서 사울을 찾았다. "지금 안디옥에는 수많은 헬라인이 주를 영접하고 날마다 새 신자가 생겨나는데 이들을 양육할 교사가 너무 부족하오. 그들이 헬라어를 쓰고 있어서 아무나 그들을 가르칠 수도 없소. 그래서 헬라어에 능한 당신이 와서 그들을 가르쳐줘야되겠소. 우리 함께 안디옥교회에서 동역을 합시다" 간절히 요청했다.

사실, 사울은 탈소(다소)에 온 후 능력 이상으로 일을 할 수 없었다. 예수를 영접하고 복음 전도자로 바뀐 사울에 대하여 사울의 아버지를 비롯한 가족과 친지, 친구들은 이해할 수가 없었다. 그토록 총명하고 뛰어난 유대교 학자였던 사울이 완전히 예수의 도당으로 돌아왔으나 그가 생소하고 밉기까지 하였다. 그래서 그가 활동하지 못하도록 조직적으로 방해를 놓았다. 탈소에 있는 구 년 동안 전도사역에 큰 열매를 얻지 못한 사울은 때마침 바나바의 요청을 받고 흔쾌히 바나바와 함께 안디옥으로 갔다.

안디옥교회 성장의 밑거름-사울의 사역

사울이 와서 가르치기 시작하자 그곳 교회는 더욱 활기를 띠며, 부흥성장해갔다. 사울의 설교는 놀라운 감화를 주었고, 성령은 사울의 설교를 통하여 사람들의 믿음을 크게 변화시켰다. 안디옥교회는 신도 숫자도 많을 뿐만 아니라 선행이 있었고, 예배의식도 다른 이방인과 달라 안디옥 사회에 큰 영향을 끼치고 있었으므로, 안디옥에 사는 사람들은 그들을 특별히 자신들과 구별하여 "그리스도인"이라고 부르게 되었는데, 조롱 반, 칭찬 반의 감정으로 그렇게 불렀다.

하루는 아가보라는 주님의 선지자가 예루살렘교회가 흉년으로 고통을 겪게 될 것을 예언하였다. 이에 그들은 미리 헌금하여 바나바와 사울을 대표로 삼아 예루살렘 교회에 구제금을 보냈다. 이에 예루살렘교회의 사도와 성도들은 안디옥교회에 매우 감사했다. 그들은 비록 멀리 떨어져 있었지만, 예수 안에서 한 형제자매를 확인하므로 더욱 든든한 마음이었다.

하나가 된 '안디옥 교회와 마가의 등장'
그들이 다시 안디옥으로 돌아올 때에 바나바는 예루살렘에 살고 있던 자기 조카 마가도 데리고 왔다. 귀족이었던 마가의 어린시절 예수그리스도를 따라 다니고 예수가 잡히던 날 밤에도 예수와 함께하는 등 그리스도에 대하여 아는 것이 많았다. 마가의 집은 예루살렘교회로도 사용되고, 특별히 성령이 강력하게 임하시기도 했다. 그 후 안디옥교회는 많은 교사들이 모였고, 다양한 계층의 사람들이 가입하여 하나가 되어 공동체(A community)를 형성하게 되었다. 노예, 천민, 일반인, 농상공업인, 심지어 귀족, 왕족 등, 다양한 계층이 모여들었다. 서로를 '형제, 자매'라고 부르며 이전에 상상하지 못했던 아름다운 '교회 공동체'(The Church community)로 성장해 가게 되었다.

5. Apostle Paul
The Realistic Story_APRS
생생한 비브리칼 장편스토리

5부 사도 바울_ 제1차
세계선교여행

5-1
제 1차 세계선교여행[24)

〈도표-6〉

제1차 세계선교여행 / 사역	
AD	안디옥교회 선교사 파송: 바울, 바나바
AD 46-48	**제1차 선교여행**(구브로, 버가, 안디옥, 이고니온, 루스드라, 더베)
AD	① 갈라디아서 기록(48-49, 안디옥에서 예루살렘 여정중)
AD 49	세 번째 예루살렘 방문(이방인 할례 문제)
AD	예루살렘 총회(제1차 전도여행 선교보고 등)

바나바와 사울은 일 년 동안 안디옥교회에서 가르쳤다. 이로 인해 안디옥 교회는 날로 큰 부흥이 나타나고 있었다. 어느 날, 그들이 모여 예배를 드리며 기도하고 있을 때, 한 형제가 회중에게 계시를 받았다고 일어나서 소리쳤다. "여러분 잠깐, 지금 주님께서 지시하실 일이 있다고 바나바와 사울 형제를 따로 세우라고 명(命)하십니다." 좌중은 순식간에 조용해지고 모두 말하는 형제를 주목했다.

그 형제는 회중 앞으로 나가더니, 바나바와 사울을 앞으로 불러내어 따로 서게 했다. 그리고 그는 다시 주님의 계시를 전했다. "나는 이 두 사람을 선도자로 삼아 타국 백성을 구하고자 보내려고 하니, 너희는 이 둘을 내가 지시하는 곳으로 보내라"하고 전했다. 그들은 바나바와 사울이 안디옥 교회에 중요한 인물이었으므로 아쉬워했지만 주님의 명령에 순종하여 온 성도들에게 즉시 금식(禁食)을 선포했다. 두 사도를 위하여 기도하고, 하나님의 동행과 성령의 충만과 복음의 열매를 위하여 능력 주실 것을 구하며, 그들을 안수해 선교사로 세우고 정성을 모아 필요한 물품을 준비했다. 그들이 다른 교사들의 안수를 받을 때 성령은 충만하게 두 사람 위에 임하였다. "내가 너희를 이방인의 사도로 세우노니 아시아를 시작으로 땅끝까지 많은 이방인에게 복음을 전하여 하나님의 나라가 저희에게 임함을 알게 하라. 또, 내 잃어버린 백성을 찾아 나를 믿어 영생을 얻게 하고 하나님 나라에서 영원한 복락을 누리게 하라"는 성령의 지시하심을 전했다.

떠날 날이 정해지자 그들은 지체하지 않고 바나바의 조카 마가를 수종자로 삼아, 안디옥을 떠나 실루기아 항구[25]로 내려가 곧 바로 키프러스(구부로)로 가는 배에 몸을 실었다. 마가는 처음 떠나는 타국 땅의 여행길인지라 매우 들떠 있었다. 하늘은 청명하고 바람도 적당히 불어주어 돛을 올리자 배는 미끄러지듯 항구를 떠나 항해 길에 올랐다.

지중해 푸른 물은 사파이어처럼 파랗고, 망망대해가 끝없이 펼쳐지고 있었다. 배는 파도를 가르며 키프러스(구브로)[26]를 향해 나아갔다. 마가가 뱃전에 서서 지중해에 펼쳐지는 아름다운 광경을 보며 감격하여 시편 19편 찬송을 불렀다.

"하늘이 하나님의 영광을 선포하고 궁창이 그의 손으로 하신 일을 나타내는 도다. 날은 날에게 말하고 밤은 밤에게 지식을 전하니 언어도 없고 말씀도 없으며 들리는 소리도 없으나 그의 소리가 온땅에 통하고 그의 말씀이 세상 끝까지 이르도다 …"(시편19:1-4).

마가의 찬송이 끝나니 두 사람은 마가를 향해 박수를 쳐주었다. 바나바가 두 사람에게 말했다. "주께서 우리를 이방인의 사도로 세우셨으니 얼마나 영광이요. 열심히 이방인의 땅을 다녀 하나님의 나라를 확장합시다."

이에 사울은, "참으로 감격스럽습니다. 우리 조상 선지자들에게 하신 예언이 우리를 통하여 현실로 실현되는군요. 주께서 우리에게 이 귀한 사역을 맡기셨으니 어찌 죽음이라 한들 두려워하겠습니까? 주께서 언제나 우리와 함께 하시겠다고 하셨으니 또 두려울 것이 무엇이겠습니까? 반드시 사명을 완수하여 하나님 나라가 이방으로 크게 확장되게 합시다" 셋은 손을 맞잡고 뱃전에 엎드리어 하나님의 도움을 간절히 구했다.

기도를 마치고 바나바가 생각난 듯 마가를 보며 말했다. "마가! 이번 여행 길은 하나님나라를 이방세계로 확장하는 중대한 길이니 각오를 단단히 하고 정말 잘 인내해야 한다. 아마도 많은 방해와 박해, 많은 고난이 있을 거야!"하며 당부했다. 이 말에 마가가, "삼촌, 조금도 염려하지 마세요. 우리는 주님이 함께하시잖아요? 주님이 모든 고난에서 보호하시고 우리를 능히 인내하게 해 주실 거예요. 저는 감옥도 죽음도 두렵지 않습니다. 두 분을 잘 섬겨 이번 전도여행의 임무를 꼭 완수하도록 하겠습니다"하고 힘있게 약속했다.

"그래, 네 각오가 그러하니 고맙다. 그러나 이번 여정(旅程)은 예전에 네가 경험해 보지 못한 많은 어려움이 생길 수 있단다. 마음을 단단히 다져야 할 것이다." 바나바는 염려의 눈초리로 마가를 주목하며 다시 강조했다. 마가는 "걱정 마세요. 제가 뭐 어린애입니까? 저는 이 사명을 꼭 완수할 거예요" 주먹을 불끈 쥐고 다짐했다.

"좋아 좋아! 내 조카 마가가 잘해 줄줄 믿는다." 바나바가 이렇게 마가에게 다짐을 받는 이유는 그가 지식과 지혜가 있어 유능하긴 하나, 귀족 가문의 도련님이라 가난과 육체로 받는 고생을 겪어보지 못했다는 것을 잘 알고 있었기 때문이었다. 그들은 마침내 키프러스에 도착하였다. 마가가 항해 중 배 멀미로 고통이 좀 있었지만, 그래도 잘 극복해 냈다.

그들은 잘 만들어진 제국의 가도(假道)를 타고 살라미27)까지 어렵지 않게 도착했다. 성내에 도착한 그들은 물어 물어 유대 회당을 찾아 갔다. 그곳 회당장과 관계자들은 그들을 반갑게 맞아 주었고, 그들이 예루살렘에서 온 랍비라는 것을 알고 더욱 정중하게 대해주었다. "잘 오셨습니다. 우리 회당 사람들은 하나님 말씀을 심히 사모하고 있었는데 랍비님들이 오셨으니 큰 기대가 됩니다"

회당의 직원들은 그들의 연락망을 통해 그곳에 거주하는 유대인들에게 랍비 일행이 왔음을 알렸다. 유대인들은 예루살렘에서, 특히 랍비 중에는 유명한 교법사 가말리엘의 제자도 있다는 말을 들었기 때문에 큰 기대를 가지고 모였다. 그들이 모여 찬미와 기도를 한 후 회당장은 바나바와 사울을 회중에게 소개하였다. "이분들은 예루살렘에서 율법을 공부했고 많은 유대인에게 성경을 가르쳤답니다. 특히 여기 계신 사울이란 분은 랍비 중에 랍비이신 가말리엘 교법사의 제자입니다. 우리가 이런 귀한 분의 강론을 듣게 된 것은 하나님의 은혜가 아닐 수 없습니다. 오늘은 두 분에게 율법 강론을 청하겠습니다."

사울이 바나바에게 앞으로 나가자고 하자 바나바가 "사울, 이번에는 당신이 먼저 강론하시오" 하고 양보를 했다. 사울은 모든 사람의 시선을 받으며 중앙 단상인 모세의 자리로 나갔다. 그는 유대교의 전통대로 모세의 자리에 앉아서, "여러분! 하나님의 큰 은혜가 여러분에게 임하였습니다. 나와 형제 바나바는 이 큰 은혜를 여러분에게 전하라고 하나님으로부터 보내진 사도입니다"하면서 회중을 돌아보았다.

순간 좌중이 술렁거리며, "사도, 사도가 뭐지, 선지자를 말하는 것인가?" 하고 수근거리는 소리도 들렸다. "예, 우리는 하나님 나라가 임한 소식을 전하고 여러분을 하나님 나라에 초대하기 위하여 주님으로부터 보내진 사자(使者)입니다. 저희의 전할 말은 이 소식을 들은 많은 사람을 사망에서 생명으로 구원하고 하나님과 함께 영생 복락을 누리게 하기 때문에 복음이라고 부릅니다."

"뭐라고? 복음! 복음! 이전에 전혀 들어 보지 못한 단어인데, 아니 모세가 우리에게 전해준 율법 말고 뭐 또 복음이 있다고?" 사람들은 어리둥절하여 서로를 바라보았다. "이상하네, 우리는 율법을 지킴으로 하나님의 복을 받고 영원한 그 나라에 들어가는 것으로 배우지 않았나?" 회중이 다시 소란스러워졌다.

"여러 부형들이시여, 이제 내 말을 들어 보십시오. 하나님의 종 모세는 시내산에서 하나님께 율법을 받아 우리에게 전해주었습니다. 이는 매우 중요한 말씀입니다. 우리는 마땅히 율법을 준수해야 합니다" 사울의 이 말에 불안감을 가졌던 사람들의 긴장이 풀렸다. "그렇지, 그렇고 말고, 율법이야 말로 우리 유대인들의 가장 중요한 가치지"하고 응답하였다.

"맞습니다. 율법은 하나님이 우리 민족에게 내리신 구원으로 인도하는 길입니다." 사람들은 이구동성으로 외쳤다. "그럼 제가 묻지요? 여러분은 율법이 명령한 조문들을 확실하고 완전하게 지키고 있습니까?" 순간 사람들은 서로의 얼굴을 보며 조용해지기 시작했다. "여러분 중에 율법의 여러 요구들을 하나님이 요구하시는 만큼 완전하게 지킨 사람이 누가 있습니까?" 하고 묻자, 모든 사람이 침묵하는 가운데 얼마 후 한 젊은 사람이 일어나서, "저는 어려서부터 부모님이 가르쳐 준 율법을 따라 열심히 살았습니다" 하고 자신 있게 말했다.

"예, 좋습니다. 훌륭하십니다. 그렇다면 어떤 계명을 지켰습니까?" 바울은 그를 보며 물었다. 그는 머뭇머뭇하더니, "예, 살인하지 말라, 간음하지 말라, 도적질하지 말라, 거짓 증언하지 말라. 속여서 빼앗지 말라. 아, 그리고, 네 부모를 공경하라 하는 그런 계명을 열심히 지켰습니다."

"오, 형제는 정말 우리 하나님의 율법에 열심히 있군요. 그럼 한 가지를 더 묻겠습니다""형제는 혹 다른 사람을 미워해본 일은 없습니까? 다른 사람을 화나게 한 적은 없습니까?" 그러자 그 청년은 정색하며 대답했다. "설마, 저도 사람인데 미운 사람이 왜 없겠습니까? 마찬가지로 이웃들에게 화를 많이 내기도 했습니다. 그런데 그게 계명과 무슨 상관이 있습니까?"

"살인하지 말라는 계명의 진정한 뜻은 무엇일까요? 단지 힘이나 무기로 사람의 생명을 죽이지 말라는 뜻일까요? 우리는 모욕하는 말로도 다른 사람을 낙심에 이르게 하고 때로 죽게 할 수도 있습니다. 그러므로 살인하지 말라는 계명은 단지 타인의 생명을 빼앗지 말라는 말이 아니라, 말이나 눈짓이나 표정을 통해서 상대방을 낙심에 이르지 않게 하라는 말도 포함됩니다. 그리고 적극적으로 사람을 사랑하고 긍휼히 여기는 것과 자신의 소유를 나눠 가난한 이웃을 구제하는 것을 포함합니다. 만약 그러한 정도가 되지 못하면 우리는 모두 다 여섯 번째 계명을 범하는 것입니다. 하나님의 요구는 우리 인간과 다릅니다. 우리가 잘했다고 생각하는 것도 하나님의 요구하는 표준에는 절대 미치지 못합니다."

청년은 눈이 둥그레졌다. 그리고 조용히 앉았다. 모인 회중들 중 상당수가 고개를 끄떡이며 일리가 있다고 동의하는 빛이 역력(易力)했다. "간음하지 말라는 말은, 우리가 여인을 보고 음행하는 마음이 있다면 이미 이 계명을 범한 것이라고 주님은 가르쳐 주었습니다. 그런 사람은 하나님 앞에 죄인으로 정죄 받게 됩니다" 그러자 마음이 찔린 한 사람이 일어나서, "아니, 그러면 도대체 누가 구원을 얻겠습니까?" 물었다.

"예, 바로 옳은 질문입니다. 비록 하나님께서 하나님의 종 모세를 통하여 우리에게 계명을 주셨지만, 우리가 잘 아는 대로 계명을 완전히 지킬 수 없다는 것을 우리 양심이 증거하는 바입니다. 우리가 분명 이것이 죄(罪)라고, 이것은 계명이라고 알지만, 우리는 어느 사이 자신이 죄라고 생각하는 그 죄를 지어 계명을 범하고 있습니다. 그런데 우리는 죄를 멀리할 수도 없고 죄를 자기 능력으로 없앨 수 없으니, 어떻게 하나님이 약속하신 영생을 소유할 수 있겠습니까?"

그러자 여기저기서 웅성거림이 일어났다. 회중에서 한 사람이 일어났다. "그러니까, 하나님은 우리에게 속죄하는 제사를 통하여 죄를 사면하게 하지 않았겠습니까?" 되물었다. "예, 맞습니다. 정말 잘 말씀해 주셨습니다. 그렇습니다. 하나님은 우리의 연약한 것을 아시기에 시내산에서 계명을 주신 후에 또 속죄의 법을 주셨습니다" 그 사람은 매우 만족한 표정으로 앉았다. 사울은 다시 그를 바라보며, "제가 형제에게 다시 한 가지를 물어보겠습니다. 그렇다면 짐승의 피를 흘려서 사람의 죄가 용서되겠습니까? 사람이 범죄했는데, 사람이 벌을 받아야 하지 않겠습니까?"하고 물었다.

"그건 옳긴 하지만, 사람이 직접 벌을 받으면 범죄자가 죽어야 하는데, 그러면 세상에 살 사람이 누가 있겠습니까?" 되물었다. "맞습니다. 짐승으로 속죄하는 것은 다만 하나의 모형(模型)이고, 그러기에 하나님께서는 진정한 속죄제물이 될 수 있는 참 사람이요 완전한 의인(義人)으로 하여금 속죄 양28)을 대신하게 했습니다"

"아니 뭐라고요? 사람의 죄를 사람으로 대속한다고요?" 그 사람들은 놀라 소리쳤다. "말도 안 돼! 사람으로 사람의 죄를 대속(代贖)하다니, 이거 무슨 궤변이냐? 가짜 아니냐?" 여기 저기서 회의(懷疑)와 불만(不滿)에 찬 웅성거림이 일어났다. "잠깐! 여러 부형들이여! 내가 그것을 해명하겠습니다. 여러분은 선지자 이사야의 예언을 잘 알 것입니다." 모두 사울을 주목했다. 사울은 그가 이전에 깨달았던 이사야의 고난받는 종(이사야 53장)에 대하여 설명을 시작했다.

그는 암기하고 있던 이사야 53장을 낭독했다. 그리고 설명을 했다. 자, 여러 부형들이여 보십시오! 하나님께서 이미 700년 전, 이사야 선지자에게 장차 우리에게 보내실 대속자29)를 예고하셨습니다. 그가 이미 왔고 우리 죄를 대속해 놓으셨습니다. 회중은 놀람으로 가득 찼고 웅성거림이 더욱 심해졌다. "아니 그럼 그 대속자가 대체 누구란 말이오?" 갑자기 회당장이 소리쳐 물었다.

"예, 우리가 소개하려는 것은 바로 그분에 관한 것입니다. 우리는 그분을 만났고 그분의 증인입니다. 그분께서는 우리를 위하여 죽으셨다가 다시 사시므로 우리의 주가 되셨습니다!"사울이 외친 선언은 온 회당에 울려 퍼졌다. 이에, "맞습니다. 나도 그 분의 속죄의 죽음과 부활을 친히 목도 하였습니다. 나도 그 증인입니다" 바나바도 큰 소리로 외쳤다.

이에 회당장이, "두 분 형제들! 우리는 이스라엘에서 멀리 떨어져 있어서 자세한 내막을 모르니 자초지종을 소상히 이야기해 보시오."하고 사울과 바나바에게 청했다. 사울이 상기된 표정으로, "십 수 년 전 예루살렘에서 있었던 한 사건을 들은 분도 있었을 것입니다." 모두 뚫어져라 사울의 얼굴을 주시했다. "바로 나사렛 사람, '예수'30)라는 사람이 십자가에 못 박힌 사건입니다"

"아! 그 예수라면 전해지는 말로 조금은 들었습니다. 그는 우리 민족지도자들과 불화하고 로마에 대항하다가 처형당했다고 들었는데요."앞에 앉은 한 늙은 사람이 말했다."예, 그 나사렛 예수가 다시 살아났습니다. 내가 이 일에 대해 하나님으로부터 명을 받아 여러분에게 증거하기 위하여 여기까지 온 것입니다.""방금 여러분이 들은 이사야 선지자를 통한 하나님의 계시는 분명, 그리스도는 보통의 사람이고, 이 세상에 오셔서 사람들에게 멸시를 당하고 고난을 겪고, 도살장에 끌려가는 양처럼 죽임을 당하고 그리고 마침내 승리하게 될 것이라고 하셨습니다. 그러나 그의 죽음은 바로 우리의 허물과 죄악을 인해 속건제를 드리는 것이라고 했습니다. 그리고 그의 죽음을 통하여 우리가 나음을 얻게 되고, 평화를 얻게 된다고 하셨습니다. 나사렛 예수는 바로 이사야가 예언하셨던 바로 그 하나님의 고난 받는 종이고, 우리 모두가 지은 죄의 속죄 양이셨습니다"

바울의 이 말에 모두들 조용히 사울의 다음 말을 기다렸다. 그러자 한 사람이, "우리 유대 역사에 많은 선지자가 그런 모양으로 죽임을 당했는데, 당신은 어떻게 그가 바로 이사야의 예언한 그분이란 것을 단정할 수 있단 말이오?"하며 물었나. 바울은 "예, 제 말을 끝까지 들어보십시오. 여러분! 저는 베냐민 지파요, 유대인 중에 유대인이라고 불리는 바리새파 사람입니다. 또, 학문으로는 저 유명한 최고의 교법사 가말리엘의 문하에 인정받는 랍비의 한 사람이었습니다. 저는 바리새파의 전통에 따라 율법에 흠이 없는 사람이었고, 우리 파(派)가 미워하던 나사렛 예수를 심히 미워했습니다"라고 교리적으로 대중 앞에서 설명을 했다.

유월절로부터 사십구 일째 되는 날

그는 계속 말을 이어갔는데, "예수가 죽은 후 삼 일만에 부활했다는 소문이 예루살렘에 퍼지기 시작했습니다. 저는 이것이 그의 제자들이 우리를 혼란시키려고 꾸며낸 이야기로 생각하였습니다. 그래서 얼마 있지 않으면 사라지리라 생각했습니다. 그러나 부활한 예수를 보았다는 말이 여기저기서 들리기 시작했습니다. 예수가 죽은 지 오십 일, 그러니까 유월절로부터 정확히 사십구 일째 되는 날, 예루살렘에는 놀라운 일이 벌어졌습니다. 오늘 여기, 형제 마가의 집에 함께 참석한 예수의 제자들이 모여 기도를 하는데 성령이 각 사람 위에 임했습니다."

바울은 함께 온 마가를 가리키며 말했다. 사람들은 일제히 소리치면서, "아니 성령이 여러 사람들에게 임했다고? 그럴 수도 있나? 성령은 특별한 사람에게만 임하지 않나?"하고 모두가 마가를 주목했다. 마가는 회중을 향해 고개를 끄덕였다. "그들 위에 성령이 임하자 예수의 사도들은 거기에 모인 각 나라에서 온 유대인들에게 예수의 예언을 전했습니다. 모인 사람들은 열네 나라에서 온 순례자들이었는데 히브리 말로 말하는 그들의 설교를 모두 능히 듣고 깨달을 수 있었습니다."

일동은 또 한 번 술렁였다. "아니 어떻게 그런 일이 …?", 바울은 이어서 말하기를, "그 후로 많은 사람들이 예수를 그리스도로, 그의 죽음은 우리의 속건제로 믿게 되었고, 그의 부활은 참이라는 것을 믿게 되었지요. 따라서 그가 하나님의 아들이란 것을 인정하는 사람들이 늘면서 예수의 부활은 사실이라는 증거를 얻게 되었습니다만 …."

그리스도인을 체포, 심판하는 권위 받음

사울은 말을 잠시 멈추고 청중을 보았다. "저는 그 소식을 듣자 나사렛 예수와 그의 당들을 더욱 미워하게 되었습니다. 심지어 저의 선생님 가말리엘 교법사께서 그들을 버려두라고 만류(挽留)하시는데도, 선생님을 거역하면서까지 그들을 미워했습니다. 다만 미워하는데 그치지 않고 그들을 핍박하였고, 심지어 잡아다가 공회에 바쳤으며, 스테반이라는 집사를 잡아다가 그가 죽는 것이 마땅하다고 증인을 서며 그를 돌로 쳐죽이도록 하는 일도 범했습니다.

그 후로 더욱 결심하고 기독교인들을 핍박하였는데, 이 일로 대제사장의 인정을 받아서 기독교인을 체포하여 심판하도록 하는 권위(權威)도 받았습니다. 저는 사명감에 불타서 심지어 외국에 있는 우리 유대 공동체에 활동하는 예수당을 붙잡기 위하여 시리아(수리아)[31]의 다마스커스로 원정을 갔습니다. 이번 기회에 아주 '그리스도인'(Christian)[32]이라고 불리는 이 사람들을 진멸하려고요. 나는 이런 저의 열심이 우리 유대교를 보존하는 중요한 사명이라고 생각했습니다. 그런 제가 그토록 싫어하며 핍박하던 예수를 하나님의 아들이라고 증거하느라, 이전에 내가 핍박하던 그 이상으로 핍박을 받고, 나를 죽이겠다고 결심하고 쫓아다니는 사람들을 피하면서 이 먼 곳까지 와서 그의 죽으심과 부활을 전하게 되다니   여러분, 참으로 이상하게 생각되지 않습니까?"

사울은 말을 중단하고 회중을 돌아보았다. "그렇지, 이 사람이 그런 사람 이라는 소문을 들은 일이 있는 것 같아 …!" 회중 가운데는 기억이 났다 는 듯, 말한 사람도 있었다.

강력하고 감히 거부할 수 없는 불빛과 함께 음성이 …

사울은 말을 멈추고 눈물을 닦아냈다. "여러분! 하나님은 이런 악한 저에 게도 자비를 베푸셨습니다. 보십시오. 그날, 바로 다마스커스에 원정(遠 征)을 간 정오 즈음에 우리 일행은 다마스커스 성문에 이르게 되었습니 다. 그때, 하늘로부터 강력한 불빛이 휘황찬란하게 비쳤습니다. 함께 기독 교인을 잡으러 갔던 우리 대원 모두가 그 빛을 보았습니다. 그러나 그 빛 은 특별히 제게 강하게 비쳤는데, 그 빛을 보는 순간, 저는 그만 아무것 도 볼 수 없게 되었습니다. 제가 갑자기 시력을 잃고 보려고 이리저리 몸 부림을 치고 있을 때, 우뢰와 같은 음성이 들려왔습니다"

"사울아! 사울아! 네가 어찌하여 나를 핍박하느냐?"

그들은 사울의 간증을 반신반의(半信半疑)하며 주목했다. "그래서 저는 그분에게 물었습니다. 당신이 누구십니까? 그러자 그분이 대답했습니다. 나는 네가 핍박하는 나사렛 예수니라 …." 바울의 말을 듣던 회중 가운데 여기저기서 동요하는 소리가 들렸다. "저 사람이 거짓을 지어내고 있다." 는 반면에 동조하는 소리도 들려 왔다.

그러나 많은 사람이, "조용히 하시오. 신비한 일이니 끝까지 들어봅시다" 라고 소리쳤다. 곧 회당장이 일어나서 떠드는 회중을 안정시켰다. "이런 소란스러움은 회당의 규칙을 위반하는 것입니다. 끝까지 경청(敬聽)하고 그 후에 이의를 제기해도 늦지 않으니 그로 말하게 합시다"그의 말에 회중은 잠시 조용해졌다.

"저같이 악하게 그분을 대적하던 자에게도 하나님은 은혜를 베풀었습니다. 그분은 정말 나사렛 예수셨고, 하나님의 아들이셨습니다. 그분의 부활은 참이었고, 저는 다시 살아나신 주님을 만났습니다. 그 후 그는 제게 아나니아라는 형제를 보내 안수하게 하시고, 세례를 받게 하셨으며, 성경을 풀어 자신이 그리스도가 되심을 계시해 주었습니다. 그러자 제 눈의 비늘 같은 것이 벗어지고 다시 밝게 볼 수 있었습니다. 여러분! 예수는 그리스도시요, 하나님의 아들이시요, 우리의 구세주이십니다."

"그는 죄와 연약함으로 인하여 스스로 선을 행할 수도 없고, 스스로를 구원할 수 없는 우리를 위하여 십자가에서 우리 죄를 대속하고 죽으셨습니다. 그리고 죽은 지 사흘 만에 죄와 사망을 이기고 부활 승천하시고 그가 살아있을 때 약속하신 거룩한 성령을 우리에게도 주셨습니다. 여러분이 이 사실을 믿는다면 성령을 받게 되고 그와 연합되어 진정한 하나님의 자녀가 될 것입니다. 누구든지 그의 이름을 믿고 부르는 자는 영생을 얻게 됩니다. 이 사실이 믿어지는 자는 함께 기도하십시다."

사울이 기도를 시작하는데, 그들 중 많은 사람이 찔림을 받고 기도했다. 성령이 각 사람에게 임하여 그들을 회개하게 하고 믿게 했다. 그들 중에 애통하는 사람도 있었고, 방언을 하는 사람조차 있었다. 모두들 이 신기한 현상에 놀라며 믿고 주를 따르기로 결심하는 사람들이 많았다.

그러나 역시 그들 중에도 얼굴이 붉으락 푸르락 안절부절 못하더니 회당장에게 항의하는 사람들이 있었다. "이제 보니 저 사람은 그 예수라는 염병을 얻은 사람이요. 저 사람을 다시는 이곳에 세우지 마시오!" 그들은 다른 사람을 충동질하여 바울과 바나바 일행을 회당에서 쫓아내었다.

그날, 사울과 바나바의 강론을 가장 좋아하던 사람들이 있었다. 회당에서는 그들을 일컬어서 보통 "경건한 사람들"이라고 불렀다. 그들은 이방인이었지만 어떤 경로로 유대회당에서 여호와를 믿어 유대교에 가입한 사람들이었다. 그들은 회당에서 가장 뒷부분, 즉 유대인 여성들의 뒤편에서 차별을 받아가며 예배를 드리고 강론을 들어야만 했다.

그들은 비록 유대교에 입교했지만, 혈통적 이스라엘 후손이 아니기에 늘 자신들의 구원 문제를 염려했다. 그래서 어떤 랍비가 그들 회당에 방문하여 강론하면 그들은 늘 같은 질문을 던지곤 했다. "우리는 이방인이긴 하지만 여호와를 믿습니다. 우리가 능히 구원을 받겠습니까?" 하면 어떤 랍비는 이렇게 대답했다. "할례를 받고 율법을 지키면 당연히 구원을 얻을 수 있지" 그래서 그들은 할례를 받고 율법을 부지런히 지키려 했다.

다른 랍비가 오면 그들은 또 물었다. "우리가 비록 이방인이긴 하지만 할례를 받고 율법을 지키며 여호와를 믿습니다. 우리가 능히 구원을 받겠습니까?" 그런데 이 랍비의 대답은 달랐다. "어림없지, 당신들은 아브람함의 후손이 아니잖아?" 그러면 그들은 크게 실망을 했다. 랍비들이 올 때마다 랍비에 따라 답은 달랐다. 그러니 어떤 날은 구원을 받았다고 좋아하고 또 어떤 날은 낙심으로 변하곤 했다.

그런 그들에게 사울의 강론은 마른 땅에 단비를 내리는 것과 같았다. 유대인이나 헬라인이나 야만인이나, 지식인이나, 모두 믿음으로 구원을 얻는 다니 얼마나 쉬운 일인가? 그래서 그들은 예수의 도를 더 알고 싶었다. 그들에게 큰 희망이 생긴 것이었다. 그러나 사울과 바나바는 반대자들로 말미암아 더 이상 그 회당에 들어갈 수가 없었다. 그들은 조직적으로 사람을 동원하여 그들의 회당 진입을 막았다.

이제는 경건한 사람들이 중심이 되어 사울과 바나바를 찾았다. 사울이 머무는 곳이 좁으면 자신들의 집에 사람들을 모으고 사울과 바나바에게 강론을 청하였다. 어떤 유대인들도 그들에게 와서 복음을 받아들이고 개종하였다. "이전에는 하나님께서 유대인에게만 구원의 길을 허락하셨습니다. 이제 하나님의 아들 주 예수 그리스도로 말미암아 그의 속죄의 죽으심과 부활을 믿는 사람들에게는 아브라함의 육신적 후손이 아니라도, 예수 그리스도로 말미암아 성령의 역사로, 영적 아브라함의 자녀로 받아들이십니다. 주, 예수를 믿으십시오! 여러분과 여러분의 집이 구원을 얻게 됩니다"

이 외침과 동시에 성령은 또 그들에게 임했다. 그들은 기뻐 뛰었고, 어떤 사람들은 방언으로 기도와 찬미도 하였다. 사람들은 이 기이(奇異)한 현상에 놀랐다. 뿐만아니라, 사울과 바나바의 안수로 병자들이 일어났고, 귀신에 사로잡힌 사람에게서 귀신이 소리를 지르고 나가기도 하였다. 그동안 말로만 전해 들었던 이적과 기사와 예언을 친히 보니 그들의 믿음은 확고하게 자리 잡았다. 이 소문은 살라미 온 성내에 급속히 퍼졌다.

<도표-7> 사도 바울 사역의 4중적 의미

Use Name	유대식 이름 '**사울**' ➡ 헬라식 이름 '**바울**' 사용	사도행전 13:9
Begin Ministry	**바울, 바나바** 안수 ➡ 세계전도 '**사역**' 시작	사도행전 13:3
Paul's Homily	**예수** 십자가 처형 ➡ 예언을 '**성취**'함 설교	사도행전 13:16-41
Church Buildup	**교회공동체** 설립 ➡ 세상에 **하나님나라** 세움	사도행전 14:20-28

5-2
키프러스(구브로) 수도 바보(파포스)/
'사울'이 '바울'로 변하다

그들은 살라미를 시작으로 여러 회당을 따라 전도하면서 어느덧 키프러스의 수도 바보(현재 Baffo)[33]에 도착했다. 그곳 회당에는 그들의 관한 소문이 벌써 전해져 있었다. 이미 사울과 바나바 전도단으로 인해 성령의 역사들이 나타나고, 특히 병자들과 귀신들린 자들이 치료되었다는 소식을 전해들은 그곳 사람들은 큰 기대를 가지고 회당을 찾아 그들의 강론을 듣게 되었다. 이곳은 특히 여신 아프로디테(비너스)[34] 숭배가 심한 곳이었다. 그리스 신화에는 이곳 바닷가 물속에서 아프로디테가 태어났다고 전해지고 있으며, 바보에는 아프로디테의 큰 신전(神殿)이 있었다.

사울과 바나바의 전도가 시작되자 귀신들린 자, 중풍병자, 각양 병자들이 회복되는 역사가 나타났다. 바보의 기적들은 바보시(市) 여러 마을로 퍼지며 사람과 사람 사이에 큰 화젯거리가 되었다. 하루는 총독부의 관리한 사람이 자기 아이가 열병에 들어 위태롭자, 아이를 데리고 그 집회에 참석했다. 그 아이를 사울 앞에 데리고 나왔는데 사울이 안수하고 기도하자 순식간에 말끔히 치료되었다. 그는 곧 자기가 겪은 이 신비한 일들을 총독 서기오 바울에게 고했다.

총독은 그때 엘루마라는 박수와 함께 대화 중이었다. "뭐라고, 아니 앉은뱅이가 그냥 막 일어나고, 귀신이 막 나간다! 그리고 네 아이의 열병이 순식간에 낳았다! 그 말이 정말이냐?" 총독은 자리에 일어나며 물었다. "네 총독 각하! 조금의 거짓도 없는 사실입니다. 정말 놀라운 기적이었습니다" 어제 경험한 감동을 말했다.

총독은 눈을 둥그렇게 뜨고 부하를 보며, "정말 믿을 수가 없네, 어떻게 그런 일이 있을 수 있단 말이냐? 그들이 대체 무슨 도구나 약을 사용하더냐?" 믿을 수 없다는 듯 물었다. "아닙니다. 그 사람들은 아무 약도 도구도 사용하지 않았습니다. 그저 하나님의 아들 뭐라더라, 아, 그러니까, 예수! 맞아, 예수라는 사람의 이름으로 일어나라! 열병아 나가라! 그러는 것 아닙니까? 아, 그랬는데 그 앉은뱅이가 벌떡 일어나고 열병이 떠나지 않습니까? 그들이 예수의 이름으로 명하노니 귀신아! 그 사람에게서 나가라 하니 귀신들린 사람이 크게 소리지르며 까무라치고 한참 벌벌 떨다가 일어났습니다. 그런데 그 사람의 얼굴 표정이 완전히 변했습니다. 얼굴은 밝게 빛나고 기쁨이 가득하며 이전에 악한 기색은 완전히 없어졌다니까요!" 하고 놀라고 한 편 두려워하는 표정으로, 열심히 그때의 광경을 총독에게 설명했다."

서기오 바울 총독은, "야! 거 참, 사람이 어찌 그런 일을 할 수가 있다는 말이냐? 혹, 신이 강림한 것 아니냐?"하고 곁에 있는 엘루마35)라는 박수를 향해서 물었다. "엘루마 선생! 당신의 생각은 어떻소? 당신도 능력이 출중한 사람이지만, 그들은 정말 대단한 능력을 가진 것 같구려!"

아까부터 관리의 보고를 멸시하듯 듣고 있던 박수 엘루마는 총독의 말에 질투가 붙일듯 했다. 그는 야릇한 조소를 보이며 자신을 억제하지 못하고 큰 소리로, "분명 그놈들의 행위는 마술입니다. 그들은 사람의 눈을 교묘하게 속이고 짜고 조작하는 것일 겁니다!"라고 했다.

그러자 그 관리는 "조작이라니요? 천부당만부당한 말씀입니다. 내가 두 눈 똑똑히 뜨고 분명히 보았습니다. 우리 아이의 열병이 나았지 않습니까? 그리고 나은 환자들은 분명 우리 바보 사람들이었습니다. 그 가족들도 다 함께 있었는데 그들이 어떻게 조작을 할 수 있겠습니까?"

관리는 확신에 차서 대꾸했다. "시끄럽다! 사술(邪術)에 대해서 네가 뭘 안다고 ….."엘루마는 그 관리를 노려보았다. 총독은 박수 엘루마를 몹시 총애하고 있었다. 그는 신통력이 있다고 바보에서 인정받는 사람이었다. 그래서 무슨 안 좋은 일이 있으면 총독은 엘루마를 찾아 소견을 듣고 인정했다. 몇 번 그의 예언이 맞아 떨어지자 총독의 신임은 두터워졌다. 엘루마는 그것을 빌미로 관리들에게 자신이 총독이나 되는 양 행세해 왔다.

엘루마가 자신있게 말한다. "저는 예언자가 아닙니까?""저는 보지 않아도 다 알 수 있습니다. 대꾸를 하면서 "만약 총독께서 제 말을 못 믿으시겠다면 그 사람들을 여기에 부르십시오. 제가 그들이 가짜라는 것을 간단히 드러내 보이겠습니다." 총독이 그에게 말한다. "아, 그거 역시 좋은 생각이요. 만약 그들이 거짓으로 사람들을 기만(欺瞞)한다면, 내 그 자들을 사형에 처하겠소. 이는 혹세무민하는 것이니 말이오!"

엘루마는 자신이 있었다. 이 바보성에서 누가 감히 자신의 능력을 넘어설 수 있겠는가? 내일은 그들의 거짓 기적을 자신의 능력으로 드러내어 엄한 벌을 주리라! 생각하니 상상만 해도 좋았다. 그리하면 총독은 더욱 그를 신임하게 될 것이었다.

이튿날 아침, 그 관원은 일찍이 바울과 바나바를 찾았다. 총독이 부른다는 소리를 들은 사울과 바나바는 함께 기도하면서 서로를 보면서 미소지었다. 주님은 일찍이 사울에게 왕과 총독들 앞에서 그리스도를 증거하게 될 것이란 예언을 주셨기에, "이는 분명 주님이 이곳에서 역사를 시작하신 것이요!" 사울이 기쁨이 꽉 차서 바나바에게 말했다. "예, 주께서 어젯밤, 기도 시간에 오늘 이 섬에 큰 구원을 이루시겠다고 하셨소."

바울과 바나바는 총독의 신하를 따라 총독 공관으로 들어갔다. 총독과 박수 엘루마는 그들을 기다리고 있었다. 그들이 공관 문에 들어서기 전 총독은 기다리다 못해 문까지 마중 나와 두 사람의 손을 붙잡고 마치 오랜 지기(知己)를 만난 양, 다정하게 사울과 바나바를 맞아 주었다. 사울과 바나바는 총독에게 예를 갖추고 나서 총독이 권하는 의자에 앉았다.

박수 엘루마는 못마땅한 듯, 총독을 향해 볼멘소리로 "총독께서는 왜 이러십니까? 먼저 저들의 능력을 확인해 보고 대접해도 늦지 않을 것입니다." 사울과 바나바를 경멸하듯 바라보며, "당신들은 어디서 뭐 하다가 온 사람들이오?" 그들을 데리고 온 관원을 가리키며, "이 사람의 말이 당신들이 하나님의 도(道)36)를 전하며 이적과 기사를 행한다고 하던데, 당신들은 도대체 뭐요? 선지자요?" 마치, 자신이 총독인 양 따져 물었다.

총독 서기오 바울은 정색을 하며, "엘루마 선생! 잠깐, 우선 저분들은 내 손님이니 차라도 대접한 후 확인해도 늦지 않을 것이오." 다음 바울과 바나바에게 예를 갖추어 말했다. "참 실례를 한 것 같소 엘루마 선생이 여러분들의 기적을 신뢰하기 어려워서 하는 말일테니 양해해 주시오." 사울과 바나바는 서기오 바울이 일반 로마 총독 같지 않고 온유하고 겸손하며 예의 바른 사람이라고 생각되었다. 엘루마는 총독의 환대가 지나치다는 듯 이성을 잃고 흥분해서, "총독님! 저들이 거짓을 하는지 아닌지 먼저 확인하는 것이 순서라고 생각됩니다." 볼멘소리로 말했다.

바나바가 미소를 띠며 총독에게 말했다. "엘루마 선생이 그렇게 생각하는 것도 무리는 아니지요. 우리도 이전에는 우리가 믿는 예수 그리스도가 행하는 모든 기적을 거짓이라고 생각했으니까요." 이에 총독이 물었다. "뭐요? 예수 그리스도라고요? 대체 그분은 어떤 신이요?" 다시 호기심이 가득하여 묻자 바나바가 "예 그 분은 천지를 창조하신 하나님의 아들이고 곧 우리들의 주(主)가 되십니다. 그분이 우리를 불러 구원하시고 자기의 사도로 삼아 우리를 이곳에 보내셨고, 이곳 백성들에게 복음을 전하여 하나님의 자녀로 삼으라고 명하셨습니다"라고 대답했다.

총독은 그들의 얼굴은 평화와 기쁨이 넘쳐 있음을 보았다. "존경하는 총독님! 전능하신 하나님의 아들 예수 그리스도의 계시를 각하에게 전하도록 하겠습니다." 그러자 바울 총독은 무엇에 홀린 듯 의자에 비스듬히 앉았던 자세를 바로하고 그들을 바라봤다. 사울이 말을 시작했다. "존경하는 총독님! 저는 유대 이름으로 사울이라고 부르며, 로마식으로는 바울이라고 부르는 사람입니다." 총독은 기이하다는 듯 웃음을 띠우며 "하, 그래요, 내 이름도 바울인데, 참으로 기이한 인연이군요"하고 말했다.

사울(바울)은, "아 그렇습니까? 참 반갑습니다. 이는 다 하나님의 섭리라고 생각이 됩니다." 총독이 반문했다. "하나님이라니요? 대체 하나님은 어떤 신이며, 그 아들은 어떤 분입니까? 엘루마 선생이 유대인이라 하나님에 대해서는 조금 듣기는 했습니다만…"하고 물었다. "예, 저희가 전하고자 하는 복음이 바로 총독님의 질문에 대한 답입니다." 사울은 자신이 예수의 대적이었던 것부터 시작하여, 다마스커스에서 부활한 예수를 만난 것과 성령의 세례를 받은 것, 그리고 복음을 전하게 되어 그곳까지 온 경위를 설명하고 예수 그리스도의 하신 일을 전했다.

"총독님! 하나님은 총독님을 사랑하십니다. 그래서 아들을 보내 구원의 길을 준비하시고 그를 믿는 자들에게 영원한 생명을 주시기로 하셨습니다. 총독님! 오늘 구원이 이곳에 임했습니다. 예수 그리스도를 구주로 영접하시겠습니까?" 복음으로 총독을 초청했다.

총독 곁에서 그들의 전도를 시기하며 속을 끓이던 엘루마는 광기(狂氣)로 가득하여 총독을 향하여 "총독님! 대답하지 마십시오. 이들의 기만(欺瞞)에 속으시면 안 됩니다. 이자들이 지금 교묘하게 꾸민 이야기를 합니다. 저는 유대의 선지자입니다. 하나님이 저들이 지금 거짓말하고 있다고 제게 계시해 주셨습니다." 엘루마는 총독을 향하여 간곡히 만류했다.

그러나 서기오 바울 총독은 사울의 말이 신뢰가 갔다. 엘루마의 말처럼 그들이 거짓으로 꾸며서 하는 것 같진 않았다. 오히려 생생한 사실을 전달하는 것이라 여겼다. 그래서 믿는다고 대답하려던 차였는데 엘루마가 막아선 것이다. 총독은 대답하지 못하고 잠시 난처한 표정을 지었다.

사울이 성령에 충만하여 박수 엘루마를 노려보며 손가락으로 그를 가리키며 소리쳤다. "너, 속임수와 악행으로 가득 찬 악마의 종아! 바른 길을 막아서는 원수야! 우리 주님의 바른 길을 방해하는 일을 그만두지 못하겠느냐! 보아라! 우리 주님의 손이 너를 칠 것인즉, 네 눈은 얼마 동안 햇빛을 볼 수 없을 것이다."명령하듯 큰 소리로 말했다.

그 말이 끝나기가 무섭게 엘루마가 바닥에 나둥그러지더니, "아-! 내 눈, 내 눈, 악! 아무 것도 안 보인다"소리치며 두 손으로 눈을 감쌌다. 엘루마의 눈은 안개와 어둠이 덮인 것처럼 순식간에 어두워졌다. 정말 아무것도 볼 수 없었다. 그는 겨우 무릎을 꿇고 일어나 앉더니 눈을 다시 감싸며 눈을 뜨려고 애를 썼다. 손을 더듬으며 일어나 비틀비틀 몇 발짝 걷더니 곁에 있던 돌의자에 걸려 다시 넘어져 버렸다. 이 광경을 보고 있던 총독은 크게 놀라며 두려워 했다. 총독이 시종에게 엘루마를 데리고 나가라고 눈짓을 했다.

서기오 바울 총독, 감격의 소리 지름

역시 이 광경을 보고 있던 관리는 놀라서 엘루마를 부축하여 밖으로 나갔다. 홀연 총독의 눈에 한 이상(異象)이 보였다. 바로 사울이 소개한 십자가에 달린 예수의 수난을 봤다. "네가 너를 속죄하기 위하여 피를 흘렸노라!"메시지를 듣던 총독 서기오 바울 총독은 감격하여 소리질렀다.

"오, 하나님! 놀라운 사랑! 흉악한 죄인인 내게도 이렇게 큰 은혜를 베푸시다니, 예수님! 당신은 나의 구주입니다. 나는 당신이 유일하신 하나님의 아들이라는 것과 당신이 나를 위하여 십자가에서 속죄하신 것, 또 삼일 만에 부활한 것도 믿습니다. 뿐만 아니라 사울 사도가 전한 그 모든 것을 믿습니다."그는 무릎꿇고 회개의 눈물로 그 자리서 신앙을 고백했다.

바나바가 "우리 주님이 믿는 자에게는 세례를 주라고 했습니다. 세례는 하나님의 백성된 것을 인정하는 예식인데, 이 예식을 통하여 그리스도에게 속하게 됩니다. 총독께서는 세례를 받으시겠습니까?"물었다.

"그럼요, 받고 말고요. 나는 이미 예수 그리스도를 믿는 사람입니다. 세례를 거부할 이유가 없지요." 총독의 답에 사울 일행의 전도를 듣던 총독의 사람들도 이구동성으로 고백했다. "우리도 예수님을 믿겠습니다" 그날 총독과 그 가족, 함께 있던 모든 자가 총독을 따라 세례받았다. 그러자 성령은 그곳에 있던 모든 사람 위에 충만하게 임했으며, 서기오 바울 총독은 자신이 구원 받은 사실에 대하여 매우 행복해 했다. 그들은 그곳에 교회를 세우고 주변 도시를 다니며 복음을 전했다.

'사울'이 ⇨ '바울'로 변하는 시점

〈도표-8〉

Use Name	유대식 이름 **'사울'** ➡ 헬라식 이름 **'바울'** 사용

총독 서기오 바울은 바보에서 일어난 많은 이적기사를 보고 들으며 더욱 확신을 가졌다. 총독은 사울과 바나바를 형제라고 불렀다. 얼마 후 박수 엘루마의 눈이 회복되었지만, 총독은 그를 멀리하고, 점도 의뢰하지 않았다. 총독은 사도들의 복음을 전하는 일에 전폭적으로 '올-인'했다.

이때로부터 사울은 유대식 이름 '사울'을 사용하지 않고 '바울'이라는 그리스(로마)식 이름을 사용했다.[37]

5-3
소아시아 지역/마가의 사역 포기

바보(파포스)에서의 활동이 얼마간 힘을 얻자, 소아시아 지역으로 가기 위해 각 지역에 사역을 계속할 책임자를 세우고 그들은 그곳을 떠나기로 했다. 그들이 작별인사를 하러 총독부에 들어갔을 때, 서기오 바울 총독은 무척이나 아쉬워하며 그들이 떠나는 것을 만류했다. "사도님들! 여기서 일 년 아니 몇 달만이라도 더 함께 머물러 주시면 안되겠습니까?" 간절히 요청했다. "총독님, 우리는 주님의 명령을 조금도 지체할 수 없습니다. 여기에 머물면 편하기는 하겠지만, 하나님의 나라를 위해서, 또 저희의 전도를 기다리는 저 죽어가는 사람들을 위해서 가야만 합니다. 이것이 우리 주님의 명령입니다. 이곳 교회들은 총독님께서 잘 살펴주시리라 믿습니다" 그곳에 세워진 교회를 부탁했다.

"아쉽지만 주님의 나라를 위해서 어쩔 수 없군요. 부디 안전한 길이 되기를 빕니다. 여행에 필요한 것들을 좀 준비하였습니다. 아시아에 가셔서 사용하십시오" 하고, 이미 준비한 노자와 물건들을 주었다. 총독 바울은 수하들을 시켜 그것을 배에 실어주고 항구까지 전송하였다.

한편, 마가 요한은 귀족의 자제(子弟)였기 때문에 고생을 몰랐다. 처음 그레데에 상륙했을 때부터 수시로 변하는 날씨와 힘든 여행길로 인해 조금씩 불평이 흘러나왔다. 내리는 비 때문에 길이 끊기면 길에서 노숙하고, 때로 장대빗속에도 이동하는 것이 아주 고통스러웠다. 그의 볼멘소리는 바보 총독의 회심 이후에야 잠시 멈췄다. 이제 다시 길을 떠난다고 하니 마가의 걱정이 다시 시작되었다.

배에 오를 때 마가는 바나바에게, "삼촌! 차라리 바보에서 오래 머물면서 복음을 전했더라면 나았을 텐데 아쉽네요"하고 말했다. "무슨 소리야! 마가! 우리의 사명을 잊었어? 이게 모두 주님의 나라를 위해서다. 우리의 전도가 많은 영혼을 구원하고 하나님 나라를 흥왕(興旺)하게 하거든 주님이 세상에 계실 때 얼마나 열심히 일하셨느냐! 자, 주님을 생각하고 힘을 내자!"어깨를 두드리며 위로했다.

"에이, 그래도요. 솔직히 저는 지금 이 여행이 너무 힘들어요."마가는 어린애처럼 호소했다. 이 말을 들은 바울이 근심스러운 듯 마가를 보며 격려했다. "마가 형제! 마음을 굳게 먹어야 해요. 이 여행은 보통 여행이 아니라 죽음도 각오해야 할 여행입니다. 앞으로 어떤 일이 있을지 아무도 모릅니다. 주님을 생각하고 힘내야 합니다." "예, 알겠습니다." 바울의 권면에 마가는 체념한 듯 기어들어가는 목소리로 대답했다.

그들은 바보항에서 배를 타고 북쪽에 있는 소아시아[38]로 출항하였다. 오는 도중 풍랑을 만나 배가 심하게 요동치므로 배멀미하는 사람도 많았고, 마가 역시 심한 구토를 했다. 그들의 배는 어느덧 밤빌리아[39] 지방 항구에 가까워지고 있었다. 파도가 더욱 심하게 요동쳐댔다. 마가도 더욱 심하게 배멀미를 했다. 이윽고 배는 무사히 포구에 정박했다. 그들은 심한 풍랑 가운데 무사히 항구에 도착하게하신 하나님께 감사로 기도했다.

그때였다. 마가가 육지 쪽을 보며 놀라서 말했다. "아니 사도님들! 저 뒤에 있는 저 산들을 좀 보십시오. 저게 혹시 그 험준하기로 유명한 타우루스산맥[40]이 아닙니까?" 떨리는 목소리로 말했다. 그들이 배에서 눈을 들어 보니 거대한 산들이 깎아지른 듯 웅장하게 벌가 항구를 둘러싸고 있었다. [41]그들은 앞에 펼쳐진 산맥의 웅장함에 압도되었다. "우리가 벌가 본성까지 가려면 저 산맥을 넘어야 하나요? 다른 길은 없나요?" 마가는 두렵고 혼동스러운 목소리로 물었다. 바울과 바나바는 아무 말 없이 그 산맥을 바라보고 있었다. 얼마 후, 바나바가, "마가, 저기에도 길이 있겠지. 아무 염려 마라. 주님이 우리와 함께하시지 않니?"하며 용기를 주었다.

마가의 얼굴은 두려움과 수심이 가득하였다. 자주 긴 한숨을 쉬었다. 그의 얼굴은 뱃멀미로 인하여 창백했다. 그는 배에서 내려 또 토하며 매우 힘들어했다. 바나바는 조카 마가가 염려되기 시작했다. "마음을 약하게 가지면 안 되는데…!" 포구에서 하역(荷役)하는 사람들의 도움을 받아 겨우 짐들을 내리고 여관을 찾아 들어갔다. 밤이 깊어 바울과 바나바는 깊은 잠이 들었지만, 마가는 잠들지 못하고 몸을 이리저리 뒤척이고 있었다. 그리고 심각한 고민에 빠졌다.

"저 험준한 산맥을 넘어가야 하다니, 배에서 상인들이 말하기를 그길은 악명 높은 산적들도 있다고 했는데 …," 그래서 일행이 많이 모이지 않으면 산 길을 출발하지 않는다고도 했어 …!" 그는 혼자 중얼거렸다. 여관에서 일하는 사환(使喚)에게 길이 어떠하냐고 묻자, 그 산을 넘다가 손님들이 당한 일을 이야기해줬다. 어떤 때는 산적을 만나 물품을 빼앗기고, 어떤 때는 잔인하게 죽임을 당하는 일도 있다고 말해 주었다.

"정말이오? 아니 산적들이 재물만 뺏는 것이 아니라 사람을 죽이기까지 한다는 말이오?" 마가는 떨리는 목소리로 되물었다. "그렇다니까, 그 놈들은 사람이 아니라 악마요, 악마! 인정사정없이 해친단 말이오." 마가는 사환의 말이 다시 생각나 잠들 수 없었다. 공포심으로 그의 믿음도 흔들렸다. "예루살렘, 우리 집은 얼마나 좋은가? 뭣 때문에 이 고생을 사서 한단 말인가? 바보에서 교회를 세우고 복음을 전해도 될 터인데 굳이 이 위험을 자초한단 말인가? 안돼, 나는 죽으면 안 돼 …. 막 결혼한 자매도 있고. 아이고, 내가 죽으면 우리 어머니도 얼마나 상심하시겠나? 나는 돌아가야 해. 근데 어떻게 말하지 삼촌이야 이해하겠지만, 바울 저분은 성질이 보통이 아니라 길길이 뛸 텐데…. 마가는 근심에 근심을 더 하다가 어느새 잠이 들었다. 마가는 꿈 속에 강도를 만났고 강도가 칼로 목을 치려할 때에, "악"하고 비명을 지르며 일어났다. 마가는 식은땀이 났다. 그때 옆 방에서 바울과 바나바 두 사도는 떠날 행장을 꾸리고 있었다.

마가가 예루살렘으로 돌아감

짐을 셋으로 꾸리던 바나바에게 마가는 말한다. "삼촌, 미안하지만 나는 예루살렘으로 돌아가야겠어요? 도저히 저 타우루스 산맥을 넘을 자신이 없어요. 산적이라도 만난다면 어떻게 될지 모르는데, 나는 이런 곳에서 죽고 싶지 않아요. 두 분도 저와 함께 예루살렘으로 돌아가면 안 되겠어요?" 애원하듯 물었다.

두 사람은 자신들의 귀를 의심했다. "마가야! 너 지금 무슨 말을 하는 거냐? 내가 잘못 들은 것이지?" 바나바는 놀라서 되물었다. "정말이지 저는 이 산맥을 넘을 자신이 없어요. 여지 껏 온 길도 너무 힘들었는데, 저 산을 넘으며 무슨 일을 당할지도 모르고, 또 병이라도 난다면 어떻게 되겠어요. 전 예루살렘으로 돌아가겠어요" 단호하게 말했다. 두 사람은 서로를 보며 난처해하며 바울은 어처구니없다는 듯 마가를 물끄러미 바라보고 있었다. 바나바는 조카를 달래서 여행을 계속하려 했으나, 마가는 돌아가겠다며 막무가내로 고집을 부렸다.

바나바가 열심히 설명하고 달래도 별수 없자 바울이 나섰다. "마가 형제! 형제가 지금 돌아간다면 이 짐들은 도대체 어떻게 하오. 여행 중에 필요한 이 양식은 산을 넘고, 다음 도시에 도달할 때까지 우리가 먹어야 할 양식이오. 어렵겠지만 좀 인내합시다. 하나님께서 우리를 도와줄 것이오. 지금까지 주님의 인도를 형제도 보았지 않소. 다시 맘을 돌리고 갑시다."

간곡히 다시 권했다. "아무리 제 마음을 바꾸려해도 저는 이미 결심했습니다. 자신이 없어서 도저히 더는 못가겠습니다." 마가는 완강하게 거부하며 자신의 소지품을 챙겨 행장(行裝)을 메더니 말릴 틈도 없이 작별 인사만 남기고 포구로 가버렸다.

둘은 어처구니없다는 듯, 서로를 쳐다보았다. 두 사도는 말없이 짐을 다시 두 개로 만들었다. 짐이 심히 무거워졌다. 그들은 타우루스 산맥을 넘어가는 상단(商團) 일행과 함께 길을 출발했다. 산길에 들어섰을 때, 산악 길은 점점 가팔라지고 땀을 비오 듯 흘렸다. 밤이 되면 수풀에서 야영했는데 지중해성 습도의 기후가 추위를 동반하여 살 속으로 파고들었다. 세 사람 분량을 두 사람이 졌으니 어깨도 허리도 모두 정상이 아니었다. 바울은 마가의 행동이 정말 원망스러웠다. 아무리 이해하려고 해도 할 수 없는 무책임한 행동이었다. 뻔히 모든 사정을 알면서 자기만 편하겠다고 이 짐들을 내 팽개치고 가다니…! 그렇다고 그 불만을 바나바에게도 말할 수 없었다.

마가는 그의 조카였기 때문이다. 다행히 로마 제국이 건설한 가도(假道)가 있어서 그나마 다행이었다. 힘에 부치자 그들은 길가의 돌에 앉아 시편 찬송을 불렀다. "여호와는 나의 목자시니 내게 부족함이 없으리로다…!" 두 사람의 노래는 하모니를 잘 이뤘다. 상인들도 나무 그늘에 휴식을 취하며 그들의 찬송을 들었다. "어, 그 무슨 노래요, 아주 듣기좋구려" 박수를 치며 다시 부르기를 청했다. 둘은 쉬어가면서 찬송도 부르고, 그들에게 친근히 대하는 사람에게 전도도 했다. 거기서 장정 몇 사람이 회개하고 예수님을 영접했다.

타우루스 산맥을 넘다 산적 만남

그후 그들은 바울과 바나바를 매우 존중하며 형제 같이 대하고, 자기들의 마차에 두 사람의 짐을 옮겨 실어주었다. 둘은 살 것 같았다. 그들은 주 님이 이 여행길에 함께 하심을 감사하며 산길을 가고 있었다. 그들이 산 모퉁이를 막 돌아선 그때였다. 갑자기 우락부락하게 생긴 무장한 장정 몇 이 숲속으로부터 튀어나오더니 일행에게 무기를 겨누며 달려 들었다.

"꼼짝 마라! 우리는 산적(山賊)이다. 가진 것을 모두 내어 놓아라. 거역하 면 죽음뿐이나 복종하면 살려 주겠다"고 소리쳤다. 상단도 즉시로 대오를 갖추며 칼을 빼어들고 그들과 대치했다.

상단의 인솔자가, "네가 두목이냐? 그렇다면 좋다. 너와 내가 겨누어 네 가 이기면 이 물건들을 주고 가겠다. 그러나 네가 지면 너는 목숨을 내놓 는 것이다. 그렇게 하겠느냐?" 물었다.

"하하! 그거 좋은 제안이다. 서로 많은 피를 보느니 차라리 그 편이 훨씬 낫겠다. 만약 네가지면 군말 없이 물건들을 주고 가는 거다" 뒤에 있는 부하들을 돌아보며, "저자가 하는 말이 어떠냐? 너희들도 그 편이 좋겠 지?" 동의를 구했다. 그러자 부하들도 깔깔거리며, "좋소 그렇게 합시다. 결국, 우리 것일 테니까? 산적 부하들은 두목을 신뢰했다. 산적 두목과 상단의 인솔자가 평평한 곳으로 가서 서로 마주하고 칼을 빼들었다.

이 광경을 보고 있던 바나바는 바울에게 말했다. "바울 형제, 우리가 바보 총독에게 받은 물건 일부를 저 산적에게 주고 싸움을 말려봅시다." "아, 그거 좋은 생각입니다." 바울이 동의했다. 바나바가 나서서 대치하고 있는 두 사람에게 다가가서 말했다. "두 분 형제들 잠깐 싸움을 멈추시오" 바 나바는 상단의 인솔자를 향해서, "형제여, 이 싸움의 결과가 어떻든 둘 중

한 사람은 다치거나 죽어야하니 이렇게 합시다. 우리가 가진 것이 여유가 좀 있으니 저 사람에게 주고 떠나는 게 어떻겠습니까?"하고 제안했다. 그 인솔자가 말했다. "선생은 참으로 어진 마음을 가졌습니다. 그러나 저 흉악한 산적은 결코 그것으로 만족하지 않을 겁니다."

이 말을 듣던 도둑은 말했다. "네가 우리를 잘 봤다. 너희가 지닌 재물이 결국 다 우리 것인데, 무엇 때문에 작은 것을 받고 그냥 돌아간단 말이냐?" 산적은 바나바의 말을 듣지 않고 칼을 휘두르며 상단 인솔자에게 달려들었다. 상단 인솔자는 급히 그의 칼을 맞받으며 칼을 휘둘렀다. "선생은 상관하지 마십시오. 이놈들은 흉악하기 이를 데 없는 놈들입니다"고 했다. 이 인솔자는 바로 얼마 전 전도 받고 예수 믿는 사람이었다. "아니요, 이 사람들도 가난해서 산적이 됐을거요. 우리 주님은 이런 사람조차도 용서하시고 회개하시길 원하잖소. 내게 맡겨 주시오. 내가 잘 타일러 보리다."

바나바와 바울은 그 산적에게 다가가서 그 상처를 싸매주며, "당신이 이럴 수밖에 없는 이유가 있었을 것이오. 내가 가진 것이 적지 않으니 그것을 받고 돌아가시오. 그리고 주 예수를 믿고 다시는 이런 생활을 하지 마시오" 위로하면서 복음을 전했다. 산적은 "예, 감사합니다. 선생들이여, 저 사람이 살려만 준다면 그렇게 하겠습니다" 진실되게 대답했다.
바울은 일어나 인솔자를 보며 요청했다. "형제여 이 사람에게 자비를 베푸십시오. 우리 주님은 원수도 사랑하라고 했다오. 이제 저 사람도 우리를 해치지 않을 거요." 인솔자가 대답했다. "그렇게 말씀하시니 저자들만 우리를 공격하지 않는다면 말씀대로 하겠습니다. 산적들은 슬그머니 뒤로 물러섰다. 바울과 바나바는 산적 두목의 상처를 치유하며 복음을 전했다.

산적 두목의 회개

산적 두목은 눈물을 흘리며 회개했고, 성령은 그를 감동시켰다. "예 선생님 저도 이제 이 생활을 청산하고 예수 그리스도를 구주로 모시고 선한 삶을 살겠습니다. 우리도 본래 양민(良民)이었으나 세리들의 수탈에 못이겨 있는 것 다 빼앗기고 산적이 되었던 것입니다." "오, 주님 감사합니다. 하나님의 구원이 오늘 이 사람들에게도 임하였습니다" 주께 감사드렸다.

바울과 바나바는 그들의 물건 일부를 그들에게 주었다. 상단일행도 약간의 돈을 그들에게 주었다. 그 두목은 사양하다가 물건을 받은 후 말했다. "이 산맥을 가다가 다시 도둑을 만나거든 까마귀의 형제들이라고 말씀하시고 이 표를 보여 주십시오. 그들도 여러분을 헤치지 않을 것입니다"라고 말한 후 나무로 된 표를 주었다. 그리고 바울과 바나바는 그들이 산적 생활을 청산하고 다른 일을 하기를 권했다. 상단 일행이 바울 일행에게 크게 감동했다.

타우르스 산맥을 따라 여정은 계속되었다. 버가로 가는 길은 참으로 험난한 길이었다. 행진하는 동안 갑자기 어두워지고 벼락이 치고 비가 주룩주룩 내리기 시작하였다. 바울 일행은 비를 피하려 했지만 마땅히 피할 곳이 없었다. 계곡에 물이 급속히 불어났다. 그들은 계곡을 피해 산 오부능선쯤, 큰 나무들 아래 천막을 치고 임시로 비를 피하고 있었다. 나뭇가지를 모아 겨우 불을 피우고 젖은 옷들을 말려보지만 산속의 추위는 견디기가 쉽지 않았다.

다행히 아침이 되자 비가 개었다. 행군을 재촉하여 드디어 산길을 벗어나 강가에 도착하게 되었다. 어제 온 비로 인하여 황토 물이 범람하여 다리도 보이지 않았다. 일행은 강변에 서서 한숨을 쉬었다. 그 강을 건널 다리도 물에 잠겨버렸다. 다시 그들은 산기슭에 올라 숙영을 했다. 상인들의 상당수가 이미 예수님을 영접하고 그리스도인이 되었으므로 바울과 바나바는 외롭지 않았다.

행로(行路)에서나 야영(野營)할 때는 그들에게 말씀을 전했고, 아침저녁으로 예배를 드리고 찬송, 기도하는 법도 가르쳤다. 상단 일행 중 날씨의 변고로 인하여 열병 든 자들, 배 아픈 자들이 두 사람의 기도를 받고 나음을 얻으니, 그들은 예수 그리스도에 대해서 더 알기를 원했고, 여행하는 동안 주님의 도움으로 믿음이 견고해져 갔다. 상단 인솔자가 말했다. "사도님들! 저는 무술에 고수(高手)지요. 그렇지만 이런 험악한 곳은 두렵습니다. 나보다 더 고수가 있기 때문이지요. 하지만, 이제 두렵지 않습니다. 우리 주님이 항상 함께 하실테니까요" 그의 믿음은 크게 성장했다.

그들의 믿음이 좋아질수록 바울과 바나바의 여행 길은 한결 수월해졌다. 얼마지 않아 바울과 바나바는 상단일행의 인솔자가 된 것 같았다. 인솔자는 여행길에 난처한 일이 생기면 곧 바로 바울과 바나바와 의논하였다. 이틀이 지나 강의 물은 현저히 줄었다. 그런데 다리는 물로 인해 아예 사라져 버렸다. 그들은 여러 번 이런 일을 경험했기에 그냥 강을 건너기로 했다. 강을 건너는 중 바울이 강물에 휩쓸려 가는데, 상인 형제들이 급히 쫓아와 구해주었고 그리하여 그들은 천신만고 끝에 드디어 버가성에 도착하게 되었다. 일행은 바울과 바나바의 인도로 여행을 인도해주신 하나님께 감사예배를 드리고 작별을 아쉬워하며 서로의 길을 재촉했다.

5-4
비시디아 안디옥에서 바울의 강론

바울과 바나바는 버가에서 소달구지로 운반해주는 사람을 찾아, 함께 비시디아 안디옥[42)]을 찾았다. 비시디아 안디옥은 비시디아를 관할하는 큰 성이었다. 먼저 입구에서 안디옥 성을 바라보며 하나님의 평화와 축복이 이 성에 임하기를 기도했다. 그들은 여관을 찾아 여장을 풀고, 몸을 씻은 후, 그 지역의 회당을 수소문해보니, 그리 멀리 않은 곳에 회당이 있었다. 규모가 작지 않은 회당의 크기로 볼 때, 유대인들이 적지 않게 살고 있음을 짐작할 수 있었다.

그들은 회당장을 찾아가 자기들을 소개했다. 그들의 말을 들은 회당장들은 특히 바울이 가말리엘의 제자라는데 호감을 가지고 돌아오는 안식일에 강론(설교) 요청을 하였다. 바울과 바나바는 숙소로 돌아와 하나님을 예배하며, 안식일 회당에서 강론할 때 주께서 함께하셔서 성령을 충만히 부어주시라고 간절히 기도했다. "주님! 이곳에 주님의 양들이 많사온데 강론할 때에 그들이 하나님의 사랑을 알고 주님을 믿어 구원받게 하소서!"

안식일이 돌아왔다. 그들이 회당에 이르렀을 때, 회당은 이미 회중들로 가득 차 있었다. 가말리엘 문하의 제자가 왔다는 소식은 온 비시디아 안디옥에 있는 유대 교인들에게 이미 퍼져있었다. 그래서 더 많은 사람들이 모여들었다. 그들은 안식일의 관례대로 율법서와 선지자들의 글을 낭독한 뒤, 회중에게 바울과 바나바를 소개해고 강론을 요청하였다.
"여러분 저는 베냐민 지파이고 탈소(다소) 사람이며, 가말리엘 문하에서 율법을 수학한 바리새인입니다." 그들에게 또박또박 자신을 소개했다.

바울의 비시디아 안디옥에서의 강론

바울이 자신을 소개하자 여기저기서 수군거렸다. "저분이 가말리엘 대 랍비의 제자라네!" 가말리엘의 제자라는 사실은 여기서도 위력을 발휘했다. "저런 분이 여기에 오다니 우리는 복도 많지!"하면서 좋아했다.

바울의 강론이 시작되었다. "친애하는 아브라함의 후손인 유대인 여러분! 또 유대교에 개종한 경건한 형제들이여! 제 말을 들어 보시기 바랍니다. 하나님께서 우리 조상을 선택하셔서 보호하시고 그들이 이집트에 있을 때, 권능의 팔로 구원하시고 그 곳에서 인도하여 내셨습니다. 그러나 우리 조상들은 그런 은혜를 입고도 불순종했지요. 하나님은 사십 년을 참아주셨고, 마침내 가나안 족속을 멸하고 그 땅을 유업으로 주셨습니다. 그 후에 사사들을 보내시고 또 사무엘을 보내셨습니다. 그 후에 사울을 왕으로 세우셨으나 그가 교만하자 그를 물리치시고, 다윗을 왕으로 세우셨습니다. 하나님은 이새의 아들을 '자기 마음에 합한 자'라고 하셨고, 그를 통하여 내 뜻을 다 행할 것이다'라고 하셨습니다. 내가 지금 말하고자 하는 것은 다윗에게 약속하신 하나님의 약속이 이미 이루어 졌다는 것입니다."

바울의 강론을 듣고 있는 회중은 놀라서 서로의 얼굴을 바라 보았다. "다윗의 언약이 이루어졌다고…?" 의아한 눈빛으로 중얼거렸다. "하나님은 다윗의 후손 가운데 구주를 세워 이스라엘에게 보내셨으니 그가 곧, 나사렛 사람 예수라는 분입니다." "아니, 예수? 예수가 누구야?"라고 묻는 사람도 있고, "아니 나사렛 예수는 빌라도가 십자가형을 내렸던 그 범죄자 아닌가…?" 여기 저기서 수군거렸다.
"여러분, 여러분은 세례자 요한을 아실 것입니다. 그는 모든 이스라엘 백성의 존경 받는 선지자였습니다. 그가 이스라엘에게 회개를 선포한 뒤 그 생애를 마치기 전 자신이 그리스도가 아닌 것을 밝혔죠. 그리스도는 자신 뒤에 오시는데 '나는 그의 신 끈을 맬 자격도 없다'고 했고요. 그리고 그 뒤에 오시는 그 그리스도가 바로 나사렛 사람 예수라는 것을 분명히 증거하였습니다."

사람들은 또 한 번 술렁거렸다. "무슨 말이야, 그럼 예수가 하나님이 보내신 그리스도라는 말인가?" 의아해 했다. "아브라함의 자손인 동포 여러분! 또 하나님을 경외하는 여러분! 하나님께서 이 구원의 말씀을 우리에게 해주셨습니다. 그런데 예루살렘 사람들은 그것을 알지 못하여 안식일마다 읽는 예언의 말씀도 깨닫지 못했고, 예수를 정죄하여 십자가에 못박음으로써 오히려 예언자들의 말씀을 이루게 했습니다"

바울은 좌중을 둘러본 후 선언했다. "그들은 예수에게서 아무 죽일만한 죄를 찾지 못하였지만, 총독 빌라도를 강요하여 예수를 죽이게 했습니다. 그리고 그 시체를 십자가에서 내려다가 무덤 속에 두었습니다. 그렇다면 예수의 죽음은 무슨 의미가 있을까요? 예수의 죽음은 바로 예언자들의 예언을 이루는 것이었습니다. 즉, '그는 우리 죄를 담당하고 십자가에 못박혀 우리가 물어야 할 죄 값을 치루셨던 것'입니다. 그러나 그는 죽음에 매여있지 않았습니다. 하나님은 하나님의 계획을 다 이룬 후, 예수를 죽은 자 가운데서 살리셨던 것입니다."

여기저기 웅성거림이 있은후, "뭐라고요? 정말입니까? 지금 죽은 자가 살아났다고 하셨습니까?" 한 사람이 큰 소리로 물었다. "예, 그렇습니다. 예수 그리스도는 죽음을 이기고 살아났습니다. 갈릴리에서 자기와 함께 예루살렘으로 간 많은 사람들에게 여러 날 동안 다시 사신 주님이, 자신을 몸소 보이셨습니다. 뿐만 아닙니다. 여러분 앞에 선 우리도 살아나신 그분을 친히 목격하였습니다. 그래서 우리도 담대히 하나님께서 우리 조상에게 약속하신 기쁜 소식이 이루어졌음을 전하는 것이죠. 또 먼곳에 있는 여러분에게 이 소식을 전하라는 명을 받고 안디옥에 오게 된 것입니다. 오늘 하나님의 구원이 여러분에게 임하였습니다!" 선언했다.

회당장 중 한 사람이 물었다. "설사 예수라는 분이 살아났다고 가정하더라도 그것과 선지자의 예언은 무슨 관계가 있습니까?" "예, 시편에 기록되었기를 '너는 내 아들이라 오늘 내가 너를 낳았다'고 했습니다. 그리고 그분을 통하여 다윗에게 약속한 거룩하고 확실한 복을 내가 너희에게 주겠다고 하셨고요. 또 다른 시편에 '주님께서는 주님의 거룩한 분이 썩지 않게 하실 것이다'라고 미리 말씀하셨습니다. 여러분 다윗 왕은 비록 하나님의 뜻을 충실히 이루신 분이지만, 자신은 죽음을 이기지 못했고 죽어 잠들었습니다. 그리고 그는 썩었습니다. 그래서 그에게는 묘실(墓室)[43]이 있지요."

이는 여러분이 잘 아는 내용입니다. 그러나 하나님이 살리신 분은 다윗과 다르게 죽음을 맞았으나 썩지 않고 살아나셨습니다. 그러므로 동포 여러분, 바로 이 예수 그리스도로 말미암아 여러분의 죄 용서가 선포된다는 것을 믿어야 합니다"

또 한 사람이 물었다. "설사 예수가 살아났다고 합시다. 그것이 또 우리 죄 용서와 무슨 상관이 있습니까? 우리에게는 속죄하는 제사가 이미 있지 않습니까? 또, 우리는 율법을 지키고 있으므로 이것이 우리의 의(義)가 되지 않겠습니까?"

"형제님, 좋은 질문입니다. 그러나 사실 율법을 온전히 지킬 수 있는 사람은 없습니다. 그래서 하나님은 속죄 제사를 통하여 우리의 죄를 용서 받도록 했습니다. 그러나 소나 양으로 속죄하는 제사는 다만 하나의 상징이지 본체가 아닙니다. 하나님께서 이전 세대에는 상징과 모형을 통하여 구원을 이루셨지만, 이제는 제물이 상징하는 본체인 하나님의 어린 양으로 하여금 속죄하게 하셨습니다. 여러분이 잘 아는 저 유명한 세례자 요한은 예수께서 자신을 찾아 왔을 때, '보라 세상 죄를 지고 가시는 하나님의 어린 양이라!'고 선포하였습니다. 그 예수가 친히 우리의 속죄양이 되어 우리 허물을 직접 담당하신 것입니다. 여러 부형들이여! 모세를 통하여 준 율법으로는 의롭게 될 수 없었던 우리가, 하나님의 아들 예수를 믿음으로 의롭게 된다는 이 약속을 여러분은 분명히 알아야 합니다. 형제 여러분! 여러분은 마음을 강퍅하게 하지 마십시오. 예언자들이 한 은혜의 예언이 여러분에게서 심판으로 실현되지 않도록 조심해야 합니다. 주님께서는 이미 도끼가 나무 뿌리 위에 놓여있다고 했습니다."

많은 유대인과 경건한 사람들이 바울과 바나바를 따르며 그들이 어디에 머물고 있는지를 물었다. 다음 날부터 유대인과 경건한 사람들은 바울과 바나바가 머무는 여관으로 시도 때도 없이 몰려들었다. 바울과 바나바는 좁은 공간으로 인해 반씩 나누어 예수 그리스도의 복음을 전하였고 많은 사람이 회개하며 그리스도 예수에게 돌아왔다.

이 소문은 곧 유대 회당의 지도자들에게 알려졌다. 그들 중 어떤 지도자는 시기가 가득하여, "이를 그냥 버려둘 수 없는 일이오. 이러다간 결국 저자들이 회당에서 영광을 독차지하고 우리는 아무것도 아닌 것처럼 될 것이오. 우리가 뭔가 특단의 대책을 마련하지 않는다면 종국에는 이 회당이 저자들의 회당이 되고 말 것이오" 소리 높여 말했다.

비시디아 안디옥에서 유대인의 공격 모략

모의자(謀議者)들은 질투와 노기로 가득하여 여러 수단을 강구하였다. 안식일이 되자 회당은 그야말로 인산인해를 이루어 조금도 들어갈 틈이 없었다. 회당장은 예배 순서를 진행한 후, 다시 바울과 바나바를 청해 강론을 부탁하였다. 물론 앞 줄에는 소위 랍비라는 지도자들이 바울과 바나바를 공격하기 위해 자리를 잡았다.

바울의 강론이 다시 시작되었다. 바울은 믿음으로 얻는 의에 대하여 선포했다. "여러분! 나는 주 예수 그리스도의 복음 전함을 부끄러워하지 않습니다. 왜냐하면 이 복음은 예수 그리스도를 믿는 모든 믿는 자에게 구원을 주시는 하나님의 능력이 되기 때문입니다. 먼저는 유대인에게요 그리고 또 헬라인에게 입니다. 복음에는 하나님의 의(義)가 나타나서 믿음으로 믿음에 이르게 하는데, 성경에 기록하기를 오직 의인은 믿음으로 말미암아 살리라고 하셨습니다. 세상 모든 사람은 죄인입니다. 죄의 대가는 사망입니다. 인간은 하나님이 요구하는 율법의 의에 자신의 힘으로 이르지 못하므로, 하나님은 인간을 향해 '의인은 없나니 하나도 없다'고 선고(宣誥)하셨던 것입니다."

"그러므로 인간은 스스로의 행위로 구원받을 사람이 하나도 없습니다. 이런 희망 없는 사람들에게 하나님은 율법 외에 다른 구원받을 길을 준비하셨는데 곧, '죄인이 하나님의 아들 예수그리스도를 믿는 믿음으로 얻는 의'입니다. 이는 율법과 선지자의 증거를 받은 것으로 사람이 율법의 행위와 상관없이 믿음으로 의롭게 되는 길입니다. 유대인이나 헬라인이나,

지식인이나 야만인이나, 다 믿음으로 구원을 얻게 되는 것입니다."하고 선포하자 여기저기서 "아멘!" 소리가 들렸다.

그러자 갑자기 노기 띤 음성이 앞줄에서 터져 나왔다. 바로 앞줄에 앉아 있던 한 랍비가 "말도 안 돼!" 벌떡 일어섰다. "아니 뭐라고? 믿음으로 의롭게된다고? 당신의 스승 가말리엘이 당신에게 그렇게 가르친 거요? 당신은 지금 하나님이 모세에게 준 유대인의 율법을 무시하도록 가르치고 있소! 대체 무슨 근거로 사람이 믿음으로 의롭게 될 수 있다고 말하는 거요?" 항의했다.

앞줄에 앉은 몇 사람의 랍비들도 일제히 동조하여, "정말 말도 안 되는 소리다! 아브라함의 자손으로 할례를 받고, 반드시 율법을 지켜야만 구원을 얻을 수 있는 거다. 이것이 우리 장로들이 우리에게 전해 준 확실한 말씀이다"라고 큰 소리로 말했다." 장내는 소란스러워졌다. 여기 저기서 "옳소!"하고 동조하는 소리도 많이 들렸다.

뒤편에 앉아있던 헬라인 경건한 사람 몇이 크게 소리쳤다. "여러분들! 좀 조용히 하세요. 좀 더 들어봅시다. 아직 설명이 다 끝나지 않았잖아요. 이에 여러 헬라인들이 동조하여 소리쳤다. 일부 사람들은 바울의 강론을 더 들을 수 없다는 것이 안타까웠다 "계속하세요!" 강청했다. 사울은 "이것은 제 스승 가말리엘에게 배운 것도 아닙니다. 장로들의 유전도 아닙니다. 저는 율법과 선지서에 있는 하나님의 말씀을 전하는 것입니다. 율법서 첫 번 책, 창세기에 '아브라함이 하나님을 믿으니 이를 그의 의로 여기셨다'고 하셨고, 선지자 하박국의 말씀에 '오직 의인은 믿음으로 말미암아 살리라'하셨지 않습니까? 이 기록이 잘못된 것입니까?" 반문했다.

그 반대로 헬라인 경건한 사람들이 바울과 바나바의 말에 동조하여 "그렇지 그렇치! 믿음으로만 의롭게 되는 것이 매우 공평한 진리야!" 말하자, 유대인 랍비들은 동의하는 헬라인들을 쏘아보았다. 그들은 바울이 저들을 방자(放恣)하게 만들었다고 생각했다. 평소 구원 문제만 나오면 움추리들던 헬라인들이 당당하게 구원문제에 자신감으로 나오는 것을 보면서 랍비들의 분노는 극(極)에 달했다.

바울의 강론은 다시 계속되었지만, 말끝마다 유대 랍비들이 시비를 걸어왔기 때문에 원만한 진행이 이뤄지지 못하고 있었다. 심지어 "믿음으로 구원을 얻으니 죄를 막 지어도 괜찮겠네!" 희롱하는 사람들도 있었다. 그러자 그날 담당 회당장이 일어나 회중을 향해, "여러분! 잠깐 냉정을 찾읍시다. 여지껏 이 회당에서 이렇게 소란스러운 일은 처음이요. 집회를 계속 진행하기 힘드니 질문과 답변을 미리 준비하시고 다음 안식일에 다시 계속하도록 합시다" 하고 집회 종료를 선언했다.

집회가 끝나자 바울과 바나바 주변에 다시금 사람들이 모여들었다. 그들의 가르침에 동조하는 사람들과 반대하는 사람들로 동조와 항의가 계속되었다. 회당장은 그들에게 회당에서 나가라고 하며, 반대파들이 바울과 바나바를 회당 밖으로 밀어내며 "다시는 오지 말라, 오는 날에는 목숨을 부지하기 어려울 것이다." 험한 말까지 해댔다.

결국, 바울과 바나바는 더이상 이 회당에 올 수 없다는 것을 알고, 회당 입구에 서서 그들을 밀쳐내는 자들을 향하여, "여러분들은 하나님의 은혜를 배척하고, 스스로 구원받기에 합당하지 못한 사람이라는 것을 시인하고 있습니다. 성경에 말씀하신 대로 우리는 이제 이방인에게 갑니다. 주님께서 우리를 보내시며 말씀하시길 '내가 너로 이방 민족의 빛으로 삼았으니 그것은 내가 땅끝까지 구원을 이루게 하려는 것'이라고 하셨습니다."

비시디아 안디옥교회 설립

이 말을 들은 유대교에 입교한 이방인들이 박수치며 좋아했다. 그들은 심지어 회당 밖에서 찬양을 부르기까지 하였다. 주님의 말씀은 그곳을 시작으로 주변으로 퍼져나갔고 바울과 바나바가 머무는 집은 찾아오는 사람들로 강론장으로 변했다. 아침부터 저녁 늦게까지 말씀을 전하였고 많은 사람이 자연스럽게 헌금과 헌물을 드려 식사를 준비하고 서로를 섬겼다.

비시디아 안디옥에선 교회가 이루어져가므로 유대인들이 더 이상 안식일에 회당에서 모이지 못하게되었다. 교회는 여기저기에 세워지고 성령의 역사로 큰 부흥을 이루어갔다. 얼마지 않아 많은 안디옥 사람들이 복음을 듣고 찬송하는데, 하나님께서 영생을 주시기로 작정한 자들은 다 믿게 되었다. 비시디아 안디옥교회의 부흥 속도가 실로 놀라왔다. 회당으로 가던 많은 사람들이 교회로 가게 됐고, 반대로 회당을 중심으로한 유대인들은 시기와 울분으로 가득찼다. 그들은 다수의 유대인과 경건한 현지인들이 회당을 떠나므로 위상이 흔들리게 되자 더욱 강하게 반발했다.

바울과 바나바를 반대하던 회당에 남은 유대인들은 이제 적극적이고 계획적으로 바울과 바나바를 공격하기 시작했다. 유대인들은 평소 친한 지역 유지들을 동원하고, 경건한 귀부인들을 찾아가 중동질했다. 경건한 귀부인들은 그동안 유대의 지도자들로부터 멸시와 천대를 받았고, 때로는 구원에서 제외되었다고 혹평을 받던 여자들이었다.

유대 지도자들은 이들에게, "당신들이 구원을 얻으려면 뭔가 한 게 있어야 하지 않나? 이번에 저들을 이 도시에서 쫓아내준다면 당신들이 구원받을 수 있도록 인정해줄 것이오!"라고 회유했다. "정말이에요? 이후로 이방인은 아무리 율법을 지켜도 구원받을 수 없다는 말은 하지 말아야 합니다. 사실 우리도 율법을 지키는 사람들이잖아요!" 말했다.

그 요구에 그들은 "그래 그래, 우리가 하나님께 기도하여 반드시 구원을 보장하겠오." 약속했다. 구원에 한이 많았던 이 경건한 부인들은 어리석게도 그들의 말을 믿고 현지 불량배들을 동원하여 바울과 바나바를 여러 방면에서 공격하였다.

두 사도는 다른 곳에서 복음을 전하라는 하나님의 뜻임을 알고 그곳에 교회를 관리할 지도자들을 세운 후 즉시 이고니온44)으로 가기로 했다. 많은 제자들이 그들을 성문까지 배웅하며 작별을 아쉬워했다. "사도님들! 꼭 다시 오세요. 저희는 하나님 말씀 앞에서 어린아이와 같답니다" 이별을 못내 아쉬워했다.

5-5
이고니온에서

바울과 바나바는 이고니온에 도착해서 이전처럼 먼저 회당으로 들어갔다. 회당은 참으로 하나님이 준비해 놓은 복음전도의 좋은 통로가 되고 있었다. 그들이 회당에서 복음을 전하기 시작하자 역시 비시디아 안디옥과 같은 반응이 즉시 일어났다. 유대인과 헬라인들의 많은 무리가 회개하고 예수를 구주로 믿었다. 마찬가지로 반대하는 자들 역시 완강하게 반대 활동을 시작했다. 그들은 주님의 말씀을 기억했다. 저희가 보기는 보아도 알지 못할 것이요, 듣기는 들어도 깨닫지 못하리라고 …! 어디나 하나님이 택한 백성이 있어 믿는 사람이 있는 반면에, 그들에게 주어진 은혜의 말씀을 대적하고 거부하는 자들이 있다는 것을 생각했다.

주님의 말씀을 인용하며 사역을 계속했다. "주님의 양은 주님의 음성을 알고 …." 그래서 그들은 어떤 배척(排斥)에도 실망하지 않았다. 반면, 반대자들은 사도들을 회당에서 내쫓고 지역 사람들에게 없는 말을 지어내어 이들에게 악한 감정을 갖도록 사주(使嗾)했다. 그들이 복음을 전할 때, 많은 병자들과 귀신들린 자, 중풍병자들도 몰려왔는데, 그들이 고침을 받고 예수를 믿으며 하나님을 찬양했다. 한 번은 그들이 기도하는 중에 주님이 하시는 말씀을 들었다.

> "또 이르시되 너희는 온 천하에 다니며 만민에게 복음을 전파하라 믿고 세례를 받는 사람은 구원을 얻을 것이요 믿지 않는 사람은 정죄를 받으리라 믿는 자들에게는 이런 표적이 따르리니 곧 그들이 내 이름으로 귀신을 쫓아내며 새 방언을 말하며 뱀을 집어 올리며 무슨 독을 마실지라도 해를 받지 아니하며 병든 사람에게 손을 얹은즉 나으리라 하시더라"
> (마가복음16:15-18).

이에 두 사도는 용기백배하여 말씀을 전했고, 기도할 때마다 각양 병을 가진 자가 치료되었다. 회당에서나 광장에서 말씀을 전할 때 두 사도를 반대하는 유대인들이 쫓아와서 갖은 거짓말을 하고, 심지어 지역의 유지들과 이방인들을 동원하여 복음전파를 방해하곤 하였다. 사도들에게서 이적과 기적이 나타나면 나타날수록 회당의 일부 랍비들은 불안을 느끼고 더욱 강퍅해졌다. 이들은 조직적으로 배척운동(排斥運動)을 시작했다. 때로는 현지 관원들에게 뇌물을 주고, 때로는 폭력배를 동원하여 돌을 던지며 그 지역에서 떠나라고 위협했다. 그래도 소용이 없게 되자, 마침내 그들은 두 사도를 해칠 계획을 진행했다.

"여러분! 차라리 저놈들을 죽여버립시다. 두 놈만 죽여버리면 간단히 해결될 터인데 뭘 망설이는 거요? 이것이 바로 우리 하나님의 명령이요. 저들은 지금 우리 유대교45)와 하나님을 모독하고 있지 않소? 은밀히 오늘 밤에 여관으로 잠입하여 해쳐버립시다."

그러나 이 소식을 들은 선동자(煽動者)의 아내가 오히려 남편 몰래 이들의 시도를 사도들에게 알려왔다. 그러자 사도들을 따르던 기독교인들 중 몇은 분개하며 관아(官牙)에 고발하자고 했다. 사도들은 분노하는 형제들을 만류했다. 대적하지 말고, 미워하지 말며, 그들을 위하여 기도하며 은혜를 구하자고 권면했다. 이것이 주님이 우리에게 가르쳐준 하나님 나라 확장전략의 핵심이라고 했다. 그들은 그곳에 개종(改宗)한 사람들을 중심으로 교회와 지도자를 안수하여 세우고 교회를 섬기도록 하였다.

5-6
루스드라에서

출생 때부터 앉은뱅이 치유의 기적

그들은 이고니온을 떠나 루가오니아의 두 성 루스드라와 더베와46) 그 부근에서 복음을 전하고 다녔다. 하루는 그들이 루스드라 한 시장 어귀에서 복음을 전할 때였다. 시장 입구에는 나면서부터 걸어본 적이 없는 '앉은뱅이'가 큰 소리로 소리치며 구걸하고 있었다. 마침 거기 근처에서 바울과 바나바도 복음을 전하고 있었다. 그 앉은뱅이는 사람들이 모이는 것을 보더니, 무엇을 좀 얻을까 하여 사도들이 말씀 전하는 곳으로 기어 왔다. 그는 도대체 무슨 일인가 하여 군중들 다리 틈을 비집고 사도 바울이 강연하는 곳으로 들어갔다. 사람들은 흠짓 흠짓 놀라 길을 비켜 주며 조롱하듯 소리쳤다. "이런 병신 봐라! 어디를 기어들어와!" 그러나 앉은뱅이는 아랑곳하지 않고 바울의 설교에 귀를 기울였다. 그는 구걸할 것을 잠시 잊고 설교에 빠져들어 사도가 전한 복음을 듣고 크게 감동했다.

그의 얼굴은 기쁨으로 충만해 자신의 처지를 잊고 "옳소!"라고 소리 쳤다. 바울이 보니 구원을 받을 만한 믿음이 있어 보였다. "형제여! 우리 주님께서 당신의 영혼을 구원하실 뿐만 아니라. 당신의 육체도 구원하십니다. 주님이 당신의 다리를 새롭게 하시니 일어나 걸으시오!" 큰 소리로 명령했다. 그는 마치 무엇에 홀린 듯, 두 손을 짚고 젖 먹던 힘까지 내서 곧 일어섰다. 그가 서서 몸의 균형을 잡고 있을 때, "형제여! 염려하지 말고 걸어가시오! 주님이 당신을 온전케 하셨소!" 바울이 말했다.

그는 발을 옮기기 시작했다. 자신의 몸이 회복된 것을 알고 기쁨에 겨워 두 손을 높이 들고 소리치며 주변을 뛰어다녔다. "와! 하나님, 예수님 감사합니다!" 그는 크게 소리쳤다. 이를 목격한 사람들이 박수와 환호를 했고, 소문이 삽시간에 온 시장에 퍼졌다. 시장은 일시에 그 소식을 전하는 소리와 그가 일어섬을 확인하는 소리로 소란스럽기 그지없었다.
군중 속에서 누군가 "아니 저 사람이 어떻게 걷게 된 것이냐?" 옆사람에게 물으면 먼저 본 사람들이 대답했다. "글세, 저기 저 두사람 일어나라고 하니까 바로 일어나더라"했다. 그들은 두 사도에 대하여 경외심과 두려움을 동시에 가졌다. 또 어떤 사람이 "저 분들은 사람이 아니요, 바로 신들이 사람의 형상을 하고 강림하신 것이오!" 소리쳤다. 그 소리를 들은 사람들이 바울과 바나바를 향하여 여기저기서 엎드리며 절하기 시작했다.

군중들은 벌벌 떨면서, "제우스47)와 헤르메스 신께서 사람의 모습으로 이곳에 강림하셨다!"라고 소리쳤다. 그들 중 제우스 산당에서 시종하는 사람이 시장에 물건 사러 와서 이 광경을 목격했다. 그는 바로 성 밖에 있는 제우스 신전으로 달려가서 가쁜 숨을 몰아 쉬며 그곳 제사장들에게 큰 소리로 알렸다.

"제사장님! 지금 제우스와 헤르메스께서 시장 광장에 강림하셨습니다. 빨리 좀 가보세요"했다. "아니 이런, 이런, 대낮부터 실성한 놈이 있나! 제우스 신이 도대체 어디 있다고 시장에 강림을 해? 너, 하라는 일은 안하고 놀다가 할 말이 없어 속이는 거지?" 도무지 믿으려 하지 않았다.

청년은 자초지종을 설명하고 앉은뱅이가 기적적으로 고침받은 사실을 이야기해 주었다. "아니, 정말로 그 앉은뱅이가 일어나 걷고 뛰었다는 말이냐?" 그 앉은뱅이는 제사장들도 익히 잘 아는 거지였다.

제사장들은 당황해하며 재촉했다. "저놈 말이 사실이라면 우리가 이러고 있을 일이 아니지. 저놈 말을 들으니 제우스와 헤르메스가 강림하신 것이 틀림없는 것 같은데 …, 우리가 이러고 있어서는 안되지! 여러분 빨리 가서 제우스와 헤르메스를 맞이하여 제사를 드립시다."

"자네는 빨리 좋은 소를 끌고 오고, 자네는 두 신께 바칠 화관을 준비하고, 빨리! 빨리! 늦으면 절대 안돼! 하늘로 돌아가시기 전에 그곳에 당도해야만 하네." 부랴부랴 제물을 챙기고 일행과 함께 시장으로 급히 뛰어갔다. 그때 바울과 바나바는 여관에 가 있었다. 밖이 심히 소란스러워 나갔더니 제우스 신당의 제사장들이 그곳에 엎드려 절하며, "위대하신 창조자, 온 우주의 최고의 신 제우스시여! 제우스의 위대한 말씀의 신이신 헤르메스시여! 우리의 예배를 받으소서!" 큰 소리로 말했다. 이미 기적을 목격한 수많은 사람이 제우스 제사장들을 따라 함께 외쳤다.

두 사도는 이들의 말에 깜짝 놀라, 제일 화려한 옷을 입은 제사장 앞에 서서 자신들의 옷을 찢으며 소리쳤다. "여러분! 놀라지 마시오. 우리는 여러분과 조금도 다를 바 없는 한 인간이오. 우리가 여러분에게 복음을 전하는 것은 이런 헛된 일을 하지 못하게 하려는 것이오. 우리가 여러분에게 살아계시고 유일하신 참 하나님을 소개하겠소! 제우스같은 헛된 신을 믿지 말고 하나님을 바로 믿으십시오."

"여러분! 천지와 바다와 그 가운데 모든 것을 지으신 분은 하나님이십니다. 그 하나님께서 여러분이 행하는 이런 허망한 일을 버리고, 살아계신 하나님께 돌아오라고 우리를 보내셔서 이 앉은뱅이를 온전하게 했습니다. 하나님께서 지나간 세대에는 모든 민족이 자기 신을 만들고, 허탄한 것들을 숭배하는 것을 묵인하셨으나, 그때에도 자기를 증거하셨습니다. 곧, 비를 내리시고 곡식을 주시며 음식으로 여러분을 기쁘게 하셨지요.. 다만 여러분은 여러분에게 이러한 은혜를 베푸시는 분이 누구인지 몰랐을 뿐입니다. 그래서 우리를 보내 여러분들이 유일하고 참된 신이신 하나님께 돌아오게 부르시는 것입니다."

그들은 이전에 들어 보지 못한 내용이라 어리둥절해 있었다. "저희는 그저 여러분을 구원하라고 보내신 살아계신 하나님의 아들 예수 그리스도의 사도일 뿐입니다!" 사도들은 그들이 다시 제사하려는 것을 말리고 제우스 제사장들을 집으로 불러들여 복음을 전했다. 그들은 복음에 놀라며 감격했으며 그들중 많은 사람들이 복음을 믿고 예수를 구주로 영접하였다.

그들은 더욱 힘을 얻어 복음을 전하니 안디옥과 이고니온의 유대교 집단에게까지 이 소식이 전해졌다. "우리 유대교의 많은 무리가 그 놈들에게 가고 있지 않는가? 여러분! 열심당들을 모아서 이 변절자들을 제거해 버립시다." 이렇게 충동질하며 추종자들을 여러 떼로 나눠 루스드라의 회당으로 몰려갔다. 바울과 바나바의 근황을 알아보니 그들이 매일 오후 그곳 광장에서 전도하는 것을 알수 있었다. 그들을 데리고 온 유대인들과 현지 열심당들을 그 광장에 집결시켰다.

바울이 유대인의 돌에 맞아 성 밖에 내쳐짐

역시나 그날 오후 바울과 바나바는 복음을 전하기 위해 광장에 나타났다. 바울이 광장 높은 계단에 올라서서 복음을 전하기 시작하자 사람들이 모여왔다. 유대인 한 사람이 소리쳤다. "바로 저놈이 그 그리스도교 이단의 괴수 바울이란 놈이다. 잡아라!"하고 소리쳤다. 그를 따라온 유대인들이 일제히 바울에게로 달려들었다. 그리고 그를 때리고 붙잡아 끌고 갔다. 바나바는 어떻게 만류해보려 했으나, 사람들은 바나바마저 내동댕이치고 바울을 성 밖으로 끌어냈다. 순식간에 일어난 일이라 다른 사람들도 미처 손쓸 틈이 없었고 막아 봐야 중과부적이었다.

"여호와의 이름으로 너를 처단한다! 너는 신성한 우리 종교를 모독했으니 죽어야 마땅하다"한 레위인이 소리쳤다. 이에 대하여 바울은 당당하게 말했다. "우리 율법으로는 이렇게 할 수 없소. 정당한 재판을 받게 해주시오." 하지만 레위인이 묵살했다. "네가 언제 우리 율법을 존중이나 했느냐? 율법은 이제 필요 없다고 하지 않았느냐?" 다시 바울이 맞 받아쳤다.

"여러분 그것은 천부당 만부당한 오해입니다. 율법이 필요 없는 것이 아니라, 우리 주님께서 율법을 완성하신 것이라고 한 것입니다."

그러나 그들은 그의 해명을 들으려 하지 않았다. "시끄럽다. 이놈아! 오늘이 바로 네놈 장사날이다. 여러분! 이놈은 여호와를 모독한 참람한 죄를 범한 놈입니다. 율법대로 돌로 쳐죽이는 사형을 집행해야 합니다" 그 말이 끝나기가 무섭게 "죽여라 죽여!" 함성을 지르며 바울에게 돌을 던지기 시작했다. 바울이 두 손으로 얼굴을 감싸 안고 이리 저리 피해보려는데, 돌들은 사정없이 바울을 향해 날아오고 그중 돌 하나가 바울의 머리를 때렸다. 바울은 외마디 비명을 지르며 그대로 맥없이 쓰러졌다. 머리에서 흐르는 피가 바닥에 흥건하게 되었다. 바울의 몸은 몇 번 움찔거리더니 사지가 풀리고 더이상 움직임이 없었다.

그들은 바울의 숨이 멈춘 것을 확인하고는, "이 놈이 죽었어! 관원들이 오기 전에 이놈을 성 밖에 버려야 한다." 거적대기에 싸서 시체를 끌고 나가 성 밖 외진 곳에 버린 후 도주했다. 바나바는 바울이 구타당하는 것을 보고 달려가 제자들을 동원했다. 제자들은 급히 형제들을 소집하여 쫓아왔으나 이미 바울의 시체가 성 밖으로 끌려나간 뒤였다. 사람들은 그들에게 바울이 죽었다고 말해 주었다. 그들은 슬퍼하며 수소문하여 마침내 죽여서 버혀진 바울을 찾아냈다.

"바울 사도님! 바울 사도님!" 형제들이 그를 깨웠을 때, 바울은 이미 숨이 끊어져 움직임이 없었다. 그들이 바울이 쓰러져 있는 것을 발견할 때는 이미 상당한 시간이 지난 뒤였다. 그의 몸과 얼굴은 여기저기 타박상을 입었고, 숨은 완전히 멎어 있었다. 모두 둘러앉아서 바울의 죽음을 슬퍼하고 탄식하며 어찌할 바를 모르고 있을 때였다. 갑자기 "푸후-!"하는 긴 숨소리가 바울의 입으로부터 터져 나온 것이다. 모두 내려다 보니 바울이 가쁘게 숨을 쉬기 시작하는 것이 아닌가!

"아직 생명이 저에게 있다. 주여 살려주소서!" 바나바와 형제들은 소리 높여 기도했다. 얼마간 지나자 바울은 몸을 부스럭거리며 일어나 앉았다. "살아났다. 바울 사도님이 살아났어!" 형제들은 기쁨을 주체하지 못하고 바울 주변에 모여 얼싸안고 기뻐했다. 바나바는 너무 기쁜 나머지 눈물로 범벅된 얼굴을 훔치며, "주님 정말 감사합니다!"를 연발했다.
형제들은 바울을 성내로 데리고 들어가서 상처에 기름을 바르고 치료해 주었다. 다시 깨어난 바울은 말했다. "여러 부형들이여! 우리는 이곳에서 더이상 활동을 할 수 없을 것이오. 그들이 내가 죽지 않은 것을 안다면 다시 죽이려 할 것이오. 그러니 이곳 교회는 여러분이 계속해 섬겨 주시고, 우리는 다른 곳으로 가서 복음을 전하도록 하겠습니다."

형제들도 상황을 잘 알고 있었기에 흔쾌히 동의했다. "우리들은 유대인들이 쫓아오지 못하도록 내일 아침 일찍이 더베로 갈 것입니다." 바울과 바나바는 얼굴을 천으로 숨기고 성안으로 들어갔다. 이튿날 새벽, 어둠이 걷히기 전 더베로 떠났다. 대적들은 정오가 되었을 때, 바울이 죽지 않고 살아났다는 것을 들었다. 늙은 랍비가 젊은이들을 향하여 길길이 뛰며 진노하였다. 도대체 어떻게 된건지 저희도 모르겠습니다. 그자가 어떻게 다시 살 수 있었는지…," 그들은 온종일 성 안팎을 뒤졌으나 바울과 바나바를 찾을 수 없자 찾기를 단념했다.

더베로 간 바울과 바나바 일행은 주님이 동행하심을 믿고 더욱 열심히 복음을 전했다. 그들은 사명을 완수하기 전에는 자신들의 생명이 보장된다는 것을 확신할 수 있었다. 또 성령이 그들과 함께하여 그곳에서도 많은 이적기사가 나타났으며 많은 사람이 회개하고 돌아왔다. 얼마 후 여러 교회들이 세워졌다. 바울과 바나바는 대적자들의 방해를 두려워하지 않았다. 다시 더베를 떠난 사도들은 주로 밤을 이용하여 그들을 살해하려했던 루스드라와 이고니온, 안디옥으로 다시 돌아갔고, 이전에 개척한 교회와 형제들을 돌아보며 더 자세히 말씀을 가르쳤다.

"형제들이여 믿음을 굳게 하시오. 하나님 나라에 들어가려면 많은 환난을 겪어야 합니다. 주님은 누구든지 나를 따르려거든 자기 십자가를 지고 나를 따를 것이니라 라고 하셨습니다. 지금 우리가 당하는 고난은 장차 나타날 영광과 족히 비교할 수 없습니다. 또한 하나님의 영광을 바라고 즐거워해야 합니다. 우리가 환난 중에도 즐거워하는 것은 환난은 인내를, 인내는 연단을, 연단은 소망을 이루는 줄 알기 때문입니다"라고 용기를 복돋았다. 사도들은 각 교회마다 장로들을 택하여 세우고, 금식하며 안수하여 교회 치리를 위임[48]하였다. 그들은 비시디아와 밤빌리아를 지나며 그곳 교회에도 말씀을 전하고, 앗달리아 항구[49]에서 배를 타고 그들을 파송했던 안디옥으로 돌아왔다.

안디옥에 돌아온 그들은 선교 중에 일어났던 주의 역사에 대하여 교회에 상세히 보고하였다. 보고를 들은 안디옥교회 성도들은 기뻐하고 또 기뻐하며 하나님께 영광돌리는 한편 사도들을 위로하고 편히 쉬게 하였다. 그러나 두 사도는 안디옥에 머물면서 쉼 없이 주변 여러 교회에서 하나님의 말씀을 가르쳤는데, 안디옥교회는 나날이 구원받는 신자가 늘어갔다.

5-7
안디옥교회에서 벌어진 논쟁

그들이 안디옥(수리아)[50]에 돌아온 지 얼마지 않아 유대로부터 교사 몇 명이 안디옥 지역에 왔다. 안디옥교회는 이미 많은 지역에 '지역 교회'가 퍼져 있었다. 유대에서 온 교사들은 지 교회를 순회하면서 교인들을 가르쳤다. 그런데 그 내용이 이전에 바울과 바나바가 중심이 되었을 때, 가르친 것과 판이(判異)하게 다른 것이었다. 그들은, "여러분! 비록 우리가 예수를 믿지만, 모세가 지시한 율법을 지키지 않고, 또 할례를 받지 않는다면 절대로 구원을 얻지 못합니다!"라고 가르쳤다.

"아니, 선생님! 지금 당신이 전하는 말씀은 이전에 우리가 복음을 받을 때, 우리의 사도인 바나바와 바울 선생님의 가르침과 완전히 상반된 말씀인데요? 우리는 '오직 믿음으로만 구원을 얻는다'고 배웠습니다. 그럼 그들의 가르침이 잘못되었습니까?" 항의했다.
"예, 그들의 말은 틀렸습니다. 율법은 하나님께서 친히 하나님의 종 모세를 통해 우리에게 주신 고귀한 것입니다. 우리 조상들은 오랫동안 이 말씀을 지켜서 구원을 얻었습니다. 우리는 예수께서 우리 죄를 대속했다는 것을 부인하지 않습니다. 그리고 그를 믿어서 구원받는다는 사실도 부인하지 않습니다. 그렇지만 하나님은 또 모세라는 하나님의 종을 우리에게 보내셨습니다는 이러한 사실을 여러분은 잘 알 것입니다. 구원을 받기 위해서 복음만 가지고는 부족합니다. 율법도 반드시 같이 지켜야만 완전해질 수 있는 것입니다"하고 답했다.

안디옥 성도는, "선생님들! 그렇지만, 사도 바울 선생님은 부활하신 예수님을 친히 만났고, 주님에게서 직접 복음을 듣지 않았습니까? 또 바나바 선생님은 열두 사도들이 직접 권위의 사람이라고 인정해 준 사도이지요. 그들이 잘못 가르칠 리가 있겠습니까?" 이의(異議)를 제기했다.

그 말에 교사들이 "아니 그럼, 여러분은 우리 권위를 의심한단 말이오? 우리는 바로 예루살렘의 사도님들에게 직접 가르침을 받았고, 그들의 보냄도 받았습니다. 지금 그분들도 율법을 계속 지키고 있습니다" 말하자, "아니 그것이 정말입니까? 사도님들도 율법을 지키고 있다는 말이 …?" "그렇다니까요. 베드로 사도님은 저와 아주 친밀합니다. 저는 그분에게서 직접 배웠고요. 주님의 친동생인 야고보 사도님도 율법을 따라 열심히 살고 있답니다" 확신있게 말했다.

안디옥 성도 중 유대인이, "그러면 그렇지! 하나님이 우리 유대인과 장로의 유전을 무시할리 없지. 우리는 아브라함의 자손이고, 하나님은 우리 조상 아브라함에게 할례를 실시하라고 하셨지 않은가? 할례를 하지 않은 후손은 그 백성 중에 끊어지리라고도 하셨지. 그래서 할례도 받아야 하고 율법도 지켜야 구원받지 암, 그렇고 말고!" 이방인 출신의 성도들을 보고 거 보란 듯 거만하게 말했다.

안디옥 교사들의 가르침으로 성도들의 믿음이 요동쳤다. 유대교에서 개종한 유대인들은 곧 그들의 옛 전통으로 되돌아가려 했고, 이방인 출신의 신자들은, "저들의 말이 참말이라면, 우리 구원이란 것은 확신할 수 없는 것이네? 우리는 할례도 받지 않았고 율법도 지키지 않고 있지 않나? 또 아브라함 혈통도 아니지 않은가! 그런데 우리 사도 바나바와 바울은 왜 그렇게 믿음으로만 구원 얻는다고 가르쳤지?" 회의를 갖고 심지어 어떤 사람은 그들의 말을 좇아 다시 할례를 받기도 했다.

그동안 성도의 수가 빠르게 늘어남으로 체계 있는 말씀 교육을 시키지 못한 이유도 있지만, 안디옥교회 성도의 신앙은 이 일로 급격히 요동쳤다. 이들의 주장으로 유대인 성도들이 과거로 회귀(回歸)하려는 경향에 기름을 부은 격이 되었다. 그들 중 일부는 두 사도들을 내심 배척하려는 마음을 가졌고, 이곳저곳 교회가 두 파로 나뉘어 "복음이다, 율법이다"하며 시끄러워지기 시작했다.

안디옥 지역의 교회 지도자들은 그들과 논쟁에서 지식이 부족했기에 율법서에 익숙하고 아브라함의 자손이라는 자부심을 내세우는 유대인과 예루살렘 사도들이 보냈다고 하는 그들의 권위를 넘어서기가 어려웠다. 안디옥교회는 일대 교리적 혼란에 빠지고 서로 분리될 위험에 처하였다. 사단이 거짓 선지자들을 동원하여 안디옥 지역 교회에 가라지를 뿌린 것이다.

유대인 성도 중에는 한 무리가 생겼는데, "바울과 바나바를 추방해야해! 그들이 하나님의 선민인 우리 유대 민족을 무시당하게 만들었잖아!"교회 내에서 은밀히 선동했다. 예루살렘에서 온 교사들이 유대 민족의 우월함에 정당성을 부여하므로 유대인 성도들은 그들을 환영하고 그들이 선민을 인정해 준 가르침이 합당하다고 동조했다.
바울과 바나바가 한 지역 교회를 방문했을 때, 그곳 교회가 영적으로 착 가라앉은 것을 금방 느꼈다. 안디옥 어느 지역의 성도는 바울과 바나바를 반기지도 않았다. 그러나 이방 출신 성도들은 그들을 뜨겁게 환영하며 맞이했다. "사도님들! 잘 오셨습니다. 지금 우리 교회에 큰 일이 일어났습니다"눈물을 흘리며 사도들의 손을 붙잡고 하소연했다. 두 사람은 이미 그곳 교회의 소식을 듣고 환영나온 그들을 위로하고 모임을 통보했다.

밤이 되자 그곳 교회는 모인 교인들로 앉을 틈이 없었다. 기독교 율법주의자들도 바울과 바나바에게 일격(一擊)을 가하기 위해 단단히 벼르고 여러 이론들을 준비하고 나와서 앞줄에 자리잡았다. 강론이 시작되었다. 바울과 바나바가 없는 동안 새로운 성도들이 많아져 두 사람을 모르는 생소한 성도가 적지 않았다. 그러기에 그들의 권위도 많이 약화되어 있는 상황이었다. 바울과 바나바가 단상으로 나가자 여기저기서 웅성거리는 소리가 났다.

"여러분! 최근에 예루살렘으로부터 왔다는 어떤 교사들이 예루살렘 사도들의 이름을 빙자하여 여러분에게 우리와 다른 복음을 전한다는 말을 들었습니다. 즉, 구원을 얻으려면 할례 받고, 하나님의 종 모세가 전해준 모든 율법을 다 지켜야 한다는 주장입니다. 이에 대해서 나는 여러분에게 제가 전한 복음을 변호해야 할 필요를 느껴 여러분을 찾았습니다"

바울의 말이 끝나기가 무섭게 한 사람이 소리쳤다. "마땅히 할례를 받고 율법을 지켜야 구원을 받습니다!" 그 소리에 "옳소! 옳소!" 동의하는 소리가 터져 나왔다. 그러자 한편에서, "조용히 하시오! 사도님이 말씀을 하고 있지 않소? 좀 들어 봅시다"라고 소리쳤다.

예수 그리스도에게 직접 받은 계시
바울은 손을 높이 들고 그들이 잠잠해지기를 기다리다가, "여러분 잠시만 조용히 해주시고 내 말을 들어보시오! 내 설명을 들은 후 반대 의사를 말하셔도 늦지 않을 것이오" 바울이 만류하자 조용해졌다.
"여러분! 내가 여러분에게 전한 복음은 사람들에게서 난 것이 아닙니다. 다른 사람들을 통해서 들은 것도 아닙니다. 누구에게서 배운 것도 아닙니다. 오직 하나님 아버지의 뜻을 따라 죽으시고 부활하신 예수 그리스도께 직접 계시를 받은 것입니다. 그리스도께서 하나님 곧, 우리 아버지의 뜻을 따라 이 악한 세대에서 우리를 건지시려고 우리 죄를 위하여 자기 몸을 드리셨으니 영광이 주께 세세토록 있을 것입니다. 아멘!"

그러자 바울의 복음을 받아들인 자들이 이구동성으로, "아멘!"을 외쳤다. "여러분! 하나님은 그리스도의 은혜 안에 여러분을 불렀습니다. 나는 여러분이 주님께서 주신 은혜의 복음을 속히 떠나 다른 복음을 좇는 것을 정말 이상히 생각합니다. 그러나 다른 복음이란 없습니다. 만약 바나바나 저나 유대인의 맘에 들고자 어떤 교사들이 전하는 할례와 율법을 전했더라면, 우리가 여러 회당에서 유대인들로부터 그렇게 격렬하게 핍박을 받지는 않았을 것입니다."

바울은 설교 중에 좌중을 돌아보면서, "그러나 내가 전한 복음은 사람의 뜻을 따라된 것이 아니라, 오직 예수 그리스도의 계시로 말미암은 것입니다. 내가 유대교의 열심 있는 바리새인으로서, 예수 그리스도를 반대하고 복음을 전하는 자와 교회를 핍박한 것을 여러분은 잘 알 것입니다. 그런 내가 예수를 그리스도로 믿게 되었습니다. 이는 실상 내 의지도 아니었고, 나의 어떤 바람이나 노력으로 된 것도 아니었습니다. 다만 내 어머니 모태로부터 나를 택하시고 은혜로 부르신 하나님의 뜻이었습니다."

거기에 모인 성도들은 이 사실은 능히 인정할 수 있었다. "주님은 베드로 사도를 할례자들의 사도로 삼으시고, 내게 역사하사 나와 바나바를 이방인의 사도로 삼으셨습니다. 여러분! 우리에게 주신 주님의 은혜를 예루살렘의 사도들이 잘 알므로, 예루살렘 교회가 기둥같이 여기는 예수님의 친

동생 야고보와 사도 게바와 요한도 나와 바나바에게 교제의 악수를 청하였던 것입니다. "나와 바나바는 본래 유대인이요, 소위 우리 유대인들이 주장하는 이방의 죄인이 아닙니다. 그러나 분명한 것은 사람이 의롭게 되는 것은 율법의 행위에서 난 것이 아닙니다. 오직 예수 그리스도를 믿음으로 말미암는 줄 알므로 우리가 그리스도 예수를 믿는 것입니다. 이는 우리가 율법을 행함으로가 아니라 그리스도를 믿음으로 의롭다 함을 얻으려 함인데 그 이유는 육체를 가진 인간은 그의 행위로 하나님께 절대 의롭다 인정받을 수 없기 때문입니다."

다행이 청중은 조용히 바울의 변증(辨證)에 귀를 기울였다.
"율법의 요구인 죄의 값은 사망이라는 사실에 대하여, 내가 산 것은 실상은 내가 그리스도와 함께 십자가에 못 박혀 죽음으로 율법의 요구를 이루었기 때문이고요. 또, 내가 산 것은 내 안에 그리스도께서 사신 것이기 때문에 내가 산 것입니다. 그러므로 나는 나를 사랑하므로 날 위하여 자기 몸을 버리신 하나님의 아들을 믿는 믿음 때문에 살게 되었습니다. 이것이 바로 하나님의 은혜입니다."

계속되는 바울의 변증에 청중은 더 진지해졌다.
"사랑하는 여러분! 만일 사람이 구원 받는 이유가 율법을 지킴으로 말미암은 것이라면 그리스도께서는 도대체 무엇 때문에 여러분 대신 죽는 형벌을 받은 것입니까? 그렇다면 그리스도께서 헛되이 죽으심이 됩니다. 우리 행위가 우리를 의롭게 한다면 굳이 그리스도께서 십자가에 못 박혀 고통을 당할 필요가 있습니까? 우리가 율법을 행함으로 능히 구원받을 수 있다면 하나님은 무엇 때문에 자신의 아들을 십자가에 내어주는 그 무익한 일을 하겠습니까? 여러분은 주님의 속죄로, 성령의 역사를 따라 믿고 구원을 받은 것이지, 여러분이 율법의 의를 이뤘기 때문이 아닙니다. 자, 보십시오. 하나님은 다만 아브라함의 믿음을 보시고 그를 의롭다고 선언 하셨지, 그가 이삭을 바친 후 의롭다 하신 것이 아닙니다. 만약 우리가 아브라함과 같은 믿음을 갖는다면, 그 사람이 바로 영적 아브라함의 후손 이 되는 것이요, 영적 참 할례자가 되는 것입니다."
청중은 이해하는 듯 조용했다.

"성경은 말합니다. 누구든지 율법 책에 기록된 대로 온갖 일을 항상 행하 지 아니하는 자는 저주 아래 있는 자라고요. 그렇다면 하나님 앞에서 그 누구든 율법으로 말미암아 의롭게 되지 못할 것은 분명합니다. 그것은 우 리 양심이 증거하고 있지 않습니까? 그래서 하나님은 선지자 하박국을 통 하여 '오직 의인은 믿음으로 말미암아 살리라'라고 선언 하셨습니다."

좌중은 조용했다. "그렇다면 율법이 아주 필요 없는 것입니까? 아닙니다! 율법의 효능은 우리가 죄인인 것을 알려줍니다. 우리가 하나님의 율법을 지켜보려 하면, 한 조항도 완벽하게 지킬 수 없다는 것을 알게 됩니다. 그래서 우리 자신이 죄인인 것을 알게 되고 그 값으로 죽을 수밖에 없다 는 것을 시인하게 됩니다. 그러므로 우리는 우리 대신 율법의 요구를 완 성할 대속자가 필요하다는 것을 깨닫게 되죠. 실상, 율법은 오직 믿음으 로만 의롭게 될 수 있다는 것을 우리에게 깨닫게 해주는 중요한 선생이며 그리스도의 도움을 사모하게 하는 유용한 방편입니다."

그러자 갑자기 좌중에서 한 사람이 일어났다. 분노로 얼굴 근육이 씰룩 거리고 수염도 떨고 심지어 목소리조차 떨리고 있었다. "뭐라고, 율법이 뭐, 뭐가 어째? 그 고귀한 율법이 다만 복음의 대용품(代用品)이라고 …,

하나님의 율법이 이렇게 천대를 당하다니, 당신의 말은 전부 거짓말이야!"하고 소리쳤다. "주님이 당신에게 계시를 해주었다고? 당신은 스테반을 죽이고 많은 형제를 고난에 빠트렸던 자야! 그런 당신을 우리가 어떻게 믿을 수 있겠어?" 말했다.

이에 예루살렘에서 온 사람들과 유대교에서 온 유대인들중 상당수가 그 사람에게 동조해 다시 소란을 피웠다. 또 자칭 교사라고 하는 한 사람이 일어나더니, "여러 형제들이여! 우리는 주님의 수제자 베드로 사도와 예수님의 형제 야고보에게 보냄을 받고 온 사람들입니다. 우리가 우리의 권위를 가지고 믿음으로 얻는 구원을 반대하는 것은 결코 아닙니다."
이 말에 여기저기서 바울과 바나바의 변명을 막으려고 소리쳤다. "더 들을 필요 없다. 우리는 장로들이 전해준 유전대로 할례와 율법을 따르지 않는다면 구원이 없다고 선언한다!"를 외쳤다.

그러자 또 한 쪽에서 "바울 사도의 말이 맞다. 믿음으로 구원을 받는다" 하고 소리쳐서 많은 회중으로 인해 예배당 안이 매우 소란스러워졌다. 그러자 바나바가 바울에게 제안했다. "바울 형제 잘못하여 충돌이라도 생기면 하나님의 영광이 가릴 것이요. 잠깐 중단하고 방법을 찾읍시다. 내가 이들에게 한 말씀을 하리라." 바울은 한 발짝 물러섰다.

바니바가 제안했다. "여러분! 그렇다면 이렇게 합시다. 현재 우리 안디옥 교회에 두 의견이 있으니 며칠 내로 율법을 준수해야 구원받을 수 있다는 분들 중에서 대표를 몇 분 내시고, 마찬가지로 믿음으로 구원 얻는 다는 쪽에서 몇 분의 대표를 내십시다. 그래서 우리와 함께 예루살렘에 계신 사도들에게 이 문제를 제시하고 그들의 가르침을 받아봅시다. 주께서는 사도들을 통하여 우리에게 분명한 답을 주실 것입니다."

"그거 좋은 의견이요. 그렇게 해봅시다" 하고 대부분이 분노를 가라 앉히고 동의를 했다. 그들은 각각 대표를 선정한 후, 예루살렘에 보내기로 결의하고 헤어졌다.

5-8
제1차 예루살렘 사도공회와
이신칭의 교리 확립

바울, 바나바, 디도 그리고 예루살렘에서 왔다는 교사들과 두 파(派)의 대표들은 안디옥을 떠나 며칠 후 예루살렘에 도착했다. 오면서도 옥신각신 다툼이 그치지 않았지만 잘 절제하여 큰 충돌은 없었다. 바나바는 그들을 달래며 화해를 위하여 여러 노력을 그치지 않았다. 예루살렘교회에 들어가자 마침 거기에 열두 사도가 모두 있었다. 특별히 베드로 사도와 율법을 아주 잘 준수하여 경건하기로 소문난 예수님의 동생 야고보도 두 사람을 반갑게 맞아주었다.

"정말 잘 오셨습니다. 두 분이 아시아에서 전한 복음이 많은 열매를 맺고 있다는 것을 아시아를 오가는 형제들로부터 많이 들었습니다. 그동안 고생 많으셨지요?" 위로했다. 바울과 바나바는 열두 사도가 모인 자리에서 아시아 전도 여행 중에 있었던 많은 하나님의 역사들을 보고했다. 예루살렘의 열두 사도는 그들과 함께한 하나님의 역사를 들을 때마다 할렐루야를 외치며 두 사람의 노고를 위로하며 주님의 역사에 감사했다.

그때 함께한 바리새파에서 개종한 기독교 지도자 한 사람이, "바나바와 바울 형제가 고생을 많이 했습니다마는 전한 것이 크게 부족하여 문제가 있습니다" 큰소리로 불만스럽게 말했다. 모두가 놀라 그 사람을 바라봤다. 그는 몸을 급히 일으키더니 바울과 바나바 곁으로 나왔다.

"제가 두 형제를 완전하게 칭찬할 수 없는 것은 두분이 수고는 했어도 오랫동안 우리 조상들을 통해 전해 내려온 할례와 모세의 율법을 완전하게 준수하도록 가르치지 않은 것입니다. 오히려 이방지역 회당에서 율법을 가볍게 여기도록 한 부분이 적지 않습니다. 그렇게 해서 우리 민족이 회당에서도 존중받지 못하고, 여호와 하나님의 율법이 무시 받게 한 것은 크게 잘못된 것입니다. 우리의 구원이 믿음으로만 된다고 말하는 것은 구원이 쉽게 되는 것처럼 말하는 아주 잘못된 것입니다"라고 주장했다.

바리새파에서 개종한 기독교인 중 한 사람이 동조하며 나섰다. "맞습니다. 행함이 없이 어떻게 믿음으로만 구원을 얻겠습니까? 절대로 믿음으로만 아니라, 할례와 율법을 함께 지켜야만 합니다. 그렇지 않습니까? 야고보 님!" 많은사람들이 그 동안 많이 참아 왔다는 듯 동조하기 시작했다.
이에 바나바가 "예, 우리가 바로 이 문제 때문에 사도단의 의견을 듣기 위하여 왔습니다. 지금 안디옥교회는 예루살렘에서 보냈다고 하는 어떤 교사들이 믿음으로만 구원을 얻는 것이 아니라, 할례와 율법을 함께 지켜야만 구원을 얻을 수 있다고 가르치므로, 교리적 혼란이 와서 교회가 큰 다툼을 벌이고 있습니다. 그래서 저희가 사도님들의 결정을 듣고자 이렇게 예루살렘에 온 것입니다"하고 보고했다.
그러자 바리새파에서 개종한 예루살렘에 사는 그리스도인 지도자 한 사람이 큰소리로 불만스럽게 말했다. "아니, 그들의 말이 당연한 것인데 무엇 때문에 그것을 물으려고 예루살렘까지 온단 말이오? 그럼 율법을 무시하고 할례를 받지 않은 것이 옳다는 말이오?" 바나바를 힐문하듯 물었다.

예루살렘 공회51)의 확정

이 말에 동조하여 여기저기서 불만이 터져 나왔다. 그러자 베드로가, "잠깐 여러분 조용히 합시다. 이는 아주 중요한 문제니 우리가 여기서 이럴 것이 아니라 장로들과 선지자, 교사들을 소집하여 공회를 열어 결정하도록 합시다. 주님의 뜻은 결정되어 있는 것 아니겠습니까? 그러나 교회의 일치를 위하여 우리가 공회를 통하여 확정하는 것이 옳다고 생각됩니다. 지금 두 의견이 있으니 각각 잘 준비해서 공회 때 발표해 주시기 바랍니다" 하고 말하자 모두 그게 좋겠다고 동의를 했다.

사도들은 며칠 동안 흩어져 있는 교회의 주요 지도자들에게 통보하여 예루살렘에 모이게 했다. 이미 교회는 큰 부흥을 이룬지라, 사도들 외에도 선지자, 교사, 장로들도 아주 많았다. 그날의 의장은 율법으로 아주 경건하다고 인정받는 주님의 동생 야고보 사도였다. 그는 기도와 행위에서 매우 경건하게 생활하므로 바리새파에서 개종한 유대 그리스도인들의 존경을 받고 있었다. 야고보가 공회 의장이 되자 유대교의 개종한 기독교인들은 매우 좋아했다. 의견이 공정하게 결정되리라 기대했기 때문이다.

사도 야고보의 공회 주도

야고보 사도는 먼저 바리새파에서 개종한 지도자들에게 의견을 제시하도록 했다. "여러분 우리는 아브라함의 후손입니다. 우리는 하나님께서 이 세상에서 특별히 선택하신 민족입니다. 하나님은 우리에게 하나님 백성으로 선택받은 것을 확증하기위해서 할례를 실시하게 하셨습니다. 이를 행하지 않는 자는 민족, 곧 선민 중에서 끊어지리라고도 하셨습니다. 당연히 할례를 받은 사람은 하나님의 종 모세의 율법을 지켜야 하는 책임도 있는 것입니다. 그러니 우리가 그리스도를 믿지만, 할례를 실시하고 율법을 꼭 지켜야만 합니다." 사도 야고보는 좌중을 진정시키고, "그럼 이번에는 바울 형제의 말씀을 들어보도록 하겠습니다"라고 말했다.

사도 바울의 증언

바울은 단상 앞으로 나가서 회중을 향해 설명을 시작했다. "형제들이여, 여러분은 이전에 내가 어떤 사람이었던가를 잘 알 것입니다. 나는 자칭 유대인 중에 유대인이요, 바리새파의 교훈을 따라 자랐습니다. 여러분도 인정하는 유명한 율법 선생 가말리엘 문하에서 수학하여 다른 사람보다 지나치게 율법을 주장하여 주님을 반대하고, 교회를 핍박하여 심지어 선한 집사 스테반을 죽음에 이르게까지 하였습니다. 그것도 모자라 많은 기독교인을 잡아 공회에 넘겨 주어 큰 피해를 당하게 했습니다."

바울이 증언을 이어갔다. "인간적으로 봐서는 도저히 하나님의 용서를 받을 수 없는 저를 주님이 불러 주셨고 저의 악한 행위를 보지 않고 오직 그의 긍휼하심을 따라 은혜로 구원해주셨습니다. 만약 행위로 구원을 얻는다면, 저 같은 죄인의 괴수가 어떻게 구원얻었겠습니까? 주님은 사악한 저를 찾아 계시를 주셨습니다. 유대인이든 이방인이든 한 사람도 예외 없이 태어날 때부터 모두가 죄인이라고 성경은 말씀합니다."

> "의인은 없나니 하나도 없으며, 깨닫는 자도 없고 스스로 하나님을 찾는 자도 없고, 다 치우쳐 함께 무익하게 되고 선을 행하는 자는 없나니 하나도 없도다' 라고 시편에 말씀하시지 않았습니까?"(시14:1-3, 53:1-3).

율법은 확실히 선하고 아름다운 것이라는 것을 우리도 인정합니다. 그러나 이제는 율법 외에 다른 하나님의 한 의가 나타났습니다. 율법과 선지자들에게 증거를 받은 것인데, 곧 예수 그리스도를 믿음으로 말미암아 모든 믿는 자에게 차별없이 주어지는 하나님의 의를 말합니다. 이는 누구에게나 차별이 없습니다!

보십시오!. 이방인이나 유대인이나 모든 사람이 죄를 범하였기에 하나님의 의에 이르지 못했습니다. 그러나 우리는 그리스도 예수께서 속량함으로 인하여 하나님의 은혜로 값없이 의롭다 하심을 얻은 자 되었습니다. 하나님께서 그 아들 예수의 피를 흘려 화목제물로 세우셨는데 이는 하나님께서 오래 참으셔서 우리가 전에 지은 죄를 용서하심으로 자기의 의로우심을 나타내려는 것입니다. 또한 이 일을 통하여 하나님이 자기의 의로우심을 나타내시고 또한 예수믿는 자를 의롭다 하려 하신 것입니다.

여러분! 우리가 구원받은 데 있어서 스스로 자랑할 것이 무엇입니까? 무슨 법을 지켜서입니까? 무슨 선한 행위를 했기 때문입니까? 아닙니다. 오직 믿음으로 의롭게 되는 것입니다. 그러므로 사람이 의롭다 하심을 얻는 것은 율법 행위 때문이 아니라 오직 믿음으로 되는 것입니다. 할례 받은 자도 믿음으로, 또한 무할례자도 믿음으로 오직 의롭다고 선언하실 분은 하나님은 한 분입니다."

사도 베드로의 증언
바울의 논리 정연한 해석에 감히 바리새파 기독교인들은 이의를 제기하지 못했다. 베드로 사도가 나섰다. "형제 여러분! 이전에 주께서 로마 백부장 고넬료에게 나를 보내시고 내 입으로부터 나오는 복음의 말씀을 들어 믿게 하셨습니다. 또 사람의 마음을 아시는 하나님이 우리와 같이 그들에게 도 성령으로 증언하셔서, 믿음으로 그들의 마음을 깨끗하게하사 그들이나 우리나 차별하지 아니하셨음을 알 것입니다"

베드로는 잠시 회중을 보면서 이전의 일을 상기시켰다. "여러분! 지금 여 러분이 하나님을 시험하여 우리 조상과 우리도 능히 메지 못했던 율법의 멍에를 이방 제자들에게 부과하려 합니까? 우리 사도들은 그들이 우리와 동일하게 주 예수의 은혜로 구원 받는 줄을 믿습니다"라고 선언했다. 모 든 사람들이 조용히 베드로의 선언을 받아들여 "아멘"이라고 외쳤다.

주님의 동생 야고보가 "이 문제는 시몬 베드로 사도의 선포처럼 믿음으로 구원 얻음을 확정합니다!" 그는 좌중을 돌아 보고 반대하는 사람이 없음 을 확인한 후, "자, 바울과 바나바 형제가 아시아에서 선교하였는데, 주께 서 그들을 통하여 많은 이적과 기사를 행하시고 이방인을 주께 오게 하여 많은 교회를 세웠다 하니 그들의 선교 중에 있었던 주님의 역사에 대하여 은혜를 나누는 것이 어떻겠습니까?" 물었다.

회중들은 옳다고 인정하며 스스럼 없이 동조했다. 그들이 원만한 이해에 도달하므로 사도들의 선포에 이의를 제기하는 사람이 없었다. 바울과 바 나바는 여러 지역에서 복음을 전하고 이방인들이 성령의 역사를 통해 주 께 돌아온 일들과 교회가 조직된 일을 상세히 소개했다. 이 결과 믿음으 로 얻는 구원이 옳은 것을 변증해 주었으며, 주님의 큰 역사 속에서 모든 사람들이 믿음으로 구원을 얻게 된다는 것을 인식하고 동의했다.

사도 야고보 의장의 선포

그들의 보고가 끝나자, 잠시 정회(停會)하고 사도들이 따로 모여 성도들에게 선포할 내용을 정리하였다. 다시 개회(開會)한 후, 주님의 동생 야고보가 당시에 의장이었으므로 선포했다. "형제들이여 내 말을 들으시오. 하나님이 처음으로 이방인 중에서 자기 이름을 위할 백성을 취하시려고 그들을 돌아보신 것을 시므온이 말하였고, 선지자들의 말씀도 이와 일치합니다. 성경에 기록된 바,

> "이 후에 내가 돌아와서 다윗의 무너진 장막을 다시 지으며 또 그 허물어진 것을 다시 지어 일으키리니 이는 그 남은 사람들과 내 이름으로 일컬음을 받는 모든 이방인들로 주를 찾게 하려 함이라 하셨으니"(사도행전 15:16-17).

그는 말을 잠시 멈추더니, "그러므로 내 의견에는 이방인 중에서 하나님께로 돌아오는 자들을 할례나 율법 준수를 부과하므로 괴롭게 하지 말고, 유대 기독교인과 이방에서 개종한 성도들의 심리적 일치를 위하여 다만 우상의 더러운 것과 음행과 목매어 죽인 것과 피를 먹지 말라고 하는 일 외에 할례와 율법준수를 부과하지 않습니다. 그리고 오직 믿음으로만 구원 얻게 됨을 선포합니다"라고 큰 소리로 선포했다.

회의는 은혜중 마쳤고 화목한 가운데 의견 일치를 보았다. 그들은 다시 한 번 하나님의 은혜로 '믿음으로 얻는 구원'을 확인하게 되었다. 사도와 장로와 온 교회가 모인 가운데 형제 중에 인도자인 바사바라 하는 유다와 또 실라를 예루살렘 사도단의 대표로 파견하여 안디옥에 가서 예루살렘 공회의 결정을 선포하기로 결정했다. 공회(회의)를 모두 마친 후, 바울과 바나바 그리고 유다와 예루살렘을 떠나 안디옥에 도착했다. 안디옥교회는

모두가 함께 모여서 이들을 환영하고, 예루살렘 공회에서 결정된 사도들의 결정을 전달받게 되었다.

바울과 바나바는 예루살렘에서 파견한 유다와 실라를 먼저 소개했다. 일행은 두 대표를 박수로 환영하고 숨을 죽이며 결과를 기다렸다. 유다는 두루마리 양피지에 쓴 사도단의 공문을 펼쳐들고 함께 기도하자고 했다.

"우리의 구속자이시며, 천지의 주재이신 예수 그리스도의 아버지 하나님, 우리를 중생케 하시고 믿음을 주장하시는 거룩한 영이신 성령님! 은혜를 감사하나이다. 주여! 안디옥교회를 복 주시고 부흥케 하옵소서! 안디옥교회의 머리가 되신 예수님! 우리 모두가 머리이신 예수그리스도의 가르침에 순종하여 하나의 몸을 이루게 하옵소서. 사도들이 주께 받아 결정한 진리를 모두가 순종하여 교회의 일치를 이루게 하옵소서. 주 예수의 이름으로 기도합니다. 아멘!" 기도를 마쳤다.

예루살렘 공회의 두루마리 서신을 낭독

"사도와 장로 된 형제들은 안디옥과 수리아와 길리기아에 있는 이방인 형제들에게 문안합니다. 우리가 들은 즉, 우리 가운데서 어떤 사람들이 우리의 지시도 없이 나가서 말로 여러분을 괴롭게 하고 마음을 혼란하게 한다 하기로, 우리가 사람을 택하여 우리 주 예수 그리스도의 이름을 위하여 생명을 아끼지 아니하는, 사랑하는 바나바와 바울과 함께 사도회의 대표를 여러분에게 보내기로 만장일치로 결의하였습니다. 그리하여 유다와 실라를 보내니 그들도 여러분에게 이 일에 대하여 말로 전할 것입니다.

여러분의 분쟁과 질문에 대하여 사도들은 일치하게 답변하니 성령과 우리는 이 요긴한 것들 외에는 아무 짐도 여러분에게 지우지 아니하는 것이 옳은 줄 알았습니다. 여러분! 곧, 우상의 제물과 피와 목매어 죽인 것과 음행을 멀리하라는 것입니다. 이에 스스로 삼가면 잘될 것입니다. 여러분에게 평강이 있기를 원합니다" 라고 선포했다.

선포 후 유다와 실라는 안디옥과 주변 지역 성도들에게 믿음으로 얻는 구원에 대해서 사도들의 결정과 가르침을 전하고, 성경을 풀어 해석하며 질문에 답해 주었다. 안디옥교회는 그들의 가르침을 받고 구원에 관한 일치된 견해를 갖게 되었다. 이후 안디옥교회는 성령 충만했고, 더욱 부흥했으며 더 이상 분란은 없었다. 그들은 바울과 바나바를 더욱 존중했고 모든 지도에 순종했다.

6. Apostle Paul
The Realistic Story_APRS
생생한 비브리칼 장편스토리

6부 사도 바울_ 제2차
세계선교여행

6-1
제2차 세계선교여행

〈도표-9〉

제2차 세계선교여행 / 사역	
AD 51-53	**제2차 선교여행52)** (빌립보, 데살로니가, 베뢰아, 아덴, 고린도)
AD 51-52	고린도 지역 사역
AD	② 데살로니가서전서 기록(51년 초봄 고린도)
AD	③ 데살로니가서후서 기록(51년 가을 고린도)
AD 52	네 번째 예루살렘 방문(수리아 안디옥으로 귀환)

안디옥과 주변 교회는 성경적 바탕 위에서 교리적으로 견고해졌다. 바울과 바나바는 다시 시간적 여유가 생겼다. 하루는 바울이 바나바에게, "바나바님! 이제 이곳 교회들이 안정되었습니다. 그러나 분명 이곳에서 혼란을 조장한 무리들이 우리가 전도하여 세운 교회들도 돌아다녔을 겁니다. 우리가 개척했던 교회들을 다시 돌아봅시다"라고 제안했다.

마가의 동행에 이견을 제시한 바울

"그거 좋은 생각이요. 분명 그 사람들이 그곳에도 갔을 거요. 우리가 사도회의 결과를 전해주지 않으면 그들의 믿음에 큰 혼란이 생길 것이오. 늦기 전에 빨리 가도록 합시다" 바나바가 맞장구를 쳤다.

"이번 2차 선교여행 일행으로 누구를 동행시켜야 할까요?" 바울이 물었다. 그러자 바나바는 조금도 지체하지 않고 제안했다. "마가를 데리고 갑시다. 그가 지난 번 도중에 돌아 온 것을 매우 미안해 합니다." 바나바의 대답에 정색하며 물었다. "바나바님의 조카 마가 요한을 말합니까?"
"그래요, 내 조카 마가요" 바나바는 이상하다는 듯 반문하며 바울을 봤다. "바나바님! 마가가 조카이긴 하지만, 지난 번 선교 여행 때 그가 밤빌리아에서 돌아온 후 우리가 겪은 일을 벌써 잊으셨습니까? 그가 전도 여정을 마다하고 돌아가서 우리가 얼마나 고생했습니까? 다시 그 일을 반복하고 싶지는 않습니다." 바울은 단호하게 거부 의사를 밝혔다. "내가 돌아온 후, 마가를 많이 꾸짖었고, 본인도 앞으로는 그런 일이 없겠다고 했으니, 우리가 한번 기회를 줍시다." 바나바가 달래듯 청했다.

바울이 단호하면서 정중하게 말했다. "그건 어렵겠습니다. 부잣집 공자(公子) 마가는 언제 어떻게 변할지 알 수 없습니다. 만약에 다시 길을 가다 그가 또 한번 돌아가겠다고 한다면 지난 번 당한 고통을 또 되풀이하게 되겠지요. 마가는 고난훈련이 안된 사람입니다. 다른 임무를 주시고 이번 여행길은 데리고 가지 않는 것이 좋겠습니다."

"그러지 말고, 한 번만 다시 기회를 줍시다. 이번에는 절대 도중에 돌아오는 일이 없을 것이오. 내가 보증하리다"하고 사정했다. "아니, 바나바님이 어떻게 보증한다는 것입니까? 우리가 가는 길은 생명을 담보해야 하는데 마가는 겁도 많고 인내심이 부족하여 선교에 적격자가 아닙니다. 차라리 안디옥에서 다른 일을 시키고 이번 전도여행에는 믿음 좋고 사명감이 강한 다른 형제를 동행하게 합시다. 정말이지 마가와 함께라면 나는 갈 자신이 없습니다." 단호한 입장은 변하지 않았다.

바울의 뜻은 의외로 강경했다. "바울 형제! 마가가 여러 번 내게 부탁했소. 다음에는 꼭 같이 가게 해달라고요, 나는 이미 그와 약속을 했어요." 이에 바울은, "정말 미안합니다. 우리가 가는 길은 이전보다 더 험난한 길이 될 것입니다. 마가와는 어렵겠습니다."
바나바는 난감했다. 이미 마가에게 한 약속도 있어서, 바울 사도가 야속하다는 생각도 들었다. 다른 신자들이 바울을 배척하고 있을 때, 바나바는 바울을 이해하고 얼마나 많이 변호했던가? 그런데 이 작은 부탁 하나를 안들어 주다니…! 서운하기 그지 없었다. "바울님, 나도 이 말까지는 하고 싶지 않지만, 과거에 당신은 기독교인을 핍박하는 사람이었소. 그런데 이제는 주님의 열심 있는 종으로 누구보다도 많은 열매를 맺으며 섬기고 있지 않소? 그러니 마가에게도 한 번 기회를 줍시다. 이번에는 결코 중간에 되돌아오는 일은 없을 것이오."

오히려 이 말이 바울을 더 강경(强硬)하게 만들었다. "바나바님! 나는 마가와 함께 가는 것이 정말 부담스럽습니다. 만에 하나라도 그가 도중에 돌아온다면 우리 계획에 엄청난 차질을 가져오게 됩니다" 거부의사를 분명히 했다. 바나바도 화가 치밀어 올랐다. 본래 온화한 사람으로 좀처럼 화를 내지 않던 바나바는, 큰소리로 말했다. "참 서운하구려, 내가 그렇게 간절히 부탁을 하는데 끝내 거절하시다니…."

바울과 바나바의 갈라섬-2차 선교여행에서

바울은, "오해하지 마십시오. 사적인 감정으로 그러는 것 아닙니다. 주님의 나라를 위해서고 우리 모두를 위해서입니다. 마가는 귀족 집안 출신이니 고난을 감당하고 인내하기는 쉽지 않을 겁니다. 사명 완수를 위해서 어쩔 수 없습니다"하고 말했다.

"예, 그렇다면 나도 어쩔 수 없소. 마가는 꼭 함께 가겠다고 했고, 나도 약속한 바가 있잖소. 조카를 버려두어 낙심시키느니, 나라도 데리고 가야겠소. 그러면 이렇게 합시다. 바울 사도는 다른 사람을 선택해서 가시오. 나는 마가와 함께 키프러스(구부로)로 가겠소!" 바나바도 결심이 선뜻 단호하게 말했다. 바울도 마가와 함께 가느니 차라리 다른 사람과 가는게 낫겠다고 생각했다.

바나바는 마가를, 바울은 실라를…

바울은 백 번 양보한다고 해도 마가는 아니었다. 중간에 돌아갈 것은 불을 보듯 환하다고 확신했다. "그럼 할 수 없네요. 저도 다른 사람을 찾아 전도단을 꾸리겠습니다." 바울이 결심을 굳히고 말했다. 그리하여 바나바는 마가와 함께 전도단을 만들었고, 바울은 마침 예루살렘으로부터 안디옥에 와 있던 실라를 동역자로 택했다.

실라는 신실한 사람이었고 성경 지식에도 밝았으며 온유했다. 더군다나 '로마 시민권'[53]을 소유한 유대인이었다. 로마 시민권은 당시 여행이나 송사 (訟事)[54]가 있을 때, 여간 유리한 것이 아니었다. 실라는 예루살렘에서부터 바울과 일해보고 싶은 마음이 있었기에 바울의 요청에 기꺼이 동의했으며, 두 사람은 곧 준비를 서둘렀다. 마가의 동행 문제로 다투어 헤어지긴 했지만, 결과적으로 안디옥교회는 두 개의 선교단을 파송하게 되었다. 어찌보면 바울이나 바나바가 다 유능한 사람들이라 같이 가는 것보다 따로 가는 것이 사역에 더 유용할 수도 있었다. 바울이 가르치는 동안 바나바는 침묵해야 했고, 바나바가 가르치는 동안은 바울이 침묵해야 했다. 이제 두 사람은 각각 다른 곳에서 자신들의 역량을 충분히 발휘할 수 있게 되었다.

교회는 두 전도단을 위하여 안수하고 파송하였다. 바나바는 마가와 배를 타고 자신의 출신지인 키프러스(구브로)로 갔다. 바나바가 떠난 다음 날, 바울은 실라와 함께 소아시아 육로를 따라 시리아로 갔다. 그 역시 고향도 그쪽에 있어서 이전에 다녀본 길이기도 했다.

6-2
디모데와 누가를 제자로 맞이하다

바울과 실라는 길리기아, 더베를 지나 이전에 큰 일이 있었던 루스드라 성에 도착했다. 루스드라 교회로 가서 말씀을 전했는데, 많은 성도들이 그들이 왔다는 소식을 듣고 반가워하며 모였다. 바울이 강론을 할 때, 성도들 중 한 청년이 앞쪽에 앉았는데 말씀을 잘 받아들이고 있었다. 청년의 얼굴은 기쁨으로 충만했고 말씀마다 고개를 끄떡이며 때로 기뻐하고, 때로 눈물을 흘렸다. 그는 아주 선하게 보였는데 바울은 마음이 끌려, 설교가 끝나기까지 그 청년을 주시하게 되었고 그를 꼭 만나보고 싶었다. 예배가 끝나자 성도들이 바울에게 인사하기 위하여 몰려왔다. 바울은 다른 사람과 인사를 마치고 마음에 둔 그 청년을 찾았다. 그러나 그는 보이지 않았다. 바울은 매우 아쉬워하며 다음 날을 기약하기로 했다.

그 때 한 여인이 바울에게 인사하며 청했다. "바울 사도님! 오늘 여러분을 우리 집에 모시도록 하겠습니다. 여기 계시는 동안 우리 집에서 기거하시지요." 바울이 교회 장로들을 쳐다보자, 수석 장로는 웃으며, "예, 이 자매님의 이름은 유니게[55]이며, 이곳 유지의 부인입니다. 믿음이 아주 좋은 유대 민족이고요. 어머니가 로이스[56]라는 분인데 역시 믿음이 좋습니다. 유니게 자매는 이곳 헬라 사람과 결혼했는데, 남편도 주님을 영접했고, 온 가정이 믿음의 집안입니다. 자매님의 특별 요청으로 이곳에 계시는 동안 그 집에서 묵도록 준비했습니다" 했다.

"예, 그렇다면 저희야 감사하지요. 다만 민폐(民弊)가 안 될런지요?" 물었다. "아닙니다. 사도님께서 오신다면 우리가 더 영광이지요" 유니게는 기뻐하며 대답했다. 바울과 실라 일행은 유니게를 따라 그 집으로 갔다. 그 집은 대저택이었다. 그들이 발씻기를 마치자 응접실로 안내되었다. 유니게는 남편과 함께 나타났는데 남편은 헬라인으로 매우 호인(好人)이었다.

서로 인사를 마쳤을 때, 한 청년이 들어왔다. 그러자 유니게가 소개했다. "얘가 제 아들입니다." "사도님! 처음 뵙습니다. 저는 디모데라고 합니다" 청년은 정중하게 말했다. 바울은 자기도 모르게 벌떡 일어섰다. 바로 예배시간에 그의 강론을 매우 주의 깊게 들으며 반응을 보이던 그 청년이었다. "아, 바로 자네가 이 집의 자제(子弟) 였군!" 바울이 감탄하자 유니게가 물었다. "사도님께서 제 아들을 아십니까?" "아니요, 아까 강론 시간에 매우 열심히 말씀을 듣기에 주의 깊게 보았습니다. 바로 이 집의 아들이었군요."

그날 밤, 그들은 많은 대화를 나누었다. 이튿날, 바울은 그곳 장로들에게 디모데가 어떤 청년인지를 물었다. 장로들은 디모데에 대하여 많은 칭찬을 했다. 자녀가 없던 바울은 디모데가 마치 자신의 아들처럼 생각되었다. "제가 이 청년을 제자로 삼고 싶습니다. 함께하게 해주시면 안 되겠습니까?" 장로단에 요청하자 장로들은 쾌히 동의했다. "부모들만 동의한다면 저희도 기쁘게 그를 추천합니다" 이 제안에 유니게도 디모데 본인도, 그리고 그 아버지나 외조모도 바울과의 동행을 원했다.

이리하여 디모데는 바울의 전도단에 합류하게 되었다. 순간 바울의 뇌리(腦裏)에 마가 문제로 바나바와 심하게 다투고 헤어진 것이 생각났다. 사실 마가 문제로 바나바와 그렇게 다툴 일은 아니었다. 그날 유난히 고집스럽게 반대했던 것이 시간이 지나면서 자책(自責)이 되어 마음이 편치 않았다. 그런데 어쩌면 자신의 과실에도 불구하고, 주께서 디모데를 데리고 가게하기 위해 전도단의 인원을 조정하셨다는 생각이 들었다. 결과적으로는 선하게 매듭지어졌다.

바울은 그곳 장로들에게 요청했다. "디모데에게 할례(割禮)57)를 해야겠으니 할례 예식을 위한 준비를 해주셨으면 합니다." 그들이 물었다. "아니, 사도께서는 할례를 할 필요가 없다고 하시고, 갑자기 할례를 하자고 하니 영문을 모르겠습니다."
바울은 그들에게 설명했다. "물론 이제는 할례할 필요가 없습니다. 그 진리는 변함이 없지요. 하지만 우리는 주로 유대인의 회당에서 전도하고 유대인은 할례 받지 않은 사람을 부정하게 여겨 가까이 하지 않잖아요. 디모데에게 할례를 받게하면 그들과 만날 때 복음 이외의 문제로 다툼할 일은 없을 겁니다."

이 말을 들은 장로들은 쾌히 동의하고 곧 디모데에게 할례를 행했다. 바울과 실라는 할례 기간이 지나자 옛 선교지를 찾아 길을 떠났다. 도중에 여러 성을 지나며 여러 교회에 들러 예루살렘공회에서 결의된 사항을 전해 주었다. 교회들은 이의 없이 예루살렘공회의 결정을 받아들였고, 장애물이 제거되자 교회는 더욱 확신 가운데 복음을 전했다. 소아시아 교회는 더 큰 부흥을 이루게 되었다.

하루는 교회에서 복음을 전하고 나서 병든 자들의 안수기도를 할 때였다. 바울이 눈을 까뒤집고 쓰러졌다. 형제자매들은 놀라 어찌할 바를 몰랐다. 이때, 그 곳 교회에 있던 누가[58]라는 의사가 바울을 보살피게 되었다. "여러분! 조용히 하십시오. 사도께서는 간질(癎疾)[59]이 발작하신 겁니다. 좀 안정되면 정상으로 돌아올 것입니다." 누가는 나무에 붕대를 감아 발작한 사도의 입에 물렸다. 그리고 진정되기를 기다렸다. 성도들은 간절히 바울 사도를 위하여 기도했다. 얼마간 시간이 흐르자 일그러졌던 바울의 얼굴은 정상으로 돌아왔고, 고통도 멈추었다. 그가 눈을 뜨자 얼굴은 온통 식은 땀으로 범벅되었다.

누가는 바울을 보며 물었다. "사도님 괜찮습니까?" "그래요, 한결 편안해진 것 같습니다. 근데 당신은 누구십니까?" "예 저는 이곳에 사는 누가라는 의사입니다. 선생님은 간질 같은데 언제부터 이 병이 있었습니까?" "예, 주님을 만나고 난 후에 생겼습니다. 그때 밝은 빛을 대하고 나서부터인 것 같네요." "아니, 사도께서는 안수하여 다른 사람들의 병을 고치시는 분인데, 본인의 병을 위해서는 기도하지 않았습니까?" 누가가 물었다. "물론, 기도했지요. 작정하고 기도했는데 아무 답이 없다가 세 번째 작정 기도를 할 때에 주님께서 친히 말씀해주셨습니다. 너는 이후로 이 일을 위하여 기도하지 말라고요." "아니 왜요?" "네가 받은 은혜가 충분하다고 하시면서, 네가 약할 때 나는 강하고, 네가 연약해야 내가 영광을 받으신다고 하셨습니다. 이 병 때문에 내 기도로 병 고침을 받은 사람들도 그들을 고친 것이 나 바울이 아니라 주님이었다는 것을 인정하고 하나님께 영광을 돌리게 된답니다." 해명해 주었다.

"아, 그렇군요. 참으려면 고통스러우시겠습니다. 그렇다면 선생님은 의술(醫術)의 도움을 받아야 할 것 같습니다. 제가 방금 생각해보았는데, 선생님에게는 제가 꼭 필요할 것 같군요. 제가 함께 다니며 선생님을 보살피겠습니다." 의사 누가는 바울과의 동행을 자청했다. 바울은 그의 결심이 견고한 것을 보고 동행을 허락했다. 이 또한 너무나 감사한 일이었다.

바울도 사람인지라 간질이 한 번 발작하고 나면 지치고 두려웠다. 다른 사람들은 심히 두려워하며 허둥지둥 어찌할 바를 몰랐다. 의사가 곁에 있다는 사실은 심리적으로도 안정감을 주었다. 이렇게 해서 바울의 전도단은 실라, 디모데, 누가가 가세(加勢)하게 되었다. 누가는 의원일 뿐만 아니라, 문장력도 아주 뛰어난 사람이었다. 그는 그가 본 바울의 행적과 말씀을 기록했고 다른 사도들을 만날 때에도 그들에게 들은 것을 열심히 기록하고 정리하여 보존했다.

그는 사도들과 조우하면서 틈나는 대로 그들의 증언을 듣고 예수님의 행적과 그리스도교 초기의 역사들을 기록하였다. 훗날 이 기록은 누가복음[60]이 되고 사도행전[61]이 되었다. 바울은 성령의 역사를 기록할 아주 중요한 동역자를 만난 셈이었다. 소아시아 남부를 따라 전도하고 있을 때, 바울은 수시로 간질이 발작했는데, 그때마다 말씀 전하는 것이 중단되곤 했다. 의원 누가의 노력도 별 효과가 없는 듯 했다. 바울 일행은 곧 이유가 있을 것이라고 생각하고 열심히 하나님의 뜻을 물었다. "주여! 주의 뜻을 나다내소서! 왜 계속 이런 일이 생기는지요?"

환상 중, 마케도니아인의 손짓

그들은 브루기아와 갈라디아 땅을 지나 무시아 앞에서 비두니아로 가고자 노력을 했다. 그러나 그곳에 홍수가 나서 더 이상 비두니아로도 갈 수가 없었다. 다시 무시아로 가서 드로아로 가려는데 또 길이 막혔다. 그는 밤에 지붕에 올라가 간절히 주님의 뜻을 구했다.

> "주여! 주님의 뜻을 도무지 알 수 없습니다. 이전엔 그렇게 형통하게 해주셨는데, 아무 곳으로도 길이 열리지 않습니다."

기도 중에 바울은 환상을 보았다. 마케도니아인처럼 보이는 사람 하나가 바울을 향하여 손짓하며 도움을 청하고 있었다.

> "여보시오 마케도니아로 와서 우리를 좀 살려 주세오. 우리가 죄악 가운데 죽어가는 것이 보이지 않습니까?"

바울은 벌떡 일어섰다. 성령이 아시아에서 복음전하는 것을 막으시는 이유가 이해되었다.

> "주님 알겠습니다. 우리가 바로 마케도니아로 가겠습니다. 그렇지, 복음이 아시아에서만 머무르면 안되지 …."

바울은 일행에게 방금 본 환상을 설명하고 마케도니아로 갈 것을 제안했다. 모두는 그들에게 계시해주신 주님께 감사하고 마케도니아로 갈 준비를 하였다. 배편을 알아보고 필요한 것들을 준비했다. 그리고 형제들의 전송을 받으며 유럽의 동쪽 관문인 빌립보를 향하여 드로아에서 배를 탔다. 이전과 달리 배는 순풍에 돛을 달고 빌립보를 향하여 항해했는데, 바람과 일기가 배의 진행을 아주 순조롭게 해주었다. 에게해(the Aegean Sea)의 푸르름과 주변의 풍경은 이루 말할 수 없이 아름다웠다.

바울은 환상 속에서 자신을 부르던 빌립보에 있을 그 사람을 생각하니 마음이 조급해졌다. "주님 감사합니다. 우매한 우리에게 다시 한 번 땅끝까지 가라고 하신 말씀을 상기시켜 주시니 감사합니다. 소아시아는 땅끝이 아니었습니다" 하고 그들은 선상(船上)에서 감사의 예배를 드렸다. 배를 타니 오히려 바울의 건강도 몰라보게 좋아졌다. 배는 드디어 마케도니아의 관문인 빌립보62)에 도착했다. 그들은 하선하여 여관을 정하고 며칠을 쉬며 빌립보성 여러 곳을 돌아 보았다. 바울은 환상 중에 본 그가 누구이며 언제보게 될까 궁금했다.

6-3
빌립보 전도(유럽으로)

안식일이 되어 바울의 일행은 기도하기 위하여 머물고 있는 여관에서 얼마 떨어지지 않은 강가로 나갔다. 바울 일행은 유대인의 기도처가 있을 만한 곳을 찾아갔다가 다행히 그곳에 모여서 기도하고 있는 여인들을 보았다. 그들에게 다가 가보니 그들은 유대 여인들이었다.

바울과 루디아 여인의 만남

기도하던 여인 중에 한 여자가 바울 일행이 유대인라는 것을 즉시 알아차
리고 그들을 기도 자리로 안내했다. 그 여인이 바울을 보자 그 눈에 광채
가 있고 신비함이 있어 보였다.

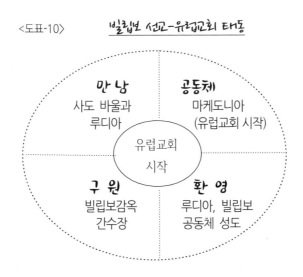

<도표-10>   빌립보 선교-유럽교회 태동

만남
사도 바울과
루디아

공동체
마케도니아
(유럽교회 시작)

유럽교회
시작

구원
빌립보감옥
간수장

환영
루디아, 빌립보
공동체 성도

"저는 루디아[63])이며, 이 기도회를 이끌고 있는 사람입니다. 당신은 유대
인 같은 데 어떤 일을 하는 사람입니까?" 바울은 응답했다. "예 저는 한
때 이스라엘의 랍비였습니다. 우리는 이방에 사는 하나님의 백성들에게
복음을 전하기 위해 이곳까지 왔습니다"라며 일행을 소개했다.

여인은 진심 어린 표정으로 간청했다. "아, 예루살렘에서 오신 랍비시군
요. 이렇게 뵙게 되어 영광입니다. 정말 잘 오셨습니다. 랍비님! 저는 하
나님을 공경하는 사람으로서 율법을 더 깊이 배우고 싶어하는 아낙이랍니
다. 할 수 있다면 우리에게 하나님의 말씀을 가르쳐 주십시오."

그 여인의 초청으로 바울 일행은 함께 예배를 드렸다. 그곳은 회당도 없

고 모임을 인도할 만한 남자들도 없어서 이 여인이 이곳 기도처를 인도하고 있다고 했다. 기도와 찬미를 마친 후 바울은 루디아의 소개를 받아 그곳에 모인 여인들에게 복음을 전하기 시작했다.

"루디아! 당신은 혹시 나사렛 예수라는 분에 대해서 들은 바가 있습니까?" "예, 어떤 사람들이 유대로부터 와서 나사렛 예수가 하나님이 보낸 그리스도로 왔는데, 로마 총독에 의해서 처형되었다는 소식을 들은 일이 있습니다. 당신들은 그와 무슨 관계가 있습니까?"

"예, 바로 저희는 이스라엘의 소망이시고 죽은 자 가운데 부활하신 그분이 보내서 이곳까지 왔습니다. 오늘 자매님들을 만난 것도 자매님들에게 영원한 복을 주시려는 그분의 뜻 때문입니다."

"무슨 말입니까? 죽었다던 그분이 살아나기라도 했다는 것입니까? 또, 그분이 저희를 어떻게 알고 저희에게 랍비님을 보냈다고 하십니까?"

바울은 예수의 출현으로부터 죽음과 부활 그리고 승천, 성령 강림과 자신이 기독교인을 핍박한 것, 스테반 집사를 죽이는데 앞장서 증인이 된 것, 여러 곳에서 기독교인들을 잡아다 공회 심판에 넘겨준 것, 그리고 기독교인을 잔멸하려 시리아로 가다가 다마스커스 길에서 예수 그리스도를 만난 것, 개종하여 소아시아 전도를 시작한 것, 성령이 아시아에서 말씀을 전하지 못하게 한것, 꿈에 마케도니아인 하나가 도움 청한 것 등을 전했다.

그리고 예수 그리스도의 복음을 믿어 영생 얻을 것을 권했다. 모두가 이 기이(奇異)한 이야기에 놀라며 하나님이 자신들을 구원하기 위하여 사도를 보냈다는 것에 감격했다. 루디아는 성령이 자신을 뜨겁게 감화하는 역사를 느꼈다. 복음을 들을 때에 말할 수 없이 기뻤고 산천초목도 새것으로 보였다. 그의 얼굴은 감사의 눈물로 얼룩져 있었다. "아, 내가 이곳에서 우리를 위한 하나님의 복된 소식을 듣다니… !" 그녀의 입에서 여호와의 구원을 찬양하는 노래가 나왔다. 그러자 거기 있는 여인 모두가 그녀를 따라 시편의 찬양을 부르기 시작했다.

얼마나 시간이 흘렀을까? 기도를 마치는 시간이 되어 사람들이 집으로 돌아가기 시작하였다. 루디아는 바울 일행을 향하여, "여러분 저는 하나님의 큰 은혜를 들었고, 주 예수 그리스도를 구주로 믿었습니다. 여러분이 저를 주 믿는 자로 여기거든 저와 함께 제 집에서 묵으시고 그곳에서 복음을 증거해 주십시오. 우리 집은 크고 방도 많아서 많은 사람을 수용할 수 있답니다." 루디아의 간절한 제안에 그들은 숙소를 루디아의 집으로 옮겼다. 루디아는 자주색 염료를 사용하여 직물을 만들고 파는 규모가 제법 큰 무역상이었다.

마게도니아 첫 교회, 빌립보교회

그녀는 자기 집에 사는 모든 가족과 아이들, 종들까지 다 큰 홀에 모이게 하고 복음을 듣게 했다. 바울은 그들에게 복음을 전하고 세례를 베풀었다. 그리하여 루디아의 온 집이 예수를 믿었다. 그로부터 루디아의 집에서 예배를 시작하였는데, 그 집은 곧 빌립보 성에서 바울 일행이 세운 첫 교회가 되었다. 루디아는 아주 열심으로 사람을 모으고 복음을 듣게 했다. 많은 자주 장사 동료들이 예수를 믿게 되었다. 빌립보교회는 구원받는 숫자가 날마다 더해졌고 크게 부흥하였다. 그들은 바울의 열심히 선교에 동참하고, 물질적으로 후원하며 이웃을 향한 사랑이 넘쳐나는 교회가 되었다.

6-4
빌립보성 간수장의 회개

비록 복음을 전하는 장소로 루디아의 집이 이용되기도 했지만, 바울은 그들이 이전에 사용하던 기도처도 복음 전하는 장소로 이용하였다. 루디아의 집에 교회가 생긴지 모르는 사람들과 다른 지역에서 새로 빌립보로 오는 사람들이 기도처를 찾기 때문이었다.

빌립보성의 점쟁이 여인

하루는 기도처로 가는 길에 귀신들려 점치는 여자가 바울 일행을 발견하고 급히 달려와 바울 일행 뒤를 따랐다. 이전에 아폴로 신전에서 수종드는 일을 하던 여자는 '아폴로 신의 딸'이라고 자처하며 예언하는 여자였다., 빌립보 성의 많은 사람은 그녀에게 자신의 운명을 묻곤 했다.

그녀의 예언은 잘 맞아서 빌립보 성에서 제법 잘 알려진 점쟁이었다. 그여자는 어떤 부호의 여종이었는데, 실상 그 부호는 이 여종의 점술 능력으로 많은 돈을 벌어 부자가 되었다. 그래서 이 여인을 특별히 애지중지했다. 바울 뒤를 따라오던 그녀는 재빠르게 바울의 앞을 가로 막아서더니, 사람들을 향하여 큰 소리로 떠들어댔다. "여러분들은 이 사람들을 보시오! 이들은 지극히 높은 하나님의 종들로 지금 여러분에게 구원의 길을 선포하려고 이곳에 왔소." 광기 어린 눈을 반짝이며 외쳤다. 그리고 몇 번이고 그 말을 되풀이하며 소리쳤다. 이에 사람들이 몰려왔다.

빌립보 전도를 가로 막는 점쟁이 여인

바울과 실라 디모데와 누가는 그녀가 길을 가로 막고 있어 앞으로 나갈수가 없었다. 디모데가 바울에게 어떻게 할래요? 하는 눈빛으로 바라 보았다. 바울은 입을 굳게 다물고 고개를 가로저었다. 그리고 갑자기 그 여인을 피하면서 빠른 걸음으로 길을 재촉했다. 일행은 각각 그 여인을 피해 흩어졌다. 여인은 누구를 쫓을지 몰라 망연한 표정으로 그들을 바라보며 힘없이 되뇌었다. "저들은 지극히 높은 하나님의 종들로 지금 여러분에게 구원의 길을 선포하고 있소!"

그 다음 날 다시 기도처로 향하며 십자로를 지날 때, 갑자기 그 여인이 그들 앞에 나타났다. "호호호! 이 길로 가면 내가 모를 줄 알고…?" 그녀가 비웃듯 말했다. 그녀는 자주 묘한 웃음을 지으며 자신의 신통력에 만족한 듯 말했다. "귀신을 속이지 나는 못 속여!" 그러더니 이번에는 아예 두 팔을 벌려 시장에 있는 사람들을 향해 소리를 질렀다. "여러분! 이들은 지극히 높은 하나님의 사자들로 여러분에게 구원의 길을 선포하고자 이곳에 왔다오!" 그녀는 지나가는 사람들이 다 듣도록 몇 번이고 반복하여 외쳤다. 여인이 소리치느라 정신 없는 틈을 타서 바울은 빨리 그곳을 떠나자는 눈빛을 보냈다. 일행은 어제와 같은 방법으로 재빨리 빠져 나와 기도처로 갔다.

그 후 이런 일은 며칠이고 반복되었다. 그 때마다 바울 일행은 용하게 피했지만 계속 피할 수는 없었다. 여인은 날마다 더 적극적으로 바울 일행을 찾았다. 마치 무엇에 홀린 사람 같았다. 바울 일행은 이리저리 피해봤으나 여인은 어떻게든 바울 일행이 가는 길을 알아내 길목을 지켰다. 급기야 그 여인은 그들을 보자 마자 달려들어 바울의 옷자락을 붙잡은채 사람들을 향하여 소리를 질렀다. 일행은 그 여인을 바울에게서 때어 놓으려고 애를 썼으나 여인의 악력(握力)이 보통이 아니었다.

점쟁이 여인의 패배-신통력 사라짐

바울은 이제 더 이상 어쩔 수가 없었다. 다른 사람을 물러가게 한 후, 그 여인을 향해 준엄하게 소리쳤다. "내가 예수 그리스도의 이름으로 명하노니 악한 영아! 이 여인에게서 나오라!" 그러자 그 여인은 여러 번 몸을 떨며 비명을 지르더니 쓰러졌다. 쓰러진 후 얼마 간 몸을 떨더니 시간이 좀 지나서 일어나 앉았는데, 그 눈빛에 광기(狂氣)도 사라지고 악기(惡氣)나 독기(毒氣)도 없었다.

그녀가 눈물을 글썽이며 일어나자, 평범하고 얌전한 여인의 얼굴이 되어 있었다. "정말이지 이 생활은 지옥 같았습니다. 저 악한 귀신이 나를 잡아 종으로 삼고 놓지 않으니 어쩔 수 없이 종노릇을 했습니다. 이제 이 지긋지긋한 종노릇에서 해방되었습니다." 여인은 바울을 향해 연신 고맙다고 사례했다. 그리고 그녀는 기도처를 따라와 복음을 듣고 예수를 구주로 믿어 영접했다. 그녀의 얼굴은 자유와 평화로 빛이 났다. 이 광경을 본 그 여인의 동료가 재빨리 집으로 가서 주인에게 이 사실을 알렸다.

여인이 집으로 돌아오자 주인은 그녀를 주목하여 봤다. 그녀의 얼굴이 이전과 다르게 평온하고 온순하게 변한 것을 느꼈다. "너 무슨 일이 있었느냐?"하고 막 경위를 알아보려고 할 때, 마침 점을 치러 온 로마 장군의 부인이 들어왔다. 그녀의 남편은 군대를 이끌고 이탈리아 북부 전투에 참가하고 있었다. 부인은 그 남편의 안부와 승패, 복을 빌기 위해 박수 여인을 찾은 것이었다. 점하는 여인은 말없이 점상 앞에 앉았다. 그리고 조용히 귀부인의 요청을 들었다. 그녀의 요청을 들은 여인은 조용히 앉아 있었으나 그 부인에게 아무 것도 말해 줄 수가 없었다. 여인은 자신의 신통력이 이미 없어졌다는 것을 알았지만, 주인이 무서워 아무 말도 할 수 없었다. 그렇다고 마냥 그러고 있을 수만은 없었다.

그녀는 용기를 내어 말했다. "부인! 나는 당신이 알고자 하는 것들을 하나도 말해줄 수가 없습니다. 이전의 것들도 다만 입에서 나오는 대로 지껄였을 뿐이지 내 말대로 된 건 사실상 없었지요. 이제 저는 지극히 전능하신 하나님의 딸이 되었습니다. 이전에 행했던 모든 사술(邪術)은 다 거짓이었고 사람을 기만하는 행위였죠. 저는 이전에 제가 했던 짓들을 회개했고, 이제 다시는 그런 일들을 하지 않을 겁니다. 대신 하나만 알려드리죠. 정말 당신이 복을 받고 당신 남편이 평안하기를 바란다면 하나님의 아들 주 예수를 믿으십시오. 그러면 당신의 남편을 하나님이 지켜 주실 겁니다. 필요한 것은 하나님께 직접 아뢰세오. 하나님께서 그 소원을 들어 줄 겁니다."

귀부인은 이 여인에게서 신통력을 찾아볼 수가 없었다. 그녀는 이제 표정마저 그저 평범한 아낙이 되어있었다. 전처럼 권위 있고 속시원한 예언을 기대할 수 없었다. 이 사정을 이해하지 못하는 장군의 부인은 혀를 차며 신전 밖으로 나갔다. "쯧 쯧 쯧! 아폴로 신이 이 여인에게서 떠나버렸구면…. 이상한 소리만 하고, 아무 점도 못하는구만."
이 광경을 지켜보던 주인이 굽신거리며 배웅했다. "아이고 부인, 참으로 송구합니다. 내일 다시 오십시오. 내가 저 년을 혼내서 다시 아폴로 신을 모셔오도록 하겠습니다.""응, 잘해 봐! 도대체 저 여자가 어떻게 된 거야? 주 예수는 또 뭐고?" 여인은 혀를 차며 그 집에서 나갔다. 주인은 재빨리 신전으로 돌아와 그 여인을 향해 소리질렀다. "너 이년, 도대체 어떻게 된 거야? 미쳤어?"

점쟁이 여인의 믿음의 간증

여인은 웃으며 대답했다. "아니요, 주인님! 이전에는 미쳤고 지금은 온전한 사람이 되었답니다. 이제 저는 하나님의 아들, 예수 그리스도라는 구세주의 사람이 되었어요." 그녀는 미소를 지으며 다소곳이 말했다. "뭐라고? 아폴로 말고 다른 신을 믿는다고…! 뭐, 그야 상관없지! 너는 점만 치면 되니까… 그럼 그 예수라는 신의 이름으로 점을 칠 수 있는 것 아니냐?" 주인이 다그쳤다.

"아니요, 모든 운명은 하나님께 달려 있습니다. 인간은 그것을 알 수 없고, 오직 우리 운명을 그에게 맡기고 그를 의지하며 도움을 구할 뿐입니다" 여인은 대답했다. "아니, 뭐라고? 그럼, 너는 이전처럼 점을 칠 수 없게 되었다는 말이냐?" 주인이 물었다. "예, 저는 이제 그런 일은 더 이상 할 수 없게 되었습니다" 여인은 확고하게 말했다. "이런 빌어먹을 일이 있나! 뭐라도 좋으니 오는 손님들에게 아무 말이라도 좀 해봐! 그것도 안 되겠어?" 사뭇 애원하듯 말했다. "예, 할 수 없습니다. 거짓 예언은 악한 일입니다. 저는 이제 그런 악을 행할 수 없습니다. 저는 이미 거룩한 하나님의 자녀가 되었으니까요!" 단호하게 말했다. "뭐라고? 이년 봐라. 미안한 줄도 모르고 뻔뻔스럽게 지껄이는 거, 너 같은 년은 필요 없어…!"

주인 사내는 달려들어 무자비하게 여인을 발로 찼다. 여인은 바닥에 나동 글어졌다. 사내는 또 달려들어 여인의 멱살을 잡고 뺨을 마구 때렸다. 그는 이 여인을 이렇게 만든 놈들을 찾아 보복해야 겠다고 생각했다. 이튿날, 그 사내는 종을 보내 바울 일행의 행방을 쫓게 하고, 한편으로 그곳 아폴로 신전의 사람들을 모았다. 그리고 힘센 장정 여러명을 대기시켰다.

"여러분! 예수를 전하는 놈들이 우리 아폴로 신의 영매를 무용하게 만들었소. 우리 아폴로 신을 무시하는 이런 놈들을 우리가 가만히 놔둬서는 안됩니다." 그는 자초지종 설명하고 여러 사람의 의견을 물었다. 결국 그들을 끌어다 관가에 고소하기로 했다. 아폴로 신을 무시했다는 소리에 흥분한 사람들은, "그런 놈들은 쳐죽여야 마땅해!" 소리치며 달려나갔다.

바울과 실라를 고소함

마침 바울과 실라가 기도처를 가려고 시장을 지나고 있었다. 그들을 발견한 여종의 주인은, "여기 있다. 그 놈들이 여기 있어!" 소리쳤다. 그러자 사람들이 달려들어 바울과 실라를 붙잡아 끌고 시장 광장으로 데려갔다. "잠깐, 왜 이러는 거요. 자초지종부터 들어봅시다." 누가가 말했다.

"시끄럽다. 너희들은 우리가 섬기는 아폴로 신을 무시하고, 아폴로 영매(靈媒)의 신통력을 없애버렸어. 그 여인의 신통력을 본래대로 회복시켜 놓지 않으면, 너희들을 가만두지 않겠다." 분노를 쏟아내듯 했다. 그리고 그들은 바울 일행을 시장 광장으로 끌고 가 관원에게 고소했다.

빌립보 성의 관원들이 그들의 고소를 받고 광장으로 나왔다. 관원은 그들을 향해 물었다. "당신들은 무슨 일로 이 사람들을 끌어와 고소하는 것이오?" "예, 관원님들! 이들은 유대인인데, 우리 성을 심히 요란하게 하고, 로마 사람인 우리가 받지 못하고 행치도 못할 괴이한 풍속을 전하고 있습니다"하고 고소했다. "무슨 풍속인지 구체적으로 진술하시오." "예, 이놈들은 아폴로 신을 무시했고, 자기네 신(神)만이 '참 신'이라고 하면서 자기네 신을 믿으라고 사람들을 선동했습니다." 그러면서 자기 여종의 사건을 진술하고 재산상 엄청난 손실이 났다고 고소했다.

그러자 여기저기서 이구동성으로 소리쳤다. "그렇습니다. 저놈들을 가만히 둬서는 안됩니다. 아주 혼을 내서 우리 빌립보에서 쫓아버려야 합니다." 이에 많은 사람이 동조하므로 치안 관원은 쉽게 판결할 수 있었다. "뭐 아폴로 신을 무시해? 그리고 유대인의 신을 믿으라고…?" 유대인이라는 말에 관원들은 성가신 듯 군사들에게 명했다. "됐다. 더 들을 것도 없다. 놈들을 매우 치고 착고를 채워 일단 감옥에 가두어라."

이에 아전(衙前)들이 바울과 실라의 옷을 벗기고 팔을 형틀 기둥에 비끌어 매었다. 치라는 지시가 내리자 형리가 가지고 있던 채찍을 늘어뜨려 능숙한 솜씨로 힘껏 바울과 실라를 향해 내리쳤다. '쫙' 공기를 가르는 소리와 함께 채찍은 사정없이 바울과 실라의 몸에 붉은 핏자국을 내었다. 바울은, "아전! 아전! 이게 무슨 짓이오. 잠깐 멈추시오! 우리는 로마 시민이오!" 크게 소리쳤지만 사람들의 떠드는 소리가 워낙 커서 묻히고 말았다. "여러 차례 채찍으로 때린 후, 바울과 실라를 감옥에 집어 넣었다. 밤이 깊어지자 마침 달빛이 감옥 창문을 통해 비쳐 들어왔다.

바울과 실라의 옥중에서의 찬양
바울과 실라는 서로의 상처를 살펴보고 서로를 위로했다. 실라가 말했다. "아니, 이 사람들이 로마 시민권을 가진 우리를 제대로 된 재판도 없이 막무가내로 두들겨 패는군요." 바울이 상처를 어루만지며, "주님이 조금도 봐주시지 않으시는군." 그러나 그들은 주님을 위하여 당하는 고난을 마땅한 것으로 여겼다. 둘은 쓰라린 상처로 인해 바로 누울 수도 없었다. "우리 찬양하고 주님께 기도합시다" 바울이 말했다. 둘은 자세를 바로하고 마주 앉아 찬양을 부르기 시작했다. 옥중에 있는 죄수들은 그들의 찬양소리를 듣고 있었다. 맞은 편 방에 어떤 죄수가 크게 소리치며 협박했다.

"어이 유대 놈들! 조용히 하지 못해 내일은 내가 너희를 가만히 두지 않을 거야!" 그래도 찬양 소리가 점점 더 커지며 두 사람의 목소리는 감옥 벽에 메아리치며 좋은 하모니를 이루었다. 듣기에 좋았는지 방해하며 떠들던 죄수들도 잠잠히 찬양을 경청하고 있었다.

옥문이 열리고 착고(쇠사슬)의 끊김

두 사람의 목소리는 점점 더 커지며 감옥 속에 울려 퍼졌다. 그 순간, 땅이 한번 출렁거렸다. "꽝 -!"하는 소리와 함께 지축(地軸)이 흔들했다. "와-! 지진이다!" 겁먹은 죄수들의 놀라 여기저기서 외쳐댔다. 두 사람은 땅이 일렁거리는 것도 모른 채 더 큰소리로 찬양을 불렀다. 땅이 다시 한 번 더 크게 흔들거리더니 서너 차례 급한 진동이 있었다. 마침내 대지는 크게 요동을 쳤다. 죄수들은 너무 무서운 나머지 벌벌 떨며 크게 울부짖었다. "살려주세요! 살려주세요!" 그러자 땅이 더 크게 진동하고, "땅-!"하는 굉음과 함께 감옥의 자물쇠가 풀리며 철문들이 튕겨 나갔다.

사방에서 철문이 넘어지는 소리가 들림과 동시에 어둠 속 여기저기에서 비명을 지르는 죄수들의 울부짖음이 들렸다. 그 순간 신기하게도 거기 있는 모든 사람의 다리를 묶은 착고가 풀렸다. 이 놀라운 역사에도 죄수들은 벌벌 떨며 도망갈 생각조차 못하고 있었다. 간수장은 진동과 굉음소리에 잠이 깨었다. 놀라서 밖에 나와 감옥 문을 보니 모두 활짝 열려있는 것이 아닌가?

빌립보 간수장의 회개

병사들도 두려워 허둥지둥하며, 자기 살 길을 찾아 대피하고 있었다. 간수장은 깜짝 놀라 감옥을 급하게 살피더니, "아 이게 어찌된 일인가? 죄수들이 다 탈출했구나! 이를 어째! 나는 결국 죽게 되겠구나" 울부짖었다. 죄수들은 놀라 바울과 실라 곁으로 모였기 때문에 그는 그들을 볼 수 없었다. 로마법에서 죄인을 놓치는 군인은 사형이었다. 간수는 자기 운명이 다 했다고 생각했다. 그래서 그는 칼을 빼들고 자기 목을 겨누었다.

안에서 밖을 보고 있던 바울은 로마법을 잘 알고 있었기에 그가 자결하려는 것을 알고 다급하게 소리쳤다. "간수장! 잠깐, 손을 멈추시오! 우리 중한 사람도 도망치지 않고 여기 다 있지 않소!" 등을 가지고 감옥 안으로 들어온 간수장은 모두 있는 것을 확인하고 안심했다. 그는 이 옥터가 요동친 것은 하나님을 믿는 사람들이 찬송을 불러 자신이 믿는 신(神)의 힘을 빌렸기 때문이라고 생각했다. 그는 두려워 떨리는 목소리로, "감사합니다. 감사합니다. 선생들이여! 여러분이 신의 사자(使者)라는 것을 몰라봤습니다. 어서 나오십시오" 그는 두 사람을 감옥 밖으로 안내했다.

그리고 병정들을 시켜 남은 죄수들을 가두게 한 후, 두 사람의 손을 잡으며, 정중하게 물었다. "선생들이여 제가 어떻게 하면 구원을 얻겠습니까? 제가 당신들에게 어떻게 해야 할지 모르겠습니다." 그는 이 놀라운 광경이 믿어지지 않는 듯, 얼굴은 질렸고 아직도 몸을 떨고 있었다. 그 물음에 바울은 크게 소리쳤다. "주 예수를 믿으십시오. 그리하면 당신과 당신의 집이 구원을 얻을 것이오!" "주 예수가 누군지 알지 못하지만, 아무튼 꼭 믿도록 하겠습니다" 하고 간수장은 바로 대답했다. 그리고 "우선 우리 집으로 가십시다. 오늘 밤 우리 집에 모시겠습니다" 하고 그들을 밖으로 인도했다.

간수장 가족의 구원역사

그들은 간수장의 집으로 가서 극진한 대접을 받았다. 간수장은 친히 그들의 상처를 씻기고 채찍에 맞은 상처에 기름을 발랐다. 그 소식을 들은 그의 아내와 자식들 그리고 종들이 다 모여 왔다. 간수는 바울과 실라에게 물었다. "선생들! 대체 당신들이 말하는 예수라는 분은 어떤 분입니까? 어떤 분이기에 손도 쓰지 않고 옥문을 열수 있습니까?" 바울과 실라는 그 밤에 그들에게 주 예수의 복음을 전해주었다. 성령은 곧 그들을 감동했고 감격한 간수장은 크게 기뻐하며 고백했다. "저와 저의 가족, 그리고 여기 우리 하인들까지 모두 천지에 주 되신 하나님의 아들 예수를 구세주로 믿겠습니다."

바울과 실라는 물을 가져오라 해서 그 집 사람 모두에게 신앙고백을 받고 세례를 주었다. 성령의 역사로 간수장이 주님을 믿게된 것에 감격하고 크게 감사했다. 이튿날, 간수는 간밤에 있었던 사실을 상전들에게 보고했다. 그리고 어제 억류한 죄인들이 로마 시민권이 있어서 재판 없이 그들을 구금하고 매질한 것을 항의한다고 전했다.

상전들은 자신들이 로마 시민인 바울과 실라를 부당하게 대했기 때문에 그들이 진노해서 자기들을 고소하지 않을까 걱정돼 그들을 만나보지도 않고 석방하려 했다. "정말 괴이한 일이구나 후환이 두려우니 간수장, 당신이 바로 석방해 보내게." 명령했다. 간수장은 기쁘게 생각하고 그 말을 전하려 잰 걸음에 감옥으로 달려와 전했다. "윗 사람들이 당신들을 그냥 석방하기로 결정했습니다. 이제 바로 나가셔도 됩니다."

그러자 실라가 소리쳤다. "아니, 우리는 바로 나갈 수 없소. 우리는 로마 시민이요. 로마 시민을 재판도 없이 형벌을 내려 때리고 감옥에 가두다니 이런 무법한 일은 있을 수 없는 일이오. 그들이 직접 와서 사과하고 친히 데리고 나가지 않으면 우리는 법에 호소할 것이오." 단호하게 말했다. 이는 그들이 기독교인이나 교회를 함부로 대하지 않게 하기 위한 조처였다. 간수장은 관리들에게 가서 당신들이 친히 와서 잘못을 사과하고 데리고 나갈 때, 그들이 나가야 한다고 전했다.

그들은 난처한 얼굴이 되어 서로를 보며, "아니, 그 유대인들이 하필이면 로마 시민권을 가졌단 말이냐? 정말 재수없구나. 왜 로마 시민이야!" 그들은 서로에게 책임을 미루다가 두 사람을 뽑아 두 사도에게 보냈다. 뽑힌 두 사람도 투덜거리며, "그 사람들이 우리를 고소하면 어떡하지 우리는 로마 시민권도 없잖아? 우리 말을 순순히 들을까?" 걱정스럽게 물었다. "그러게 내가 성급하게 일을 처리해서는 안 된다고 했잖아! 이게 뭐야? 말단인 우리만 난처하게 되었구면." 그들은 걱정하면서 감옥까지 왔다. 그들은 바울과 실라를 보자마자 죽을 죄를 지었다고 고소하지 말아달라고 요청했다. "당신들은 잘못은 로마법에 의하면 완전 면직(免職)될 잘못을 했소. 그리고 로마 사람을 재판도 없이 채찍질한 것은 직권 남용이니 우리가 받은 곤욕의 몇 배를 당하게 될거요." 바울이 대답했다.

그들은 쩔쩔매면서 간청했다. "예!, 우리 죄가 큽니다, 그저 살려만 주십시오" 간청 했다. "다시는 재판절차 없이 예수 믿는 사람들이라고 형을 집행하는 일이 없도록 하시오." "예, 여부가 있겠습니까? 다시는 이런 일이 없도록 하겠습니다." "다시 이런 일이 벌어진다면 정말로 가이사에게 청원하여 응분의 대가를 받게할 것이오. 그럼 이만 가보시오." 그들은 "네, 네-!" 대답만 할 뿐 그곳을 떠나지 않고 바울과 실라의 눈치를 살폈다. "뭐요! 뭔가 할 말이 있는 것 같구려?" 실라가 물었다. "예, 상부에서 여러분들이 이곳 빌립보를 빨리 떠나주시기를 간청한다고 전하라 했습니다."

빌립보교회 공동체 모임

"우리는 로마법에 따라 마땅히 당신들을 보호해야겠지만, 저들이 자기 신을 모독했다고 또 공격할 채비를 한다고 들었답니다. 종교적 충돌이야 어디 법만 가지고 해결됩니까? 일이 벌어진 후에 결과만 재판할 수 있지요. 그래서 상관들도 당신들이 이곳을 떠나 그들과 충돌을 피하시라 청한 것입니다. 미리 언질을 주었으니 이후 어떤 일이 일어나도 책임 질 수 없다고도 했고요." "알았소, 우리 일은 우리가 알아서 할 터이니 당신들은 약속한대로 기독교인들을 불법적으로 해치지 않기를 바라오"라고 말하고 간수장과 함께 루디아의 집으로 갔다. 루디아와 빌립보교회 성도들은 돌아온 그들을 반가이 맞았다.

그리고 그간의 사정을 듣고 살아계신 하나님을 찬양하며 반갑게 간수장을 영접하고 다른 사람들에게 소개했다. "주께서 이런 일이 벌어지게 하신 것은 우리 간수장님의 온 집을 구원하시려고 그랬었구나." 이 기적적인 소문은 삽시간에 빌립보 성에 퍼졌다. 많은 사람이 이 일로 예수를 구주로 믿었고, 또 예수 믿는 자들과 교회를 두려워했다.

바울과 실라가 며칠을 지냈는데 관원들이 교회 주변을 어슬렁거리며 그들이 이곳을 떠나기를 요청했다. 두 사람은 교회를 위하여, 또 그들의 요구를 통하여 하나님께서 자신들을 다른 곳으로 보내심으로 생각하고 빌립보를 떠나기로 결정했다. 루디아는 그들이 그곳에 더 머물기를 간절히 요청했지만, 간수장은 상관들이 안 좋은 일을 꾸미고 있다고 말해주었다. 빌립보의 형제자매들은 즉시 사도들의 경비를 마련하여 두 사도 일행에게 주었다. 두 사람은 즉시 짐을 챙겨 엑나티아 가도를 따라 암비볼리와 아볼로니아[64]를 들려 데살로니가에 가기로 결정하고 길을 나섰다.

6-5
데살로니가[65] 전도

바울과 실라는 선교에 큰 영향력이 있을 지역을 선정하여 전략적(戰略的)으로 움직였다. 암비볼리와 아볼로니아 역시 마케도니아 지역의 큰 성이었다. 도로도 잘 정비되어 있었기에 왕래하는 사람들이 아주 많은 교통의 요충지였다. 그런 지역에 복음을 전하면 복음이 여러 곳으로 쉽게 확산될 수 있기에 바울과 실라는 일부러 그런 곳을 찾아 복음을 전했다.

암비볼리와 아볼로니아에서도 복음을 전하면서 남쪽으로 내려가 데살로니가에 도착했다. 그들은 회당 가까운 여관에 여장을 풀었다. 마침 안식일인지라 바로 회당을 찾아갔다. 데살로니가 회당에는 많은 유대인들과 경건한 헬라인 남자들, 경건한 귀부인들도 모였다. 회당장은 바울이 유대인 랍비라는 것을 알고 바울에게 강론을 부탁하였다.

바울은 율법과 시편과 예언서를 인용하며 하나님의 나라와 은혜, 그 왕과의 대속적 죽으심과 부활을 전했다. "우리 인간은 아무리 거룩과 경건을 추구하고 노력하여도 여전히 죄 가운데 살고 하나님의 요구하는 의를 이룰 수 없는 무능한 존재입니다. 그러므로 하나님께서 율법 외에 다른 한 법을 정하셨는데 율법과 성령의 증거를 받은 것입니다. 곧, 죄 없고 흠 없으신 하나님의 어린양, 유월절의 속죄양 되신 예수 그리스도께서 제물이 되셔서 우리 죄를 속하고 그를 믿는 자를 의롭다고 선언하시는 방법으로 구원의 길을 준비하셨습니다. 무릇 유대인이건 헬라인이든 로마인이든, 야만인이든 지식인이든 예수 그리스도를 구주로 믿으면 구원을 주시는데 전혀 차별이 없습니다."

바울의 이 강론에 회당 안에 있던 회중들은 크게 감동했다. 여기저기서 아멘과 박수소리가 터져나왔는데 특히, 헬라인들과 경건한 귀부인들이 더 기뻐했다. 워낙 청중들이 감격하고 기뻐하므로 좀 불만이 있었던 유대인들도 어리둥절하여 아무 말도 하지 못했다.
"밤에도 모입시다. 우리는 이 귀한 진리를 더 들어야겠습니다." 많은 사람이 청했다. 회당장도 크게 감동했다. 그동안 회당이 형식적으로 모이고 있었는데 이전과 다른 기쁨이 가득했으므로 그들은 매일 밤 모이기로 결정했다. 그들이 나가서 낮에 들은 강론 내용을 전했으므로 다음 날은 더 많은 사람들이 몰려왔는데, 불신자들도 왔다. 바울은 더 쉽게 더 깊은 진리를 강론했다. 성령의 역사도 강력하게 나타나 여러 병인(病人)들이 나음을 입었다.

데살로니가는 순식간에 큰 부흥을 이루게 되었다. 그 소식은 멀리 있는 회당들로 퍼져 나갔다. 그러나 큰 부흥을 이룰수록 데살로니가 회당의 랍비들 중에 불만을 품는 무리가 많았다. 그들은 유대교에서 큰 존경을 받았고, 특히 구원을 사모하는 경건한 헬라인과 귀부인들에게 대접을 받고 적지 않은 지위와 권세를 확보했다. 그런데 바울이 와서 유대인이나 헬라인이나 구원의 차별이 없다고 했다. 아브라함의 후손인 자신들과 야만스럽고 부정한 이방인들과 하나님이 주시는 은혜가 동일할 수 있겠는가?

그렇지만 숫자적으로나 이론적 논쟁을 통해서 바울과 실라를 이길 수 없었다. 더군다나 이유를 알 수 없지만 그들이 예수의 이름으로 병을 낫게 하고 귀신에게 명령하면 떠나가니 어떻게 반박해 볼 도리도 없었다. 그런 이적은 자신들이 흉내낼 수 없는 것이니 속이 부글부글 끓어 올랐다. 바울과 실라 일행이 데살로니가 회당에서 강론을 계속하자 경건한 헬라인과 귀부인들 중에서 추종하는 사람들이 아주 많아졌다. 유대인 랍비들은 자신들의 기득권이 상실되는 것을 참지 못하고 지역 불량배들을 끌어모아 청부했다. "만약 자네들이 저자들을 이 시에서 쫓아내준다면 기꺼이 이십 데나리온을 주겠네, 절대 우리가 시켰다는 것은 비밀로 해주게."

그들은 바울과 실라를 잘 따르는 경건한 사람들에게 그나마 존경심을 잃을까 봐 은밀하게 진행했다. 그러자 불량배 두목이, "여부가 있겠습니까? 돈이나 두둑이 주세요." 징그럽게 웃으며 말했다. "돈은 그들이 떠난 것을 확인 한 후 주겠네"라며 랍비가 약간의 선수금을 건넸다. 바울과 실라 일행이 강론을 시작한지 세 번째 안식일에 많은 사람이 회당에 모였다. 그 날도 많은 사람이 회개하고 세례를 받았다. 불만에 가득찬 유대인 랍비들은 하인을 시켜 불량배들에게 연락을 취했다.

그러나 그 사실을 엿들은 헬라인 신자 하나가 디모데에게 다가와 귀뜸해 주었다. "디모데 형제, 랍비들이 이 성의 불량배들에게 당신들을 잡아 관청에 고소해 처벌을 받게 하라고 하는 소리를 들었는데 잠시 피하는게 좋겠소." 디모데는 이미 여러 차례 이런 경험이 있어서 놀라지 않고 강론을 마치고 나오는 바울과 실라에게 위급한 상황을 설명했다.
"그렇다면 빨리 이 자리를 피합시다." 누가도 그들을 재촉했다. 그러자 한 경건한 귀부인이 "저희 집으로 간다면 안전할 것입니다"라며 대기하고 있던 마차에 그들을 태워 자기 집으로 데리고 갔다.

그들이 떠난 후, 얼마 후 불량배들이 회당으로 들어왔다. 모두 거한(巨漢)들이었고 몽둥이와 밧줄을 들고 있었다. 그들은 외쳤다. "유대에서 온 바울은 어디 있느냐? 빨리 나와라. 이런 거짓말쟁이들을 우리가 잡아 고소하겠다"고 했다. 그러나 회당에 남은 사람들에게 "당신, 그들이 어디로 간지 알지? 빨리 말해, 아니면 가만히 두지 않을 거야" 하고 다짜고짜 한 사람의 뺨을 때렸다. 그러자 그 사람이 반대로 말해 주었다. "아까 그 사람들이 마차를 타고 엑나시아 가도로 갔다"

그들은 무뢰한(無賴漢)들을 이끌고 즉시 엑나시아 가도(街道) 쪽으로 쫓아갔다. "빨리들 쫓아와 이놈들을 잡아넘겨야 돈을 받지"하고 동료들을 재촉했다. 그러나 그들이 엑나시아 가도에 도착했을 때는 아무것도 볼 수 없었다. 그들이 그렇게 빨리 그 곳을 떠날 수는 없었다. "속았구나! 네 이놈들을 반드시 붙잡고야 말겠다. 빨리 되돌아가자!" 일행에게 소리쳤다. 그들은 다시 회당으로 돌아왔으나 아무도 없이 텅 비어있었다.

그들은 온 데살로니가를 돌며 있을 만한 곳을 뒤졌다. 그때 랍비의 하인 하나가 다가와서 두목에게 조심스럽게 말했다. "회당장 야손66)의 집으로 가보시오. 그가 그들을 받아들였으니 그 집에 숨어 있지 않겠소"그러자 그들은 그 하인이 알려준 회당장 야손의 집으로 달려갔다. 마침 그 집에는 야손과 회심한 몇몇 경건한 형제들이 오늘 벌어진 일에 대하여 대책을 논의하고 있었다. "앞으로 어떻게 해야 사도님이 이곳에서 안전하게 말씀을 전할 수 있을까요?"

회당장 야손은 이 불량배들이 사도들을 시기한 랍비들의 사주를 받아 소동을 벌이고 있다는 것을 이미 알고 있었다. 그러나 동족들이 하는 짓이라 차마 발설하지 못했다. 어떻게든 사도들을 보호해서 계속 말씀을 전하게 하려는 생각이었다. 그때 불량배들이 들이닥쳤다. "네가 회당장 야손이지?" 두목은 야손을 붙잡고 다짜고짜 물었다. "그렇소만 무슨 일이요?" "바울이라는 유대인 일행이 어디 있느냐? 예수를 전하는 그놈 말이다" 야손은 불량배에게 멱살잡힌채로 말했다. "그 사람들이 어디 있는지 우린 알지 못하오." 그러자 불량배들은 거기 모인 사람 하나하나에게 물었다. "너희들은 알고 있지? 말해라. 너희가 말하지 않으면 너희 전부를 끌고 가 관청에서 재판받게 하겠다" 그러나 다들 모른다고만 할 뿐, 그들의 행방을 말해주지 않았다.

그들은 야손과 형제 몇을 강제로 끌고 데살로니가 관청으로 가서 관장들에게 고소를 했다. "이놈들이 유대에서 온 자들이 천하를 어지럽히며 괴상한 말을 하도록 내버려 둬서 이 성을 소란스럽게 했습니다. 그놈들이 전하는 것은 우리 헬라인이 도무지 받아들일 수도 없고, 또 우리 황제를 모독하는 것입니다." 관원장들은 그들이 시중의 불량배라는 것을 알고 있으므로 그들의 고소를 탐탁지 않게 여겼으나, 돌연 황제를 모독하는 말을 했다고 하니 긴장하지 않을 수 없었다.

"뭐라, 황제를 모독했다고?" 하고 되물었다. "예, 바울이라는 놈과 뭐, 실라라고 한 몇 놈이 가이사 말고 예수 그리스돈가, 뭔가를 또 다른 황제라고 혼미하게 하고 있습니다." 관장은 진노하여 되물었다. "뭐라? 예수가 다른 황제라고? 그말이 사실이냐? 누가 감히 그런 반역적인 말을 지껄인단 말이냐?" "예, 사실입니다. 야손이란 자가 이 내용을 잘 알고 있습니다" 하고 말했다. 관원은 야손을 향해 물었다. "예수라는 다른 황제가 있다는 것을 당신이 알고 있다는데 무슨 말이냐?"

관원이 묻자, "관장님, 이는 천부당만부당한 주장입니다. 유대에서 온 랍비들이 전한 말은 전혀 다릅니다. 인간은 모두 죄인이고, 그것을 용서해 주는 영적인 분이라는 말이지, 로마 제국 가이사를 대신한다는 말은 절대로 한 일이 없습니다. 그리고 저들은 우리 회당에 와서 그들의 강론을 들은 일이 없었고, 그 선생들을 모함하려는 자들에게 듣고 하는 말입니다. 맹세하건대 저들의 고소는 전혀 근거가 없는 것입니다." 야손이 당당하게 말했다. 관장이 되물었다. "확실하오?" "네 확실합니다. 만약 반역하는 말을 그 전도자들이 했다면, 로마의 시민인 우리가 가만히 있을 리가 있겠습니까? 우리라도 먼저 그들을 잡아다 고발했을 것입니다."

관장은 곁에 있는 다른 관장들과 의논하여 죄가 없거나 경미한 사실을 확인했다. 관장들은 두목에게 물었다. "유대에서 온 사람들이 말하는 것을 네가 친히 들었느냐? 그들이 정확히 무어라 말하더냐? 그 강론의 내용을 말해보라." 두목은 목 뒤를 긁적이며, "뭐, 그야 직접들은 것은 아닙니다. 누가가 전한 말을 듣고, 황제를 존경하는 마음에 잡아 온 것입니다."

"누가라는 사람은 누구냐? 그를 데려 오겠느냐?" 두목은 모의(謀議)가 발각날까 봐 얼굴이 붉어졌다. "아니요, 그 회당에서 나오는 어떤 사람이었는데 그가 누군지는 잘 모르겠습니다." "그렇다면, 증인도 없고 하니, 내가 야손과 함께 온 사람들에게 묻겠다. 그 사람들이 예수가 가이사를 대신하는 황제라고 말한 사실이 없다는 것을 너희가 보증하겠느냐?" 그러자 일제히 "우리 말에 거짓이 있다면 죽어도 좋습니다." 확고하게 말했다.

서기가 재빠르게 문서를 작성하고, 관장은 야손과 그 형제들이 수결할 것을 요구했다. 그들이 수결을 마침과 동시에 판결했다. "야손과 몇 명이 유대에서 온 랍비들이 예수가 황제라고 말한 사실이 없는데 보증을 섰다. 만약 고소자들의 주장이 사실이라면 야손과 그 친구들은 사형에 처하겠다. 이들이 이곳 주민이라 도망갈 염려가 없으니 근거가 수집될 때까지 돌아가 소환 명령을 기다려라. 우선은 석방한다!"라고 선고했다.

관장은 이미 불량배들의 범죄행위를 몇 번 겪었으므로, 증거가 수집될 때까지 야손과 이 사람들에게 접근을 금지시켰다. 야손과 일행들을 보석금을 받고 집으로 돌려 보냈다. 야손과 형제들은 그 밤에 경건한 귀부인의 집을 찾아가 사도 일행을 만났다. "얼마나 고생이 많았습니까? 다친 데는 없습니까?" "예, 없습니다. 그런데 앞으로가 큰 일이군요. 저들이 방해를 해댈테니…." "못된 랍비들! 저들이 지금 시기심으로 저러는 것입니다. 우리 경건한 형제 헬라인이 많으니 우리도 힘센 종들을 시켜 사도님을 지키도록 합시다." 성급한 신자가 말했다.

"아니요, 우리 주님은 칼을 쓰는 자는 칼로 망한다고 했습니다. 저들이 무력을 쓰더라도 우리는 무력으로 맞서서는 안 됩니다"라고 타일렀다. 그들은 회당에 가지 않고 그 경건한 여인 집에 모였다. 그들은 새 신자들이 핍박을 두려워할까 하여 하나님의 심판과 예수의 재림, 종말과 소망에 대하여 급하게 가르쳤다. 그때, 어떤 형제가 랍비들과 불량배들이 모여 이곳을 공격하려 한다는 소식을 전해왔다.
"어서 이곳을 피신하는 것이 좋겠습니다. 이후에 무슨 일이 벌어질지 모르겠습니다." 그들은 그날 밤, 불량배들이 행동을 취하기 전 마차를 타고 성밖으로 나가도록 했다.

바울과 실라는 그곳에서 자신들의 임무가 끝난 것으로 알고, 교회를 주님께 부탁하는 기도를 했다. 형제들의 눈물 어린 전송을 받으며 뵈레아를 향해 갔다. 바울과 실라는 데살로니가 성도들을 위하여 눈물의 기도를 드렸다. 그들과 겨우 삼 주간밖에 함께 할 수 없었으니 그들이 얻은 그 작은 지식과 신앙으로 자기들의 신앙을 계속 보존할 수 있을지 크게 염려되었기 때문이다.

6-6
베뢰아 전도

전에 하던 방식대로 그들은 회당을 찾았다. 그들이 유대인의 회당을 먼저 찾는 이유는 그곳에 성경을 이해하는 사람들이 많고 이스라엘의 소망인 메시야를 대망하는 사람이 많아서였다. 또 먼저 자기 민족을 구원하고 그것을 기초로 다른 민족을 구원하려는 전략과 주님께서 승천하시기 전 먼저 예루살렘과 유다와 사마리아와 땅끝까지 가라고 하셨기 때문에 그 순서를 따르려는 것이었다.

베뢰아67) 회당에 모인 사람들은 매우 예의가 바른 사람들이었다. 성품도 온순하고 학문적 호기심도 많아 성경에 대한 질문이 많았다. 특히 바울과 실라의 가르침 중 율법과 예언이 응하는 것을 대조하며 증거하는 것을 좋아했다. 그들은 날마다 모여 성경을 상고하고 사도들의 증언을 들었다. 특히 경건한 헬라인과 귀부인이 주를 영접했는데, 다른 지역에 비해 믿는 남자들이 많았다. 그러므로 교회는 크게 부흥하였는데, 이 남자들은 자기

가족 모두를 개종하게 했고, 귀부인들은 자기 집 하인들을 그리스도에게로 인도하였다. 이 소식은 데살로니가 회당에 신속히 전해졌다.

데살로니가에서 바울을 반대했던 랍비들은 그들이 떠났다고 기뻐하다가 이 소식을 듣고 시기가 나서 견디지 못했다. 그들은 이 문제를 다시 논의하기 시작했다. "아니, 이런 악당들이 참 질기기도 하구나. 놈들이 도망친 줄 알았는데 오히려 거기 가서 크게 부흥하다니…, 이 놈들을 그냥 놔두어서는 우리 유대교가 멸시받고 말겠어. 벌써 베뢰아 회당이 놈들의 수중에 넘어갔다고 하지 않나. 아, 베뢰아에 있는 랍비들은 대체 뭘하는 거야? 다 없애버리지 않고…. 여러분 어떻게 하면 좋겠소?" 데살로니가의 수석랍비가 오만상을 찌푸리며 물었다.
"어떡하긴 어떡해요. 당장 체포조를 편성해서 베뢰아로 보내 놈들을 잡아다가 황제 반역죄로 몰아 죽여버립시다. 이번에는 아예 고소하기 전 관원들이 우리의 청을 거절하지 못하도록 베뢰아시 정부에 기부금도 좀 많이 내 놓고요." 모두 이 제안을 받아들였다.

이튿날, 그들은 유대교에 열심인 청년들을 모았다. 그리고 신신 당부를 했다. "지체하지 말고 베뢰아 회당에 바로 쳐들어가라. 특히 바울 그놈을 꼭 처리해. 그놈이 알면 또 숨어버릴 것이다." 그들은 여장을 꾸리기 위해 집으로 갔고 다음날 아침 일찍 길을 떠나기로 했다. 그러나 수석 랍비집에도 숨은 그리스도인이 있었다. 바로 랍비의 아내였다. 바울이 설교할 때, 그는 이미 예수를 그리스도로 믿었지만 남편이 워낙 완강하므로 자신의 믿음을 드러낼 수는 없었다. 다만 숨어서 기도하고 은밀한 중에 기독교인들을 만나 말씀을 전해 듣고 있었다.

그녀가 그 남편의 지시를 들었다. 그는 고민하다가 시장에 간다는 핑계를 대고 사람들의 눈을 피해 바울이 머물렀던 경건한 귀부인의 집에 들어갔다. 그 자매는 깜짝 놀라, "오, 자매님, 어쩐 일이세요? 대낮에 우리 집까지 오다니…" 반가이 맞아주었다. "예, 자매님! 바울 사도님에게 아주 위험한 일이 생겼어요"라고 했다. "사도님들은 베뢰아로 가셨잖아요?" 되물었다. "예 맞습니다. 지금 베뢰아 회당에서 가르치고 있는데 그곳 교회가 큰 부흥을 하고 있답니다"라고 대답했다.

"할렐루야!" 경건한 귀부인은 두 손을 모아 하나님을 찬양하더니, "그런데요?" "예, 그곳에 주님을 믿는 신자가 많아졌다는 소문이 우리 회당에도 전해졌습니다. 남편은 어젯밤에 이 소식을 듣고 분노하여 랍비들을 소집했지요." "그래서요?" "랍비들이 분노에 차서 사도님들 체포단을 만들어 베뢰아에 보내기로 결정했답니다. 그래서 오늘 아침에 체포조로 갈 유대인들을 모았어요. 그들이 내일 새벽에 길을 떠날 것입니다. 속히 피하게 하지 않으면 낭패를 봅니다. 그들 중에 바울 사도님을 죽이기 전엔 밥도 먹지 않겠다는 사람도 있어요"라고 말했다. "알았습니다. 정말 중요한 소식을 알려주셔서 고맙습니다. 즉시 베뢰아에 전달하도록 하겠습니다." 소식을 전한 랍비 부인은 급히 집으로 돌아 갔으며, 경건한 귀부인은 즉시 하인을 불러 빨리 베뢰아로 가서 바울 사도에게 위급한 소식을 전했다.

한편, 수석 랍비 부인이 집에 와보니 마침 아들이 짐을 챙기고 있어 가슴이 철렁했다. "넌 어디를 가려고 그러니?" 혹시나 하는 의심이 들어 물었다. "예, 베뢰아에 갑니다." 아들은 짐을 싸면서 대답했다. "아니 베뢰아에는 왜?" "왜라니요. 어머니는 못들으셨어요? 바울이란 놈이 지금 베뢰아 화당을 차지했다고 그러잖아요. 그래서 아버지가 바울을 잡아 고발하려고 해요." 그 어머니는 아들에게 권한다. "애야, 너는 가지 마라. 너는 관원도 아니고 로마에 법이 있는데 그런 불법적인 일에 끼어드는 것은 매우 위험하잖니?" 다시 아들이 말했다. "아니, 바울을 잡는 일이 불법적인 일이라니요? 어머니, 우리 유대교를 지키는 일이에요." "아들아, 너는 잘 모른다. 솔직히 나는 바울 랍비의 말이 틀렸다고 생각되지 않구나." "예? 어머니, 바울이 한 말이 맞다고요? 아버지가 들으면 어쩌려고 그러세요?"

그때 마침 수석 랍비가 방으로 들어오다 두 사람의 대화를 들었다. 그는 분노한 얼굴로 소리쳤다. "당신 지금 뭐라고 했어, 바울, 그 놈의 말이 틀리지 않다고?" 여인은 기왕 알게 된 것, 이고 어떻게든 바울 사도를 해치는 범죄를 막아야겠다는 결심이 섰다. 그녀는 죽을 각오로, "그래요, 여보! 생각해보세요. 만약 바울 선생을 하나님이 보내셨다면 당신은 하나님을 대적하는 큰 죄인이 될거예요. 이 확실하지 않는 일에 아들을 끌어들이지 마세요?" 용기를 내서 극구 말렸다.

"뭐라? 아니, 하나님이 그놈을 보내셨다. 이 여자가 완전히 실성했구나!" 수석 랍비는 미친 듯 달려들어 아내를 사정없이 밀쳤다. 여인은 맥없이 나가 떨어졌는데 벽에 부딪혀 이마에 피가 흐르고 있었다. 여인은 이마에 흐르는 피를 손으로 막으며 남편에게, "여보, 나는 나사렛 사람 예수를 구주와 메시야로 믿어요. 저는 확실히 그렇게 믿어져요. 제발 해치지 마세요"라고 애원했으나, 수석 랍비의 얼굴은 노기로 가득 찼다. "저 여편네가 이제 죽으려고 환장했나."

수석 랍비는 아내를 때리려다 항의하듯 표정이 굳어진 아들의 표정을 보고 문을 박차고 나가버렸다. "아들아! 네가 꼭 가겠다면, 거기서 바울 선생을 만나더라도 절대 함부로 하지 마라. 하나님의 뜻을 모르는 너희 부자(父子)가 하나님을 대항하는 자가 되지 않기를 바랄 뿐이야."어머니 제발 다녀오는 동안 아버지께 맞서지 마세요." 신신 당부하며 어머니의 상처를 치료한 후 여장을 꾸려 밖으로 나갔다. 여인은 엎드려 남편과 아들이 하나님을 대적하는 자가 되지 않기를 눈물로 기도했다.

이튿날 아침, 수석 랍비 아들의 인도로 여러 명의 유대인 청장년들이 단검을 준비하고 길을 떠났다. 안식일이 되자 그들은 베뢰아회당으로 갔다. 바울이 강론을 시작할 때, 데살로니가에서 온 유대인들은 떠들며 사도의 말에 항의하기 시작했다. 또 거기 있는 유대인들을 충동질해 바울을 잡으려고 했다. 형제들은 그들이 바울에게 접근하는 것을 막도록 하는 한편, 바울을 뒷문에 준비해 둔 마차에 태워 베뢰아 항구로 빼돌렸다.

그러나 실라와 누가, 디모데는 거기에 남아있어 바울이 그들과 함께 있는 것처럼 행동했다. 베뢰아 형제들은 바울을 아테네행 배에 태우고 말했다. "먼저 가서 기다리세요. 나머지 분들도 곧 아테네로 따라가도록 조치하겠습니다." 바울은 그들과 함께 기도하고, 인도하는 형제들을 따라 아테네[68]로 갔다.
형제들은 혹시 항로에서 무슨 일이 있을까 염려하여 청년 몇을 바울과 함께 승선시켰다. 백방으로 바울을 찾던 자들이 바울이 이미 아테네 행 배를 탄 것을 알게 된 것은 이미 배가 출항하고 나서였다. 무사히 아테네에 도착한 바울은 베뢰아에서 따라온 형제들을 돌려 보내며 실라, 누가, 디모데를 빨리 보내라고 당부했다.

6-7
아테네 전도

바울은 일행이 오기를 기다리다 아테네 시내를 돌아보기로 했다. 헬라의 옛 수도는 우람하고 하늘을 찌를 듯한 건축물로 가득해서 이전 헬라 대제국의 영광을 과시하고 있었다. 그가 한 건물 한 건물 돌아보는데, 그 건물들 안팎으로 각종 인간 형상, 야수 형상, 반인 반수, 독수리 형상이 수없이 조각되어 있었다. 내부를 들여다보니 모두 우상섬기는 전각들이었고, 그 수도 헤아릴 수 없을 만큼 많은 제물이 진설(陳設)되어 있었다.

각각의 전각에서 그것들을 섬기는 예식이 진행되고 있었고, 여(女) 사제들의 음란행위와 남색하는 자들의 추잡함이 칸칸이 가득했다. 사도 바울은 분개했다. 마땅히 하나님께 돌려야할 영광을 인간들이 만들어낸 각양 우상들에게 돌리고 있기 때문이었다.

> "주여! 창세로부터 주께선 창조하신 만물을 통해 그 영원하신 능력과 신성을 드러내 보이셨습니다. 그러나 그들은 하나님을 알되 하나님으로 영화롭게도 아니하며 감사치도 아니했습니다. 오히려 그 생각이 허망하여져서 스스로 지혜있다고 하나 미련했습니다. 영원하신 하나님의 영광을 썩어질 사람과 금수와 버러지 형상으로 섬기고 있으니 이 어찌 분하지 않습니까?"

바울은 우상을 때려 부수고 싶은 마음으로 가득했다. "저희가 하나님의 진리를 거짓 것으로 바꾸어 피조물을 조물주보다 더 경배하고 섬기고 있습니다. 하나님이여 이곳 헬라에서도 하나님만이 참 신인 것을 나타내어 모든 미신을 물리쳐 주시고, 이곳 사람들이 하나님의 아들 예수를 믿고 구원받아 하나님만 경외하게 하옵소서." 히브리말로 소리치며 기도했다.

바울은 조금도 지체하지 않고 아테네에 있는 회당을 찾아 먼저 그곳 유대교 사람들에게 나사렛 예수가 하나님의 아들인 것을 전했다. 그곳 회당 사람들은 헬라철학의 영향 탓인지 좀처럼 전한 복음에 감동하지 않았고, 예수의 속죄와 부활의 소식도 곧, 헬라철학에 근거한 사변적 논쟁거리로 만들었다. 바울도 부득불 헬라철학의 요소들을 가지고 설명하려 했으나 별 효과가 없었다. 그들은 자신들이 가진 지식이 최고라고 자부하고, 유대교임에도 불구하고 속죄나 부활, 내세도 믿지 않았다. 바울은 탄식했다. "참으로 주님이 가르치신대로 길위에 떨어진 씨앗이로구나" 바울은 시장으로 나가서 시장에 모인 헬라인들을 향하여 예수가 하나님의 아들인 것과 죄를 회개하고 복음을 믿으면 영생을 얻게된다고 전했다.

마침 시장에 모여 토론하던 사람들이 있어서 그들에게 복음을 전했다. 그러자 그 중 한 사람이 친구에게 말했다. "이 사람이 지금 무슨 소리를 하는 거야? 도무지 뭔 소리를 하는지 알 수가 없네." "그러게 말이네, 며칠 전에도 이 사람이 뭐라는 것을 아리우스가 들었다는데 도무지 뭔 말인지 알 수가 없다는 거야. 뭐라나, 유대에 자기 신의 아들이 나타났는데 그곳 사람들이 대항해서 십자가에 못 박아 죽였대. 그런데 사흘 만에 살아났다니? 그가 바로 천지를 만든 조물주의 아들이라고 하는데, 그를 믿어야 영생을 얻게 된다고 했다는구먼, 쯧쯧! 부활은 뭐고, 영생은 뭐야, 저자의 주장은 논리, 논리성이라곤 전혀 찾아 볼 수가 없어!" 비웃었다.

"그래 정말 비논리적이구먼. 아, 신의 아들이 어떻게 사람들에게 죽임을 당해?" 그러자 또 다른 사람이, "그래, 신이 죽을 수 있다고 하자. 그런데 사흘 만에 살아 나려면 죽지도 말아야지. 아니 그런 능력이 있는데 왜 고통당하면서 죽는 거야?" 역시 비웃으며 대답했다. 그러자 한 사람이, "그렇기는 하지만 저 사람 참 진지하네, 꼭 진짜처럼 이야기하잖아? 우리가 그런 생각을 한다는 것을 모르는 바보처럼 보이지는 않은데 말이야 …." 이상하게 생각했다. "여보게들! 우리 저 사람을 데리고 아레오바고[69]로 가서 친구들과 토론을 해보는 것은 어떻겠나! 우리가 생각지 못하는 특이한 사상을 가졌을 수 도 있잖아. 만약 무식한 놈이라면 망신을 줘서 다시는 아테네에서 무식한 소리를 하지 못하도록 쫓으면 되지 않겠나!"

그들은 이구동성으로 의견 일치를 보고, 복음을 전하고 있는 바울의 소매를 붙잡았다. "이봐, 당신! 당신은 도대체 뭘 말하려고 하는 거야? 우리 한 번 아레오바고 광장에 가서 공개적으로 토론을 해보자고. 자, 여기서 이러지 말고 아레오바고로 가자"하고 바울을 이끌었다. 바울은 아레오바고가 어떤 곳인지 알고 있었으므로 내심 반가웠다. "그거 좋은 생각이요. 그리로 갑시다." 즉시 그들을 따라갔다.

바울은 복음을 전하면 그들이 쉽게 이해할 것이라 기대하고 그들을 따라갔다. 아레오바고에 도착하자 그들은 거기서 토론하던 철학자들에게 새로운 논쟁거리가 생겼다고 알렸다. 그러자 아레오바고 광장에서 토론하고 있던 에피쿠르시안파 철학자(쾌락주의)[70]들과 스토아파 철학자(경건주의)[71]들이 순식간에 수십 명이 모였들었다.
그중 토론의 사회자인 듯한 점잖은 노학자가 바울에게 물었다. "당신이 여기서 뭐라고 떠들던데 이해하는 사람이 없는 것 같소. 당신이 전하는 내용에 대해 먼저 물어보겠는데 당신이 주장하는 이론이 에피쿠루시안파 계열이요? 아니면 스토아파 계열이요?"하고 질문했다.

바울이 답했다. "친애하는 아테네의 철학자 여러분! 저는 에피쿠루시안이나 스토아 어디에도 속하지 않습니다. 저는 유대 사람으로 여러분에게 하나님의 복음을 전하려 왔습니다.” 어떤 사람들이 멸시하는 투로, “흥, 철학자도 아니구먼”하고 기대할 것이 없다는 듯 말했다.” 한 사람이, “그러면 당신은 유대교 사람이오?” 물었다. “아닙니다. 유대교와 연관이 있긴 하지만 유대교는 아닙니다.” “그럼 뭐요?” “친애하는 아테네 시민 여러분! 제가 이곳에 와서 보니 여러분은 종교성이 아주 많은 사람들이라는 것을 알 수 있었습니다. 시내를 다녀보니 참으로 신의 종류도 다양하고 신전도 아주 많더군요.”

“여러분의 제단 중에는 심지어 "알지 못하는 신에게"라고 봉헌된 제단도 있었습니다. 저는 오늘 여러분이 알지 못하는 그 신을 소개하려고 합니다.” 바울이 말했다. 그들은 자기 지역의 일이고, 한 번도 그 신이 누군가를 생각해 본 일이 없으므로 관심이 생겼다. 자주 다녔지만 막상 그 신이 누군지, 무엇을 하는지 몰랐다. 그런데 마침 이 괴상한 나그네가 알려주겠다고 하니 관심이 생겨 주목하였다.
“뭐, 우리가 알지 못하는 신을 당신이 안다고? 우리도 모르는 것을 당신이 어떻게 알아.” 속으로 황당하다는 듯 생각하는 사람도 많았다. “맞습니다. 제가 두루 다니며 여러분이 위하는 것들을 보다가 알지 못하는 신에게라고 새긴 단을 보았습니다. 여러분이 알지 못하면서도 예배하는 그 신을 소개해 보겠습니다.” 바울이 연설을 시작했다.

바울의 이 말은 늘 새로운 지식에 관심이 많은 아테네 철학자들의 호기심을 자극하였다. “여러 학자님들! 우주와 그 가운데 있는 만유를 지으신 분께서는 천지의 주재시니 사람의 손으로 지은 신전에 계시지 않습니다. 또, 무엇이 부족해서 사람들이 바치는 공양으로 존재하는 분도 아닙니다.

오히려 세상사람에게 생명과 호흡과 만물을 친히 공급 하시는 분이지요.

철학자들은 바울의 말에 귀를 기울였다. 좀 유식한 사람이라고 생각되었다. "그는 인류의 모든 족속을 한 혈통으로 만드시고 온 땅에 거하게 하셨으며 저희의 살아갈 연대와 영토를 각각 정해주셨습니다. 그 이유는 사람들로 하나님을 찾아 알게 하려 하심이었습니다. 그는 우리 각 사람에게서 멀리 떠나 계시지 않습니다. 실제 우리 모두는 그분을 힘입어 살아가고 있지요. 헬라의 어떤 시인이 '우리도 그의 자녀다'라고 했듯이 사람은 신의 자녀가 되었습니다. 한데 금이나 은이나 돌을 가지고 사람이 고안하고 만든 것을 '나의 신이라고 섬기는 것'이 이상하지 않습니까?" 그들은 바울이 제기하는 문제를 늘 당연시 했기 때문에 좀 특이한 생각을 하는 사람이구나 싶었다.

"우리가 무엇이 참 신인지 알지 못하던 시대에는 하나님이 사람들의 그런 잘못을 책망하지 않았습니다. 그러나 이제는 어디서든 참 하나님을 알 수 있게 되었으니, 모든 사람들은 과거의 잘못을 버리고 회개하라 하셨습니다." 바울의 낭랑한 목소리가 아레오바고에 울려 퍼지고 있었다. 청중들은 미동(微動)도 하지 않고 바울을 주시했다. 이전에는 한 번도 들어 보거나 토론해 본적 없는 내용이었다. 어떤 사람은 고개를 끄덕이며 이치는 그렇지 하는 사람도 있었다.

바울은 청중을 둘러보고 다시 힘있게 말을 이어갔다. "이에 하나님께서는 천하를 공의로 심판할 날을 작정하시고, 한 분을 선택하여 인간들의 죄를 대신해 죽게하사 속죄하셨습니다. 또 그를 죽은 자들 가운데 다시 살리셔서 죄와 사망으로부터 승리하게 하심으로 모든 사람들에게 그를 믿을 만한 증거를 주셨습니다"

이 말이 끝나자 여기저기서 웅성거림이 일었다. 스토아파나 에피쿠루시안이나 모두 죽은 자의 부활을 믿지 않는 철학을 가졌기 때문이었다. "뭐라고? 죽은 자가 다시 살아나? 어떻게 그럴 수 있어?" 바울 앞에 있던 젊은 사람이 큰 소리로 되물었다. 바울은 그를 유심히 보면서 당당하게 대답했다. "네, 맞습니다. 제가 친히 그 죽었다가 살아나신 분을 만났습니다." 하고 "뭐요, 당신이 죽었다가 살아난 그를 만났다고? 나 참…! 도대체 무슨 잠꼬대를 하는지 알 수가 없네. 당신 머리가 어떻게 된 거 아니야?" 그 젊은이가 반문했다.

그러자 다른 사람이 물었다. "여보시오! 그 사람이 누구고, 어떻게 죽었소?" 벌써 여기저기서 웅성거리며 자기들끼리 묻고 답하는 통에 바울은 더 이상 연설을 이어갈 수 없었다. 그러자 아레오바고를 관장하는 노철학자가 바울 곁으로 왔다. "선생, 잠깐! 여러분! 여러분! 조용히 하시오. 여러분! 아레오바고 학자들 답지 않게 왜들 이럽니까? 이 사람의 주장이 아직 끝나지 않았잖아요?' 그들을 안정시켰다.

청중들은 조용해졌다. 그때 한 사람이 큰 소리로, "저 사람의 주장은 우리 헬라 철학의 보편적 관념을 부정하고 있습니다. 죽은 사람이 부활하다니요? 저 사람의 주장을 계속 듣고 있어야 합니까? 우리가 바보도 아니고…!" 항의했다. 그 사람의 말이 끝나기가 무섭게 좌중이 다시 시끄러워졌다. 조용히 더 들어 보자는 사람, 들을 필요가 없다는 사람도 있어서 정리가 안 됐다. 그러자 노학자가 소리쳤다. "됐소, 오늘은 여기까지 합시다. 여러분은 평소의 여러분 같지 않습니다." 폐회를 선언했다.

사회를 보던 그 노학자가 바울에게 다가와, "여보시오. 오늘은 됐으니 그만 하고 우리 따로 좀 봅시다." 바울을 데리고 아레오바고를 관장하는 그의 사무실로 갔다. 몇 사람이 그들을 따라 그 사무실에 들어왔다. 그 관원은 "당신들은 왜?"하고 물었다. "아니, 우리도 저 사람의 말에 관심이 있어서…"하고 말했다. 그들은 서로 잘아는 사이인지 스스럼없이 사무실로 들어와 자리를 잡았다. "그래 같이 좀 더 들어보자고, 아니 그 사람들 평소 아레오바고 사람들 같지않게 흥분하고 그러는구먼!" 노관원이 말했다. 바울을 보면서, "선생! 나는 아레오바고의 관원 디오누시오요. 그리고 함께 온 사람들을 일일이 소개했다. 그 중 이름이 다마리라는 여인도 있었다. 그녀는 호기심에 가득한 눈을 반짝이며 바울의 말을 기대하고 있었다. 관원 디오누시오는 바울에게 자리를 권하며 물었다. "자 이리 앉아 자세히 알아 듣게 이야기해주시오. 대체 하나님이 선택한 분이 누구며, 어떻게 죽었고, 어떻게 살았다는 말이오? 당신은 그를 어떻게 만났습니까?"

사람들은 각자 자리를 찾아 앉아 바울의 답을 기다렸다. 바울은 예수의 탄생으로부터 인간의 타락, 구약성경의 예언과 그 예언이 성취되어 그리스도가 오신 일, 그가 하신 기적들과 제사장들의 시기와 불의한 재판, 십자가에 못 박힌 일, 장사되고 사흘 만에 부활한 일, 자기가 그리스도인들을 핍박하고 스테반을 죽게 한 일, 후에 다마스커스로 가는 길에서 부활하신 예수를 만나 자신의 인생이 이렇게 변한 것을 전해 주었다.
그들은 바울의 말에 기이한 감동과 흥분을 감추지 않았다. 그들은 바울이 결코 꾸며서 말한 것이 아님을 느꼈다. 또 정신이 이상해서 하는 말이 아닌 매우 정상적인 말로 받아들였다.

바울은 그들의 결단을 촉구했다. "여러분! 주 예수를 믿으십시오. 그가 참

되시고 한 분이신 하나님 아들되심과 십자가에 죽음으로 죄인인 여러분의 죄를 대신 속죄하신 것, 그가 부활하신 것을 믿으면 구원을 얻고 하나님의 자녀가 됩니다. 하나님이 이 일을 위하여 저를 여러분에게 보내신 것입니다. 지금이 하나님의 은혜를 받을 때요. 구원의 날'입니다."

바울의 전도를 진지하게 듣던 그들은 이 요청에 이구동성으로, "예 믿습니다. 그가 하나님의 아들인 것과 그의 죽음, 또 부활, 우리의 대속을 믿습니다!"하고 답했다. 그 밤에 그들 모두는 세례까지 받고 즐거워했다. 바울은 아테네에서 실라와 디모데, 누가가 오기를 기다리며, 이미 회개한 그들을 더 자주 만나 예수 그리스도에 관한 여러 진리들을 가르쳐 주었다. 디오누시오72)와 다마리의 가문은 아테네 교회의 작은 씨앗이었다.

6-8
고린도에서 브리스길라와 아굴라를 만남

* 브리스길라 아굴라.73)

여러 날을 기다려도 실라와 누가, 디모데 일행은 아테네에 오지 않았다. 바울은 땅끝까지 가라는 주님의 분부를 생각하니 마음이 급했다. 한시도 지체할 수 없었다. 기도할 때, 성령의 감동을 받아 먼저 고린도로 가야겠다고 결심하게 되었다. 그는 실라에게 고린도로 오라는 편지를 보내고, 아레오바고의 관원 디오누시오와 다마리를 불러 특별히 당부했다. 그리고 아테네 형제들의 배웅을 받으며 해안선을 따라 고린도74)로 갔다.

고린도에 도착한 바울은 가지고 온 돈이 떨어져 직접 생활비를 마련하지 않으면 안 되었다. 실라와 디모데가 언제쯤 도착할지 몰라 뭔가 수입을 만들며 기다리기로 했다. 그의 조상들이 탈소에서 천막을 주업으로 큰 돈을 벌었기에 바울도 어려서부터 자연스럽게 천막제조 기술을 습득하게 됐다. 두 주간에 걸쳐서 천막을 완성한 바울은 그것을 고린도의 아고라 시장에 가져갔다. 아고라 시장은 청동기, 천, 양탄자, 기타 생필품 등 각종 상품으로 가득하고 매매하는 사람들로 북적거리는 큰 시장이었다.

바울은 그가 만든 천막을 수레에 싣고 시장으로 갔다. 거기에는 천막 파는 가게들이 줄지어 있었는데, 바울이 좌우를 살펴보니 점포들이 빽빽해서 마땅히 물건을 내려놓고 팔 공간이 없었다. 마침 천막 하나를 놓을 빈자리가 있어서 자기 천막을 내려놓으려 하니 좌우에 있던 상인들이 험한 눈길로 째려봤다. "이봐, 이봐, 당신 뭐야? 당신이 뭔데 여기서 물건을 내려?" 바울은 얼른 태도를 바꿔서 싱긋 웃어 보였다. "아이구, 사장님! 여행을 하다 노자가 떨어져서요. 원래 업(業)이 천막만드는거여서 한 개 만들었는데, 여기서 잠깐 팔고 가게 해주시면 안 되겠습니까?

"듣기 싫어! 다른데로 가라고! 당신 이 시장에서 절대로 천막을 팔면 안 돼! 여기서는 천막 장사 아무나 하는거 아니거든. 길드(조합)에 허락을 받아야지"하고 소리쳤다. 그러자 그 곁에 있던 여인이 앙칼지게 말했다. "괜히 길드에서 사람이 나오면 경(警)을 칠 테니 안 다치려면 어서 시장 밖으로 나가요. 여기는 다 자리가 정해져 있으니까." "아, 미안합니다. 제가 잘 몰라서…." 바울은 난감해하며 물건을 다시 수레에 실으려 했다.

바울이 아굴라를 만남
저만치서 바울을 바라보던 유대인 한 사람이 다가왔다. 그가 바울을 향해 물었다. "당신, 유대인이요?" 바울은 고개를 들어 그를 바라볼 때 그 역시 유대 민족 복장을 하고 있었다. 사람이 참 좋아 보였다.

바울은 반갑게 대답했다. "예, 나는 유대인이오." 그러자 유대인이, "그 물건을 우리 점포로 가져갑시다. 이 시장에서는 함부로 장사할 수 없으니, 나에게 그 물건을 맡기면 내가 팔아주겠소. 같은 민족끼리 돌봐야 않겠소!" 하고 말했다. 바울은 난감하던 차라 주님의 도우심에 감격하며 그를 따랐다. 그의 점포는 크고 물건이 가득했다. 두 사람은 물건을 수레에서 내려 점포에 진열했다. "자 이리로 들어 오시구려, 점심은 먹었소? 우선 목이 마를테니 차나 한잔 하시오." 자리를 내주며 차를 따라주었다.

바울은 감격하여 주님의 인도라고 생각했다. 그는 찻잔을 들고 "이렇게 도와주시니 정말 감사하오. 여행 경비가 다 떨어져 난감했는데 이런 호의를 받다니, 우리 주님께서 은총 주시길 축원하오!" 축복의 말을 했다. 그 사람은 물었다. "아멘! 당신 그리스도인이요? 나도 그리스도인인데…"
바울도 기뻐서 물었다. "아니 그럼 형제도 그리스도인이란 말이요? 이런 놀라운 일이…?" "그렇소 나도 예수 그리스도의 제자요"라며 반갑게 손을 잡았다. "형제님을 주님의 이름으로 축복하오." 바울이 말했다. "형제님을 주님의 이름으로 환영하오. 자, 앉으시오. 내 이름은 아굴라이고 본도 출신의 디아스포라요75)"라며 자기를 소개했다.

"아, 나는 탈소 사람 바울이라오. 이전 이름은 사울이었고, 예루살렘 가말리엘 문하에서 율법을 수학한 적이 있었지요." 자기를 소개했다. "아니, 그럼 그 유명한 바울 사도님! 그 스테반을 죽게하고 회심(回心)한 그 분입니까…!" 스테반의 이야기가 나오자 바울은 미안한 얼굴로, "네 맞습니다. 제가 스테반 집사를 죽게했던 바로 그 사울입니다" 대답했다.

그가 다가와 바울의 손을 잡고, "오, 주님! 주님이 사도님을 이 곳으로 인도하여 저를 만나게 하셨군요. 정말 감사합니다, 참 감사합니다!" 말했다. 그리고, "바울님, 정말 잘 오셨습니다. 사도님의 활동은 많은 형제로부터 들어 잘 알고 있습니다. 저는 본도에서 태어나 로마로 이주하여 살고 있었습니다. 그래서 많은 형제들을 만났지요. 그들이 바울 사도님의 복음전도에 대하여 많은 말을 했답니다."

바울이 브리스길라를 만남
"저희는 로마에 살고 있었는데 가이사가 유대인은 로마를 떠나라는 칙령(勅令)을 내려 할 수 없이 고린도로 이주하게 되었답니다. 소문으로만 듣던 바울 사도님을 이렇게 만나니 정말 감격입니다." 그는 심지어 눈물을 글썽이며 기뻐했다. "조금 있으면 제 아내가 점심을 가져올 것입니다. 아내도 사도님을 보면 정말 좋아할 겁니다." "아이구, 이렇게 좋아해주시니 저도 무척 감사합니다. 주님의 인도였네요. 이 큰 도시에 저 혼자 있어서 외로웠었는데요."

바울은 천군만마를 얻은 것 같았다. "아니 혼자라니요? 다른 일행은 없습니까?" 하고 물었다. 바울은 그간의 사정을 아굴라에게 다 말했다. 아굴라는 복음을 전하다 고난당하고 피신하는 사도를 돕게 된 것이 하나님의 뜻이고, 큰 영광이라 생각했다. "정말 잘 오셨습니다. 이 도시는 정말 사악한 도시입니다. 온갖 종류의 악이 가득한 곳이지요. 온갖 민족이 다 모였고, 온갖 종류의 사람과 종교가 모여서 우상 또한 온 성에 가득합니다.

이곳은 복음이 꼭 필요한 도시라 저희도 전해보지만 정말 쉽지 않습니다. 이제 사도님이 오셨으니 우리 같이 복음을 전할 수 있겠습니다" 하고 좋아했다. 바울은 오묘하신 하나님의 인도에 그저 감격할 뿐이었다. 그래서, "좋은 동역자와 함께 하게 하신 주님을 찬양합니다" 말했다. 아굴라가 대답했다. "아멘! 저도 그렇습니다. 이 모든 것이 하나님의 뜻입니다." 바울은 감사의 기도를 드리고 아굴라의 집을 축복했다. 두 사람이 시간 가는줄 모르고 대화를 나누고 있었다.

그 순간 한 여인이 무거운 보자기를 들고 들어 왔다. 아굴라가 급하게 일어나 그녀의 짐을 받으며 물었다. "여보! 당신 우리 집에 누가 왔는지 한번 맞춰 봐요." "아니 올 사람이 누가 있다고 그래요? 뭐, 반가운 사람이라도 왔어요?" 하고 물었다. 아굴라는 바울에게 소개했다. "이 아낙이 제아내 브리스길라입니다. 아주 여걸(女傑)이지요." 바울이 그 여인을 보니큰 키에 검은 머리, 서글서글한 얼굴이었다. 그의 아내는 답했다. "아니, 이 양반이 자기 아내를 여걸(女傑)이라 소개하면 어떻게 해요" 하고 못마땅해 했다.

"대체 이 못생긴 아저씨는 누군데 그렇게 소개를 해요? 혹시 그리스도인?" 하고 물으며 바울과 자기 남편을 번갈아 보았다. 바울이 보니 브리스길라는 명랑한데다 눈빛이 귀엽고 총명하지만 행동은 마치 남자같이 시원한 여인이었다. 아굴라가 소개했다. "여보 놀라지 마. 그냥 그리스도인이아니야. 이분이 바로 그 유명한 바울 사도님이라고." 여인은 눈이 휘둥그래져서 바울을 위 아래로 살펴보았다. "아우, 정말인 것 같네! 듣던 그대로야. 툭 튀어 나온 이마며 광대뼈며…. 아니 이런 감사할 일이 있나?"

바울은 터져나오는 웃음을 참으며 여인을 바라보았다. "주님의 이름으로 하나님의 평강이 이 가정에 있기를 축복합니다!" "아멘!" 하고 여인은 한

걸음에 다가와서 덥석 바울의 손을 붙잡았다. "정말 잘 오셨어요. 전 브리
스길라라고 해요. 사도님의 전도 활동을 듣고 많은 감동을 받았답니다.
한 번 볼 기회가 있었으면 하고 바랐는데, 주님이 이렇게 우리 집까지 보
내주셨군요. 감사해요 주님!" 그녀는 두 손을 모으며 명랑하게 말했다.
바울이 감사로 답했다. "잘 부탁합니다. 고린도에 전도하러 왔는데, 우리
주님께서 먼저 두 분을 이곳에 보내셨군요. 주님의 조밀하신 계획은 정말
놀랍습니다." 여인은 익숙하게 음식을 식탁에 배열하고 바울에게 앉기를
청했다. "자, 앉으셔서 점심을 함께 드시지요." 세 사람은 음식을 나누며
여러 믿음의 이야기를 나누었다. 얼마간 이야기가 진행되자 브리스길라가
물었다. "아 사도님 지금 어디에 묵고 계세요?" 바울이 말했다. "예, 여기
서 얼마 떨어지지 않은 객관(客館)에 묵고 있지요. 이곳에 온지 한 삼 주
되었습니다."

"아유, 그곳은 매우 시끄러운 곳인데, 날마다 아프로디테의 제의식이 있잖
아요. 됐어요. 이제는 돈쓰지 말고 우리 집에 묵으세요. 마침 빈방이 있답
니다. 조용하고 묵으실 만할 거예요." "아니요, 말씀은 고맙지만 또 데살
로니가에 남아있던 형제 셋이 이곳으로 오고 있습니다. 우리가 집으로 들
어가면 복잡할 것입니다." 사양을 했다. "무슨 그런 섭섭한 말씀을 하세
요? 우리 집이 보기보단 넓답니다. 조금 좁으면 어때요? 주님께서 나그네
를 잘 대접하라고 하셨잖아요. 걱정마시고 우리 집에 오세요. 성경도 가
르쳐 주시고, 함께 예배도 해요. 사도님을 만나서 정말 좋거든요!" 하고
기쁨에 겨워 말했다. "그래요, 우리 집에는 많은 신자들이 들려서 묶고 가
곤 한답니다. 조금도 미안해하지 마시고 오세요. 이따가 저랑 가서 짐을
챙겨옵시다. 아굴라가 말했다. 바울은 그들의 요청이 정말 감사했다. 실상
여비(旅費)도 다 떨어져 가고 있었다.

감사하게도 그들 역시 천막을 제조 판매하고 있으니 함께하는 것이 여러 모로 유익할 터였다. "그렇게만 해주신다면 저야 감사하지요." "어디 사도님의 천막 만드는 솜씨 좀 한번 봐야겠네." 바울이 만들어온 천막을 이리 저리 살펴보던 브릿스길라는 감탄을 연발했다. "사도님! 정말 예사 솜씨가 아니네요. 우리가 한 수 배워야겠어요. 이 마무리 잘 한 것 좀 봐! 이 문양하며, 정말 값을 많이 받을 수 있겠어요." "예, 가문에서 대대로 전해 내려온 방법이지요. 증조 할아버지가 이 천막 기술로 로마군대에 큰 유익을 주었답니다" 바울이 대답했다.

고린도교회 예배 시작

"과연! 그럴만하군요." 브리스길라와 아굴라는 감탄을 금치 못했다. 얼마 후 바울의 천막은 비싼 값에 팔렸다. 일을 마친 후 그들은 여관으로 가서 바울의 짐을 챙겨 아굴라의 집으로 갔다. 방을 대충 정리하고 그들은 함께 예배드렸다. 바울의 설교는 두 부부와 거기 모인 교인들에게는 꿀맛 같았다. 예배를 마치고 좋은 동역자를 만난 것에 서로 감사를 했다.

그때부터 고린도에 예배가 시작되었다. 바울은 낮에 천막을 만들고, 만든 천막을 아굴라의 점포에 진열하여 팔았다. 주로 천막 만드는 일은 바울과 아굴라가 했고 파는 일은 브리스가가 했다. 그녀는 장사에 천재였다.
그들은 틈나는 대로 시장과 거리를 다니며 복음도 전했다. 이 사악한 도시는 각종 우상 숭배자와 노예, 그리고 성전의 창기(娼妓)로 가득한 정말 아테네보다 더 문란한 도시였다. 아프로디테 여신의 여제사장들은 참배하러 오는 남자들과 성관계를 갖는 의식으로 제사를 진행했으니, 그곳에 오는 사람이나 고린도 주민이나 할 것 없이 더러운 제의식에 젖어 있었다.

바울의 고린도 회당에서의 강론

헬라에서는 성적 문란에 대하여는, '과연 고린도인답다'라고 하는 속담도 있었다. 노예도 많아서 노예들과 종들은 주인의 학대에 큰 고통을 받고 희망 없이 살아갔다. 바울은 안식일이면 아굴라 부부와 함께 회당으로 가서 유대인과 헬라 경건한 사람들에게 강론을 하였다. 여러 날이 지난 후, 마케도냐로부터 실라와 디모데, 누가 일행이 당도하였다. 그들은 함께 고린도 여러 회당을 찾아 복음을 전했는데, 유대인들의 반발이 적지 않았다.

고린도에는 많은 유대인이 살고 있었다. 그들의 회당은 컸고 많은 사람이 모이고 있었다. 고린도에서도 유대인들은 상당한 세력을 형성하여 그곳 사회에서 일정한 지위를 인정받고 있었다. 유대인들은 바울의 전도에 사사건건 시비를 걸었다. 심지어 경건한 사람들이 이 도를 알려고 접근하면 갖은 수단을 동원해 막았다. 그런 현상은 이미 수없이 경험한 바였다. 바울은 더 이상 회당 전도를 지속할 수 없었다.

그는 한 안식일에 성령에 충만하여 그들 앞에 단교를 선포하였다. "유대인 여러분! 여러분은 하나님을 공경한다고 하면서 하나님의 보내신 그의 아들 그리스도를 여러분에게 소개하는데 훼방을 일삼고 있습니다."
바울은 옷을 벗어 떨며, "나는 여러분에게 파수꾼의 임무를 다 하였습니다. 나는 하나님이 명하신 말씀을 다 전하였습니다. 그러나 여러분은 하나님께서 여러분에게 은혜로 주신 말씀을 거부하고, 다른 사람들이 받아들이는 것까지도 방해하였으므로, 이제 여러분의 피가 여러분에게 돌아갈 것이요, 여러분의 피값에 대하여 나는 깨끗합니다."

바울과 디도 유스도의 만남

"이제 더는 당신들을 찾지 않고 오직 이방인에게만 하나님의 은혜를 전할 것입니다." 율법에서 명한대로 단교를 선포하고 신을 벗어 먼지를 턴 후 회당을 나섰다. 몇 사람이 그를 따라 나왔다. "선생, 잠깐만! 저는 오늘 처음으로 이 회당에 온 사람입니다. 제 아들이 죽을 병이 들어 의사들이 포기한 상태입니다. 혹 회당에 와서 기도하면 희망이 있을까 해서 왔습니다. 그런데 선생을 보니 예사 사람이 아닌 것 같아서 따라 나왔지요."

그는 자기를 디도 유스도라고 소개했다. 그는 자기 아들을 위해 기도해주기를 요청했다. 바울 일행은 기꺼이 그를 따라가기로 결정했다. 그 저택은 회당과 그리 멀지 않았는데 대저택이었다. 그 집안에는 이곳저곳에 신을 숭배하는 전각과 제단도 있었다. 그가 바울을 데리고 들어가면서 그것들을 가리키며 부탁했다. "수십 년을 저들을 섬겼는데, 제 아들이 죽게 되어 간절히 빌어봤자 아무 소용없습니다. 그래서 선생을 청한 것이니 부디 제 아들을 꼭 살려주세요. 돈을 얼마든지 드리겠습니다."

"생명은 오직 천지를 창조하신 한 분 하나님께 달려있습니다. 저런 인간이 만들어낸 것들이 어찌 인간의 생사화복을 주관할 수 있겠습니까? 저 역시 한 인간입니다. 아드님의 일은 제 힘으로 되는 일은 아니지요. 다만 천지의 주제이신 우리 주님의 이름으로 하나님 아버지께 구합니다. 제가 오면서 기도했는데 당신이 회개하고 복음을 믿으면 주님이 당신의 아들을 고쳐주실 것이라고 했습니다. 그러니 먼저 자신의 죄를 회개하고 복음을 믿어 예수 그리스도를 구주로 영접하십시오." 바울이 권면했다. "시키는 일은 무엇이든지 할 것입니다. 내 하나뿐인 아들이 죽어가는데 물론 회개하고 복음을 믿겠습니다."

디도 유스도에게 성령의 감동

바울은 잠시 기도를 하고 눈을 감았다. 성령은 디도 유스도에게 자신의 죄를 다 보여주었다. 성령이 지시한 대로 바울은 그의 여러 죄를 지적해 주면서 성령의 감화는 디도 유스도에게 임했다. 그는 그의 죄악이 정말 추악한 것으로 느껴졌고, 이전에 악한 짓을 행한 자신이 미워졌다. "저는 죽어 마땅한 사람이며, 정말 하나님의 자비를 구할 자격도 없습니다" 통곡하며 자신의 죄가 너무 큰 것을 확인했다.

"형제 뿐만 아니라 인간은 다 크고 많은 죄가 있지요. 거룩하신 하나님은 이 모두를 사망의 징벌로 심판하려 하십니다. 그러나 인간이 스스로 어떻게 할 수 없는 이런 죄 문제 해결을 위하여 자신의 흠 없고 거룩한 아들을 세상에 보내시고, 죄인들 대신에 벌 받게하여 속죄를 치루게 하셨습니다. 그 아들은 우리를 위하여 십자가에 못 박히고 죽으셨습니다. 그 아들을 죄와 사망으로부터 승리하게 하시고 사흘만에 부활하도록 하셨습니다. 그 아드님이 바로 제가 믿고 전하는 예수 그리스도랍니다. 형제가 그를 구주로 영접하면 형제와 형제의 집이 구원을 얻을 것입니다."

"아, 저는 오직 아들의 병 고침에만 열중이었는데, 오늘 진정 하나님의 큰 은혜를 깨닫게 되었습니다. 실상 제가 바로 고침을 받아야 할 중병자인 것을 몰랐습니다. 전 이제 분명히 하나님의 아들 예수 그리스도를 구주로 믿습니다" 디도 유스도는 고백했다. 그는 진심으로 회개하고 복음을 믿었고, 사후 세계와 심판이 있음도 믿었다. 그가 변화를 받은 후 주변을 보니 산천도 초목도 새것으로 보였고, 이전에 귀하게 여겼던 가치들이 하찮게 여겨졌다.

그는 확신에 차 말했다. "이제 됐습니다. 설령 제 아들이 죽는다 해도 그의 영혼이 구원을 받는다면 천국을 가게 되리라는 확신이 듭니다. 다만 하나님의 자비를 바랄 뿐입니다." 바울도 일어서며 말했다. "유스도 형제가 회개하고 주님을 믿으니 저도 더 이상 기쁠 수가 없습니다. 우리 주님이 기뻐하실 것입니다. 아드님에게 가시지요. 반드시 고쳐 주실 겁니다.

바울은 그의 안내를 받아 그 집으로 들어갔는데 하인들이 매우 걱정스런 얼굴로 주인을 맞았다. 그 집 나이든 청지기가 눈물을 글썽이며 말했다. "도련님이 마지막 때가 온 것 같습니다. 어쩌면 좋습니까?" 주인은 대답도 하지 않고 급히 바울을 데리고 아들의 방으로 들어갔다. 아들은 숨을 가쁘게 몰아쉬고 있었다. 주인은 아들의 이름을 부르며 아들을 흔들었다. 그리고 바울을 보았다. 그 아이는 열 일곱 여덟쯤 되어 보였다.

바울이 디도 유스도 아들을 고침
바울은 침착하게 아들의 가슴에 손을 올리고 하늘을 우러러 보며 잠시 묵도를 했다. "주님, 이 죄악의 성 고린도인들의 죄를 용서하소서 이 가정이 저지른 죄들을 사하시고 고린도를 위하여 이 가정을 크게 쓰시옵소서" 이어서 명령했다. "아들아! 천지의 주제이신 주님께서 명령하신다. 네가 온 전함을 받고 자리에서 일어나라!" 그 아들은 갑자기 호흡을 멈추더니 상체가 튀어오를 정도로 마구 기침을 해댔다. 이윽고 입에서 피 같은 것이 품어졌다. 심한 기침을 몇 번 더 하더니 아이는 안정을 되찾고 누워 다시 잠이 들었다. 호흡은 정상으로 돌아왔고 맥박도 정상이 되었다. 옆에 서 있던 의원 누가가 진맥을 하더니 아이의 병이 호전되었다고 말했다.

곁에 있던 고린도의 다른 의원도 진맥을 하더니 놀란 얼굴로 바울과 주인을 바라봤다. "세상에 이런 일이 어떻게 있을 수 있습니까? 공의 아들은 살았습니다. 호흡도 맥박도 정상인과 다름 없습니다" 의원은 놀라움과 기쁨에 들떠 말했다. "선생, 고맙습니다. 제 영혼을 살릴 뿐만 아니라, 제 가족 모두를 살려 주셨군요. 저는 이제 제 인생을 주 예수 그리스도를 위하여 살 것입니다." 주인, 하인 할 것 없이 온 집안이 기뻐서 어쩔 줄 몰랐다. 함께 따라왔던 브리스길라도 기뻐하고, 유스도의 아내도 브리스길라의 손을 잡으며 감격했다.

고린도교회의 부흥

디도 유스도는 바울 일행을 대접하고 자기 집을 집회 장소로 제공하겠다고 했다. 이후 그리스도인들의 모임은 디도 유스도 집에서 갖게 됐다. 그 집은 아주 넓어 많은 사람을 수용하기에 적합했다. 디도 유스도는 모든 우상과 전각을 제거하고 그곳을 예배하는 장소로 만들었다. 바울은 그곳에서 브리스길라와 아굴라, 그리고 실라와 디모데, 누가와 함께 모임 장소로 쓰며 전도를 계속했다. 그리하여 고린도교회는 급 부흥을 이루었다. 더욱 놀라운 것은 이 일이 있은 후, 회당장 그리스보[76]가 바울을 찾아와 회개하고 온 집이 그리스도교로 개종한 것이다. 이에 자극 받은 유대인 여러 가정도 개종하였고, 그동안 회당에 속했던 경건한 사람들도 그리스도교로 개종하여 세례를 받았다. 그 소식은 빠르게 고린도시에 퍼져 나갔고 소문을 들은 많은 부류의 사람들이 고린도교회로 모여들었다.

하루는 바울이 밤에 기도할 때에 주님께서 환상을 통해 바울에게 말씀하셨다. "바울아! 두려워하지 말며 잠잠하지 말고 전하라 내가 너와 함께 있으매 아무도 너를 대적하여 해롭게 할 자가 없을 것이니 이는 이 성중에 내 백성이 많음이라." 바울은 그 환상을 형제들에게 전하고 더욱 열심히 고린도 선교를 확장해 나갔다. 복음 전파가 불가능할 것 같은 타락이 극에 달한 고린도였지만 오히려 회개하는 사람이 많았다.

바울 일행과 브리스가와 아굴라의 전도가 삶에 지친 노예들과 종들을 중심으로 크게 열매를 맺었다. 전파된 복음은 삶에 지친 하층민과 심지어 우상을 섬기던 각양 종교의 제사장, 성전 창기들까지 회개하고 예수를 구주로 믿도록 했다. 바울의 기도로 몇몇 성전 창기가 예수를 믿고 그들이 가지고 있는 삶을 포기할 수밖에 없었던 중한 성병들을 고쳤다.

그 후, 그 여인들은 결단하고 자신들의 죄를 회개하며 그동안 섬기던 아프로디테 여신을 떠났다. 그들은 같은 처지인 동료들에게 이 소식을 전했다. 말이 여제사장이지 그들은 창기였다. 남자들의 성적 노리개였다. 그 여인들은 그 악마의 소굴로부터 정신적으로, 육체적으로 벗어나게 되었던 것이다. 이에 고린도의 그리스도 교회는 날마다 구원받는 수가 급증했다. 브리스길라와 아굴라가 바울이 육체로 하는 노동시간을 줄여주고 복음 전하는 일에만 집중하도록 배려해 주어, 말씀을 전하는 사역에 큰 도움이 되었다. 그들은 바울을 위해서라면 자기 목숨이라도 대신하려 했다.

6-9
갈라디아서, 데살로니가 전서, 후서를 보냄

고린도에 머물러 사역을 하고 있던 어느 날, 갈라디아 지방 교회로부터 한 형제가 한 통의 편지를 가지고 왔다. 그 편지는 바울이 세운 갈라디아 지방 교회의 감독으로부터 온 것이다. 그 편지를 받아 든 바울은 불안하기 그지 없었다. 예감이 적중했다. 감독의 편지에는 현재 갈라디아 지방 교회에 잘못된 교리가 퍼지고 있다는 것이었다.

"예루살렘에서 왔다고 하는 어떤 사람들이 갈라디아 여러 교회를 다니며 구원을 얻으려면 율법에 명하는 할례도 받아야 하고, 구약의 절기도 지켜야 하며, 율법도 지켜야 한다고 주장하는데, 신자들이 많이 동요(動搖)하고 있습니다. 어떤 사람들은 벌써 그들의 주장에 동조하여 할례를 받았고, 절기도 지키는 자들이 나타나고 있습니다. 그로 인해 성도들의 의견이 갈리고 어떤 교회는 다툼으로 분열 위기에 처하기도 했습니다. 사도님이 한 번 오시든지, 어떤 다른 조처가 없다면 교회는 혼란과 분열의 위기에 처할 것 같습니다" 하는 내용이었다.

바울은 바로 그 자리에 엎드려 기도를 시작했다. "주여 지금 고린도에 크게 복음의 효과가 나타나는데 어찌하면 좋겠습니까? 갈라디아 교회들이 지금 주님의 희생을 무용한 것으로 돌리려는 사단의 간계(奸計)에 빠지고 있습니다." 기도하여 아뢨다. 사단은 참으로 끈질겼다. 예루살렘공회에서 이미 결정 난 문제들이 오히려 예루살렘 사도들의 이름이 빙자(憑藉)되면서 다시 활동을 시작한 것이었다.

특히 바울이 개척한 여러 교회는 이방인들이 많아 신앙의 기초가 허약했고, 유대교에서 개종한 기독교인들은 전부터 지키던 여러 절기 행사들과 할례를 안 하므로 마음에 부담이 있었기에 이런 주장을 듣게 되면 구원관이 흔들렸다. 그들은 신약과 구약의 지시, 두 가지를 다 행한다면 자신들의 구원이 더욱 안전하게 되지 않겠느냐며 마음에 요동치고 있었다.
바울이 제2차 전도를 시작할 때, 이런 상황을 우려했었다. 그래서 바울이 갈라디아 지방 교회를 들려 사도들의 공회에서 결정된 것을 전달하려 했지만, 빌립보로 급히 오느라고 미처 전달하지 못했다. 그래서 갈라디아 지방 교회 지도자라고 세워진 장로들이나 감독들도 그들의 공격에 어떻게 대처할 줄 몰라 바울의 지시를 기다리고 있었다. 바울은 갈라디아에서 온 형제에게 여러 사정도 묻고, 듣고, 그리고 잠시 그를 고린도에 머물게 했다.

ᛁ 그림-7 사도 바울의 성경 집필을 위한 묵상

갈라디아교회 성도에게 보내는 서신

브리스길라와 아굴라가 시장에서 돌아오자 바울은 천막 공장의 일을 그들에게 맡기고 자기 방으로 들어갔다. 그리고 실라, 누가, 디모데를 불러 상의(商議)한 뒤, 갈라디아교회에 보내는 편지를 쓰기로 결정했다. 그는 주님의 큰 감동으로 갈라디아교회에 보내는 편지를 써 내려갔다.

"사람들에게서 난 것도 아니요 사람으로 말미암은 것도 아니요 오직, 예수 그리스도와 그를 죽은 자 가운데서 살리신 하나님 아버지로 말미암아 사도 된 바울은 함께 있는 모든 형제와 더불어 갈라디아 여러 교회들에게 우리 하나님 아버지와 주 예수 그리스도로부터 은혜와 평강이 있기를 원하노라!

　〈중략〉

내 손으로 너희에게 이렇게 큰 글자로 쓴 것을 보라. 무릇 육체의 모양을 내려 하는 자들이 억지로 너희에게 할례를 받게 함은 그들이 그리스도의 십자가로 말미암아 박해를 면하려 함 뿐이라. 할례받은 그들이라도 스스로 율법은 지키지 아니하고 너희에게 할례를 받게 하려 하는 것은 그들이 너희의 육체로 자랑하려 함이라. 그러나 내게는 우리 주 예수 그리스도의 십자가 외에 결코 자랑할 것이 없으니 그리스도로 말미암아 세상이 나를 대하여 십자가에 못 박히고 내가 또한 세상을 대하여 그러하니라. 할례나 무할례가 아무 것도 아니로되 오직 새로 지으심을 받는 것만이 중요하니라. 무릇 이 규례를 행하는 자에게와 하나님의 이스라엘에게 평강과 긍휼이 있을지어다. 이후로는 누구든지 나를 괴롭게 하지 말라 내가 내 몸에 예수의 흔적을 지니고 있노라 형제들아 우리 주 예수 그리스도의 은혜가 너희 심령에 있을지어다 아멘!

그는 예수 그리스도 복음의 권위를 훼손하는 어떤 노력도 거부하며 오직 은혜, 오직 믿음을 강조하였다. 바울은 눈물로 갈라디아교회에 긴 편지를 썼다. 쓰기를 마친 후, 두루마리를 품에 안고 엎드려 주님께 간절히 기도를 드린후 두루마리를 봉인했다.

밖에서는 실라와 디모데, 누가, 브리스길라와 아굴라, 그리고 고린도의 여러 성도들이 기도로 바울의 편지 쓰기를 돕고 있었다. 바울은 쓰기를 마친 후에 밖으로 나왔는데, 눈은 붉게 충혈되어 있었다. 그는 갈라디아에서 온 형제를 불러, "감독들에게 전하시오. 내가 마땅히 갈라디아에 가야하나 이곳에 막 복음의 문이 열렸고, 주님의 명령도 이곳에서 일을 계속하라는 것이니, 이 편지를 갈라디아 여러 교회에 보내 예배 시간에 들려주시오. 주께서 함께 하셔서 교회가 안정될 것이니, 전능하신 주님을 의지하고 담대히 이 편지를 성도들에게 들려주라고 하시오."

데살로니가교회를 위한 디모데 파송

갈라디아에 편지를 보낸 후, 바울은 갑자기 데살로니가교회도 염려스러웠다. 그곳에 체류한지 삼 주만에 유대인의 방해로 부득불 데살로니가를 떠나지 않을 수 없었는데, 지금 그곳 사정이 걱정되었다. 바울은 데살로니가를 떠났어도 한번도 그들을 잊고 지낸 적이 없었다. 그가 세운 교회 중 가장 마음에 걸리는 곳이 사실 데살로니가교회였다. 단 삼 주 동안 배우면 얼마를 배우고 알면 또 얼마를 알겠는가? 그 작은 것을 가지고 그들이 자신들의 신앙을 잘 지켜나갈 수 있을까? 늘 염려가 되던 곳이다.

바울은 즉시 디모데를 불렀다. "디모데! 좀 수고스럽지만, 자네가 데살로니가에 다녀와야겠어. 마땅히 내가 가야겠지만, 알다시피 지금 복음의 문이 열렸잖나. 내가 데살로니가에 가면 유대인들이 난리를 칠 것이니 자네가 대신 좀 다녀오게! 가서 형제들에게 문안도 하고 가르칠 것들도 더 가르치고, 그리고 그 곳 소식을 좀 가져오게나. 내가 갈라디아교회들의 소식을 듣고 나니, 데살로니가교회도 불안해서 견딜 수 없네." 바울은 디모데에게 형제 하나를 대동시켜 출발시켰다.

몇 주 지나서 디모데는 돌아왔다. 다행히 바울이 걱정했던 일들은 없었고 데살로니가 교인들이 작은 지식으로 최선을 다해 바울이 가르친 것들을 믿고, 지키고 있다는 것이었다. "야손 형제는 그곳 책임자로서 소명을 다하고 있었습니다. 형제들은 서로 사랑하고 있었고, 나그네들도 사랑으로 잘 대접하고 있었으며, 그들은 구원의 확신 속에서 주님이 다시 오실 날을 사모하고 있었습니다"라고 보고했다. "찬송하리로다. 우리 주님! 전능하신 이가 데살로니가교회를 보호하고 계시니 감사합니다." 물가에 둔 어린아이처럼 약하게만 생각했던 데살로니가교회가 바울이 없이도 잘 성장하고 있었으니, 자기는 다만 씨를 뿌리고 주님이 성장하게 하시는 것이라는 확신이 들었다.

데살로니가교회에 보내는 바울의 서신

바울은 디모데에게 들은 것을 중심으로 기쁘고 간절한 마음으로 데살로니가 교회에 편지를 써 보냈다. 이 서신이 바로 데살로니가전서였다. 편지를 보내고 나서 바울은 데살로니가교회에 대한 염려를 내려놓게 되었다. 고린도 교회도 날로 부흥하고 있었다. 아굴라와 브리스길라는 정말 열정적으로 바울의 전도를 도왔고, 특히 브리스길라 그녀는 친화력이 있어 사람들과 쉽게 친해지는 은사가 탁월했다. 역시 성경을 이해하고 말씀을 전하는 능력도 탁월했다. 그녀의 복음 전도는 많은 열매를 맺었으나 그녀는 교만하지 않았고, 바울 사도를 존중하며 자신들의 물질을 드려 헌신적으로 함께했다. 많은 이적과 기사가 일어나서 온갖 잡신을 섬기는 사람들이 심히 놀라고, 예수만이 참 신이라는 소문이 사람에게서 사람에게 전달되므로 그리스도에 관한 소식이 온 도시에 가득했다.

해가 바뀌었다. 바울은 데살로니가로부터 좋지 않은 소식을 전해 들었다. 그곳 교회에 핍박이 시작되어 신자들이 고난을 겪고 있는데다, 바울이 보낸 서신을 본 어떤 신자들이 주님이 곧 오실 것이기 때문에 일할 필요가 없다며 가진 것을 서로 나눠 먹으며 주님의 재림을 기다리자고 하면서, 부요한 형제의 집들을 찾아가 게으름 부리고, 그들을 괴롭혔다는 것이다. 사단이 위로의 말을 한 사도 바울의 글에 또 가라지를 뿌리고 있는 것이었다. 바울은 즉시 편지를 써 디모데와 한 형제를 다시 데살로니가로 보냈다. "환난과 핍박을 두려워 말라. 그것이 바로 우리가 세상에 속해 있지 않은 증거이고 하나님 나라에 참여하는 것이다. 그러나 그리스도가 쉬 온다고 동심하지 말라. 그리스도는 반드시 두 가지 징조 뒤에 오는 것이니 당신들은 이것을 유의하라."고 주님의 재림에 대한 팁을 제시했다.

계속해서 메시지를 이어갔다. "그리고 그리스도가 오더라도 이미 구원받은 사람은 그리스도를 영접할 수 있으니 염려하지 말고, 주님이 오실 때까지 하나님이 주신 세상에서의 사명, 곧 일상의 일들을 지속하라. 노동하지 않는 자는 먹지도 말게 하라. 우리 사역자들을 보라 매일 노동하며 일하고 있지 않느냐? 우리를 본받으라"라고 엄격한 교훈을 써서 보냈다. 이 서신이 바로 데살로니가후서다. 데살로니가 교회의 지도자들은 이 서신을 보고 주님이 곧 온다고 거짓 예언하며 떠들던 사람들을 교회에서 활동하지 못하도록 엄격하게 제한했다. 교회는 곧 안정되었고 나태한 자들은 더이상 핑계거리가 없게 되었다. 디모데가 돌아와서 데살로니가교회가 안정되었음을 전해주었다.

갈리오 새 총독 부임을 틈타 바울을 고소

바울이 고린도에 온 지 일 년 팔 개월 되었을 때, 고린도가 속해 있는 아가야 지방의 총독이 갈리오로 바뀌었다. 고린도의 유대인들은 드디어 기독교를 공격할 적기(適期)가 되었다고 했다. 틀림없이 새 총독은 고린도의 사정을 잘 모를 터였다. 그러므로 바울을 모함하여 고소하기 좋은 때가 되었다고 생각한 것이다. 그들은 잘 아는 아전에게 미리 뇌물을 주고 심판을 미리 부탁을 해 놓은 후, 기회를 엿보다 바울이 혼자 길을 가고 있을 때 그를 잡아가서 아가야 총독에게 난동부리는 자로 고소했다.

총독은 재판 자리에 앉아서 유대인들에게 고소 내용을 말하라고 했다. "존경하는 아가야 신임 총독님! 총독님의 부임을 우리 고린도 백성들은 매우 기뻐하고 영광스럽게 생각하고 있습니다." 회당의 대표는 먼저 아부의 말을 했다. 그러자 갈리오는 야릇한 미소를 지었다. 신임 아가야 총독 갈리오는 유명한 시인 세네카의 형이었고, 학문에 능한 사람이었으며, 좋은 인격의 소유자였고, 매우 지혜로운 사람으로 덕망이 아주 높았다. 그는 벌써 이 일이 어떻게 생겨났는지 다 파악하고 있는듯 했다.

"오늘 우리가 고소하는 이 사람은 우리의 신성한 법인 유대인의 율법을 부인하면서 하나님을 공경하라는 괴변을 가르치고 있습니다." 바울이 이에 응대하고자 할 때에, 총독 갈리오는 갑자기 벌떡 일어나서 엄한 얼굴로 손을 들어 바울의 말하는 것을 막았다. 그리고 고소자들을 향하여, "잠깐, 너희 유대인들아! 저 사람이 무슨 괴악한 일이나, 부정을 행하여 로마법을 어겼다면 너희의 고소를 받아 주는 것이 합당하지만, 만일 너희의 고소 내용이 언어와 명칭과 너희 문화나 종교에 관한 것이면 너희가 스스로 처리하라. 나는 이런 일에 재판장이 되기를 원치 않노라!" 선언했다.

갑작스런 총독의 거부에 그들은 아무 말도 하지 못했다. 그러자 갈리오 총독은 "흠, 역시 그런 문제였군. 그럼 공소 이유가 없으니 이 재판을 기각한다"하고 선언하더니, "형리(刑吏)! 이들을 다 재판정에서 내보내라"고 명령했다. "내가 다시 당신 유대인들에게 말하는데, 함부로 재판 없이 피고를 다치게 해서는 안 된다"하고 횡하니 들어가 버렸다. 형리들은 멍하니 서있는 유대인들에게 빨리 밖으로 나가라고 재촉했다. 그들은 분노한 얼굴로 바울을 바라 볼 뿐 회당에 속하지 않은 바울을 어쩌지 못했다.

화가 난 그들은 마침 그리스도교로 개종하고 유대교를 떠난 그리스보의 후임으로 회당을 책임지고 있던 회당장 소스데네가 바울을 고소하는데 적극적으로 나서지 않았다며 소스데네를 붙잡아 때렸다. "너나, 전임 그리스보나 다 똑같은 놈들이야! 너희들이 바울에게 강론하도록 시간을 주었기에 오늘날 우리 고린도의 유대교가 이 지경이 된 거라고!" 소스데네가 몰매를 맞았지만, 총독 갈리오는 소스데네가 유대교 소속이라며 상관하지 않았다.

소스데네가 바울의 제자가 되겠다고 찾아옴

그 일이 있고나서 며칠 후, 아굴라의 집에 유대 강경분자들로부터 몰매를 맞았던 회당장 소스데네[77)]가 바울을 찾아왔다. 바울은 그의 방문을 이상히 여겼으나, 반갑게 소스데네를 맞았다. "사실 저도 사도님의 설교를 듣고 예수께서 구세주라는 것을 벌써부터 믿고 있었습니다. 한데 아버지께서 제가 맞은 것을 보고 분노하시고, 이제 그리스도교로 가도 좋다고 하셨습니다. 차라리 맞고 정리하니 홀가분합니다. 하여 사도님을 찾아 왔습니다. 저를 제자로 받아 주십시오." 그는 제자가 되기를 청했다. 형제들은 대 환영을 했다. 소스데네는 신앙을 고백하고 바울에게 세례를 받았다. 회당장 소스데네 가문의 개종은 유대교에 더 큰 타격을 주었다. 회당에 남은 다른 유대교인들이 개종하는 기폭제가 되었기 때문이다. 분노한 랍비들은 바울과 소스데네에게 복수하려고 다시 음모를 꾸미기 시작했다. 이 정보는 곧 유대교에 남아있는 소스데네 친척을 통해 알려졌다.

에베소에 바울과 함께 가겠다는 브리스길라와 아굴라

그 소식을 들은 바울은 주께서 자신을 다른 곳으로 보내시는 것으로 이해했다. 그는 회당장이었던 소스데네가 그곳에 남아서는 큰 해를 당할 수 있다고 판단하여 형제를 붙여 먼저 그를 에베소로 피신하게 했다. 그리고 자신은 겐그리아를 거쳐 에베소로 가기로 결정했다. 그러자 브리스길라와 아굴라는 잽싸게 자신들의 집을 정리하기 시작했다. "바울 사도님이 그곳에 가시잖아요. 사도님은 우리 부부가 도와야해요"하고 진지하게 말했다. 바울은 눈물이 났다. 그들이 자신 때문에 고린도의 삶을 정리하고 따라가겠다는 것 아닌가? 바울은 너무 감격해서 뭐라고 할 말이 없었다. 그저 두 사람의 손을 잡고 감사할 따름이었다.

이에 바울은 자신을 나실인으로 드릴 것을 서원(誓願)하였다. 며칠이 지나자 모든 정리가 완료되었으므로 세 사람과 누가는 밤을 타서 겐그리아를 향하여 길을 떠났다. 바울은 실라와 디모데를 고린도에 머물러 두어 계속해서 고린도 교회를 목회하게 했다. 바울 일행이 겐그리아에서 에베소로 가는 배를 기다리고 있는 동안 바울의 서원이 끝나갔으므로 바울은 거기서 나실인의 서약을 마치며 머리를 깎았다. 그는 개인의 모든 행복을 포기하고 이전보다 더 충성되게 살고자 이 서약을 행했다.

얼마 후, 에베소로 가는 배가 들어왔다. 바울과 누가, 브리스가와 아굴라는 배에 올라 에베소로 갔다. 에베소에 도착하자마자 바울은 그들을 여관에 머물게 하곤 바로 그곳 회당으로 가서 강론하고 유대인들과 변론을 했다. 그곳 유대인들의 태도가 전과 달리 많이 누그러져 있었다. 그들도 복음과 율법 사이에서 갈등을 겪으며 고민하고 있었다. "여기 머물면서 우리에게 좀 더 깊은 진리를 가르쳐 주시오." 유대인들이 청했다.
"아니요, 나는 안디옥으로 급히 갈 일이 생겼소. 그러니 하나님의 뜻이면 당신들에게 다시 돌아올 것이오. 부디 그리스도의 부르심에 화답하여 회개하고 믿어 구원에 이르기를 당부하는 바이오." 그는 그들과 작별하고 여관으로 돌아왔다.

그는 브리스길라와 아굴라를 그곳 형제들에게 소개하고 에베소에 남아 그들과 함께 일하고 있으라고 했다. 자신은 누가와 함께 급히 가이사랴로 가서 안디옥에 들러 선교보고를 한 후, 이전에 자신이 개척했던 교회들을 둘러보고 오겠다고 했다. 브리스가와 아굴라는 어이가 없었다. 고린도에서 여기까지 바울을 돕자고 따라온 그들이 아닌가?

"사도님, 우리도 따라가게 해주세요!"하고 요청했다. 바울은, "아니, 당신들이 이곳에서 에베소교회를 돌봐야 하오. 당신들은 나와 함께 오랫동안 성경을 배웠기에 이들을 잘 가르칠 수 있을 것이오. 이곳 교회들을 순회하며 돌보아주시오. 내가 형제들에게 일러났으니 잘 안내해 줄 것이오. 잘 알다시피 지금 에베소에는 일꾼이 너무 부족하오"하고 사명을 주었다.

두 사람은 사명을 받았으므로 어쩔 수가 없었다. 그들은 바울을 사단과 전투를 벌이는 사령관으로 인식하고 있었다. 아쉽기 그지없지만, 하나님 나라를 위하여 어찌 거역할 수 있으랴! "사도님 부디 몸조심하세요. 도처에 해치려고 하는 자들이 많잖아요. 제발 몸도 좀 돌보면서 하세요. 꼭 다시 보기로 해요." 브리스길라는 울고, 아굴라는 아쉬워하며 서로 포옹하고 헤어졌다. 두 사람은 바울의 탄 배가 안 보일 때까지 항구에 서서 작별하며 하나님의 도우심을 간구했다.

바울은 가이사랴에 도착해서 바로 예루살렘으로 올라가 사도들에게 제2차 세계선교여행이 끝났음을 보고했다.

7. Apostle Paul
The Realistic Story_APRS
생생한 비브리칼 장편스토리

7부 사도 바울_ 제3차
세계선교여행

7-1
제3차 세계선교여행

〈도표-11〉

제3차 세계선교여행(사역)
AD 54-58 **제3차 선교여행78)**(에베소,마케도니아,고린도,드로아,밀레도)
AD 52-55 에베소 지역 사역
AD   ④ <u>고린도전서 기록(55년 봄 에베소)</u>
AD   ⑤ <u>고린도후서 기록(56년 초 마케도니아)</u>
AD 55-57 마케도니아, 일루리곤, 아가야 지역 사역
AD   ⑥ <u>로마서 기록(57년 봄 고린도)</u>
AD 57   다섯 번째 예루살렘 방문, 체포, 구금(유대인 성전출입 고소)
AD 58-59 벨리스 총독 당시 가이사랴 구금
AD 59   베스도 총독 부임, 아그립바 왕 재판

삼 년간의 여정을 마치고 다시 예루살렘으로 돌아왔다. 그는 얼마간 사도
들과 함께한 후, 다시 그를 파송했던 안디옥교회로 가서 선교결과를 보고
하고, 성도들과 교제한 후, 다시 세 번째 세계를 향하여 전도여행을 떠났
다. 그는 바쁘게 갈라디아와 브르기아로 가면서 그가 세운 교회들을 둘러
보았다. 다행히 각 교회가 장로들을 중심으로 유대교나 기독교 율법주의

선생들의 공격을 잘 대처하고 있었다.

바울이 근심하며 급하게 교회들을 돌아보는 중요한 이유는 바로 유대교와 율법주의적 사상을 버리지 못하고 혼합을 시도하는 기독교 이단을 경계하기 위함이었다. 그곳 교회들은 생각지 못했던 갑작스런 바울 사도의 방문에 고무되었고, 이 전설 같은 사람의 방문에 주님을 대하듯 감격했다. 그 많은 유대인들이 그를 죽이려고 노력한 것을 너무나 잘 알고 있었으므로 사도 바울을 다시 보는 것이 기적처럼 경이롭게 느껴졌다. 바울을 보니 용사나, 천군만마(千軍萬馬)를 호령하는 영웅을 보는 것 같았다. 또한, 바울에게서 살아계신 하나님의 역사하심을 배울 수 있었다.

바울은 그들과 그간의 사정을 나누었다. 그는 더 쉬어가라는 그들의 만류도 뿌리치고, 지체 없이 누가와 함께 다른 지역을 향했다. 그곳 교회들은 바울의 여비와 여행길에 쓸 것도 마련해주었고 다음 교회를 연결해 주었기에 이전과 다르게 선교 여정이 순조로웠다.

〈도표-12〉 제3차 세계선교여행 핵심사역 과정

3차 세계선교여행	에베소 사역	밀레도 고별 설교
1.만남 -브리스길라, 아굴라 2.동역 -바울의 절대 동역자 3.후원 -사역 및 생활 지원	1.기록 -고린도교회 처음편지 2.기록 -고린도교회 나중편지 3.설립- -에베소교회 공동체	1.감화 -성령의 매임 받음 2.입성 -예루살렘 최후 입성 3.사명 -예수께 받은 사명증거

7-2
브리스길라와 아굴라 그리고 아볼로

바울이 예루살렘으로 간 사이 브리스길라와 아굴라는 그들에게 맡겨진 에베소 지역 여러 교회를 순회하며 전도를 계속했다. 그러다가 한 회당을 들렀는데 아볼로라는 이집트의 알렉산드리아 유대인 공동체 출신 유대인 랍비가 회당에서 강론하고 있었다. 두 사람은 그의 설교를 듣다가 그의 박식함과 수사학적으로 뛰어난 설교에 놀랐다. 그는 정말 성경에 능하였고, 그 역시 예수를 그리스도로 인정하며 세례 요한의 증거들을 인용하여 예수 그리스도에 관하여 증거했다.

하지만 그는 사람이 구원을 얻으려면 세례를 받아야 한다고 했다. 브리스길라가 볼 때, 아볼로의 예수에 관한 지식은 세례 요한이 세례를 준 것과 별다를 바 없는 아쉬운 부분이 있었다. 즉, 예수 그리스도의 죽음과 부활과 오순절 성령강림의 역사를 모르는 것 같아 보였다.

회당에서 집회가 끝나고 서로 인사를 나눌 때, 브리스길라는 그에게 물었다. "랍비님! 랍비님은 혹 성령 세례에 대해서 들어본 일이 있나요?"
"아니, 자매님, 성령 세례라니요? 나는 우리 선생님 사가랴의 아들 요한에게서 세례를 받았고, 또 선생님에게서 예수라는 분이 세상 죄를 지고 가는 하나님의 어린양이라고 소개를 받았습니다. 나는 선생님의 가르침을 따라 율법과 선지자가 예언한 메시야가 곧 예수라는 것을 믿게 되었고, 여러 곳에서 예수는 그리스도요, 우리를 구원할 분으로 소개하고 있습니다만 성령 세례라는 말은 처음 들어봅니다"

"아유, 잘 만났어요. 우리 주님께서 랍비님을 우리와 만나게 해주셨네요.

우리 거처로 가서 이야기를 좀 더 나누면 좋겠어요. 요한 선생님이 헤롯에게 죽임을 당한 이후의 일들과 예수 그리스도의 이후의 일들을 모르신 것 같은데 저희가 그 후의 일을 알려 드릴께요." 브리스길라가 말했다. "아 그렇습니까? 자매는 그 후의 일을 어떻게 알고 있습니까?" "저희는 예수님의 사도와 함께 지내며 그의 가르침을 받았습니다"고 답하자, "그렇다면 좀 들려주십시오. 예수님을 증거하는데 큰 도움이 될 것 같습니다."

아볼로는 매우 기뻐했다. 그들은 아볼로를 데리고 숙소로 갔다. 그리고 예수의 십자가 사건과 사흘 만에 부활한 것, 그리고 승천하신 일과 오순절에 성령이 강림한 일, 바울의 회심과 바울과 함께한 동안의 일을 다 전해 주었다. 아볼로는 브리스길라의 말이 진행될 때마다, "오, 메시야께서 그런 수난을 당하다니…." 탄식과 눈물을 흘리며 크게 감동되었다. 오순절 성령 강림한 사건을 말할 때 그는 경이로움에 입을 다물지 못했다.

아볼로는 정말 대단한 사람이었다. 브리스길라가 지난 일을 말하는 동안 율법과 선지서에 예언된 그리스도에 관한 내용과 요엘서의 성령에 관한 예언을 바로 연결해냈다. 그는 성경에 아주 박식한 사람이었기에 브리스길라가 전한 것을 잘 받아들였다. 그는 거기서 성령 세례를 받았고, 성령의 충만함도 얻었다.

아굴라는 거기서 아볼로에게 예수 그리스도의 이름으로 세례를 주었다. 그 후 그들은 여러 차례 만나 더 많은 진리를 나누었다. 브리스길라는 여자이고 또 랍비도 아닌지라 유대인 관습상 회당에서 무얼 주장하거나 가르칠 수는 없었다. 아볼로는 원래 대 학자인지라 복음의 진리를 깨닫고 성령 충만한 후에 회당에서 더욱 열정적으로 예수가 그리스도고 그를 믿음으로 구원을 얻는다고 가르쳤다.

유대인 랍비들의 항의가 만만치 않았지만 아볼로가 율법과 선지서의 말씀들을 능숙하게 인용하여 증명하므로 달리 대항할 말을 찾지 못했다. 아볼로로 인하여 에베소에서 그리스도의 복음을 받아들이는 유대인들이 적지 않았다. "아굴라, 브리스길라! 나는 아가야(고린도)로 가서 그곳에서 복음을 전할까 합니다." 아볼로가 자기 의견을 말했다. 형제들은 기뻤다. 간다면 마침 그곳 교회에 사역자가 없는데 아볼로 같은 유능한 사람이 가겠다고 하니 이는 하나님의 뜻이라고 생각되었다.

에베소교회는 아볼로를 아가야에 파송하기로 결정하고 기도한 후, 그곳 교회에 아볼로를 영접하고 그가 일하는데 도와주라고 편지를 써주었다. 아가야에 가서 아볼로는 받은바 은혜로 인하여 능력 있게 전했고, 그곳에서도 성경으로 증거하여 반대하는 유대인들의 입을 막았다. 아가야 교회는 아볼로가 당도함으로 더욱 견고해졌고 큰 부흥을 이루었다.

7-3
에베소 전도

바울은 아볼로가 고린도교회에 있고 교회가 큰 부흥을 이루고 있다는 소식을 듣고 기뻤다. 그는 이제 고린도로 급히 돌아가지 않아도 되었다. 그는 누가와 함께 골로새79)와 라오디게아80)를 거쳐서 갈라디아81)에서 고원지대로 통과하여 에베소로 향했다. 이 길은 매우 험하지만 좀 더 빠른 직

선거리였고, 바울이 이전에 통과한 길이 아니어서 새로운 지역에 복음을 전할 수 있었다.

바울이 에베소 동쪽에 이르렀을 때, 그는 한 무리의 기독교 집단을 만났다. 그런데 그들은 그리스도인이라는 것은 분명했지만, 그리스도의 진면목[82]을 모르고 있었다. 그들 역시 아볼로처럼 세례 요한이 소개하는 예수에 관한 기초적인 지식이 믿음의 주류를 이루고 있었다. 바울은 그들에게 "당신들이 믿을 때에 성령을 받았습니까?" 물었다. "뭐라고요? 성령! 성령이 뭔데요? 금시초문인데…," 그들은 궁금해하며 되물었다. "그러면 여러분은 무슨 세례를 받았습니까?" "예, 저희는 세례 요한의 물세례를 받았습니다"

바울은 그들이 세례 요한의 제자라는 것을 알 수 있었다. 복음이 에베소에서 크게 확장되고 있었지만 멀지 않은 곳에서 아직도 그리스도의 초보에도 이르지 못한 명목상(nominal[83])의 신자들이 존재하는 것이다.
순간 바울은 큰 사명감을 느꼈다. "아직도 더 부지런히, 더 많이 …!" 주님이 말씀한 땅끝이 에베소에도 존재하고 있었다. "주님! 도와 주십시오. 이들에게 성령을 부어 주십시오" 기도했다. 그리고 복음의 핵심을 말하기 시작했다.

"여러분! 세례자 요한 선생이 자기 뒤에 오실 분이 바로 그리스도시요, 그가 물과 성령으로 세례를 주실 분이라는 것을 말씀해 주었습니다. 그 그리스도는 십자가에 못 박혀 죽으셨고, 사흘 만에 부활하셔서 승천하셨습니다. 그 후 주께서 약속하신 성령을 우리들에게 주셨는데 이로 말미암아 우리가 그리스도를 영접하게 되고, 믿음과 새 생명을 얻게 되는 것입니다. 여러분, 주 예수의 이름으로 세례를 받으면 성령이 여러분에게 임하게 될 것입니다. 나는 이 일에 증인이요 사도입니다"라고 말했다.

"그렇다면 우리에게 그 성령 세례를 주십시오. 우리는 예수가 주이시고 그리스도인 것을 믿습니다" 그들은 세례를 요청했다. 바울은 먼저 복음을 전하고 그들에게 세례를 주었다. 그러자 그들에게 성령이 임했다. 그들은 방언도하고 예언도 하였다. 그들은 이 놀라운 현상에 감격했고, 예수가 정말 그리스도이고 자기 선생 요한이 말한 성령으로 세례를 주는 분이라는 사실을 확실히 믿게 되었다.

그들은 바울이 회당에서도 강론해 주기를 요청하였다. 바울은 에베소에 석 달을 머물며 복음을 전하고 성경을 강론하였다. 바울의 전도로 인하여 에베소에서 이적과 기사가 함께 나타나는데, 확실히 택한 자와 택함을 받지 못한 자들이 있었다. 택함을 받지 못한 자들은 보아도 알지 못하고 들어도 깨닫지 못했고 마음은 더욱 완악해졌다. 바울이 하나님 나라를 전하고 그들에게 권면했으나 그들은 귀를 막고 바울의 말을 들으려 하지 않았다. 그리고 막무가내 반대와 비방을 멈추지 않았다.
바울은 더 이상 회당에서 그들을 권면하는 것이 무의미하여 예수를 그리스도로 믿는 사람들을 두란노라는 서원에 따로 불러 모았다. 그리고 그곳에서 두 해를 더 강론하며 교회를 기르쳤다. 그가 그곳에 있는 동안 골로새와 라오디게아, 히에라볼리 등 주변 도시들을 다니며 계속해서 교회를 확장시켜 나갔다.

바울이 불철주야 전도함으로 에베소 주변의 모든 사람들은 유대인이든 이방인이든 복음을 못 들은 사람들이 없을 정도였다. 말씀 전파와 함께 바울을 통하여 각양 기적도 일어났는데, 많은 병자가 바울이 주 예수의 이름으로 완치를 명령하자 온전하게 회복되었다. 그 소문은 믿는 자나 믿지 않은 자 모두에게 전해졌다.

한 번은 어떤 신자가 바울이 천막 만드는 곳에 헐레벌떡 쫓아와서 요청했다. "사도님! 지금 우리 자식이 열병으로 죽어가고 있습니다. 빨리 좀 어떻게 해주십시오." 바울은 씻고 밤에 강론을 하러 두란노로 가야 할 일이 있었다. 그래서 대답했다. "당신의 아이는 주님이 살려 줄 것이니 염려하지 말고 돌아가시오. 오늘 강론을 마치고 당신 집으로 가리다"

사도 바울의 앞치마의 기적

그러나 그 아버지는 조바심이 나서 견딜 수가 없었다. "아니 지금 아니면 아이가 죽는다니까요? 제발 함께 가주세요." 바울은 웃으면서, "걱정하지 말게나. 내 말을 믿으라니까? 자네 아이는 내가 갈 때까지 안 죽네"하고 말했다. 바울이 앞치마를 벗은 것을 본 소년의 아버지는 바울은 지금 당장 못 갈 형편이고 에라! 모르겠다 저 앞치마라도 가져가서 바울을 대신하면 낫지 않을까 하는 생각이 들었다. "사도님 안되겠습니다. 이 앞치마라도 먼저 가지고 가서 어떻게 해봐야겠습니다." 그는 앞치마를 낚아채서 뛰어나갔다. 바울이 제지할 틈도 없이 그 사람은 바울의 앞치마를 가지고 자신의 집에 도착했다.

그의 아내가 물었다. "여보 사도님은 어쩌고 혼자 왔어요?" 남편은 아무말도 없이 급히 아이 방으로 들어갔지만, 역시 전과 같이 기진맥진 사경을 헤메고 있었다. 그는 바울의 앞치마를 아이의 몸에 덮었다. 그리고 "바울 사도와 함께 하시는 주여! 우리 아이를 긍휼히 여기사 살려주소서" 크게 소리쳤다. 옆에서 아내가 "뭐 하는 거예요? 어디서 구질구질한 앞치마는 가져와서 더럽게 아이에게 덮는 거예요?"그의 아내가 앞치마를 걷으려 하자 남편은 아내의 팔을 잡고 말했다. "가만 있어 봐! 바울 사도님의 앞치마야!"했다.

역시 아내는 "바울 사도님의 앞치마? 그게 뭐길래"했지만 아이가 갑자기 심하게 떨었다. 그리고 벌떡 일어나 주위를 두리번거리다 다시 벌렁 누웠다. 아이가 갑자기 숨을 몰아쉬었지만 시간이 좀 흐르자 점점 고르게 되었으며 얼굴에 화색이 돌면서 평온해졌다. 사경을 헤매다 회복이 된 것이다. 아이는 깊은 잠에 빠졌다. 머리를 짚어보니 열이 떨어져 있었다. "여보 됐어! 열이 떨어졌어"함박 웃음을 지으며 아내를 바라봤다.

"사도 바울님의 앞치마조차 능력이 있나?" "주여! 감사합니다. 감사합니다" 부부는 아들의 다시 살아남에 연신 감사를 드렸다. 그 소식은 삽시간에 에베소에 퍼졌다. 병자들을 둔 가정들은 바울의 손수건 등등 여러 소지품을 가져가서 악귀도 쫓고 병도 고쳤다. 신기하게도 병자들이 회복되자 바울을 더 존경하게 되었고 바울이 전하는 예수를 믿는 사람들도 크게 증가했다.

한편 예수 믿지 아니하는 박수나 마술사 중에도 바울이 가진 능력이 부러워 흉내내곤 했다. 심지어, "내가 바울이 전하는 예수의 이름으로 명하노니 악귀야 떠나가라"라고 명하는 등 예수의 권세를 사칭하는 무리도 생겨났다. 그런데 그런 것조차도 어떤 때는 효과를 보았다. 그래서 바울은 에베소에서 가장 유명하고 두려운 자가 되었다.

에베소는 유대 제사장 가문의 스게와라는 사람이 살고 있었다. 그는 아들

일곱을 두고 있었는데 자신들의 인기가 바울로 인하여 몰락하고 있는 것에 아쉬움이 컸다. 또 바울의 이름이 악령을 쫓는 것과 병 고치는 효력이 있다 하니 시기도 나고 부럽기도 했다. 어떤 사람이 말하기를 그 이름을 사용하니 효력을 봤는데, 특별한 노력이 필요한 것도 아니고 돈이 드는 일도 아니라고 했다. 스게와의 아들들은 바울이 유대인이면 자신들도 유대인이고, 바울이 베냐민 가문이라면 자신들은 아론의 후손이라며 바울보다 조건이 못할게 없다고 생각하며 병고침을 시도하자는 생각이 들었다. 잘만 되면 잃어버린 인기를 되찾을 수도 있을 터였다.

마침 어떤 집에 악귀 들린 사람이 있어 자신들이 고쳐보겠다고 자청했다. 그 집 사람들은 큰 기대를 걸고 그늘을 안내했다. 일곱 형제가 악귀들린 사람의 방까지 오자 그 사람의 부모가 간곡히 요청했다. "제발 좀 고쳐주세요. 고쳐만 주신다면 사례는 충분이 하겠습니다." 스게와의 둘째 아들이 안심시켰다. "아무 염려 마세오. 우리가 한두 사람 고친 것이 아닙니다." 일곱 형제는 큰소리치고, 방에 들어갔다. 묶인 광인(84)을 보니 덩치가 보통 큰 것이 아니었다. 거기다가 몰골도 아주 흉악스러웠다. 광인은 악귀까지 들려 자기 옷자락을 질겅질겅 씹으면서 방으로 들어오는 스게와의 아들들을 흘끗 보더니 다시 그들에게 관심을 보이지 않았다. 스게와의 장남은 안심했다. "저 사람의 쇠고랑을 풀어주시오" 그 집 부인에게 말했다 "아니 괜찮겠습니까? 쟤가 가끔 발작을 하는데, 한 번 발작하면 주변 사람들에게 상당한 위험이 되거든요." 부인은 걱정스럽게 말했다.

그러자 "우리만 믿으십시오. 우리는 이런 일에 경험이 많습니다. 절대 어려운 것 아니니 지시대로 따라 주시죠." 둘째가 용기를 내어 말했다. 그러나 막내는 겁이 나서, "둘째 형! 저 사람이 난리치면 어쩌려고 그래?"

"막내야! 겁내지 마라. 설사 무슨 일이 있더라도 우리는 일곱이야. 겁이 나면 넌 나가 있어." 막내는 눈치를 살피며 밖으로 나갔다. 이에 주인은 조심조심 광인의 쇠사슬을 풀어주었다. 그런데도 광인은 아예 그들에게 관심이 없는 듯 눈길도 주지 않았다.

갑자기 스게와의 큰 아들이 광인을 향하여 큰 소리로 명령했다. "내가 바울이 전하는 예수의 이름을 빌려서 명하노니 더러운 악귀야 그 사람에게서 나와라!" 그러나 아무 일도 일어나지 않았고 그 광인노 못들었는지 전혀 반응이 없었다. 스게와의 큰 아들은 난감했다. 그래서 이전보다 더 큰 소리로, "바울이 전하는 예수의 이름으로 …," 스게아의 큰 아들이 여기까지 말했을 때, 광인은 스게와와 아들들을 차례로 노려봤다.

그 모양과 광기어린 눈빛이 어찌나 흉악하게 보이는지 순간 오싹함을 느꼈다. 그러나 그들은 이미 내친걸음이라 물러설 수 없었다. 그래서 다시 있는 힘을 다하여 소리쳤다. "내가 바울이 전하는 예수의 이름으로 명하노니 귀신아, 그 사람에게서 썩 떠나가거라!" 그 소리에 놀라 그 광인은 벌떡 일어났다. 그리고 재빠르게 일어나 문쪽으로 달려가서 문을 막아섰다. "내가 예수도 알고 바울도 알거늘 너희는 도대체 뭐 하는 놈들이냐?" 그는 우렁찬 목소리와 함께 스게와의 아들 둘의 옷자락을 한꺼번에 잡아당겨 내동댕이를 쳤다.

그들이 바닥에 뒹구느라 정신을 차리지 못하고 있는 순간 광인은 남은 아들들을 공격했다. 그리고 사정없이 때리고 던지고 하는데 정신을 차릴 수가 없었다. "네 놈이 바울이 믿는 예수 어쩌고 해! 어디 한번 까불어봐라!" 그는 큰 아들의 턱에 무자비하게 주먹을 날리며 그를 올라탔다. 큰 아들은 비명을 질렀다. 광인에게 눌려서 몸을 뒤집어 보려 바둥댔지만 꼼짝할 수가 없었다.

광인은 다른 손으로 잡고 있던 둘째를 향해, "네 놈이 감히 바울이 어쩌고 해? 또 지껄여 봐! 내가 바울도 알고 예수도 안다만 너는 누구냐?" 광인은 둘째에게 올라타 주먹을 날렸다. 두 아들은 광인의 억압을 빠져나가려고 몸부림 쳤지만, 힘이 얼마나 강한지 꼼짝 못하고 심하게 얻어 맞고 있었다. 그러다 겨우 몸을 빼서 문쪽으로 도망을 치려하자 광인은 그들의 옷자락을 잡고 껄걸거렸다. "너희들 한 번 더 떠들어 보시지 어딜 가려고?" 스게와의 아들들은 옷가지를 빼앗긴 채 우르르 그 방을 빠져나와 벌거벗은 몸으로 혼비백산하여 달아났다. "이놈들 한 번만 더 와 봐라, 다 죽여 버릴 거야" 그들의 꽁무니에 대고 소리쳤다.

스와게와 아들들이 광인에게 망신 당한 사건은 삽시간에 에베소 전역에 퍼졌다. 사람들은 스게와의 아들들과 광인이 했다는 말을 흉내 내며 우스게거리로 삼았다. 그리하여 바울과 교회를 더욱 두려워했고, 믿는 자들도 더 많이 늘어났다. 바울의 전도로 인하여, 믿건 안 믿건 예수 그리스도의 이름을 모르는 에베소 사람은 없게 되었다.
많은 사람이 교회를 찾아와서 자신의 죄를 회개하고, 심지어 박수나 술사들도 많이 개종하여 자신들이 점치는데 사용하는 점(占) 책을 불살랐는데 그 책 값이 무려 은 오만이나 되었다.

7-4
고린도교회에 먼저 보낸 편지

에베소에서 교회가 부흥하고 안정을 찾아갈 때, 고린도교회 중요한 여 동역자인 글로에가 인편(人便)에 그곳 소식을 적어 보냈다. 바울은 그 편지도 보고 그곳에서 온 형제로부터 고린도교회 소식도 들었다. 교회가 급속히 부흥을 하면서 오히려 교회 답지 못한 여러 모양을 보이고 있다고 했다. 고린도 교인들이 게바파, 아볼로파, 바울파, 그리스도파 등 네 파로 나뉘어 서로 자기네가 으뜸이라고 주장하고, 교회의 주도권을 차지하기 위해 다른 파들을 공격해서 교회가 분열의 위기에 놓였다.

고린도 지역이 지닌 이전의 나쁜 관습들이 신자들 사이에 다시 살아나서 거룩하지 못한 일들이 일어났다. 방언하는 신자들이 방언하지 못하는 신자들을 영적으로 미개한 사람처럼 여기는 교만함으로 다른 신자들에게 상처를 주고 있었으며, 신자가 우상에게 제사하고 물린 제물을 먹을 수 있느냐 없느냐의 문제로 다툼이 있었다. 성찬과 예찬 시 어떤 사람은 너무 먹어 배부르고 취하고, 어떤 사람들은 배고프고 먹을 것이 없어 교회 안에 빈부가 갈리는 일들이 있었다. 과거 우상을 섬기는 습관과 쾌락을 쫓아 성전 창기를 찾아가 성관계를 갖는 일이 있었는데, 심지어 아버지와 아들이 한 여자와 관계를 맺는 일이 있음에도 교회가 이를 처벌하지 못하고 용납하여 다른 교인들까지 유혹을 받고 있었다. 주도권 쟁탈하려고 바울의 사도 자격을 부인하며 그가 전한 하나님의 말씀조차 부인하려 드는 자들도 있어 교회에 나쁜 영향을 많이 미치고 있었다. 이에 바울이 친히 와서 이 교회를 다시 치리해 줄 것을 요청했다.

바울은 편지를 가지고 온 형제에게 물었다. "게바파는 뭐고, 아볼로파, 바울파, 그리스도파는 도대체 또 뭐요?" 그 형제가 각파에 대한 설명을 이어 갔다.

"게바파는 예루살렘에서 온 사람들이 중심이 된 무리입니다. 게바(베드로)에게 세례를 받았고, 사도의 대표는 게바이며, 주님이 게바에게 천국열쇠를 주겠다고 하셨으니 게바에게 세례를 받은 자신들이 교회를 다스려야 한다고 주장하죠."

"그럼 아볼로파는?" "예, 그들은 아볼로 선생에게 세례를 받은 사람들로, 아볼로의 수사학적 설교 방식을 선호하는 사람들이지요."

"그럼 바울파는?" "당연히 사도님에게 세례를 받은 초창기 교인들이지요. 그들은 고린도교회를 개척한 분이 사도님이니 뿌리 역시 바울 사도님이라고 합니다. 그러니 자신들이 교권을 갖는 것이 마땅하다고 주장하죠."

"흐– 흠, 그래요. 이상한 것이 있는데, 그리스도파라니요? 이 파가 아닌 사람이 있나요?" "아, 그것은 게바나 아볼로, 그리고 바울 사도님, 누구에게도 세례를 받지 못하고 무명한 선생들로부터 세례를 받은 사람들이 내어 놓을게 없으니, 우리는 그리스도의 이름으로 세례를 받았다고 해서 생긴 것입니다. 이 파 역시 그리스도를 빙자(憑藉)하여 교권을 가지려는 명분을 찾은 것이지요. 바울 파를 제외한 다른 파들은 심지어 바울사도님의 사도성조차 고의로 외면하려 하고 있어요."

바울은 그 신도에게서 글로에 자매가 써 보낸 여러 내용들을 일일이 확인하였다. 그날 밤, 바울은 후원에 나와 하늘을 바라보았다. 달이 옅은 구름 속을 지나며 밝게 빛나고 있었다. 자연은 하나님이 정하신 길을 정확히 가고 있다. 그러나 인간은 끝임없이 변질(變質)한다. 그토록 고난을 감당하며 기도와 눈물로 세운 교회지만, 너무나도 빠르게 타락하고 세속 현상이 나타난 것이었다.

이 땅 위에 "의인은 없나니 하나도 없고, 스스로 선을 행하는 자도 없다"는 성경 말씀이 생각났다. 구원받은 후에도 여전히 육체의 정욕을 떠나지 못하고, 그리스도의 초보에서 안주하며, 교회 안에서도 명예를 구하는 고린도 교인들을 생각하면 안타까움을 금할 수 없었다. 내일이라도 당장 고린도로 갈까 하는 생각도 들었다. 사단의 세력이 교회를 망가뜨리고 있지만 유능하게 이를 방어할 만한 권위를 가진 지도자가 고린도에 없었다.

들은 바에 의하면 심지어 아볼로 조차 그런 현상이 싫어 이미 그곳을 떠난 상태라고 했다. 바울 자신이 가고 싶었지만, 그리하면 소위 바울 파라고 하는 사람들이 더 날뛸 것이다. 전해들은 사람들의 얼굴 하나하나를 생각하며, 그들이 왜 그렇게 어리석은 길을 가고 있는가 생각하니 두 볼에 눈물이 하염없이 흘러내렸다.
"전능하신 주님! 주님의 몸된 고린도교회를 도와주십시오"날이 새도록 그들이 회개하기를 간구했다. 새벽공기가 제법 쌀쌀했다. 바울은 방으로 돌아와 잠시 잠을 청한 뒤, 일어나자마자 양피지를 준비하고, 고린도에서 피신한 회당장이었던 소스데네를 불렀다. 소스데네는 고린도 사람들의 특별한 사랑과 존경을 받는 사역자였다. 바울은 편지를 보여 주고 그가 그 서신을 다 읽기를 기다렸다. 읽기를 마친 소스데네의 얼굴도 심각해 졌다.

그가 제안했다. "사도님, 어찌해야 할까요? 사도님이 고린도에 다녀오셔야 하지 않습니까?""가고는 싶지만 내가 가면 바울파라고 자처하는 사람들이 활개칠 것이오. 그러면 다른파들도 더 강경해질 것이고…,""그럼 어떡하면 좋겠습니까?""당신과 내 이름으로 권면하는 서신을 보냅시다. 그것이 그들을 자극하지 않고 자신들의 잘못을 돌이키는 일일 것 같소." 했다. "효과가 있겠습니까?" 소스데네는 걱정스럽게 물었다. "그건 모르오. 다만 우리 주님의 전능하심과 성령의 역사를 의지할 수밖에요"라고 대답했다. 여러 동역자들이 모여 고린도교회를 위하여 간절히 기도했다.

그런 후 바울 사도는 고린도교회를 향하여 편지를 쓰기 시작했다. "하나님의 뜻을 따라 그리스도 예수의 사도로 부르심을 받은 바울과 형제 소스데네는 고린도에 있는 하나님의 교회 곧, 그리스도 예수 안에서 거룩하여지고 성도라 부르심을 받은 자들과 또 각처에서 우리의 주, 곧 그들과 우리의 주 되신 예수 그리스도의 이름을 부르는 모든 자들에게 하나님 우리 아버지와 주 예수 그리스도로부터 은혜와 평강이 있기를 원하노라…." 바울 사도는 글로에 자매의 편지에서 언급한 상황과 질문 하나하나를 생각하며 성령을 의지하고 써 내려갔다. 바울은 눈도 좋지 않았다. 눈이 피곤하면 소스데네에게 대신 쓰게하며 며칠을 편지 쓰는 일로 보냈다.

그때 마침 아볼로가 에베소에 도착했다. 바울은 너무나 반가웠다. 만약 이 편지를 아볼로 편에 그들에게 전하고 그들을 가르친다면 큰 효과가 날 터였다. 그래서 아볼로를 불러 상의했는데 아볼로는 말했다. "사도님! 저 역시 분파의 원인을 제공한 한 사람으로서 그곳에 가서는 안 된다고 생각합니다. 아마 아볼로파가 득세하겠지요. 사도님이나 저나 고린도에 가지 않고, 그들이 하나되기 원한다는 메시지를 보내야 합니다. 그리고 분열하는 고린도교회의 현재 모습을 싫어한다는 강력한 경고와 함께 말입니다."

또 특별히 고린도교회를 함께 개척했고, 고린도 사람들이 존경하는 아굴라와 브리스가의 집에서 세운 교회에서 사도가 목회하고 있다고 기록함으로써, 고린도교회 개척 초기를 신자들에게 상기시켰다.

다음 날, 바울은 고린도에서 온 형제를 항구까지 전송(轉送)하며, 당부했다. "내가 분명히 고린도에 갈 것이라 전하시오. 내가 오기를 기대하는 사람이나 오지 않기를 바라는 모든 사람에게 내가 기쁨으로 고린도에 갈 수 있게 해달라고 하시오."

7-5
고린도교회에 나중에 보낸 편지

시간이 흘러도 고린도교회의 상황은 좋아지지 않았다. 바울은 몇 번 편지를 더 썼으나 그들의 다툼이 잦아들지 않고 있다는 소식을 들었다. 별수 없이 바울은 자신이 직접 가서 이 문제를 수습하기로 했다. 그래서 무거운 마음으로 배에 올랐다. 고린도교회에 간 바울은 그들의 완악함에 놀랐다. 도무지 사도요, 그 교회의 개척자인 바울의 권위를 인정하지 않으려하는 자들이 있었다. 동시에 바울파는 바울파대로 바울을 내세우며 날뛰기 시작했다. 백방이 무효라 바울은 실로 참담하게 생각했다.

어떤 중재도 그들은 받아들이지 않았다. 그의 이름을 빙자한 파가 있었기에 다른 파들이 더 강경해진 것이다. 바울은 낙담하여 그만 에베소로 돌아오고 말았다. 여러 궁리 끝에 심성이 고운 디모데를 보낸다면 일치의 효과가 있지 않을까 하여 다시 디모데를 고린도교회에 보냈다. 그러나 디모데가 고린도에 온 후에도 고린도교회의 상황은 나아지지 않았다. 오히려 다른 파들은 디모데가 바울의 믿음의 아들이란 이유로 사역이 불가능하게 만들었다.

디모데가 여러모로 화해를 주선하려 했지만, 완악한 그들은 마음을 열지 않고 디모데의 심방조차 거부했다. 예배 때만 잠시 휴전할 뿐, 예배가 끝나면 곧 분위기가 험악해졌다. 몇 달의 노력에도 그들 당파는 회개하거나 화해하기는 커녕 오히려 더 극성을 부렸다. 바울파는 디모데를 중심으로 단결의 양상을 보인 반면, 다른 파들은 노골적으로 디모데를 피하는 형편이었다. 디모데는 바울에게 편지를 썼다. 자신은 화해시킬 적임자가 아니며, 오히려 바울파들을 날뛰게 만드는 조건이 되는 것 같으니 그만 돌아갔으면 한다고 했다. 편지를 읽은 바울은 그들의 어리석음과 완악함을 탄식하며 더욱 괴로워했다.

"주님 어쩜입니까? 저들이 왜 이렇게 달라지지 않고 어린아이 같은 짓을 하고 있을까요?" 바울은 매일 고린도교회를 위하여 눈물의 기도를 쉬지 않았다. 디모데가 그 일에 적격자가 아나라는 것도 분명해졌다. 바울은 이 일에 누가 적합한 사람일까를 생각했다. 그때 문득 한 사람이 바울의 뇌리에 떠올랐다. "아- 디도! 내가 왜 그 생각을 못 했을까?" 디도라면 이 국면을 해결할 수도 있겠다고 생각했다.

"디도 형제! 고린도교회의 분쟁은 참으로 끈질기다오. 이번에는 형제가 가서 이 문제를 해결해야 겠오"라고 자신의 의사를 밝혔다. "사도님이 가셔도 안 된 일이 제가 간다고 해서 해결되겠습니까? 디도가 반문했다. "형제는 매우 온유하고 중용(中庸)을 취하는 사람이니, 형제의 말은 들을지도 모르겠소. 그러니 기도하고 사명감을 가지고 가시오. 고린도교회를 향한 나(바울)나 아볼로의 간절한 심정을 잘 전달해주고, 서로 화목하기를 간절히 당부하더라고 전해주시오."

바울과 에베소의 목회자들은 디도와 고린도교회를 위하여 예배와 기도를 드리고 디도를 사자(使者)로 파송했다. 몇 달 후, 고린도에서 디도가 돌아왔다. 고맙게도 그의 손에는 고린도 교인들의 회개의 서신이 들려있었다. 자신들의 잘못을 자복하고 서로 화목하기로 확약했으며, 악한 일을 주동한 사람들과 부도덕을 행한 사람들을 징계하고 교회에서 격리시켰으며, 다시는 분쟁과 다른 악한 행위를 하지 않겠다는 약속을 바울에게 보낸 것이다. 디도가 가지고 온 편지를 읽고 바울과 동역자들은 감격하여 주님께 감사를 드렸다. 그리고 디도의 노고를 치하했다.

그날 밤, 바울은 다시 고린도교회에 편지를 썼다. 그들이 디도편에 보낸 바울 서신의 책망을 듣고 어떤 성도들이 심히 두려워하였다는 말을 들었기 때문이었다. 그들이 회개한데 대한 감사의 마음도 있어서 바울은 고린도교회에 다시 편지를 썼다. 그는 고린도교회를 위로하고 다시 한번 경계하였다.
"… 전반 부 생략 … 사랑하는 여러분 이 약속을 가진 우리는 하나님을 두려워하는 가운데서 거룩함을 온전히 이루어 육과 영의 온갖 더러운 것에서 자신을 깨끗하게 합시다. 마음으로 우리를 영접하십시오. 우리는 아무에게도 불의를 행하지 않았고 아무도 해롭게 하지 않았으며 아무도 속여 빼앗은 일이 없습니다.

내가 이 말을 하는 것은 여러분을 정죄하려고 하는 것이 아니고, 내가 이전에 말하였거니와 여러분이 우리 마음에 있어, 함께 죽고 함께 살게 하려 함입니다. 내가 여러분을 향하여 담대한 것도 많고 여러분을 위하여 자랑하는 것도 많으니, 내가 우리의 모든 환난 가운데서도 위로가 가득하고 기쁨이 넘쳤습니다. 우리가 마케도니아에 이르렀을 때에도 우리 육체가 편하지 못하였고 사방으로 환난을 당하여 밖으로는 다툼이요 안으로는 두려움이 있었습니다. 그러나 낙심한 자들을 위로하시는 하나님이 디도가 옴으로 우리를 위로하셨으니, 그가 온 것뿐 아니요, 오직 그가 여러분에게서 받은 그 위로로 위로하고 여러분의 사모함과 애통함과 나를 위하여 열심 있는 것을 우리에게 보고함으로 나를 더욱 기쁘게 하였습니다. 그러므로 내가 편지로 여러분을 근심하게 한 것을 후회하였지만, 지금은 후회하지 아니함은 그 편지가 여러분에게 잠시만 근심하게 한 줄을 앎이기 때문입니다.

내가 지금 기뻐함은 여러분을 근심하게 한 까닭이 아니요, 도리어 여러분이 근심함으로 회개함에 이른 까닭입니다. 여러분이 하나님의 뜻대로 근심하게 된 것은 우리에게서 아무 해도 받지않게 하려 함입니다. 하나님의 뜻대로 하는 근심은 후회할 것이 없는 구원에 이르게 하는 회개를 이루는 것이요 세상 근심은 사망을 이루는 것입니다.

보십시오! 하나님의 뜻대로 하게 된 이 근심이 여러분을 얼마나 간절하게 하며 얼마나 변증하게 하며 얼마나 분하게 하며 얼마나 두렵게 하며 얼마나 사모하게 하며 얼마나 열심 있게 하며 얼마나 벌하게 하였는지 여러분이 그 일에 대하여 일체 여러분 자신의 깨끗함을 나타내었습니다.
그런즉 내가 여러분에게 쓴 것은 그 불의를 행한 자를 위한 것도 아니요, 그 불의를 당한 자를 위한 것도 아니요, 오직 우리를 위한 너희의 간절함이 하나님 앞에서 여러분에게 나타나게 하려 함입니다. 이로 인하여 우리가 위로를 받았고 우리의 받은 위로 위에 디도의 기쁨으로 우리가 더욱 많이 기뻐함은 그의 마음이 여러분 무리로 말미암아 안심함을 얻었기 때문입니다.　… 후반 부 생략 … ”

그리고 다시 그 편지를 인편에 고린도로 보냈다. 이 편지가 고린도후서이다. 이 편지를 본 고린도교회는 바울의 권위를 인정했고, 바울을 더욱 존경하게 되었다.

7-6
에베소 아데미 여신

바울은 예루살렘교회가 기근으로 인해 어려움에 처해있다는 소식을 들었다. 그래서 마케도냐와 아가야를 돌면서 고통당하고 있는 예루살렘교회를 위한 구제헌금을 받아 전할 계획을 세웠다. 비로소 세계의 모든 교회가 그리스도 안에서 형제자매가 되는 증거라 생각했다. 그는 그 임무를 완수하고 난 후 로마로 가려고 했다. 디모데와 에라스도를 먼저 마케도니아로 보내 그곳 교회들이 예루살렘교회를 위한 헌금을 준비하게 했다. 그리고 자신은 남아서 에베소의 일들을 마무리하고 뒤따라 가기로 했다.

디모데와 에라스도가 떠난 지 며칠이 못되는 어느 날, 에베소 아데미 여신전에 있는 제사장들과 신전 창녀, 그곳에서 제사물품을 팔아 생계를 유지하고 있는 숙박업소 주인들, 그리고 여신의 모형을 은, 납, 청동으로 주조하여 관광상품으로 파는 사람들이 급격한 내방객 감소로 영업에 타격을 받자 자연스럽게 모이게 되었다. 그들은 신전에 예배하러 오는 자가 급감하는 이유를 몰랐다. "정말 이상하네, 신전에 제사하러 오는 사람들이 눈에 뛰게 줄고있다니…!" "글쎄 무슨 일인지 알 수가 없어. 우리 여관에도 오는 사람이 별로 없어. 수입이 예전 같지 않아, 도대체 무슨 이유야?" 하고 논의했으나 이유를 알 수 없었다.

그들은 상황을 살피기 위해 아데미 신전 밖에 있는 시장으로 나갔다. 그곳에는 크고 작은 아데미 우상과 제의(祭儀)에 사용하는 물품을 파는 장사들이 적지 않았다. 에베소 지역의 상당 부분은 아데미 전각에 바치는 헌금과 우상을 파는 것과 성전 창기의 성매매로 인한 수입이 차지하고 있었다. 그 수입을 보관하고 운용하기 위하여 은행에 드나드는 사람도 많았는데 은행조차도 한산했다.

에베소의 아데미 상은 로마제국 내에서 제일 큰 것이어서 타지 사람들도 참배하기 위하여 찾아왔다. 시장의 상인들도 할 일 없이 삼삼오오 모여 투전판을 벌이고 있거나, 얼마 안 되는 관광객들을 서로 호객하려 다투고 있었다. "여보게들! 자네들도 파리를 날리고 있구먼. 날이 갈수록 참배객이 줄어드니 왜 그런지 자네들은 아는가?" 그때 지나가던 은행을 운영하는 사람이 아데미 제사장을 향해 볼멘소리를 했다. "제사장님, 요즘 통 돈을 맡기러 오시지 않네요? 저희하고 거래를 안 하려고 그러십니까?" "에이 이 사람 뭘 그리 섭섭한 소리를 하나? 요즘 참배객이 엄청 줄었다니까? 헌금이 있어야 은행에 맡길 것 아닌가?" 하고 말했다.

한 아낙이 다가와서, "정말 그 이유를 모르세요?" 했다. "몰라, 참배객이 줄어든 무슨 이유가 있나?" "그럼요, 있고 말고요." 아데미 신전의 제사장, 은행가, 상인들이 여인에게 모여들었다. "아 그게 몇 년 전이더라, 바울이라는 유대인이 하나님의 아들이라고 하는 예수? 그 사람의 복음이라는 것을 전했는데, 많은 에베소 사람들이 그 말을 듣고 그리스도교로 개종했대요. 그런데 이 종교는 다른 종교와 달라서 오직 참 신은 예수 한 분뿐이며, 다른 신은 전부 가짜라고 가르친답니다"하고 일러줬다.

모두가 그 소리를 듣자마자 얼굴색이 한순간에 변했다. "아니, 이런 쳐 죽일 놈이 있나? 왜 이렇게 참배자가 줄었나 했더니 그렇게 선동한 놈이 있었구먼" 듣고 있던 사람들의 표정이 일그러졌다. "그런데, 이 종교는 특별한 기적들을 많이 나타내서, 때로는 죽어가는 사람도 살리고 많은 병자들을 고쳤대요. 에베소는 그리스도인들로 넘쳐나게 됐죠. 우리 친척들도 많이 개종했고요. 심지어 나보고도 그리로 와서 구원을 받으라고 하더라니까요. 지금은 온 아시아에 그리스도인들이 늘어나서 심지어 우리와 함께 우상에 관계된 장사를 하다가 개종한 자들도 많이 있어요. 우상이나 점책을 미신이라고 하는 점쟁이, 박수들도 적지 않고요. 그들이 불사른 점책과 우상들은 현 싯가로 은 오만이라는 말도 있더라니까요.

다른 제사장이, "신성한 우리 아데미 여신의 화상(畫像)을 불사르다니, 아니 저런 불경(不敬)한 놈들이 있나?"제사장들은 분노로 어쩔 줄을 몰랐다. "많은 그리스도인이 우상은 헛것이고 실제로 아무 능력도 없다고 말해요. 그런 것들은 사람이 만들어낸 조각품에 불과하다고 하고요. 여기에 온 참배객들도 그들의 말을 곧이 듣고 그리스도교로 개종하여 지금은 그리스도교만 흥왕하고 있어요. 아마 지금도 에베소 여러 곳에서 그리스도교를 전하는 사람들이 많을걸요. 저도 이제 이 사업을 접어야 하는 건가 걱정하고 있었어요." 여자가 말했다.

아데미 신전 제사장이 손을 번쩍 쳐들어 그 도시 어디서나 볼 수 있는 우뚝 선 아데미 여신상을 향하여 소리쳤다. "오, 큰 신 아데미여! 오, 우리의 어머니 아데미여…! 이 저주 받을 놈들이 당신을 모독했습니다" 다른 사람들도 그 제사장을 따라 외쳤다. "오, 큰 신 아데미여! 우리 어머니 아데미 여신이여! 우리에게 진노하지 마소서! 저놈들에게 죽음을 내리소서!" 이 소리에 어리둥절해 하던 주변 사람들이 모여들었다.

아데미 신전의 제사장이 충동질을 했다. "여러분! 큰 신 아데미를 모욕한 자들이 이 성에 살고 있습니다. 이런 자들을 이곳에 거주하게 하면 우리 수입이, 아니 아데미 여신이 진노를 해서 이 에베소를 응징하고 말 것입니다. 아데미에 대항하는 이 패역무도한 놈들을 우리가 아데미의 이름으로 처단합시다." 이에 모인 군중들이 화답했다. "맞소. 아데미 여신을 배반한 놈들을 찾아내어 다시는 모독하지 못하도록 처벌합시다."

"큰 신 아데미여! 큰 신 아데미여!" 제사장이 부르짖었다. 군중의 함성과 구호는 신전의 벽에 메아리 쳐서 여러 곳으로 울려 퍼졌다. 에베소 성은 그곳에 모인 군중들로 인하여 순식간에 함성 소리로 가득했다. 상인들도 이구동성으로 "이번 기회에 우리 영업을 방해하는 이 무리들을 없애버리자!"며 떼를 지어 모여들었다. 이 소동은 점점 더 폭발력을 얻어갔다. 많은 상인과 아데미 숭배자들, 그리고 관광 수입에 기대고 있는 여관, 주점(酒店) 주인들과 종들이 가세하며 그 숫자가 대군중을 이뤘다.

성 전체에서 모여든 군중들이 "큰 여신 아데미여!" 부르짖는 소리로 요동치고 있었다. 이 소동은 점점 조직화되었고 그 중심에는 은 세공업자 데메드리오라는 사람이 있었다. 그는 아데미신 우상을 은으로 만드는 조합

(길드)의 조합장이었다. 그는 이 기회에 그리스도인 무리들을 이 성에서 쫓아내겠다는 전략을 세웠다. 그래서 군중들의 분노를 자극하고 선동하여 에베소에 가장 큰 교회로 군중을 이끌고 쳐들어갔다. "큰 신 아데미여! 큰 여신 아데미여!" "아데미 여신을 모독한 자들을 처단하자!" 여기저기서 분노에 찬 구호 제창과 함성이 퍼져나갔다.

은(銀)을 세공하는 공장 데메드리오는 소리쳤다. "여러분, 그리스도인들의 중심에는 바울이라는 자가 있습니다. 이 자가 에베소뿐 아니라 온 아시아를 다니며 참신은 하나이며, 사람이 만든 것은 신이 아니라고 말하고 다니는 것을 여러분도 보고 들었을 것이오. 그놈이 아데미 여신을 모독하고, 우리 영업을 위태하게 하니 아데미 전각에 대한 사람들의 관심도 약해지고 천하가 섬기는 우리 여신에 대한 믿음도 약해졌습니다. 우리가 어찌 가만히 당할 수 있겠습니까? 이놈을 잡아서 처벌해야 합니다. 갑시다! 바울이란 그놈을 잡으러…!"

"큰 여신 아데미! 에베소 수호신 아데미여!" 군중은 구호를 외치며 교회를 향하여 몰려갔다. 그러나 그들이 교회 예배당에 뛰어들어 갔을 때 바울은 그곳에 있지 않았다. 성난 군중은 그리스도교의 우상을 없애려고 우상을 찾았으나 무슨 종교라는 게 우상도 하나없는 그저 텅빈 공간이었다. 그들이 우상을 찾다 포기하려던 그때, 마침 바울과 함께 다녔던 마케도니아 사람 가이오와 아리스다고가 예배당에 많은 사람이 모인 것을 보고 무슨 일인가 하여 예배당으로 들어왔다.

"이놈들이 바울과 같이 다니는 그 일당입니다." 한 사람이 그들을 가리키며 소리쳤다. 그러자 은장색 데메드리오는 살기등등하여 잔인한 눈을 번쩍이며 함께 온 종들에게 명령했다. "얘들아, 이놈들을 묶어라!" 명령했다. 그를 따르는 사람들이 잽싸게 달려들어 두 사람을 포박했다. "이놈들을 채찍질 하라!" 명령이 떨어지자 거구(巨軀)의 사내가 채찍으로 땅바닥을 내리치며 앞으로 나왔다. 채찍이 공기를 가르는 소리가 쌩쌩했다. 가이오와 아리스다고는 영문도 모르고 심하게 채찍질 당하고 있었다. 그들의 소동은 곧 에베소 총독에게 보고되었다. 총독은 놀라서 바로 군사들을 동원하고 백부장에게 명령했다.

"어떤 소동도, 어떤 충돌도 발생해서는 안 되오! 빨리 가서 충돌을 막으시오" 백부장은 군사를 이끌고 급히 교회로 갔다. 로마 중대가 그곳에 도착 했을때는 아리스다고와 가이오가 몇 번의 매질을 당하고 난 후였다.
"멈춰라!" 백부장의 명령에 거한이 채찍질을 멈췄다. 그는 백부장을 쳐다보더니 움찔하고 뒤로 물러섰다. "누구냐? 이 소동의 주동자가…?" 백부장은 칼을 빼들더니 매섭게 군중을 쳐다봤다. 그리고 앞에 거만하게 서있는 은장색 데메드리오를 보았다. 백부장은 데메드리오를 잘 알고 있었다. 그가 은장색들의 조합장이었기 때문이다.
"너는 지금 무얼하는 거냐? 네가 로마법을 몰라서 직접 심판을 하는 게냐? 누구든지 제국의 법을 무시하면 사형이다. 알겠느냐?" 칼을 철걱하며 칼집에 넣었다.

은장색 데메드리오는 겁을 먹고 비굴한 웃음을 지었다. "아닙니다. 저희가 직접 심판하려 한 것이 아니고, 저들을 잡아 법정으로 데려가려 한 것입니다." "그런데 왜, 채찍질을 했느냐?" 백부장이 묻자, "저들이 순순히 가지 않으려기에 겁주려 한 것일 뿐입니다." 교활하게 웃으며 대답했다.
백부장은 군중이 너무 많은 것을 보고 저들을 자극해서는 유익이 없겠다고 생각했다. "내가 오늘은 그냥 넘어가겠다. 다음에 또 멋대로 회중을 다룬다면 중벌로 다스리고 용서 않을 것이다" 큰 소리로 말했다. "네, 네, 알겠습니다. 그렇지만 오늘은 저들을 고소하니 심판해 주십시오"라고 했다. 백부장은 가이오와 아리스다고를 묶은 줄을 풀어주고 그들을 에베소 연극장으로 데려가라고 했다. 많은 사람들이 군대의 뒤를 따라 법정으로 가면서, "큰 신 아데미!"를 외쳤다. 거리를 지나던 아데미 신을 믿는 자와 상인들이 여기저기서 더 많이 모여들었다. 연극장은 이내 사람들로 가득해졌다. "큰 신 아데미! 아데미를 모독한 자들을 심판하라!" 관중석에 자리한 군중들이 다시 외쳤다.

한편, 가이오와 아리스다고가 붙잡혀간 소식은 바울에게 알려졌다. 소식을 전해들은 바울은 전도를 하다 말고 급히 연극장으로 달려갔다. 그가 연극장에 도착했을 때, 문 앞에 있던 제자들이 바울이 오는 것을 보고 얼른 그를 한쪽으로 데려갔다. "아니 이 위험한 자리에 왜 오셨어요. 빨리 저 골목길로 피해 돌아가야 합니다.""저 사람들이 찾는 것은 난데, 저들을 곤경에 놔두고 내 어찌 돌아 갈 수 있나? 내가 재판장에 들어 가겠네" "안 됩니다. 저들은 고소된 당사자가 아니어서 잠시 고생하고 풀려날 것이지만 성난 군중이 사도님을 보면 바로 해칠지 모릅니다. 돌아가는 길도 위험하고요" 그들은 소리를 낮춰 다급하게 말했다. 이에 바울도 망설이며 그 장소를 떠나지 못했다.

그때 바울과 친했던 에베소의 한 관원이 바울을 멀리서 보고, 자기 수하 직원을 몰래 바울에게로 보냈다. "관장께서 사도님이 절대로 연극장에 들어오지 못하게 하라고 하셨습니다. 지금 빨리 피하라고 하십니다. 군중들이 흥분한 상태라 적은 수의 군인들로 바울님을 보호할 수 없거든요. 저들이 사도님을 보고 흥분하면 통제하기도 어렵습니다." 그러자 제자들도 거들었다. "사도님, 저들은 염려 말고, 이곳을 빠져 나가세요." 제자들은 바울을 데리고 연극장을 떠났다.

서기장이 연극장에 나왔다. 서기장이 나왔음에도 소란스러운 소리는 줄어들지 않았다. 서기장은 군사에게 쇠징을 치게 했다. 징 소리가 나자, 그제서야 군중은 안정을 찾고 법정은 조용해졌다. "도대체 무슨 일로 이렇게 소동을 피우는가?" 큰 소리로 물었다. 은장색 데메드리오가 앞으로 나서 고소했다. "서기장님! 여기 있는 이자들이 바울이라는 자를 데리고 에베소에 와서 예수라는 무슨 이상한 신을 전하면서, 우리의 위대한 어머니신 아데미를 모욕했습니다."

영문도 모르고 따라온 한 사람이, "아닙니다. 이놈들이 우리 신사의 우상을 훔쳐 갔습니다" 고소를 했다. 다른 사람은 그들이 자신들의 장사를 방해했다고 말했다. 모두 급히 따라왔기 때문에 무슨 일로 온지도 잘 몰랐다. 그저 아데미 신을 반역하는데 연관된 일이면 무슨 말이든 했다. 고소자들의 송사 내용이 많이 엇갈렸기에 서기장은 한 사람 한 사람에게 무슨 일로 고소했는지를 물었고 그들에게 정황을 소상히 아뢰라고 했다. 그들의 고소 내용은 전혀 일치하지 않았고 사건의 송사 원칙을 충족하지 못했다. 그들이 아데미 신을 모독했다는 이유로 고소한 것은 분명한데 구체적으로 무슨 범죄를 저지른 것인지를 말하지 못했다.

"누가 좀 정확하게 말해볼 사람은 없는가?" 서기장은 큰 소리로 물었다. 그러자 그리스도교에 대하여 적대적인 유대인들이 가세했다. 이 기회를 바울과 그리스도교를 공격하는 기회로 삼을 것을 생각하고 말 잘하는 한 사람을 앞으로 내보냈다. 그가 앞으로 나가 말을 시작하려하자 군중들이 소리쳤다. "안 된다. 저놈도 유대인이다. 편을 들려고 하는 것이 분명하다." 이내 한 사람이 큰소리로 외쳤다. "에베소의 어머니되신 아데미여! 에베소의 어머니신 아데미여!" 사람들은 그를 따라 두 시간 동안이나 아데미를 부르며 함성을 질렀다.

서기장이 다시 징을 치게 했다. 그리고 그들을 진정시키고 말을 시작했다. "친애하는 에베소 시민들이여! 에베소 시가 큰 신 아데미와 제우스에게서 내려온 우상의 신전(神殿) 지기가 된 줄을 누가 알지 못하겠느냐? 경솔히 행동해서는 안 될 것이다. 이 사람이 신전의 물건을 도둑질할 것도 아니요. 우리 여신을 비방하지도 않았는데, 너희가 붙잡아 온 것 아니냐? 은 장색 데메드리오와 그와 함께 있는 직공들이 누구를 고발할 거면 재판 날도 있고, 총독도 계시니 피차 고소할 것이요, 만일 그 외에 무엇을 원하면 정식으로 민회(民會)를 열어서 결정하라."

이어서, "오늘 이 일은 아무 근거가 없으니 총독께서 우리를 책망할지도 모른다. 우리는 이 불법 집회에 관하여 보고할 자료도 없다. 정확한 고소 내용이 없다면 재판할 수 없으니 해산하라! 민약 계속 소요를 일으키면 주동자를 법으로 다스리겠다"라며 해산을 명했다. 그들은 어찌할 수 없었다. 딱히 무슨 구체적인 증거가 있는 것도 아니고, 바울도 없지 않은가? 더 이상 집회를 계속했다간 체포당할 위험이 있으므로 서기장의 경고를 들은 사람들은 겁이 나서 흩어져 돌아갔다.

가이오와 아리스다고는 연극장에서 돌아와 곧장 바울을 찾았다. "형제들, 나 때문에 고생이 많았지요?" 바울이 그들의 상처를 보며 위로했다. 가이오가 말했다. "아니요, 정말 주님의 도우심이었습니다. 선생님이 그들과 만나지 않은 것이나, 우리가 이렇게 무사히 풀려난 것은 기적입니다. 우리가 언제 주님을 위하여 이런 고난을 당해 보겠습니까? 저희는 오히려 더 기쁩니다"라고 바울을 염려했다.

아리스다고도 말했다. "저들이 사도님을 지목했으니 언제고 다시 사도님을 찾아 해를 끼치려 할 것입니다. 다음에는 더 위험한 상황이 될 수 있으니 빨리 에베소에서 피신해야 합니다." 누가를 비롯하여 여러 전도자들이 이에 동의하고 바울에게 권면하였다. 이곳 일은 대부분 정리된 데다 평소 생각하던 일, 즉 마케도니아 헬라에서 구제금을 모아 예루살렘에 전달한 후 로마를 지나 스페인으로 갈 계획을 실천에 옮길 시기가 되었다고 생각했다.

"좋소 여러분! 그러면 마케도니아와 아가야로 가서 그곳 교회가 모금한 헌금을 모으는 일을 먼저 합시다." 그는 함께 갈 일행을 선발했다. 다음 날, 바울은 에베소 주변 교회의 지도자들을 모았다. 그리고 함께 예배를 드리며 간곡히 부탁했다.
"여러분 제가 다시 이곳에 올 수 있을 지 없을지 모릅니다. 그러니 이제 제가 없다고 생각하고, 오직 주님만 의지하여 복음을 전하십시오. 주님의 몸 된 교회를 위해 죽음을 각오하고 충성하시길 부탁합니다. 주님 앞에서는 그날에 우리 서로 주님 앞에서 자랑할 것이 있도록 합시다." 그는 작별 인사를 했다.

여기저기서 성도들의 훌쩍이는 소리가 들려왔다. 예배를 마치고 바울은 한 성도, 한 성도 입맞춤으로 작별을 고했는데, 바울 눈에도 눈물이 맺혔다. 에베소교회는 어느 곳보다도 바울이 많은 시간을 보낸 곳이었다. 또 많은 제자들을 양육해서 그런지 정이 듬뿍 든 터였다. 일행은 드디어 마케도니아로 가는 배에 몸을 실었다. 마치 서풍이 강하게 불어 선박은 미끄러지듯 에베소를 떠났다.

한편, 아데미 신을 추종하는 바울의 적들도 전열을 가다듬고 바울의 행방을 쫓아 부두까지 왔지만 떠난 배를 돌이킬 순 없었다. "아, 이놈을 꼭 잡았어야 하는데…!" 아쉬워하자, "어찌 됐건 그놈이 떠났잖나? 우리 계획은 성공한 셈이지 이제 다시 아데미 신의 제사가 크게 부흥할 거야!" 라며 좋아했다. 바울은 마케도니아행 배를 타고 가면서 유럽에 첫발을 내딛었던 때를 생각했다. 정말 엊그제 같은데 벌써 십수 년이 눈 깜짝할 사이에 지나있었다.

그동안 많은 일을 했고, 많은 곳을 부지런히 다녔으나 하지 못한 일과 가지 못한 곳도 수없이 많았다. 그리고 이루어졌다고 하는 일들도 언제 어떻게 변할지 몰랐다. 그는 눈을 감고 간절히 기도했다.
"주님! 뭐하나 이뤘다고 할 수 있는 일이 없네요. 부족한 종은 다만 주님이 보여주신 푯대들을 향하여 달려갈 뿐입니다. 지난 것도 은혜 없이는 된 것이 없고, 지금 되어진 것도 은혜 없이는 보존될 것이 없습니다. 오직 나의 나 된 것은 주님의 은혜입니다. 이제 남은 생애를 주께서 인도하여 남은 일들을 이루게 하소서. 남은 자들이 먹든지 마시든지 무엇을 하든지 주님의 영광을 위해서 살게하소서!"

바울 일행은 빌립보항에 내렸다. 많은 형제자매들이 미리 알고 빌립보 항에 마중을 나왔다. 지금 형편은 처음 그가 빌립보항에 내릴 때와는 판이

하게 달랐다. 간수장이나 루디아 외에도 많은 형제자매들이 있었다. 형제들의 영접을 받으며 빌립보에 도착한 바울은 즉시 마케도니아 지경의 장로들과 감독들을 소집해 염려되는 부분들을 하나하나 당부했다.

어디가나 같은 말이었지만, 언제나 처음처럼 간절한 마음을 담아 당부했다. 어쩌면 이번이 마지막일 것이라고 생각되어서, 전하는 바울이나 듣는 성도들이나 모두 숙연했다. 바울은 지체 없이 빌립보성을 떠나 데살로니가, 뵈뢰아를 지나면서 개척했던 여러 지역 교회의 장로, 감독, 목사들에게 앞으로의 일을 부탁했다.

그리고 아가야 지역으로 급히 가서 석 달을 보내며, 그동안 문제되었던 고린도 교회의 모든 분쟁을 화해시키고 징계할 것을 징계하여 교회의 터를 견고하게 하였다. 바울이 고린도에 있는 동안 교회는 빠르게 안정되고 부흥했다. 바울을 보지 못했거나 바울을 오해했던 사람들도 그의 설교와 모범에 감화되어 회개하며 눈물을 흘리는 이가 적지 않았다.

7-7
로마교회에 보낸 편지

고린도교회가 어느 정도 안정되어갈 즈음, 바울은 로마에 있는 성도들의 소식을 들었다. 그들이 진리를 사모하고 열심히 복음을 전하므로 제국의 수도 로마에 공적으로나 사적으로 오가는 여러 이방인들에게 좋은 영향을 끼치고 있다는 것이었다. 아가야에서 바다 하나를 건너면 거기가 바로 로마였다. 그즈음 바울은 자신의 나이가 많이 들었다는 것을 인식했다.

그는 스페인(서반아)까지 가서 복음을 전하고 싶은 마음이 간절했다. 사실 몇 년 전부터 스페인으로 가야 한다는 생각이 마음 속에 강력하게 각인(刻印)되고 있었다. 땅끝까지 이르러 증인이 되라는 주님의 명령을 할 수만 있다면 자신의 생애 중에 이루고 싶었다. 바울은 그 땅끝이 스페인이라고 생각되었다. 그곳에도 하나님의 은혜를 기다리는 많은 영혼이 있으며 그곳에서도 하나님이 영광을 받으시고 하나님 나라가 이루어져야 하지 않은가? 그런 영적 음성으로 인해 스페인 전도가 더 간절하게 느껴졌다. 그는 사실 이미 오래 전부터 로마교회의 부흥과 활동 소식을 들었고, 지금까지 로마교회를 위하여 기도를 쉬지 않고 있었다. 얼마전 사랑하는 동역자 브리스길라와 아굴라 부부가 다시 로마로 갔다. 그러나 현재 당면한 환경이 바울을 로마로 가지 못하게 한 것인데, 바로 그가 먼저 예루살렘을 꼭 다녀와야 할 일이 생긴 것이다.

몇 해 동안 예루살렘에 크게 흉년이 들어서 사람들이 어려움을 겪고 있을 뿐만 아니라, 많은 신자도 심한 기근 가운데 있다는 소식을 들었다. 물론 이 소문은 에베소뿐만 아니라 마케도니아와 고린도에 있는 교인들에게까지 알려지게 되었다. 이에 빌립보교회를 중심으로 마케도니아 일대와 데살로니가, 고린도를 중심으로 한 아가야에서도 교회들이 예루살렘 성도들의 어려움을 돕고자 헌금을 모으고 있었다. 그들은 여러 경로로 그 교회들의 개척자인 사도 바울에게 연락했다. 바울 사도가 대표로 예루살렘교회에 이방인들의 사랑을 전해 주었으면 좋겠다고 연락한 것이다. 이 소식에 바울은 선지서 예언의 한 장면이 생각나서 기뻤다.

"일어나라 빛을 발하라 이는 네 빛이 이르렀고 여호와의 영광이 네 위에 임하였음이니라 보라 어둠이 땅을 덮을 것이며 캄캄함이 만민을 가리우려니와 오직 여호께서 네 위에 임하실 것이며 그 영광이 네 위에 나타나리니, 열방은 네 빛으로, 열왕은 비치는 네 광명으로 나아오리라 네 눈을 들어 사면을 보라 무리가 다 모여 네게로 오느니라 네 아들들은 원방에서 오겠고 네 딸들은 안기워 올 것이라. 그 때에 네가 보고 희색을 발하며 네 마음이 놀라고 또 화창하리니 이는 바다의 풍부가 네게로 돌아오며 열방의 재물이 네게로 옴이라 … 곧 섬들이 나를 앙망하고 다시스의 배들이 먼저 이르되 원방에서 네 자손과 그 은금을 아울러 싣고 와서 네 하나님 여호와의 이름에 드리려 하며 이스라엘의 거룩한 자에게 드리려 하는 자들이라. 이는 내가 너를 영화롭게 하였음이니라"(이사야 60:1-9).

바울은 이사야 선지자의 예언이 이루어지는 그 영화로운 날을 고대하고 있었고, 그 예언이 지금 이루어지고 있다고 생각되었다. 바울은 심히 기뻤다. 자신이 매개(媒介)가 되어 이 예언이 이루어진다면 얼마나 큰 영광이겠는가. 할 수 있다면 이 역할은 자기가 해보고 싶었다. 바울이 그 요청을 기꺼이 수락했기에 지금 바로 로마로 갈 수가 없는 것이다.

예루살렘 형제들을 돕는 이 사명을 마친 후 주님께 받은 또 하나의 대사명을 감당하기 위하여 로마에 가리라. 이미 그의 사랑하는 동역자 브리스길라와 아굴라, 그리고 그와 긴밀한 관계를 가지고 활동하던 여러 동역자들이 로마에 가 있기에 그곳 소식을 자주 들을 수 있었다. 그래서 이후에 꼭 가서 그들을 보고 신령한 은혜를 피차 나누기 원했다. 또 그들 도움으로 평생에 염원하고 있던 스페인까지 복음을 전할 수 있기를 바랐다. 브리스길라와 아굴라도 그가 로마에 오기를 간절히 원하고 있었다.

그는 그 아쉬움을 장문의 편지로 대신했다. 지금 로마교회의 형편도 고린도교회나 갈라디아교회와 크게 다를 바 없을 것이라 생각했다. 이즈음 바울은 육신이 극도로 쇠약해져 있었다. 자주 발생하는 눈병과 간질은 그가 글을 쓰는데 여간 장애를 주는 것이 아니었다. "더디오! 로마에 있는 형제자매들에게 편지를 보내려 하니 내가 말하는 것을 좀 받아 대서(代書)를 해주시오" 부탁했다.

더디오는 특별히 글을 잘 쓰는 사람이었다. "선생님의 글을 받아 쓰는 일이야 큰 영광이지요." 더디오는 로마서를 쓰는 내내 바울의 건강을 챙기며 편지를 대서해갔다.

"예수 그리스도의 종 바울은 사도로 부르심을 받아 하나님의 복음을 위하여 택정함을 입었으니 이 복음은 하나님이 선지자들로 말미암아 그의 아들에 관하여 성경에 미리 약속하신 것입니다.

이 아들로 말하면 육신으로는 다윗의 혈통에서 나셨고 성결의 영으로는 죽은 가운데서 부활하여 능력으로 하나님의 아들로 인정되셨으니 곧 우리 주 예수 그리스도십니다.

그로 말미암아 우리가 은혜와 사도의 직분을 받아 그 이름을 위하여 모든 이방인 중에서 믿어 순종케 하나니 여러분도 그들 중에 있어 예수 그리스도의 것으로 부르심을 입은 자입니다.

로마에 있어 하나님의 사랑하심을 입고 성도로 부르심을 입은 모든 자에게 하나님 우리 아버지와 주 예수 그리스도로 좇아 은혜와 평강이 있기를 원합니다."

바울은 로마서를 쓰는 동안 눈병과 간질로 인하여 많은 고생을 했다. 그는 로마교회를 향한 그의 간절한 마음을 적은 후, 복음을 이해시키기 위하여 인간의 죄를 모두 나열하여 따라서 모든 인간은 죄인이라는 것을 선포했다. 하나님은 공의롭기 때문에 죄 있는 인간은 유대인, 헬라인, 로마인 할 것 없이 그의 심판의 대상이 된다는 것을 설명했다. 어떤 사람은 율법을 알고도 죄를 범하고, 어떤 사람은 율법을 알지 못해도 양심이 자신의 잘못을 책망하지만, 양심의 가책을 받으면서도 죄를 범하므로 세상 사람 중에 의인은 하나도 없다는 것을 선포했다.

> "기록한 바 의인은 없나니 하나도 없으며 깨닫는 자도 없고 하나님을 찾는 자도 없고 다 치우쳐 한가지로 무익하게 되고 선을 행하는 자는 없나니 하나도 없습니다"(로마서 3:10-11).

인간은 하나님이 원하시는 선에 이를 수 없는 죄악성을 갖고 있기에, 인간 스스로는 자신을 구원할 수 없습니다. 하나님의 자비하심이 인간에게 할 수 없는 일을 요구하지 않으시고 행위 외에 다른 구원의 법을 준비하셨는데, 바로 그리스도 예수 안에서 이룬 일을 믿음으로 받아들이면 하나님은 그를 의롭다고 선언하십시다. 의롭게 된 사람은 그의 자녀로 받아들이고, 성령의 인도함을 받아 세상을 이기게 되며, 종국적으로 영생에 이르게 됩니다. 그들은 자신의 죄를 깨닫고, 선을 추구하고, 하나님을 찾게 됩니다. 그래서 세상 여러 환경과 싸우지만, 하나님의 도움으로 궁극적으로 승리하게 됩니다.

그리고 구원은 하나님이 그 택한 자들에게 자비를 베푸셔서, 예수 그리스도 안에서 이루어진 일, 곧 그가 십자가에서 우리를 위하여 대신 형벌을 받고 우리 대신 죽은 것과, 사명과 죄의 권세를 이기고 사흘 만에 부활하신 것을 믿으면 구원을 얻는다는 복음의 진리를 설명해 주었다. 또 성령이 신자로 하여금 그리스도를 믿게 하고 친히 인도하신다고 기록했다.

진리를 선포한 후, 그는 그의 사역에 함께한 로마에 있는 동역자들의 노고와 사랑을 칭찬하고 교회가 이런 사람들을 존중해줄 것을 당부함으로 서신을 마쳤다.

그때 마침 그곳에 와있는 겐그리아교회의 여집사 뵈뵈[85]가 로마로 간다는 소식을 들었다. 그는 그녀 편에 이 편지를 전하고자 특별히 청했다. 그녀는 브리스길라처럼 영특하고 용감한 여인이었고 무역[86]을 해서 하인도 많이 대동하고 있었기 때문에 두루마리 편지를 보내기에는 적격이었다. 뵈뵈는 자기가 이 놀라운 사명을 맡은 것에 대하여 매우 영광스럽고 감사하게 생각했다. "사도님 아무 염려 마세요. 목숨을 걸고 이 편지를 로마에 전하겠습니다." 그녀는 편지를 잘 포장하고 상자에 담았다. 일행을 이끌고 배에 오르기 전 뵈뵈 집사는 사도 바울과 후일을 기약하고 배에 올랐다. "부디 몸 건강하시고 로마에 꼭 오세요!" 바울은 오랫동안 떠나가는 배를 바라보며 그들의 여행이 무사하기를 간구했다.

7-8
다시 마케도니아로

그동안 고린도교회의 분열로 내심 좋아하던 유대 교인들은 교회가 안정된 이유가 바울이 돌아와서 문제들을 수습했기 때문이라는 것을 알았다. 그들은 즉시 열심당원들을 동원하였다. "흥, 바울이 자기 무덤에 스스로 기어 들어왔으니 아주 잘된 일이오"하고 좋아했다. "이번에는 바울을 꼭 죽여버리겠습니다." 몇몇 유대인이 바울을 죽이기를 공모하였다. 그러나 그

집 역시 하인 중에 비밀 그리스도인이 있었다. 그들의 모의는 곧 바울 일행에게 전해졌다.

"바울 사도님, 한시바삐 고린도를 떠나야 합니다. 가능하면 빨리 배를 타야 합니다." 형제들이 말했다. "소용없소, 그들은 이미 고린도나 주변 항구를 지키고 있을 것이오. 우리가 받은 헌금도 적지 않고 구제에 필요한 짐도 많으니 곧 발견될 것이오. 그러니 그들을 피해 배를 탄다는 것은 불가능하오." 바울이 말했다. "그러면 어떻게 합니까?" 누가가 물었다.

"여러분 몇은 지금부터 우리가 아가야로 가서 배를 탄다고 소문을 내시오. 그들이 아가야로 가서 우리를 기다리는 동안, 형제들은 고린도에서 배를 타고 드로아로 가시오. 나와 누가는 데살로니가를 거쳐 빌립보로 가서 거기서 드로아로 가겠소. 그들이 나를 추적하려고 할 것이니, 그 사이에 구제금을 가지고 드로아에 가서 기다리시오. 그럼 구제금은 무사히 운반할 수 있을 것이오."

"사도님은 괜찮겠습니까?" 누가가 걱정하며 물었다. "자, 여러분! 괜찮고 말고가 어디 있소. 우리의 임무는 구제금을 무사히 예루살렘까지 가져가서 형제들을 돕는 것이오. 그들이 노리는 것은 돈이 아니라, 나의 생명이 잖소 내가 그들을 유인하면 그 사이에 구제금을 운송해서 드로아까지 무사히 당도할 수 있을 거요. 나는 육로로 마케도니아까지 갈 것이오. 그들이 아가야로 가는 동안 마케도니아로 간다면, 그들도 우리를 해칠 수 없을 것이오. 주께서 우리를 보호할 것이니 지체하지 말고 시행하시오."

바울은 곧 헌금을 가지고 고린도에서 아가야 항구로 갈 선발대를 꾸렸다.

아시아까지 함께 가는 자는 베뢰아 사람 부로의 아들 소바더와 데살로니가사람 아리스다고, 세군도, 더베사람 가이오와 디모데, 아시아 사람 두기고와 드로비모, 곧 각지역을 대표할 만한 사역자들이었다. 그들은 각각 구제금을 나누어 포장하여 준비를 완료했다. 누가와 디모데는 밖으로 나가 유대인들의 시장에서 물건들을 사며 아가야로 가서 배를 탈 거라는 소문을 냈다.

소문을 접한 회당의 유대인들도 바삐 움직였다. 그들은 무기를 준비하고 즉시 아가야 항구로 출발했다. 비밀 선발대도 그 소식을 알려왔다. 그들이 출발한 것을 확인한 이틀 뒤, 어두운 새벽을 기해 바울과 누가는 마케도니아를 향해 길을 재촉했다. 바울이 마케도니아로 갔다는 소식이 유대인들의 귀에도 전해졌다. 속았다는 것을 안 유대인은 아가야에 매복해 있던 열심당들에게 급히 돌아오라는 전갈을 보냈다. 그 사이 아리스다고와 디모데 등 헌금을 운반하는 사람들은 드로아로 가는 배를 무사히 탔다. 아가야로 갔던 열심당이 돌아왔을 때 바울 일행은 모두 떠나 있었다.

유대인들은 "에이, 빌어먹을 이 원수 놈들 …!" 이를 갈았지만 어찌할 수 없었다. "네 이놈 바울아, 네가 여기서는 우리를 보기 좋게 속였지만 그래, 예루살렘에서는 그렇게 하지 못하겠지. 예루살렘에서 기다렸다 반드시 너를 죽여주마!" 유대인들은 기필코 바울을 죽이겠다는 각오를 다졌다. 그들은 즉시 예루살렘에 있는 바리새인들에게 사람을 보내 바울의 행적을 설명하고 그가 예루살렘에 오면 꼭 제거하라는 편지를 전했다.
바울은 빌립보에 도착하는 즉시 형제들과 작별하고 드로아로 가는 배를 탔다. 성공적으로 고린도에 거주하는 열심당원들을 따돌린 것이다. 그들이 닷새를 걸려 드로아에 도착했을 때, 구제금을 소지한 형제들은 이미 드로아에 도착하여 바울을 기다리고 있었다. 배에서 내리는 바울과 누가를 보고 그들은 기뻐 포옹하며 어쩔 줄을 몰랐다.

7-9
유두고 사건

안식 후 첫날 그들은 주일 예배로 모였다. 성도들의 요청으로 바울의 강론은 계속되었다. 성도들은 마지막이 될지도 모르는 예배였기에 말씀을 조금이라도 더 듣고자 밤 늦게까지 헤어질 줄 몰랐다. 내일 날이 밝으면 바울이 예루살렘에 방문 후 못 돌아올 수 있었다. 강론이 밤늦도록 계속되는데, 그때, "악…!"하는 소리가 났다. 난간에 걸터앉아 강론을 듣던 한 청년이 졸음으로 아래층 바닥에 추락한 후 몇 번 몸을 꿈틀하더니 이내 숨을 거두었다. 사람들이 "유두고[87]! 정신차려 유두고!"하고 청년의 이름을 부르며 흔들어 보았으나 아무 움직임이 없었다. 유두고 청년의 어머니와 아버지가 아들의 이름을 부르며 울부짖었다.

"오, 주여! 어찌 이런 일이…!" 부모는 청년을 안고 슬피 울고 있었다. 바울이 죽은 청년 곁에 이르렀다. 그리고 "아이를 그대로 두고 비켜나시오." 부모는 의아해하면서도 안고 있던 청년을 내려놓았다. 바울은 그 청년의 몸을 자기 몸으로 감싸고 잠시 눈을 감고 간절히 기도한 후 부모에게 말했다. "안심하시오. 이 아이(청년)가 죽은 것이 아니요. 그 생명이 그 안에 있으니 두려워 말고 침대에 누이시오." 부모는 의심 반, 믿음 반으로 바울의 말에 순종했다. 바울은 다시 강단으로 올라가 강론을 계속했다.

이어서 성찬과 애찬을 계속했다. 얼마 후 숨이 멈췄던 청년은 언제 그랬냐 싶게 침상을 떨치고 일어나 성도들과 함께 성찬과 애찬에 참석했다. 성도들은 다시 살아난 이 청년으로 인하여 큰 위로를 받았으며 그 밤에 이 일로 인해 모든 신자들이 기쁨으로 충만했다.

이튿날 바울은 동행하는 일행들에게 말했다. "여러분은 배를 타고 앗소로 가시오. 나는 육로로 가면서 몇 교회를 돌아보고, 그들과 교제를 나눈 후 앗소에서 여러분과 만날 것이오." "아니, 사도님에게 큰 어려움이 있을 것이라고 예언을 했잖아요. 한데 또 육로(陸路)로 가신단 말입니까?"라는 항의에 바울은 웃으며 안심시켰다. "위험이야 육로나 해로(海路)나 마찬가지입니다. 내 사명을 마칠 때까지 주께서 보호해 주실 것입니다."

그들은 항구로 가고 바울은 다른 형제를 데리고 육로로 갔다. 그곳에서 헌금이 더 많아졌으므로 누가도 그들 편에 합류시켰다. 바울은 계속해서 이곳저곳 교회에 들려 강론하고, 성만찬과 애찬을 나누며 그리스도의 도를 강론하여 그들을 위로했다. 역시나 많은 교회에서 예언하는 형제자매들이 바울에게 예루살렘은 위험하니 들어가지 말라고 권했다. 하지만 바울은 쉬지 않고 여러 교회를 방문하고 드디어 앗소에 도착했다.
드로아에서 배를 타고 오는 형제들보다 바울 일행이 먼저 도착한 것이었다. 형제들을 실은 배가 앗소에 도착하자 바울은 바로 형제들이 타고 온 배에 승선하여 같이 항해를 시작했다. 배는 미둘레, 기오, 사모항을 들러 밀레도[88] 항에 도착했다. 배는 밀레도에서 며칠간 정박하여 화물을 내려주고 새 짐을 실어야 했다. 그래서 그들도 얼마간 밀레도에서 대기했다.

7-10
밀레도의 고별 연설

밀레도에 도착한 바울은 어쩐지 이번 여행이 마지막이 될지도 모른다는 생각이 들었다. 그래서 그가 삼 년이나 머무르며 사역하던 에베소에 들리고 싶었지만, 그곳에 가면 시간이 지체될 수 있고, 또 많은 구제금을 운반해야 했으므로 그냥 지나치기로 했다. 자나 깨나 한시바삐 헌금을 예루살렘에 전해야 한다는 중압감이 있었다. 예수님의 부르심을 받은 이후, 바울의 수중에는 부담될 만한 재물을 가져 본 일이 없었는데, 이번만은 달랐다. 얼마나 귀한 구제금의 운송인가? 이방 성도들의 사랑을 운송하는 것이다. 혹여라도 차질이 있다면 이는 정말 큰일이었다. 그래서 운송을 다른 사람에게 맡겨도 되지만, 친히 형제들을 진두지휘하여 나선 것이다.

그러나 날씨가 좋지 않아 바울 일행을 실은 배가 쉽게 밀레도를 떠나지 못했다. 바울은 즉시 가이오를 불렀다. 그리고 그에게 서신을 주어 에베소에 있는 교회의 장로들을 밀레도에 오게했다. 바울의 연락을 받은 에베소의 여러 장로들은 급하게 밀레도로 와서 바울을 만났다. 에베소의 장로들은 바울이 예루살렘으로 간다는 말을 듣고 만류했다. "지금 도처(到處)에서 사도님을 죽이려고 모의하며 때를 기다리는 자객(刺客)들이 적지 않습니다. 한데 피할 길도 곳도 없는 예루살렘으로 들어가신단 말입니까? 안 됩니다. 그런 일은 다른 사람들을 시켜도 되지 않겠습니까? 무엇 때문에 그 위험을 무릅쓰려 합니까?"

디모데도 거들었다. "사도님! 저들의 말을 듣는 것이 좋겠습니다. 이번에 예루살렘에 가는 것은 아무래도 불안합니다." 바울은 디모데를 보며 재차 강조했다. "디모데! 자네마저 왜 그러나? 내가 수 차에 걸쳐서 알아 듣도록 설명 했지 않나! 이번 여행길은 이사야 선지자의 예언을 이루는 일이네. 이방 형제들의 구제금을 전함으로 구약의 옛 백성과 신약의 영적 백성이 하나가 되어 온전한 교회를 이루는 상직적 사건이 될거야!" 예배를 마치고 만찬이 계속되자 장로들과 제자들이 기도회를 가졌다. 그 시간에도 여러 제자들이 예언하며 예루살렘에서 바울의 위험을 고지했다.

바울은 결연한 의지를 보였다. "내가 여러분을 다시 보게 될지 아닐지 모르는 일이지요. 주께서 허락하시면 다시 오겠지만, 어쩌면 이번이 마지막 길이 될지도 모르겠소. 여러분의 예언대로 내가 다시 이곳에 오지 못한다면 지금 내가 하는 당부가 마지막 유언이 될 겁니다. 그러니 잘 새겨듣고 꼭 준행하길 바랍니다" 그는 좌중을 둘러보며 강론을 시작했다.

"여러 장로님들! 내가 아시아에 들어온 첫날부터 지금까지 내가 항상 여러분 가운데서 어떻게 행하였는지 여러분이 잘 알 것입니다. 곧, 모든 겸손과 눈물, 유대인의 간계로 말미암아 당한 여러 시험을 참고 주를 섬겼습니다. 또, 하나님 나라에 유익한 것이라면 무엇이든지 환경을 불문하고, 공중 앞에서나 각 성도의 집에서나 거리낌이 없이 전하고 가르쳤습니다." 그는 목이 메이는지 한참 말을 잇지 못했다. "나는 유대인들에게도 헬라인들에게도 하나님께 대한 회개와 우리 주 예수 그리스도께 대한 믿음을 증언했습니다." 여기저기서 흐느끼는 소리가 들려왔다. 여인들의 흐느낌에 몇몇 장로와 감독들도 흘러내리는 눈물을 소매 자락으로 훔쳤다.

"여러분 보십시오. 이제 나는 성령에 매임을 받아 예루살렘으로 가는데 거기서 무슨 일을 당하는지 알지 못합니다. 오직 성령이 각 성에서 내게 대하여 증언하기를 결박과 환난이 나를 기다린다 합니다…" 잠시 쉬고 좌중을 돌아봤다. 좌중은 미동도 하지 않고 바울을 주시했다. "나의 달려 갈 길과 주 예수께 받은 사명 곧, 하나님의 은혜의 복음을 증언하는 일을 마치려 함에는 나의 생명을 조금도 귀한 것으로 여기지 아니합니다. 보십시오! 내가 여러분 중에 왕래하며 하나님의 나라를 전파하였으나 이제는 여러분이 다 내 얼굴을 다시 보지 못할 줄 압니다."

바울이 보니 디모데의 눈에는 하염없이 눈물이 흘러내리고 있었다. 그러기도 할 것이다. 디모데는 바울을 친 아버지보다도 더 따랐고 각양 고난에 함께 했다. 디모데가 흐느끼는 것을 보자 바울의 눈에도 눈물이 비쳤다. 그러나 그는 이내 마음을 다잡고 말을 이어갔다. "그러므로 나는 오늘 여러분에게 증언합니다. 모든 사람의 피에 대하여 내가 깨끗하니 이는 내가 꺼리지 않고 하나님의 뜻을 다 여러분에게 전하였기 때문입니다.""여러분에게 당부합니다. 여러분이 자신을 위하여, 또는 온 양 떼를 위하여 명심하여야 할 것은 성령이 양떼들 가운데서 여러분을 감독자로 삼고, 하나님이 자기 피로 사신 교회를 보살피게 했다는 사실입니다."
"내가 떠난 후에 사나운 이리가 교회에 들어와서 그 양 떼를 아끼지 아니하고 노략질할 것이고, 여러분 중에서도 자기를 따르게 하려고 제자들을 유혹하여 어그러진 말하는 사람들이 일어날 줄을 압니다"

바울은 심판관처럼 엄숙한 표정으로 그들을 바라봤다. "그러므로 여러분! 내가 삼 년이나 밤낮 쉬지 않고 눈물로 각 사람을 훈계하던 것을 기억하십시오. 지금 내가 여러분을 주와 및 그 은혜의 말씀에 부탁합니다. 그 말씀이 여러분을 능히 든든히 세우사 거룩하게 하심을 입은 모든 자 가운데 기업이 있게 하실 것입니다."

그는 두 손을 들고 하늘을 우러러 보았다. "나는 아무의 은이나 금이나 의복을 탐하지 아니하였습니다. 여러분이 잘 아는 바, 이 손으로 나와 내 동행들이 쓰는 것을 충당하면서 범사에 여러분에게 모범을 보여 주었으니, 여러분도 수고하여 약한 사람들을 돕고, 또 주 예수께서 친히 말씀하신 것처럼 주는 것이 받는 것보다 복이 있다 하심을 기억하십시오." 강론을 마치자, 그들 모두는 무릎을 꿇었다. 모인 모든 장로들과 성도들을 큰 소리로 바울의 안전을 위하여 눈물로 기도했다.

여기저기서 우는 소리가 증폭되며 울음 소리가 커져갔다. 이윽고 기도가 끝나자 성도들은 바울의 목을 안고 서럽게 입을 맞추며 작별 인사를 나누었다. "나는 장로님들이 잘하실 것을 믿고 가겠습니다. 자, 이제 출발합시다!" 바울이 말했다. 일행은 모두 일어나 여장(旅裝)을 짊어지고 항구로 향했다. 긴 행렬은 항구까지 이어졌다. 울며 따라오는 신자들 때문에 행인들이나 대로변 상가 사람들이 무슨 일인가 싶어 일행에 관심을 보였다.

바울이 배에 오르기까지 상념에 잠겨 말없이 땅만 보며 항구까지 배웅하는 사람도 많았다. "부디 몸조심하십시오! 주께서 안전히 보호하시길… " "잘 계십시오! 주께서 여러분과 함께하시길 빕니다." "형제들! 사도님을 잘 지켜드리시오." 나이 지긋한 장로들은 일행들 한 사람 한 사람에게 당부하고, 또 당부했다. 배는 닻을 올리고 돛을 세우더니, 긴 양각나팔 소리를 남기고 밀레도 항구로부터 멀어져갔다. 장로들은 배가 보이지 않을 때까지 눈물로 전송했다.

7-11
합력하여 선을 이룸

그들은 바다랴에 도착해서 베니게(페니키아) 행 배를 기다리고 있었다. 우연하게도 그들은 거기서 바나바, 마가와 만났다. 참으로 오랜만이었다. 바울은 바나바와 마가가 복음을 위하여 많은 일을 했다는 사실을 여러 사람을 통하여 알고 있었다. 그때마다 바울은 바나바와 마가에 대하여 더할 수 없는 미안함을 느꼈다. 초기에 바울이 약점이 많은 사람임에도 바나바는 누구보다 바울을 이해하고 포용하며 이 사역을 진행하면서 이끌어 주던 최고의 동역자였다. 비록 일차 전도여행 중, 마가로 인하여 많은 심리적인 고통을 받기는 했지만, 그렇게 다투며 갈라서는 것은 아니라고 깨달았다. 자신이 좀 더 마가에게 관용했더라면 얼마나 좋았을까?하는 후회가 솟아오를 때나 그들의 활동 소식을 들을 때마다, 바울은 마가와 바나바를 위해 간절히 기도했고, 그들과 화해하고 동역할 기회를 절실하게 바랐다. 그러나 바울이나 바나바나 개인감정보다도 더 큰 하나님 나라의 복음을 전하느라 바빠서 함께할 시간이 없었다. "나의 동역자 바나바!" "나의 형제 마가!" "바울 사도!" 세 사람은 서로 얼싸안았다. 서로의 얼굴을 몇 번이나 확인하고 또, 확인하며 안부를 물었다. 두 사도의 일행들은 서로를 소개하고 인사를 나누었다.

"어디로 가는 길인가요?" 바나바에게 물었다. "어제 알렉산드리아에서 왔는데 밀레도로 가는 배를 찾고 있소" 대답했다. "아, 정말 잘 됐소. 오늘밤 우리와 함께 지냅시다." 그들은 함께 역관으로 가서 밤이 새도록 그간 밀린 대화를 나누며 그들을 만나게 하신 주님께 감사드렸다.

"마가! 자네의 사역에 대한 소식은 여러 곳에서 들어서 잘 알고 있네. 자네에 대한 칭찬이 자자하더구먼. 전엔 너무 미안했네. 그때 내가 관용하지 못한 것이 항상 마음에 무거운 짐이었다네. 이제나마 사과하니 용서하게나" 바울이 말했다. "바울 사도님! 무슨 그런 말씀을 하십니까? 그때 사도님의 책망이 아니었다면 저는 여전히 그 모양이었을 겁니다. 솔직히 그런 고생을 이전에 해보지 못했었거든요. 그 후, 저는 그때 일을 종종 생각합니다. 사도님이 저를 책망하실 때, 저는 사실 사도님의 얼굴에서 주님의 얼굴을 보았습니다."

"주님의 얼굴이라니…?" "예, 심판대 앞에서 불충한 저를 보고 있을 주님의 단호함을 보았습니다. 그 이후 저는 육신에 고통이 와서 되돌이키고 싶은 일이 있을 때, 사도님의 단호한 얼굴을 생각하며 고난을 인내하게 되었습니다. 바나바가 맞장구쳤다. "맞소, 마가는 이 말을 내게 여러 번 했다오. 오늘 마가의 성장에는 바울 사도의 공이 큰 셈이지." 서로가 껄껄! 통쾌하게 웃자, 이에 바울도 함께 웃었다.

그동안의 서먹함이 순식간에 사라졌다. "그렇다면 주님께 감사할 일이지요. 아무튼 잘됐습니다. 한데 밀레도는 무슨 일로 가십니까?" "예, 특별한 계획은 없고, 이전에 다녔던 곳을 돌아볼 양으로 …" "아, 그럼 참 잘됐습니다. 지금 에베소는 아시아 복음에 매우 중요한 기지입니다. 그곳에 전체를 통괄할 감독이 없어서 그러는데 바나바님과 마가가 가서 지도하면 어떨지요?" 조심스럽게 물었다. "마가의 생각은 어때?" 하고 바나바가 마가를 바라봤다. "부족한 제게 그런 일을 맡겨 주신다면 감사할 뿐입니다. 이전의 잘못을 만회할 기회도 되고요." 했다.

"우리 동역자들이 전부 예루살렘으로 가면서 그곳이 큰 공백 상태거든요. 당신과 마가가 가준다면 저는 안심이 됩니다." 바나바에게 말하자. "인정해 주시니 정말 감사합니다." 마가도 사례했다. 바울은 즉시 편지를 써서 마가에게 주었다. 이로써 세 사람 모두 마음의 짐을 벗게 되었다. 그들은 이 모든 것이 주님의 뜻이었음을 인정하고, 만날 수 있는 환경을 만드신 주님께 감사드렸다.

바울은 마가에게 에베소의 모든 정황을 설명하고 디모데를 소개했다. 디모데와 마가는 바로 친형제처럼 가까워졌다. 이튿날, 바나바와 마가는 에베소로, 바울 일행은 페니키아로 가는 배에 몸을 실었다. "부디 강건하여 다시 봅시다!" "에베소 지역 교회를 잘 부탁하네" 바울은 마가에게 다시 힘주어 부탁했다. 그들은 짧은 만남을 아쉬워하며, 서로를 축복하고 헤어졌다. 이후 마가는 바울의 아주 중요한 동역자가 되었다.

7-12
옥에서 죽는 데에도

바울 일행을 실은 배는 예루살렘을 향하여 맞바람을 받으며 천천히 나아갔다. 그들은 키프러스를 지나 시리아 앞을 통과하여 두로 항에서 짐을 풀었다. 두로에서 제자를 찾아 이틀을 지체했는데, 그들과 함께 기도할 때에 곳곳에서 형제자매들이 성령에 감동되어 바울에 대하여 예언했다. "이번 여행 길은 바울 사도에게 큰 위험이 있을 것이다." 모두가 근심에 싸였으나, 바울은 자신의 위험에 초월한 듯 담담했다. 이번만은 죽더라도 예루살렘에 가야한다는 의지가 확고했다. 두로에서 다시 다른 배로 갈아타고 가이사랴로 가야하므로 출발하기에 앞서 그곳의 형제자매들과 예배하기 원했다. 그들이 처와 자식들까지 동반하고 바다가로 모여왔다. 그들은 이 길이 바울의 마지막 길이라고 생각하고 자기 자식들에게 그를 기억시키려 했다. 두로의 해변에서 예배가 진행되었고, 형제들은 바울의 안전을 비는 기도를 했다. 바울을 따르는 형제자매들과 함께 주님의 보호하심을 기원하는 찬양을 부르며 부두까지 따라갔다.

닻을 올리고 미끄러지듯 두로 항을 빠져나온 배는 바다 가운데서 방향을 잡고 돛을 올렸다. 형제자매 아이들 할 것 없이 눈물을 흘리며 배가 보이지 않을 때까지 손을 흔들어 전송했다. "주여! 보호하소서 전능하신 주여 사도님을 보호하소서!" 그들에게 바울은 영적 부모였다. 그들은 바울의 전도와 가르침으로 주님을 영접했고 양육되었다. 그들의 배는 톨레마이에 들러서 드디어 유대를 관할하는 총독부가 있는 가이사랴항에 도착했다.

항해의 종착지인 가이사랴에 도착하자, 그들은 그곳에 사는 초대교회 일곱집사 중 한 사람이었던 빌립 집사의 집에 들어갔다. 그 집에서 여러 날을 지냈는데, 빌립 집사에게는 예언하는 딸 넷이 있어 많은 신앙의 교제를 나눌 수 있었다. 그때 마침 아가보라는 선지자가 유대로부터 빌립의 집을 방문했다. 그에게 예배 중에 예언이 임했다. 그래서 그는 회중에게 예언하기 위하여 일어나더니 바울에게 허리띠를 부탁하여 그 띠로 자기 손과 발을 묶게 했다. 그리고 회중을 향하여 말했다. "여러분! 성령님이 내게 계시하시기를 유대인들이 이 띠의 주인을 이렇게 결박하여 이방인의 손에 넘길 거라고 합니다." 모든 사람의 얼굴이 공포로 질렸다. 바울이 위험을 당한다는 예언은 들었지만 구체적이지 않았다. 그러나 지금은 체포되는 모습을 구체적으로 보여주었다. 아가보는 모든 교회가 인정하는 선지자였다. 아가보의 말에 여기저기서 여인들의 울음소리가 들려왔다.

몇 사람이 울면서 바울 앞으로 와서 바울의 손을 붙잡고, "사도님! 저 보십시오. 성령께서 아가보 선지자를 통해서 저렇게 분명하게 계시해주지 않습니까? 미리 알려주시는 걸 보면 피하라는 뜻입니다. 사도님은 절대로 예루살렘에 올라가서는 안됩니다!" 만류했다. 많은 성도들도 이구동성으로 반대했다. "맞습니다. 사도님은 성령의 지시에 순종해야 합니다"

바울은 단호하게, "어찌하여 여러분의 눈물로 내 마음을 상하게 합니까? 나는 주 예수의 이름을 위하여 결박당할 뿐 아니라, 예루살렘에서 죽을 것도 각오하였습니다. 우리 주님은 그곳에서 십자가에 못 박히셨습니다. 주님도 예루살렘에서 십자가에 못 박히실 것을 알고 가셨습니다. 성령께서 내게 주신 뜻도 있으니 주님이 가신 그곳에 저도 가려고 합니다. 주님 가신 그길을 내 어찌 마다하겠습니까?"

바울은 다시, "사랑하는 여러분! 여러분의 사랑과 염려는 저도 잘 압니다. 그러나 사람은 이 세상에서 영생할 수 없습니다. 사실 저는 이미 죽었어야할 죄인 중의 괴수입니다. 오늘 날까지 내가 살고, 또 주님의 사도로 일할 수 있었던 것은 오직 하나님의 은혜로 된 것입니다. 이미 하나님께서 내게 베푸신 은혜가 충분하였습니다. 자신이 뻔히 죽으실 줄 알면서도 우리 속죄를 위하여 고난의 길을 가신 하나님의 아들 예수 그리스도, 우리 주님을 본받으려고 합니다!" 성도들은 바울의 표정에서 엄숙히 주님의 길을 따르고자 하는 의지를 보았다. 그래서 더 이상 만류해서는 안된다고 생각했다. "아무쪼록 주님의 뜻이 이뤄지기를 원합니다"

배에서 내린 짐이 여러 개로 나뉘어 나귀와 수레에 실리자 일행은 예루살렘을 향하여 출발했다. 구제금을 안전하게 호송하기 위하여 많은 형제들이 함께 동행했다. 가이사랴에서 예루살렘으로 가는 길은 계속되는 오르막길이었다. 또, 형제들은 바울을 위험에서 보호할 목적으로 무예(武藝)가 특출한 사람을 선발해 보냈다. 그 중 한 사람이 나손이었는데 그는 키프러스(구브로)사람이었다. 예루살렘에 있는 그의 집은 크고 견고하여 많은 사람이 숙식했기 때문에 외부공격에서 바울을 보호할 수 있어서 가이사랴 장로들이 특별히 보낸 것이었다. 나손의 집에 들어 갔을 때, 많은 형제들이 나손의 집에 먼저 와서 바울 일행을 반갑게 맞아주었다.

7-13
예루살렘에서 결례[89] 후 일어난 난동

다음날 동이 트자 바울 일행은 예수님의 친 형제 사도 야고보에게 갔다. "오, 바울 사도님! 위험한 가운데도 이렇게 무사히 예루살렘에 입성하셨구려. 정말 잘 오셨소!" 당시 그리스도교 예루살렘 공회 의장으로 있던 야고보 사도와 여러 장로들은 바울 일행을 크게 환영하며 반갑게 맞아주었다. 예루살렘 교회는 많은 방문객과 바울의 방문으로 성도들이 교제하면서 활기를 띠었다. 예루살렘공회가 열렸는데, 야고보 사도는 먼저 예배와 성찬식을 거행하고 바울 사도의 입성(入城)을 공식적으로 환영하였다.

바울의 예루살렘 입성과 예루살렘공회의 환영
"사랑하는 공회원 여러분! 우리는 그동안 우리 형제 바울의 아시아 선교와 마케도니아와 아가야 선교 소식에 대해서 여러 경로로 들어왔습니다. 바울 사도를 사용하여 이룬 주님의 역사가 놀라웠습니다. 이제 그와 그의 동역자들이 예루살렘에 왔는데, 그들은 고맙게도 이방인들의 사랑을 가지고 왔습니다. 기근으로 인해 어려운 처지에 있는 우리 예루살렘교회 성도들을 돕기 위하여 이방 성도들이 주님의 이름으로 보낸 정성의 헌금을 가져 왔습니다. 우리는 그의 사역에 하나님이 함께하셔서 이룬 일들에 대하여 영광을 돌리고, 바울과 그 동역자들의 노고를 치하(致賀)합니다.

사도 바울의 선교보고
오늘 이 시간은 바울 사도의 그간 선교에 관한 보고가 있겠습니다." 바울이 앞으로 나왔다. "제가 이곳에 다시 와서 보니 감개가 무량합니다. 저는 그리스도의 대적으로 살다가 주님의 큰 은혜로 부름을 받았고, 황송하게도 이방인의 사도로 소명도 받았습니다. 저는 한시라도 주님의 일을 소홀히 하지 않기 위하여 안디옥으로부터 그레데, 소아시아, 마케도니아와 겐그리아, 아가야, 아테네, 고린도까지 많은 곳을 여러 차례 다니며 복음을 전하고 교회를 세워 그들을 가르쳤습니다. 주님은 여러 곳에서 함께 해주셔서 많은 곳에 복음을 전하게 하셨고, 또 여러 교회를 세우게 하셨습니다. 특별히 이번에 예루살렘을 방문한 것은, 유대 지방에 기근이 든 것을 듣고 이방의 형제들이 도우려고 헌금한 구제금을 보냈습니다. 하나님은 선지자들을 통하여 일찍이 이런 날이 있을 것을 계시해 주셨습니다. 저는 다만 이방인을 대표한 심부름꾼으로 이곳에 온 것입니다."

바울은 선교 과정과 이방에 많은 교회가 세워진 일, 그들이 어떻게 신앙을 갖게되었는지, 그들 속에서 어떤 변화가 일어났고 지역사회에 어떻게 영향을 끼치고 있는가를 보고했다. 사도와 장로들, 감독, 집사, 모든 성도는 바울 일행이 완수한 하나님의 큰 일을 들으며 심히 기뻐하였다.

바울 사도의 보고가 끝나자, 사도 야고보는 잠깐 치하한 후 다음과 같이 권면했다. "바울 형제여! 당신도 알다시피 이곳에는 유대 그리스도인들이 수만 명이 있으며, 그들 모두 율법을 준수하는데 열심이 있는 자들입니다. 그들이 소문을 들었는데 당신이 이방에 다니면서 유대인을 상대로 율법이 필요없다고 했으며, 유대인 아들들에게 할례도 행하지 말라고 가르쳤고, 또 규례도 지키지 말라고 했답니다. 그래서 당신에게 많은 반감(反感)을 가지고 있으니, 이곳에서 말씀을 전하기가 쉽지 않을 겁니다. 그런 오해를 불식시키기 위해서 내가 권하는대로 해주십시오. 그러면 여기 있는 유대인 신자들과도 어려움 없이 교제를 나눌 수 있을 것입니다."

바울이 물었다. "그렇습니까? 그럼 어떻게 해야 하나요?" 야고보가 설명했다. "우리에게 자신을 나실인으로 드리기로 서원한 네 사람이 있습니다. 그들이 서원례를 드려야 하는데, 바울 형제가 그들의 서원 비용을 들여 그 예식을 행하고 그들의 머리를 깎는다면 우리 형제들이 바울 형제도 율법을 존중하는 줄 알게 될겁니다." 바울이 답했다. "꼭 그렇게 해야합니까?" 다시 야고보가 설명했다. "그것이 큰 의미가 있는 것은 아니지만, 우리가 복음을 전하는데 방해가 되는 일이 있다면 쓸데 없는 분쟁요인을 없에는 게 좋으니까요. 주를 믿는 이방인에게는 이미 우상의 제물과 피와 목매어 죽은 것과 음행을 피할 것을 결의하고 편지해서, 이방인 성도와 유대인 성도가 교통하는데 장애가 없어지지 않았습니까?"

그 부분은 바울도 잘 알고 있었다. "예, 야고보 사도님의 제안에 저도 동의합니다. 복음을 전하는 데 사소한 것들로 인하여 방해 받을 필요는 없지요. 요청하신 대로 결례를 행하겠습니다. 언제가 좋겠습니까?" "우리가 본래 약정한 날이 내일이요. 그러니 내일 그들을 데리고 성전으로 들어가서 결례를 행하면 될 것이오!" 하고 말했다. 사도 바울도 야고보 사도의 제안에 동의하여 쾌히 승낙했다. "알겠습니다. 내일 분부내로 하겠습니다" 바울은 집으로 돌아와서 결례에 필요한 준비를 다했고, 이튿날 바울은 결례를 행할 네 사람을 데리고 성전으로 갔다.

헤롯에 의해 보수된 성전은 참으로 웅장했다. 성전 건물 자체로만 보면 어디에 내어 놓아도 손색 없는 신전(神殿)이었다. 바울은 주님이 이곳 성전에서 양과 비둘기를 팔고 환전하는 자들을 쫓아내셨다는 사실을 기억하고 있었다. 이 건축은 이미 주님의 죽으심과 부활로 인해 사실상 기능을 상실했다. 그는 이 사실을 잘 알고 있어서 굳이 이럴 필요는 없다고 생각했지만, 사도들과 유대 그리스도인과의 관계에서 친교와 말씀의 교제를 하기 위해서 결례는 불가피하다고 생각했다.

그러나 이것이 고난의 단초가 되리라고는 아무도 상상하지 못했다. 바울이 그들과 함께 정한 결례를 행하고 각 사람을 위하여 제사드릴 때까지 칠 일이 걸렸다. 칠 일이 다 할 즈음, 하필이면 성전을 나올 때 아시아에서 온 일단의 유대인들과 마주치게 되었다. 그들은 바로 에베소에서부터 바울을 어떻게 죽일까 궁리하던 유대교 열성분자들이었다.

마침, 그때 바울은 이방인의 뜰에서 에베소 사람 헬라인 드로비모와 대화를 나누었다. 그곳 이방인의 뜰은 이방인도 들어갈 수 있는 곳이었다. 하지만 아시아에서 온 유대인들은 드로비모가 헬라인이라는 것을 알고, 바울이 헬라인 드로비모와 함께 성전에 들어가는 불경을 저질렀다고 오해했다. 마침내 바울을 죽일 수 있는 고소거리를 찾았다고 생각한 것이다. 바울도 율법을 지키는 사람이라는 것을 보이려다 역설적으로 율법을 범한 사람으로 오해받게 되었다.

그들은 바울을 붙잡고 크게 외쳤다. "여러분! 우리를 도와주십시오. 이놈은 여러 나라를 돌아다니며 모세를 모독하고 우리 백성들에게 율법을 지킬 필요가 없다고 하고, 우리 유대인의 정통성과 성전의 존귀함을 무시하도록 가르쳤습니다. 그런데 이자가 여기서도 신성한 성전에 이방인을 데리고 들어가 성전을 모독한 것을 이 두 눈으로 똑똑히 보았습니다."
그 소리를 들은 유대인들이 분노했다. "뭐라고! 신성한 하나님의 성전에 이방인을 데리고 들어갔다고?" 분노하여, "감히 우리 성전에 이방인을 데리고 들어간 자가 있다"라며 다른 사람들에게 전했다. 그러자 순식간에 성난 유대인들이 모여들기 시작했다. 그리고 자초지종이나 시시비비도 가리지 않고 다짜고짜 바울을 향하여 무자비하게 주먹질을 했다. 성난 군중의 구타로 바울은 변명할 틈도 없이 집단 폭행을 당할 수밖에 없었다.

그런 와중에도 그들이 드로비모를 때리지 않은 것은 이방인을 만지는 것 자체가 부정한 일이었기 때문이다. "죽여라 죽여!, 민족의 반역자는 죽여야 한다!" 많은 사람이 모여 소동이 일어났다. 이때, 제사장 한 사람이 나타나 큰 소리로 군중을 힐문했다. "무슨 일들이오? 사람을 때려 성전에서 피를 흘리려 하다니!" 군중 가운데 몇명이 바울의 팔과 옷자락을 붙잡고 있었다. "도데체 무슨 일이길래 성전에서 이 소란이오? 여기가 거룩한 곳인 줄 모릅니까?" 군중을 향하여 책망했다.
"이놈은 온 아시아 회당을 돌아다니며 율법이 필요없다고 선동했습니다. 예수라는 자를 믿어야 죄 사함을 얻고, 제사를 통한 속죄도 필요없다고 합니다. 유대인이나 이방인이나 다 죄인이고, 오직 예수만 믿는다면 모두 구원을 받는다고 가르치는 이단의 괴수입니다. 심지어 성전도 필요가 없다고 가르치더니, 에베소에 사는 헬라인을 이 거룩한 성전에 데리고 들어갔다 나온 것을 내가 확신히 봤습니다." 고발했다.

제사장은 적대감을 보였다. "성전에서 속죄받지 않아도 죄사함을 받아? 이런 망령된 놈을 보았나! 이놈은 죽어 마땅하겠구나?" 몇사람이 맞장구쳤다. "맞소, 그놈을 죽여야 하오! 그놈이 바로 아시아를 다니며 유대교를 모독한 바울이라는 이단의 괴수 놈이오!" 바울은 급히, "아니요! 그것은 오해요. 분명 나는 성전에 이방인을 데리고 들어가지 않았습니다" 하고 제사장을 향하여 소리쳤지만, 성난 군중의 소리에 곧 묻혔다. 많은 군중이 더욱 흥분하면서 온 성전뜰이 시끄러워졌다. "저놈을 데리고 나가서 영문 밖에서 돌로 쳐죽이시오." 대제사장이 대노하며 명령했다.

| 그림-8 유대인에게 거부 당하는 사도 바울

온갖 고함소리와 함께 바울을 성문 밖으로 끌고나갔는데 바로 골고다 언덕이었다. 순식간에 일어난 일이라 바울과 함께한 형제들도 손쓸 틈도 없었다. "거룩한 곳을 범한 놈을 죽여라! 이단자 바울을 죽여라!" 군중의 함성이 온 예루살렘에 진동하였다. 바울은 얼굴 곳곳을 맞아 피가 흐르고 있었다. 그들은 성전법을 범한 현행범으로 바울을 죽이기로 결정하고 재판을 시작했다. 유대 산헤드린공회 서기관이 물었다.

"너는 무엇 때문에 성전에 출입이 금지된 이방인을 데리고 들어갔느냐?" "아니요, 우리는 이방인의 뜰에 있었을 뿐, 결코 성전에는 들어가지 않았오. 그리고 나는 결례를 행하기 위해 유다의 몇 형제만 데리고 가서 칠일간 서원례를 행했오. 결코 이방인을 데리고 간 것이 아니오" 바울이 변호했다. "분명히 본자가 있거늘 아직도 거짓말을 하고 죄를 자백하지 않는구나. 여봐라, 저자에게 삼십구 대를 쳐라!"

그 때, 백부장은 안토니오 성채 망대에서 부하들과 함께 인접한 성전 광장을 내려다 보고 있었다. 그는 사람들의 함성소리와 함께 사람들이 요란스럽게 몰려가는 것을 보았다. 이어서 사람이 끌려나가는 것을 목격했다. "에이 성가신 놈들! 또 싸우는구나, 어이, 소대장 가서 말리고 상황을 파악하라." 상항 보고를 들은 백부장이 다시 명령했다. "소대장은 중대를 소집하고, 빨리 천부장께 보고해라. 지금 성전에서 소요가 난 것 같다." 백부장은 급히 부대를 소집하고 점검했다.

천부장은 물었다. "무슨 일이오? 이 소란스런 소리는 대체 뭐요?" 부대 점검이 끝날 무렵, 함성소리를 들은 천부장이 연락도 가기 전 급한 걸음으로 집합해 있는 부대로 왔다. "예, 천부장님! 신전에서 수많은 사람들이 죽이라고 소리치고 있습니다. 자세한 상황은 가봐야 알 것 같습니다" 그러자 천부장은 "빨리 서둡시다. 소동이 일어나 총독께 보고되면 큰 일이오" 라고 말하며 대기해 있는 말에 올라탔다. 백부장도 바로 말에 올라타고 도열한 부대를 향해 명령했다. "부대, 성전을 향해 출·발! 빠른 보행으로 행군하라!"

군사들은 일제히 성 밖을 향하여 달려갔는데, 이미 많은 군중이 성밖으로 나간 뒤였다. 성문을 통과한 부대는 군중의 뒤를 향해 '비켜라!' 소리치며 쫓았다. 말 발굽소리에 놀란 군중들은 잽싸게 길을 비켰다. 부대가 골고다에 도착하니 많은 사람들이 그곳에 모였고, 유대인들이 재판을 시작하고 있었다. 바울은 여러 번 채찍에 맞아 온몸에 피를 흘리고 있었다.

"멈춰라! 도대체 무슨 짓들이냐?" 백부장이 형을 집행하는 자들을 향하여 소리쳤다. 로마군대가 나타나자 형(刑)을 집행하던 자들은 힐끗힐끗 눈치를 보며 뒤로 물러섰다. 천부장은 공회의 서기관에게 다가가서 물었다.
"지금 무엇을 하는 것이오?" 물었다. 서기관은 불만이 가득한 얼굴로 말했다. "예, 우리는 성전의 거룩성을 무시하고 이방인을 성전에 데리고 들어간 이 자를 재판하고 있습니다. 이는 우리의 소관입니다. 가이사(황제)께서도 분명히 성전에 들어가는 이방인은 죽여도 좋다고 허가하셨습니다. 그러므로 우리는 성전에 이방인을 데리고 들어온 이자에게 형을 집행하려는 것입니다."

백부장이 물었다. "이자가 이방인인가?" 하고 물었다. "이방인은 아니고 유대인입니다만, 이자가 이방인을 데리고 성전에 들어갔기에 처벌하려는 것입니다." 백부장이 말했다. "그건 불가한 일이지, 황제의 허가는 들어간 이방인을 죽이라는 것이지, 유대인을 죽이라는 것이 아니지 않나? 들어간 이방인은 어디있나?" 그러고 보니 그들은 바울 죽일 생각에 정신이 팔려, 이방인을 확보하고 있지 못했다. 서기관은 할 말을 잃고 난처한 표정으로 대답을 못했다.

상황을 지켜보던 천부장이 피 흘리는 바울을 보며 부하에게 명했다. "이 자를 쇠사슬로 결박하라." "이봐, 당신, 이 서기관의 말이 정말인가?" 하고 바울을 향해 물었다. 바울이 대답했다. "천부장님, 아닙니다. 저는 정 말 억울합니다. 저들이 나를 오해를 한 것입니다. 저는 절대로 이방인을 데리고 성전에 들어간 일이 없습니다. 저는 아무 잘못이 없고, 이것은 모 함입니다. 저는 유대 총독님에게 정식 재판을 청구하겠습니다."

"네, 이름이 무엇이냐?" 하고 물었다. "예 저는 탈소(다소) 시민 바울이라 는 사람입니다." 바울을 심문하던 유대인에게 천부장이 명령했다. "그럼 누가 탈소 사람 바울이 성전에서 무얼 어떻게 했는지 자세히 말해보라." 몇 사람이 나와서 말했으나 자기네들끼리 주장하는 증거가 모순 투성이었 다. "그렇다면 이 사람이 성전에 들어 간 것을 직접 본 사람은 없구먼" 천부장이 말했다.

천부장이 군중 분위기를 보니 폭동이 일어날 것 같았다. 다급해진 천부장 은 백부장에게 명령하고 백부장은 바울이란 죄인을 호송하여 속히 영문으 로 데리고 가라고 했다. 로마 군대의 일부는 바울에게 접근하는 사람들을 방패로 막고, 일부는 바울을 보호하여 영문으로 호송했다. 바울을 호송하 려는 로마 군대를 유대인 열성당원들이 막아서, 군사들과 옥신각신하는 가운데 바울을 호송하는 일이 점차적으로 어려워 졌다. 성난 군중들은 바울을 없에라고 쉴새없이 소리쳤다.

그러나 일부 군인들이 군중을 격리시켰고, 다른 군인들은 길을 트며 바울을 번쩍들어 형장에서 데리고 나왔다. 그 와중에 바울은 숨을 가쁘게 몰아 쉬었다. 그리고 자기를 보고 있는 천부장에게 헬라어로 물었다. "네가 할 말이 있는데 말해도 됩니까?" 천부장이 물었다. "아니, 헬라말을 아느냐?" 바울이 대답했다. "예, 헬라어를 할 줄 압니다." 그러자 천부장은 바울을 바라보며 물었다. "그래, 그렇다면 혹, 네가 이전에 난을 일으키고 광야로 도망쳤던 그 애굽인이냐?" "천부장님, 천부당 만부당하신 말씀입니다. 저는 그런 혁명가는 아닙니다. 저는 유대인이요 길리기아의 큰 성 탈소 시민이며 로마법을 준수하는 양민입니다. 저들의 오해에 대해 해명하고 싶습니다."

천부장은 바울이 큰 성 탈소의 시민이고 히브리어와 헬라어를 구사하는 유식한 사람이라고 생각했다. 그리고 피투성이가 되었음에도 눈빛이 형형하고 두렴 없이 할 말을 하는 바울에게 이상한 매력을 느꼈다. 참으로 용감한 사람이다. 이런 환경에서도 조금도 굴하지 않다니…, 천부장이 바울의 질문에 답했다. "그래 너에게 말하기를 허락하겠다." 천부장이 허락하자, 백부장이 군중을 안정시킨 뒤 큰 소리로 군중을 향해 말했다. "여러분! 이사람이 여러분에게 해명할 것이 있다하니 한번 들어보시오."

소란이 멎고 조용해졌다. 바울은 쇠사슬에 묶인 채로 계단 난간으로 가서 군중들을 향하여 낭랑하게 소리쳤다. "여러 부형들이여!" 히브리어 방언으로 말을 시작하자, 군중은 깜짝 놀라며 바울을 주목했다. 바울이 히브리 방언으로 말하자 군중은 더욱 집중했다. "부형 여러분! 제가 여러분 앞에서 진실만 말하겠습니다. 잠시만 제 변명하는 말을 들어 주십시오."

바울의 히브리어의 유창함은 그에게 더욱 주목하게 했다. "사랑하는 동족 여러분! 저는 유대인으로 길리기아 탈소에서 났고, 베냐민 지파에 속해 있습니다. 이 성에서 자라 예루살렘에 있는 가말리엘 문하에서 우리 조상 들의 엄한 율법으로 교훈을 받았으며, 오늘 여러분처럼 우리 조상의 하나 님께 대하여 열심히 있는 바리새파의 제자였습니다. 제가 그리스도인들을 박해하여 사람을 죽이기까지 했고, 남녀 성도를 무수히 결박하여 옥에 넘 겼습니다. 제가 그렇게 했던 것은 지금 대제사장과 모든 장로들도 아주 잘 알고 있을 겁니다."

바울의 간증-다메석에 비춰진 강력한 빛
어느 날, 저는 산헤드린공회의 장로들에게서 다마스쿠스 유대인 형제들에 게 보내는 공문(公文)을 받아, 거기 있는 그리스도인들을 체포하여 예루 살렘으로 오려고 길을 떠났습니다. 그런데 다마스쿠스 가까이 가니 때는 오정(午正)쯤 되었습니다. 바로 그때에 홀연히 하늘로부터 큰 빛이 나를 둘러 비쳤지요. 나는 그 강렬한 빛에 눈이 부셔서 놀라 땅에 엎드러지고 말았습니다. 내가 두려워 떨고 있을 그때, 음성을 들었습니다.

> "사울아! 사울아! 네가 어찌하여 나를 핍박하느냐?"
> ‥‥‥‥
> "주님은 누구십니까? 제가 언제 주님을 핍박했습니까?"
> ‥‥‥‥
> "사울아! 나는 네가 박해하는 나사렛 예수니라"

제가 묻는 말에 자신을 밝히셨습니다. 그런데 저와 함께 있는 사람들은 빛을 보았지만 저에게 말씀하시는 소리는 듣지 못했습니다" 바울의 간증을 듣던 사람들 사이에 잠시 웅성거림이 있었다. 이 기이한 현상에 적잖이 관심을 가진 것이 분명했다. "저는 많이 놀랐습니다. 이미 죽은 나사렛 예수가 누구길래 이렇게 앞에 나타났는가! 저는 무엇인가 크게 잘못되었다고 생각되었습니다. 그래서 즉시 다시 물어보았습니다. 주님! 그렇다면 제가 어떻게 해야 할까요? 그러자 주님은 너는 일어나 다마스커스로 가라. 네가 해야 할 모든 것을 어떤 사람이 거기서 알려주리라 했습니다."

그때까지 군중들은 미동도 하지 않고 바울의 말에 주의를 기울였다. "그러나 저는 그 빛의 광채로 말미암아 볼 수 없게 되어 혼자 걸어갈 수도 없었습니다. 그래서 저와 함께 그리스도인을 체포하러 갔던 형제들이 다마스커스까지 데려다 주었습니다. 저는 한 집으로 인도되었는데, 거기서 특별히 율법을 따라 경건생활하는 우리 유대인들에게 칭찬 듣는 아나니아라는 사람이 주님의 지시하심을 받고 제가 있는 곳까지 찾아왔습니다. 그때까지 저는 아직 아무 것도 볼 수 없었습니다. 그가 내 곁으로 와서, '형제 사울아 주께서 네게 다시 보라신다!' 명령하니 즉시 저는 사물을 볼 수 있게 되었습니다."

바울의 말을 듣던 군중에서 술렁거렸다. 제사장과 바리새인과 사두개인도 그 자리에 많이 있었는데, 특히 제사장들은 시기심으로 분노하고 있었다. 그러나 군중이 워낙 조용하니 바울의 말을 끊지 못했다. 더군다나 신비스런 현상이라 자신들도 어떻게 되었는가 궁금하여 관심을 갖게 되었다.

그는 "아나니아 선지자였는데 그가 제게 말했습니다. 우리 조상들의 하나님이 너를 택하여 너로 하여금 자기 뜻을 알게 하시며, 그 의인을 보게 하시고 그 입에서 나오는 음성을 듣게 하셨으니, 네가 그를 위하여 모든 사람 앞에서 네가 보고 들은 것에 증인이 되리라 했습니다. 그러나 여러분! 저는 망설였습니다. 이것이 사실일까? 꿈일까? 제가 그동안 가졌던 생각을 포기한다는 것이 쉬운 일이 아니었습니다. 아무말도 못하고 있을 때, 아나니아는 저를 재촉했습니다. '뭘 주저하느냐? 일어나 주의 이름으로 고백하고 세례를 받고 너의 죄를 씻으라'라고 했습니다. 저는 강력한 힘에 이끌리어, 저의 죄를 고백하고 주의 이름으로 세례를 받았습니다."

바울은 그들이 매우 흥미로워하는 모양을 보자 다소간 안심하며 계속 증거를 이어갔다. "후에 제가 예루살렘으로 돌아와서 성전에서 기도할 때였습니다. 황홀한 중에 보매 주께서 제게 말씀하시기를 너는 속히 예루살렘에서 나가라 그들은 네가 내게 대하여 증언하는 말을 믿지 아니하리라. 그러니 너는 그리스도인들에게 가라고 했습니다.
그러나 여러분도 잘 아시다시피 저는 그들을 핍박하는 주동자였기에 그들이 저를 받아주지 않으리란 것을 알고 주님께 하소연을 했습니다. '주여 제가 주를 믿는 사람들을 가두고 또, 각 회당에서 때리고, 또 주의 증인 스데반이 피를 흘릴 때 그의 곁에 서서 사형을 찬성하고, 그 죽이는 사람들의 옷을 제가 지킨 것을 그들도 압니다. 그런데 그들이 저를 받아주겠습니까?' 말했습니다.

그러자 주께서 '그래, 그들이 너를 좋아하지는 않겠지. 그러나 가거라 내가 너를 이방인들에게 보내서 나를 증거하게 하리라' 말씀하셨습니다."
'이방인'이란 말에 제사장과 바울을 죽이려 했던 무리는 갑자기 정신이 났다. 잠깐 동안 바울의 말에 취해 자신들이 무엇을 하는 줄 잊고있었다. 그들이 보니 군중은 넋을 잃고 바울의 말을 주목하고 있는 것 아닌가?

주동자들은 뒤늦게 깨닫고 큰일이 났다 싶어 소리쳤다. "이놈 봐라! 이제

맘 놓고 거짓말을 하는구나. 이제 보니 이런 식으로 사람들을 미혹했구나. 저놈을 죽여라!" 그 소리에 다른 사람들도 정신 차리고 그들 본래의 모습으로 돌아왔다. "이런 자는 절대 살려둬서는 안된다! 저놈을 사형에 처하라." 소리쳤다. 주동자들이 즉시 바울에게 달려들어 옷을 벗기고 죽이려는 순간 황토 먼지가 높이 일었다.

이에 천부장은 깜짝 놀라 백부장에게 소리쳤다. "저 사람을 보호해라! 빨리 영내(營內)로 데리고 들어가라." 군사들은 재빨리 성채 영문으로 바울을 데리고 들어가 문을 닫았다. 천부장은 바울이 말하는 히브리어를 잘 알지 못했기 때문에 군중들이 왜 갑자기 성이 났는지 알지 못했다. 다만 천부장은 바울이 군중들의 화를 돋우었다고 생각했다. 그래서 그들을 충동질한 이유를 알고자 했다.

"여봐라! 저자를 형틀에 묶고 채찍질해라. 도대체 뭐라고 해서 저들이 분노하는지?" 로마어로 백부장에게 명했다. 군사들이 다짜고짜 바울을 끌어다가 형틀에 묶고 옷을 벗겼다. 바울은 로마어도 잘 알고 있었기에 곁에 섰던 백부장을 향하여 즉시 항의했다. "당신들이 로마 시민인 나를 죄를 정하지도 않고 채찍질을 한다는 것이 말이 되오?" 백부장이 되물었다. "뭐, 당신이 정말 로마 시민이오?" 바울이 답했다. "그렇소, 나는 분명 로마 시민권을 가지고 있소. 로마 시민을 재판 없이 채찍질하는 것은 불법 아니오?" 하자 백부장은 갑자기 쩔쩔맸다.

"잠깐 기다려 보시오?" 하고 천부장에게 낮은 목소리로 보고했다, "저 사람이 로마 시민인데 재판 없이 형벌을 가할 수 있냐고 항의합니다." 천부장은 벌떡 일어나며, "로마 시민! 이런 젠장, 저자가 로마 시민이란 말이냐? 로마 시민을 우리가 이렇게 대했으니 고소당하면 어쩌나? 아니 그러면 유대놈들이 감히 로마 시민을 가혹하게 다뤘다는 말이지…." 그는 난처한 얼굴로 재판석에서 내려와 바울에게 다가섰다.

"바울, 정말, 로마 시민이오? 나는 천부장 클라우디오 루시아라고 하오. 나는 돈을 많이 들여서 이 시민권을 얻었는데, 유대인인 당신이 도대체 어떻게 로마 시민권을 얻었단 말이오?" 싹싹하게 물었다. "나는 나면서부터 로마 시민이었소!" 담담하게 말하자, 천부장은 군사들에게 눈짓했다. 군사들이 즉시 다가와서 바울을 묶인 줄에서 풀자 천부장이 미안한 듯 거들었다. "정말 미안하오! 유대인으로 알고 결박한 것이니 이해하시오!" 간곡하게 사과했다.

다음 날, 천부장은 바울을 합당한 절차에 의해 심판하기 위해 산헤드린공회의 장로들을 모아 바울을 그들 앞에 세웠다. 그리고 그들이 무엇 때문에 바울에 대하여 원한을 갖는지 알고자 했다. 천부장이 바울에게 눈짓하며 변론하라고 했다. 바울이 "산헤드린공회원 여러분! 저는 오늘날까지 범사에 양심을 따라 하나님을 섬겼습니다"라고 말을 시작했다. 공회원이 소리쳤다. "형리 거짓말하는 저놈의 주둥아리를 매우 쳐라!" 이 소리를 들은 바울은 순간 발끈했다. 그리고 그 공회원을 향해 "회칠한 무덤이여, 하나님이 오히려 네 입을 저주하기 원하노라! 네가 율법을 따라 심판한다고 하면서 오히려 율법을 무시하느냐? 내 말을 듣지도 않고 내 입을 치라 하느냐?" 항의했다. 장로 중 하나가, "아니 이런 망령된 일이 있나? 네가 하나님의 대제사장을 모욕하느냐?"하고 바울에게 물었다.

사도 바울은 그가 대제사장이라고 하니 얼른 한 걸음 물러섰다. 그들을 자극해서 좋을 것이 없었다. "아, 형제들이여! 미안하오. 나는 그가 대제 사장이란 것을 몰랐소. 율법에 명시하시길 네 백성의 관원을 비방하지 말라고 했으니, 나도 그렇게 하려고 노력합니다." 그때 바울이 보니, 모인 군중들의 복장이 서로 달랐다. 그들 중의 일부는 바리새인이고 일부는 사두개인의 복장을 하고 있었다.

그들은 평소에 늘 서로 죽기로 결단하고 싸우는 사이지만, 그리스도인을 공격할 때는 마음이 합해 단일대오(單一隊伍)를 이루었다. 바울은 그 두 파의 주장이 서로 하나가 될 수 없는 것을 잘 알았기 때문에 두 교파의 다른 관점을 이용해 서로 다투도록 한다면 자신을 향한 공격이 힘을 잃을 것이라 생각했다.

"여러 부형들이여! 저는 바리새인의 아들이요, 제 부모도 바리새파 사람입니다. 저는 바리새인의 교리, 곧, 죽은 자의 부활에 관한 소망을 믿기 때문에 심문을 당하고 있습니다" 하고 말을 시작했다. 바울이 바리새파사람이요, 더군다나 부활 신앙을 갖고 있다는 말에 바리새파 사람들이 갑자기 수근거렸다. "아니, 방금 저자가 무슨 말을 했지? 자기가 바리새파고 부활 신앙을 믿는다고?"

바울은 다시 소리쳤다. "여러분은 사람이 부활한다는 것을 왜 믿지 못합니까? 왜 하나님이 사람을 살릴 능력이 있다고 믿지 않는 것입니까?" 큰 소리로 말했다. 상당수의 바리새파 사람들이 말하기를, "누가 부활이 없다고 그래, 우리가 언제 부활이 없다고 그랬어?" 퉁명스럽게 말했다.
성급한 사두개인이 발끈하여 바리새인을 향하여 짜증을 내며 말했다. "뭐라고 이런 우매한 사람들이 있나. 사람이 죽으면 끝이지 어떻게 부활한다고 그래?" 이 말은 기름을 부은 격이 되었다. "뭐라? 부활이 없다고? 이런 믿음 없는 사람들을 보았나?" 바리새인이 사두개인을 향하여 대꾸했다. "뭐, 아이고 믿음? 죽은자의 부활을 믿는 것은 믿음이 아니라 맹신(盲信)이라니까!" 사두개인들이 무시하며 비웃었다.

두 파는 갑자기 갈리기 시작했다. 함께 섞여있던 두 파의 사람들이 각양 성경 귀절을 들어 서로의 교리를 논증하며 싸우기 시작했다. 바울의 작전은 효과가 있었다. 그들은 더 이상 바울에 대하여 관심이 없었다. 서로 자기내 교리를 주장하느라 여념이 없었다. 모두가 이성을 잃고 자기네 교리의 옳음을 주장을 하다가 흥분하여 싸움으로 변해갈 즈음, 먼저 정신을 차린 쪽은 바리새인 서기관들이었다.

한 서기관이 일어나서 큰 소리로 바울을 두둔했다. "여러 형제들이여! 우리가 이 사람을 보니 아무 잘못도 없는 것 같습니다. 만약 영이나 천사가 이 사람을 통하여 우리에게 부활의 소망을 전하는 것이면 어쩔 것입니까? 우리가 오히려 하나님을 대적하는 자가 될 겁니다." 이에 사두개인 장로가 소리쳤다. "도대체 영이나 천사가 어딨어? 당신들이 봤어?" 다른 서기관이 단호하게 말했다. "바리새인들이여 방금 이 사두개인의 말을 들었을 것입니다. 우리가 이런 불신앙자들과 하나되어 부활 소망을 가진 우리 바리새인의 후손을 해친다면, 세상에 비웃음거리가 된단 말입니다."
바리새인은 바울을 보호하려 하고, 사두개인은 바울을 치려하여 그들끼리 큰 다툼이 일어났다. 그것을 보고 있던 천부장은 바울의 신변에 무슨 일이 생길까 염려되어 백부장에게 명했다. "백부장 피고가 위험하게 되었구려 빨리 저 사람을 데리고 영문으로 들어가시오." 로마 군인들은 다시 방패를 세워 바울을 보호하고 산헤드린공회를 빠져 나왔다.

8. Apostle Paul
The Realistic Story_APRS
생생한 비브리칼 장편스토리

8부 사도 바울_ 사도 바울의 로마행

8-1
사도 바울의 로마행

〈도표-13〉

제4차 로마선교(사역)
AD 57-59   **제4차 선교사역**(가이사랴 옥중/재판 로마 연금)
AD 59 9월   로마로 항해(호송중, 유라굴라 광풍 만남)
AD 60 2월   로마에 도착
AD 60-62   로마 가택 연금
AD 60-63   ⑦ 골로새서 기록(60-61년)
AD 60-61   ⑧ 빌레몬서 기록(60-61년)
AD 60-63   ⑨ 에베소서 기록(60-63년)
AD 61-63   ⑩ 빌립보서 기록(61-63년)

그 날 밤! 바울은 영문(營門) 안 격리된 곳에서 기도하고 있었다. 주님의 뜻이 무엇인지 몰랐다. 어째서 예루살렘에 오자마자 이런 일이 벌어지는가? 비록 구제금은 무사히 전달하는 사명을 완수했지만 이렇게 구금되고 말았다. 대체 왜? 하고 여러 이유를 추리하는 한편, 무사 석방을 위해 기도하고 있었다.

"주님! 아시지요? 저는 로마에 가야 합니다." 고요한 침묵이 흐르면서 홀연 옥중이 환하게 밝아왔다. "바울아! 바울아!" 부르는 소리가 들렸다. 바울은 주님이 찾아오셨다는 것을 알고 심히 기뻐하며, "오 주님! 이 누추한 곳에도 오셨습니까?" 엎드려 문안했다. "바울아, 담대하라. 네가 예루살렘에서 나의 일을 증언한 것 같이 로마에서도 증언하여야 하리라." 주께서 말씀하셨다.

바울은 순식간에 전후 사정을 깨달았다. "예, 감사합니다. 주님 이제 일어난 일들이 무슨 이유인지 분명해졌습니다. 주님의 뜻이 이전에도 이루어진 것 같이 로마로 가는 길에서도 이루어지기를 원합니다"
그가 잡힌 이유가 분명해졌다. 엉뚱한 사건으로 죄인 신세가 되었지만, 실상 주께서 그를 로마로 보내, 로마에서도 복음을 증언하게 하시려는 것이었다. 바울은 기뻤다. 로마로 가기를 간절히 원했지만, 그래서 로마교회에 편지도 보냈지만, 어떻게 가게될지 막연했었다. 그런데 전혀 생각지 않은 방법으로 로마로 가게 된 것이다. 이를 예감하니 벅찬 기대감이 차올랐다.

<도표-14> 고난을 통한 사도 바울의 선교사역

1. 가이사랴, 구금,재판 통해 복음증거	바울의 신변보호 -천부장의 보호, -총독, 왕, 귀족 -제사장 유대사회	2. 유대인 위협 로마여행 도움 복음증거	바울의 로마행 도움 -산헤드린공회원 등 -바울 살해 위협
3. 유라굴라 광풍 파선위기 중 복음증거	바울의 로마호송 -백부장의 위임 -항해권 지휘 바울	4. 로마황제 재판을 위한 로마 선교여행	바울의 로마시민권 -시민권자 황제재판 -바울 로마선교 소원

바울은 뚜렷한 확신 속에 다짐했다. "그래, 위험은 있겠지만 결국은 주님의 뜻을 따라 로마에 가게될 것이다." 자신의 간절한 로마행 기도가 오묘한 주님의 역사 가운데 이렇게 이루어지고 있음을 알게 되니, 두려움이 가시고 용기백배하게 되었다. 이제 그는 주님의 뜻을 알았기에 비록 감옥이긴 했지만 오히려 편안하게 깊은 잠을 잘 수가 있었다.

8-2
사두개인의 간계

바울이 주님의 계시를 받고 있는 그 밤, 대제사장 가문과 사두개인들은 끓어오르는 분노로 어쩔 줄을 몰라했다. 드디어 바울을 처치할 수 있는 절호의 기회를 만들었는데, 바울의 세치 혀에서 나온 몇 마디 말 때문에 바리새인들과 싸워 재판이 무산되었다. 사두개인 중에 바리새인과 다투다 다친 사람들도 있었다.

그들은 대제사장의 아문(衙門)에 모여 밤이 깊도록 불을 밝히고 모의했다. 대제사장이 입을 열었다. "바울 그놈은 보통 놈이 아니오. 그 짧은 순간에 우리 사두개파와 바리새파를 이간(離間)질하고 여우처럼 빠져 나가다니 말이오." "그러게 말입니다. 보통 고단수가 아닙니다. 어떻게 죽여야 쥐도 새도 모르게 법에도 저촉받지 않고 죽일 수 있을까요?" 한 제사장이 말했다. "아무튼 이놈이 예루살렘에서 살아나가게 해서는 안 되오." 다른 장로가 말했다.

젊은 사두개인이 굳은 각오로 말했다. "아니요, 그렇게 소극적으로는 아무것도 안 됩니다. 우리 중 누가 죽더라도 그놈을 죽일 각오를 해야 합니다." "바울 이 작자가 제 무덤을 찾아 스스로 예루살렘에 기어 들어온 것 아니겠나" 대제사장이 맞장구를 쳤다. "대제사장님! 바울을 죽이면 이 행위가 살인이 아니라고 선언해 주십시오. 우리에게는 결사무사(決死武士) 사십 인이 있는데, 이들이 바울을 죽이기 전에는 먹지도 않고 마시지도 않겠다고 맹세했답니다. 내일 그들이 아문에 다시 모일 것입니다."

대제사장이 "그런 염려는 말게 하나님과 민족의 반역자를 처단하는 것이 무슨 죄가 되겠나? 내가 선언함세! 그런데 아무리 무사가 사십 인이고, 각오가 되어 있어도 로마 군대가 있는데 살해가 가능하겠는가?" 물었다. "예, 우리는 이미 옥에 갇히는 것도, 죽는 것도 결단했습니다. 그러니 내일 천부장에게 가서 피고에게 몇 가지 더 물어볼 것이 있으니 바울을 산회드린공회로 보내달라고 요구해 주세요. 바울이 공회에 오기 전 매복했다가 갑자기 숨통을 끊어 놓겠습니다. 하면 로마군도 어쩔 수 없겠지요. 사십 명이 바울 하나만 집중해서 공격한다면 로마군도 바울을 방어하지 못할 것입니다. 우리는 바울과 함께 죽을 각오가 돼있습니다."

대제사장의 얼굴엔 야릇한 미소와 함께 눈에 살기가 번뜩였다. "오 우리 사두개 청년들, 기상이 충천하구나. 우리 사두개파에 이런 열심이 있을 줄이야! 그렇다면 그 반역자는 내일이 끝이로다." 장로들이 그 젊은 무사에게 당부했다. "실수 없이 해치워야 하네. 그리고 우리가 연관되어 있다는 것이 절대 누설되서는 안 되네." "예, 여부가 있겠습니까? 실패하든 성공하든 저희는 바울과 함께 죽기로 결심했습니다. 우리는 바울만 죽인다면 살 생각이 없습니다." 그는 결사 각오를 보였다.

8-3
바울에게 조카가 매복을 알리다

그들은 동이 트자마자 안토니오 성채에서 산헤드린으로 가는 중간 가장 좁은 도로변, 바울을 살해하기 쉬운 곳에 사십 명의 무사를 배치했다. 그들은 매복을 마치고 대제사장에게 준비가 완료됐다고 보고 했다. 대제사장은 흥분했다. 오늘이야 말로 바울의 마지막 날이라는 확신이 들었다.

나단이라는 사두개파의 무사는 이른 아침 단검을 품고 집을 나서며 바울을 살해하든 실패하든 오늘이 자신의 마지막이겠구나 생각했다. 사랑하는 아내와 작별을 하려니 만감이 교차했다. 오늘이 지나면 아내를 다시 볼 수 없을 것이다. 혼자 남아 아이들을 키울 아내를 생각하니 가슴이 저려왔다. 아내에게 사실을 말해주고 미래를 당부하고 싶었지만 비밀이 누설될 것이 염려되어 참기로 했다. 그래서 자기도 모르게 전송해주는 아내를 꼭 포옹하며, "당신은 용감한 여자야! 항상 힘차게 살아야 해!"하고 말했다. "무슨 말이예요? 어디 가서 안 돌아올 사람처럼, 평소에 안하던 말을 하시네요." 그의 아내가 말했다. "그 동안 너무 고생 많았소!"하고 그녀의 뺨을 쓰다듬고 이마에 입맞춤하며 더 꼭 껴안았다.

나단의 아내는, "아야야! 대체 이게 뭐야! 가슴에 웬 칼이 있어요?" 남편을 밀치며 수상하다는 듯 쳐다봤다. "말해 봐요! 오늘 하는 짓이 뭔가 수상하네요. 대체 칼은 왜 품고 있어요? 응, 무슨 짓하려고? 그녀는 남편의 가슴을 뒤져 단검을 빼냈다. 결국 이렇게 자객을 자청한 나단은 아내에게 자초지종을 털어놓게 되었다. 그러나 아내는 그를 말리지 않았다. 남편이 강경했으므로 말리기가 쉽지 않았다.

더 중요한 것은 사실 그녀가 비밀 그리스도인이었다는 것이다. 남편이 나간 후, 그 부인은 바로 그리스도인 다른 형제에게 이 음모(陰謀)를 전했고, 그 형제는 재빨리 바울의 조카에게 이 사실을 알렸다. "사두개파 자객들이 이미 다 매복했다고 하니, 바울 사도님이 산헤드린공회로 가서 재판받게 해서는 절대 안되네." 바울의 조카는 즉시 안토니오 성채로 찾아가 바울을 면회하여 이 사실을 고했다. 바울은 자기를 담당하고 있는 백부장에게 요청했다. "이 청년이 아주 중대(重大)한 일을 천부장께 고하겠다고 하니 천부장께 인도해 주시오."

백부장은 이미 바울과 안면이 있고, 그가 천부장도 부러워하는 로마 시민임을 안지라 기꺼이 바울의 조카를 천부장에게 안애했다. "당신은 무슨 일로 나를 보자고 했는가?" 천부장이 물었다. 바울 조카 역시 로마 시민권이 있는지라 천부장 클라우디우 루시아는 면담을 거절하지 않았다. "천부장님! 로마 시민인 제 삼촌의 생명을 보호해 주셔야겠습니다." 말했다. "아니 무슨 일이 있소? 지금 우리가 잘 보호 중인데." 천부장이 물었다.

바울의 조카는 전해 들은 내용을 모두 고했다. 천부장은 심각한 표정으로, "알았소! 미리 말해 주지 않았으면 정말 큰일 날뻔했소! 로마 시민을 보호 못한 우리도 문책당하고, 호송을 맡은 군대도 다칠 것 아니요?, 살상이 일어날뻔 했는데 잘 알려주었소. 내가 알아서 조치할 것이니 안심하시오. 다만, 청년! 잘못하면 그대도 다칠 것이니 조용히 돌아가서 기다리시오. 그리고 아무에게도 내게 고했다고 말하지 마시오." 천부장은 바울 조카의 안전도 염려하여 은밀히 돌려보냈다.

8-4
글라우디오 천부장의 지혜

천부장 글라우디오는 가만히 궁리하였다. 이일로 그 사십 인을 잡아 처벌할 수는 있으나, 로마 제국을 대항한 것도 아니고 그들의 종교 문제로 그런 것이니 서로 충돌하지 않도록 관리하면 그만이었다. 그는 굳이 고집이센 유대인들을 자극할 필요가 없다고 생각했다. 자신이 이곳에서 맡은 임무를 무사히 마치는 조건에는 첫째도 안정, 둘째도 안정이었다. PAX ROMANA(로마의 평화)는 가이사의 통치철학 중 핵심이 아닌가? 바울만 예루살렘에서 다른 안전 곳으로 보내면 된다. 그래서 궁리 끝에 바울을 유다 총독부가 있는 가이사랴에 보내기로 결정하였다. 거기라면 바울이 무사할 수 있을 거라고 판단했다. 그는 급히, 그리고 아무도 모르게 기습적으로 이일을 처리하기로 결심했다.

그때, 마침 대제사장의 사환들이 도착하여 대제사장의 공문을 전했다. 서신을 읽은 천부장은 아무렇지도 않은듯, "제사장께 전하시오! 피고는 오늘 감기가 심하니 몸을 추스리게 하고 내일 산헤드린으로 보내겠소"라며 사환들을 돌려 보냈다. 사환을 통해 천부장의 답을 들은 대제사장은 곧 자객들에게 연락하여 매복을 풀었다. 그들 결사대는 내일 다시 매복하기로 약속하고 헤어졌다.

대제사장의 사환이 돌아간 후, 천부장은 해가 지기를 기다렸다가 백부장들을 불러 모았다. "지금부터 긴급 명령을 하달하겠소! 오늘밤 제 삼 시에 가이사랴까지 갈 보병 이백 명과 기병 칠십 명, 창병 이백 명을 준비하시오. 이 일은 첫째도 보안이요, 둘째도 보안이요" "예, 알겠습니다. 분부대로 하겠습니다.” 백부장들은 의아해서 서로를 바라보던 백부장 중 하나가 물었다. “천부장님! 가이사랴에 무슨 급박한 사정이 생긴 겁니까? 갑자기 야밤에 행군하여 가이사랴까지 가다니요?” “아 그 이유는 저녁에 출발할 때 자연히 알게될 것이오. 그때 말할 데니 궁금하겠지만 그 시간까지 준비 완료하고 출발할 수 있도록 대기하시오.” 천부장이 명령했다.

마침 그날 밤은 보름달이 뜨는 날이었다. 행군에는 문제가 없겠지만 그런데 갑자기 무슨 일일까? 백부장들은 궁금했지만, 천부장이 말을 하지 않으니 매우 중요하고 비밀스러운 일이라 짐작했다. 가이사랴에 무슨 일이 있어 야습을 하려나보다 하고 자기 부대로 돌아와 은밀하게 오십부장, 십부장들을 모으고 야행(夜行) 준비를 했다. 모두가 행군 준비로 분주한 시간에 천부장은 바울이 거처하는 곳으로 갔다.

그는 간수를 심부름 보내 바울 홀로 남긴 후 목소리를 낮춰 말했다. “당신은 오늘 밤 삼 경에 가이샤랴로 갈 것이오. 그리 알고 여장을 준비하시오. 아무도 눈치채지 못하게 이동해야하니 아무에게도 누설해서 안되오.” 바울은 참으로 감사했다. 바울이 오자마자 이런 불상사가 나지 않고, 체포되지 않았다면 자신의 생명은 이미 자객들에 의해 죽은 목숨이었을 것이다. 현재 상황에서는 자신이 감옥에 갇혀있는 것이 가장 안전한 일이었다. 죄수로서가 아니라 실상은 로마 군대의 삼엄한 보호를 받고 있는 것이 아닌가? 그는 다시한 번 하나님의 오묘함에 감탄을 했다.

그날 밤, 삼 경 전 로마군은 성채 영문 광장에 집합했다. 그 시간 예루살렘은 깊은 수면으로 빠져들고 있었다. 안토니오 성채 문이 열리며 군대는 조용히 예루살렘성을 빠져나갔다. 바울도 말을 타고 기병 칠십과 창병,

보병 각각 이백, 도합 사백칠십 명 군사의 보호를 받으며 가이사랴로 향했다. 보름달은 중천에 떠, 밤이지만 사물을 식별할 만큼 밝았다. 사백여 군사가 주변을 경계하며 길게 늘어서 행진해갈 때, 바울은 천부장이 제공한 마상 위에서 그 광경을 보며 천지를 다스리시는 주님의 위대함과 오묘함을 느꼈다. 자신이 그리스도 예수의 사자라는 사실에 자부심을 가졌다. 이 많은 군대가 한낱 고소당한 죄인인 자신을 보호하기 위하여 잠을 자지 않고 위험을 무릅쓰며 밤길을 가고 있다니, 그들이 바로 하나님이 보내신 천군천사가 아니고 뭐란 말인가? 지금 그리스도를 모르는 이 이방인들조차도 하나님의 도구가 되어 사도를 보호하는 군사로 쓰임받고 있었다.

그는 그가 로마 교회에 쓴 편지의 일부분과 현재의 상황이 부합 함을 깨달았다. 그의 가슴에 충만한 무엇이 솟구쳤다. 로마교회 공동체로서 우리는 하나님을 사랑하는 자요, 하나님의 뜻대로 부름받은 자이므로 모든 상황 가운데 합력하여 선을 이룬다(로마서 8:28)는 것을 알았다. 그는 하나님의 은혜에 감격하여 그의 입에서 절로 시편 한편이 읊조려졌다.

> "하늘이 하나님의 영광을 선포하고 궁창이 그의 손으로 하신 일을 나타내는도다. 날은 날에게 말하고 밤은 밤에게 지식을 전하니 언어도 없고 말씀도 없으며 들리는 소리도 없으나 그의 소리가 온 땅에 통하고 그의 말씀이 세상 끝까지 이르도다. 하나님이 해를 위하여 하늘에 장막을 베푸셨도다. 해는 그의 신방에서 나오는 신랑과 같고 그의 길을 달리기 기뻐하는 장사 같아서 하늘 이 끝에서 나와서 하늘 저 끝까지 운행함이여 그의 열기에서 피할 자가 없도다(시편 19)"

감격에 겨워 주르르 눈물이 흘러내렸다. "바울아, 내가 예루살렘에서 내 뜻을 전했던 것처럼 로마에서도 하여야 하리라." 주님의 음성이 귓가에

맴돌며 확신을 더해주었다. "그렇습니다. 주님, 이 길이 바로 로마로 가는 길이네요. 주여! 이 종이 많은 군사의 보호를 받으며 가게 하시니 감사합니다. 영광받으소서!" 마상(馬上)에서 감사기도가 그치지 않았다. 그의 마음은 중동의 차디찬 밤공기도 주님의 가슴처럼 따사롭게 여겨졌다. 일행이 예루살렘에서 멀리 떨어진 안디바드리에 이르자 숙영을 결정했다.

8-5
바울이 가이사랴에 도착하다

부대는 아침 늦게까지 숙영(宿營)을 했다. 바울을 기마부대에 인계한 후, 보병과 창병 사백은 예루살렘으로 되돌아갔다. 가이사랴[90]를 얼마 남기지 않고 돌아가게 되자 한 병사가 자기 소대장 물었다.

"소대장님! 왜, 가이사랴로 들어가지 않고 돌아갑니까? 오늘 작전은 안하는 겁니까?" 물었다. "응, 작전은 방금 끝났다." 소대장이 대답했다. "작전이 끝났다니요? 무슨 작전이었습니까?" 물었다. "방금 그 죄수를 호송하는 작전이지…." "아니 겨우 그 죄수하나 호송하는데 보병 이백, 창병 이백, 기마병 칠십이나 동원된 겁니까?" 병사가 반문했다. "그러게 말이다." 그 소대장이 맥풀린다는 듯 대답했다. "저 죄수가 도대체 누구입니까?" "저 사람의 신분을 말해주지 않으니 나도 모르겠다. 아마 매우 중요한 인물이 아니겠나." 소대장이 대답했다.

저녁에 잠을 자지 못한 병사들은 투덜대며 돌아갔다. 그들은 그 죄수가 바울이라는 것을 알았지만 왜 이렇게까지 보호하는지를 몰랐다. 그저 속으로 중요한 왕족이거나 귀족이겠거니 추측할 뿐이었다. 바울은 기마부대의 보호를 받으며 가이사랴의 거대한 성채로 들어갔다. 백부장은 죄인에 대한 이력과 천부장의 편지를 총독 밸릭스에게 전했다.

총독은 바울 호송 작전을 보고 받고, "아주 특별한 손님이 왔구먼. 고소당한 죄수 주제에 그 많은 군사의 보호를 받으며 말이야!" 그는 웃으며 죄인에게 흥미를 가졌다. 유대총독 벨릭스는 천부장의 서신 양피 두루마리의 봉인을 떼고 읽어보았다.

"글라우디오 루시아는 총독 벨릭스 각하께 문안드립니다. 이 사람이 유대인들에게 잡혀 죽게되었으나 제가 로마 사람인 줄 알고 군대를 거느리고 가서 구출했습니다. 유대인들이 무슨 일로 그를 고발하는지 알고자 하여 그들의 공회로 데리고 내려갔더니, 고발하는 것이 그들의 율법 문제에 관한 것뿐이요, 한 가지도 죽이거나 결박할 사유가 없음을 발견하였습니다. 그러나 이 사람을 해하려는 간계가 있다고 내게 알려 주기에 곧 당신께로 보냈습니다. 또 고발하는 사람들도 당신 앞에서 그에 대하여 말하라 하였으니 살펴 재판해 주실 것을 요청합니다" 하고 기록되었다.

총독 벨릭스는 바울을 불러 물었다. "너는 어느 영지 사람이냐?" "예 저는 길리기아의 성도 탈소 시민입니다." 총독은 웃으며 바울에게 말했다. "당신은 참으로 대단한 사람이오. 로마 제국이 생긴 이래 고소당한 피고한 사람을 보호하겠다고 이런 대군(大軍)이 출동한 일은 전무후무할 것이오." "당신은 헤롯 궁에서 보호될 것이오. 그리고 재판은 그 고소자들이 도착하면 할 것이니 그리 알고, 그곳에서 기다리시오"라고 덧붙였다.

그들은 바울의 숙소를 배정하고 병정 둘이 지키게하고, 아직 죄가 확정된 것도 아니므로 궁정 내부에서 자유를 주어 헤롯궁 안에 있게 해 주었다.

8-6
총독부에서 재판을 받다

날이 밝자 대제사장 아나니아는 간밤에 바울이 은밀하게 예루살렘 성을 떠나 군대의 보호를 받으며 가이사랴 총독부에 갔다는 것을 알게 되었다. 보고를 받은 대제사장은 분노해서 책상 앞에 있던 두루마리들을 내동댕이 쳤다. "천부장 글라우디오, 어제는 바울이 아프다고 하더니 이런 식으로 죄인을 빼돌리다니…, 로마 놈들은 정말 우리 민족에게 조금도 도움이 되지 않는구나." 소리소리 지르며 어쩔 줄을 몰랐다.

옆에 있던 장로도 아쉬워했다. "정말입니다. 바울을 죽일 수 있는 절호의 기회였는데 아깝습니다. 이렇게 놓치다니요." "대체 놈들이 우리 계획을 어떻게 알았을까?" 다른 장로도 애석해했다. "흥! 글라우디오! 네가 우리를 멋지게 속였겠다. 그렇다고 우리가 그냥 포기할 사람들은 아니지. 바울 제놈이 예루살렘을 빠져나갔을지 몰라도 아직 유대를 떠난건 아니잖아! 유대 땅에서 바울을 죽이지 못하면 다시는 기회가 없다. 빨리 준비해라! 결사대도 따르게 하고!"

산헤드린공회는 빠르게 준비를 마치고 자객들을 먼저 가이샤랴로 보내 바울이 어디 있는지, 어디로 이동하지는 않는지, 역관과 항구를 감시하도록 했다. 준비를 마친 후 대제사장은 일행을 대동하여 마차를 타고 가이사랴로 내려갔다. 날씨는 몹시 무더웠다. 날씨가 더우면 더울수록 이를 갈며 바울을 더 증오했다. 닷새만에 그들은 가이사랴에 도착했다. 대제사장 아나니아와 장로 몇, 변호사 데오둘로가 곧장 총독부로 들어가서 정식으로 바울을 고소했다.

그 다음 날, 그들의 요청대로 원고와 피고가 재판정에서 만나게 되었다. 바울이 무사한 것을 본 대제사장 아나니아와 장로들의 눈에는 증오의 불꽃이 일었다. 총독 벨릭스는 재판장석에 나와 소송을 진행하라고 명했다. 서기가 말했다. "먼저 고소인이 고소 내용을 아뢰시오!" 대제사장이 자기 편 변호사 데오둘로에게 눈짓을 하자, 그가 재판석 중앙으로 가서 총독을 향해 고소 내용을 말했다. "존경하는 벨릭스 총독 각하, 귀하의 선정으로 우리 백성들은 크게 평화를 누리고 있고, 각하의 선견지명으로 각 방면에서 발전해가고 있음을 심심하게 감사드리고 있습니다."

고소인이 말하자, 총독 벨릭스는 변호사의 상투적인 말에 가볍게 손을 들어 반응을 보였다. "각하를 더 괴롭게 아니하려 하여 우리가 간단하게 여쭈오니 관용하여 들으시기 바랍니다. 우리가 바울이란 이 사람을 보니, 이 사람은 세상에 전염병 같은 자입니다. 천하에 흩어져 살고 있는 유대인을 다 소란스럽게 하는 자요, 나사렛 예수라는 이단의 괴수입니다. 그가 괴악(怪惡)한 말로 유대인 사회를 분열시킬 뿐만 아니라, 예루살렘에 와서 또 성전을 모독하기에 저희가 온 것입니다. 이제 저자를 고소하니 총독께서 친히 그를 심문하시면 우리가 고발하는 이 모든 일을 사실이라는 것을 아실 수 있을 것입니다"

변사 데오둘로의 말에 예루살렘에서 함께 왔던 유대인뿐 아니라, 가이사랴에서 동원된 방청객 유대인들도 이구동성으로 옳다고 했다. 총독 벨릭스는 유대에 부임한지 칠 년이 되었으나 대제사장과는 감정이 매우 좋지 않았다. 황제가 일정 부분 대제사장의 권세도 인정했기에 총독도 그를 무시할 수 없으며, 대제사장도 나름대로 황제에게 총독의 통치를 보고할 통로를 가지고 있어서 많은 부분에서 견제당하고 있는 것도 사실이다.

사실 이 쌍두 마차는 좁은 유대 땅에서 자주 마주칠 수 밖에 없고, 관할을 가지고 다툴 수밖에 없었다. 어느 때는 대제사장이 월권(越權)하여 형을 집행하는데, 총독은 유대에 소요가 있으면 자신의 지위가 위험하게 되므로 할 수 없이 소소한 사항은 눈감아주었다. 오늘 같은 상황은 어쩌면 총독이 무척이나 바라던 것이었다. 대제사장은 재판 청구인이고 총독은 심판장이므로, 총독과 대제사장의 월등한 차이를 본인이나 백성에게 명백히 인식시킬 아주 좋은 기회였기 때문이다. 이를 생각하자 벨릭스는 기분이 좋아 미소를 지어 보였다.

벨릭스 총독 앞에서 바울의 변론

총독은 바울에게 명했다. "피고는 저들의 주장에 대해 자신의 입장을 밝히라." 바울은 재판석 중앙으로 가서 총독을 향하여 사례한 후 변론했다.

"존경하는 벨릭스 총독님! 당신이 여러 해 전부터 이 민족의 재판장되신 것을 알고 제 사건에 대하여 변호합니다. 각하가 아시는 바와 같이 제가 예루살렘에 예배하러 올라간 지 고작 이틀밖에 안 되었습니다. 저들은 제가 성전에서 누구와 변론하는 것이나 회당, 또는 시중에서 무리를 소동시키는 것을 보지 못했습니다. 제가 그렇게 할 시간이 없었기 때문입니다. 그러므로 유대인들이 저를 고발하는 모든 일에 대하여 그들이 능히 당신 앞에 내세울 무슨 이유가 전혀 없습니다.

그러나 이것 하나는 각하께 말씀드릴 수 있습니다. 저는 그들이 이단이라 하는 도(道)를 따라 조상의 하나님을 섬기고, 율법과 및 선지자들의 글에 기록된 것을 다 믿습니다. 저도 그들이 기다리는 바 하나님을 향한 소망을 가졌으니, 곧 의인과 악인의 부활이 있다는 겁니다. 이때문에 저도 하나님과 사람에 대하여 항상 양심에 저촉 없이 살기를 힘쓰고 있습니다. 제가 외국에서 지낸 지 여러 해만에 제 민족이 흉년으로 어렵다는 소식을 듣고, 구제할 것과 재물을 예루살렘교회에 전달하러 왔으며, 율법의 규례대로 정결예식을 행하였을 뿐입니다. 아직 무슨 모임도, 소동도 없었고, 다만 제가 성전에 서있는 것을 그들이 보았을 뿐입니다. 아시아에서 온 어떤 유대인들이 있었는데, 그들이 만일 나를 반대할 사건이 있으면 마땅히 총독님 앞에서 고발했을 것입니다. 그런데 그런 일도 없었습니다."

이 말을 한 바울은 고소한 유대인들을 보며 자신을 변호했다. "만약 제가 무슨 옳지 않은 짓 하는 것을 보았다면 말하라 하십시오. 그들이 제게 대하여 여러 말로 고발하기에 제가 그들 가운데 서서 변호하기를, '제가 죽은 자의 부활에 대하여 오늘 당신들 앞에 심문을 받는다'라고 말했을 뿐입니자. 그 외에는 아무 것도 한 것이 없거늘, 그들이 저를 고발하니 저도 무슨 영문인지 모르겠습니다."

원고와 피고의 진술은 완전히 달랐다. 그러므로 이 재판에는 다른 증인이 필요했다. 다른 집회와 달리 대제사장과 유대인들은 예루살렘에서처럼 소리치고 난동을 부릴 수 없었다. 그들이 특별하게 이의도 제기하지 못하자 총독은 일어서서 선언했다. "오늘은 이 일에 대하여 명백하게 알고 있는 천부장이 아직 오지 않았으니, 증거 부족으로 판결을 내릴 수 없소. 천부장 글라우디오가 오면 다시 재판을 속개하겠오. 휴정이오." 대제사장과 고소인들은 몹시 화가 났다. 빨리 바울을 처리하고 예루살렘으로 돌아가야 하기 때문이다. 그러나 재판은 이미 시작되었고, 예루살렘으로 쉬 돌아갈 수도 없게 되었다.

총독은 아주 재미가 있었다. 대제사장을 합법적으로 골탕먹일 수 있는 좋은 기회가 온 것이라고 생각했다. 그는 이미 유대에서 일한지 오래 되었고, 아내가 유대인이었으므로 그리스도교와 유대교의 논점에 대해서도 잘 알고 있었다. 총독은 백부장에게 명했다. "피고는 아직 죄가 정해지지 않았으니 죄인이라고 할 수 없다. 잘 보호하고 자유를 주어 만나고 싶은 사람을 자유롭게 만나게 하라. 로마 시민이니 특별히 대우에 소홀함 없도록 하라." 그 후, 총독은 바울에게 흥미를 갖고 있는 아내 두루실라를 위하여 바울과 따로 시간을 가졌다. 그리고 그리스도교에 대한 설명을 종종 들었다. 사실 벨릭스는 폭군 기질을 갖고 있었다. 노예 출신이었던 그는 글라오디오 황제가 전쟁에 나갔을 때 그 앞에서 큰공을 세워 황제에 의해 노예에서 해방되고 중용되었고, 부총독에서 총독으로 승진하여 이곳 팔레스타인을 다스리는 통치자가 된 것이다.

그는 팔레스타인에 반역하는 일이 생기면 가차 없이 엄벌해 반란군을 진압했으며, 자신의 목적을 위해서는 수단 방법을 가리지 않는 악명 높은 사람이었다. 그러나 벨릭스는 바울만을 관대하고 극진히 대해주었다. 바울이 의와 절제와 장차 다가올 심판을 설교할 때는 두려워하기도 했다. 그렇지만 한편으로 바울에게 돈이라도 좀 받을까 하는 욕심도 있어 바울을 자주 불러 강론을 듣는 이중성도 있었다.

바울은 가이사랴 헤롯 궁에 구금되어 이 년이란 세월을 보냈다. 총독 벨릭스는 바울이 아무 잘못도 없다는 것을 잘 알고 있었지만, 바울을 무조건 석방시켰을 때 유대인들의 불만을 감당할 수 없어서 다른 핑계로 지연시키고 있었다. 바울은 기도하며 하나님의 역사하심을 기다렸다. 가이사랴에서도 자객들이 바울이 석방된 후를 노리고 있었기에 오히려 구금상태가 더 나을지도 몰랐다. 어느 덧 새해가 다가왔다. 바울은 더 간절히 로마로 갈 수있도록 기도했다. 얼마 후, 총독 벨릭스는 이임(離任)을 하고 후임으로 베스도가 유대 총독으로 부임(赴任)하였다.

8-7
총독 베스도

베스도91)는 총독으로 부임한지 사흘 만에 부임 순방 겸 가이사랴에서 예루살렘으로 올라갔다. 모든 총독이 부임하면 그렇듯이 유대의 중요한 지도자인 대제사장과 산헤드린공회의 장로들을 만나기 위해서였다. 관할지 영내에서 장로들의 협력은 통치와 안녕, 질서 유지에 매우 중요하기 때문이다. 신임 총독을 맞은 산헤드린공회는 베스도가 유대의 풍속, 문화, 종교에 대해 잘 알지 못하고, 유대 현지 지도자들과 원활한 관계를 구축하기 전이기 때문에 지금이야말로 바울을 제거할 적기(適期)라고 생각했다. "총독 각하! 각하께서 우리 산헤드린공회를 도와주셔야 할 중요한 일이 있습니다." 서기를 맡고 있는 장로가 진지하게 말했다. "그것이 무엇입니까?" 베스도는 관심을 갖고 물었다. "예, 지금 가이사랴 성에 우리 율법과 성전을 욕보인 바울이라는 자가 구금되어 있습니다." "전임 총독 벨릭스가 이 자를 두둔하고 차일피일 재판을 미루는 바람에 벌써 이 년이나 재판이 진행되지 않고 있습니다. 이 바울이란 자는 우리 민족에게 큰 해를 끼치고, 많은 사회적 소요를 야기하는 자이니 좀 처리해 주십시오. 바라건대 그자를 이곳 예루살렘, 우리 백성들 앞에서 저희 종교법을 따라서 재판을 했으면 합니다"하고 건의했다.

그곳에 있던 대제사장과 많은 장로가 이구동성으로 같은 의사를 표했다. 그들은 총독 베스도가 예루살렘에 오기 전에 이미 바울 문제를 모의해 두었다. 총독 베스도가 유대 정황을 잘 모를 터이니 바울을 보내게 되면 중간에 결사대를 매복해 살해할 참이었다.

내용을 잘 모르는 베스도는 그렇게 어려운 일이 아니라고 생각하고 흔쾌히 승낙했다. "바울이란 죄수가 가이사랴 영문에 구금된 것을 확인했습니다. 여러분의 바람이 그렇다면 그가 예루살렘에서 재판받게 하겠습니다." 그들이 반색했다. "예, 그렇게 해주신다면 우리의 오랜 문제가 해결되고, 총독님은 우리 민족에게 존중받을 것입니다."

"또, 여러분 중에 그자가 좋지 않은 부분을 잘 알고 있는 사람이 있다면 가이사랴에서 고소해도 됩니다. 내가 그리로 갈 때, 같이 가서 소송을 진행하지요"하고 제안했다. 그들은 드디어 바울을 제거할 수있는 기회가 왔다고 속으로 쾌재를 불렀다. 아무리 운 좋은 바울이라도 자신들이 놓은 덫을 빠져 나갈 수 없을 것이 확실했다. 그래서 언변이 좋은 대표 몇 명을 동행시켜 가이사랴에 가기로 했다. 새로 부임한 총독은 유대 지방의 민심을 얻기 위해서라도 자신들의 요구대로 움직여줄 것이라고 생각하고, 베스도를 극진히 대접하는 한편 예물도 적지 않게 상납했다.

새로 부임한 총독 베스도 앞에선 바울

베스도는 예루살렘과 주변 지역을 시찰하고 열흘 후 가이사랴로 떠났다. 마침 산헤드린공회가 파송한 고소자들과 변호사도 총독을 따라갔다. 신임 총독은 가이사랴에 도착한 다음날 신속하게 바로 재판을 열었다. 바울은 영문도 모른 채 급하게 진행되는 재판에 임했는데, 예루살렘에서 온 자들은 온갖 수단을 동원해 총독이 분노하도록 마구 고소했다.

재판정에 나온 바울은 잠시 지켜본 후, 차분하게 그들의 주장이 근거 없음을 해명해 나갔다. 베스도는 처음에 바울이란 죄인이 유대인들에게 큰 해악을 끼친 정말 나쁜 자라고 생각했다. 대제사장들이 그렇게 간곡히 그의 재판을 요청할 정도라면 아마도 용서 받지 못할 큰 죄가 있을 것이라고 생각했다. 그런데 바울이 그들이 내세운 증거에 대하여 논리정연하게 반박하는 반면 그들은 횡설수설하는 것을 보고, 대제사장 쪽에서 거짓을 말하고 있다고 판단하게 되었다.

바울은 자신의 변호를 마치고 베스도에게 자신의 무죄(無罪)를 주장했다. "총독 각하! 저는 유대인의 율법이나 성전, 가이사에게 어떤 죄도 범하지 아니하였습니다." 유대 지도자들의 첫 부탁이었으므로 그들의 인심을 얻으려면 한 가지 정도는 그들의 요구를 들어주어야 할 필요가 있었다. 신임 총독은 아직 유대인의 간교한 계략을 몰랐고, 바울이란 사람도 아무 죄도 없는 것 같았기에 예루살렘에 가서 재판을 받는다고 해도 별로 문제가 되지 않으리라 생각했다. 신임 총독은 바울이 예루살렘에서 재판받게 하면 유대 지도자들의 요구를 들어준 것과 같다고 생각했다. 또 바울도 정당한 재판을 받는다면 억울할 것도 없으며, 자신도 손해볼 일이 없어 서로에게 좋은 일이라 판단했다.

"피고 바울! 네가 정말 아무 죄도 없다면 예루살렘에 올라가서 내 주재하에 재판을 받겠느냐? 나는 공정하게 재판할 것이다.""총독님! 저는 예루살렘으로 가는 도중에 암살될 겁니다. 이전 총독께서도 그런 이유로 나를 예루살렘에 보내지 않았던 겁니다. 저는 결코 저들이 주장한 죄를 범하지 않았습니다. 각하! 저는 로마 시민권자입니다. 기왕 이렇게 되었으니 가이사(황제)의 재판정에서 재판을 받겠습니다." 바울이 간곡히 요청했다.

바울은 또 다시 말했다. "만일 제가 불의를 행하여 무슨 죽을 죄를 지었으면 죽기를 사양하지 않을 겁니다. 그러나 만일 이 사람들이 저를 고발하는 것이 사실이 아니면 아무도 저를 그들에게 내어줄 수 없습니다. 저는 로마 제국의 가이사께 상소합니다." 베스도는 다소 난감해졌다. 할 수만 있으면 예루살렘 장로들의 첫 요청을 들어줌으로써 좋은 관계를 가지려 했으나, 바울의 말대로 딱히 죄라고 할 수 있는 것이 없었기에 반드시 예루살렘에 가야 한다고 강요할 수 있는 형편이 아니었다. 더군다나 바울이 로마 시민이고, 그가 시민의 권리로 황제의 재판을 요청했으니 다른 방법이 없었다. 이는 엄중한 로마법이기도 했다.

베스도는 재판에 참여한 배석 판사들을 가까이로 불렀다. "바울에게 딱히 죄라고 할 내용이 있어야 예루살렘에 보낼 것 아니냐?" 그러자 담당서기관이 고했다. "그렇습니다. 오늘 보시다 시피 고소자들끼리도 증거가 일치하지 않으니 무슨 죄인가 상고할 송사를 기록하기도 쉽지 않습니다." 베스도 총독이 말했다. "여러 배석 판사들도 고소 근거를 찾지 못했다면 좋소! 그의 요구대로 로마로 보냅시다." 베스도가 제안하자, 모두 동의하였다. 시민이 황제에게 상소하는 것을 지방 총독이 마음대로 바꾸는 것은 황제의 권한을 침해하는 것이었다.

총독 베스도는 자리에서 일어나 선포했다. "피고 바울은 시민의 권리로 가이사에게 상소했으니 가이사에게 가서 재판을 받게 될 것이다. 원고들도 그렇게 알도록 하시오." 그들은 로마 시민인 바울을 어찌할 도리가 없었다. 그러나 그들은 가이사랴를 떠나지 않았다. 그리고 여러 방법으로 죽일 기회만 호시탐탐 노리고 있었다.

8-8
아그립바 왕

며칠 후, 베스도의 부임 소식을 들은 헤롯 아그립바 왕92)과 그의 누이이자 왕후인 베니게가 문안차 가이사랴를 방문하였다. 그들은 가이사랴에서 총독 베스도의 환대를 받으며 여러 연회를 즐겼다. 베스도는 바울을 로마 황제에게 보내기로 결정하긴 했지만, 죄목을 정할 수가 없었다. 마치 유대의 종교와 풍습을 잘 아는 아그립바 왕이 왔으므로 바울 문제에 대해 자문을 구해볼 생각이었다. 황제에게 재판을 청원하려면 고소장을 써야 하는데 그는 유대 종교에 관한 지식이 없었다. 잔치 자리에서 베스도는 아그립바 왕과 왕비 베니게에게 의뢰했다.

"아그립바 왕이여! 제가 유다총독으로 부임하긴 했습니다만 유다의 종교나 풍습에 대해서 솔직히 아는 것이 없습니다. 그런데 며칠 전 아주 판단하기 복잡한 재판이 있었습니다. 고소자의 증거도 일치하지 않고, 딱히 무슨 죄를 범했다고 할 수도 없는데 유대교 내의 무슨 교파 다툼 같기도 하고요. 아주 이상한 재판이었습니다. 고소한 유대인들은 내가 상상했던 그런 죄는 하나도 고하지 않고, 무슨 나사렛 사람 예수라는 사람이 죽었다가 다시 살아났다는 것이 정말이니 아니니 하고 다투더군요. 그런데 피고가 유대인인 동시에 로마 시민이기도 해서 가이사 황제에게 재판을 신청했습니다. 고소장을 써야 하는데 유대 종교의 일들은 제가 잘 몰라서요. 왕께서 오셨으니 다시 심문하려는데 도움을 주시겠습니까? 고소장도 없이 죄인을 호송하기도 마땅치 않고요." 그는 정중히 요청했다.

아그립바는 쾌히 동의했고 크게 관심을 보였다. "좋지요! 바울이라는 사람에 대해서는 저도 관심이 많습니다. 곳곳에서 이 사람의 주장으로 인해 충돌이 있다고 들었습니다." "왕께서 그렇게 해주신다면 내일 바울을 송사한 재판을 열도록 하겠습니다." 총독 베스도는 말했다. 많은 사람에게 바울의 재판을 통보하게 헀다. 무더운 날씨를 고려해서 재판은 오진에 열리기로 되어 있었다. 군악대의 나팔소리와 함께 아그립바 왕과 베니게가 크게 위엄을 갖추고 성내의 고관대작들과 천부장들을 대동하여 원형극장으로 들어왔다.

유대 왕 아그립바 앞에 선 바울

지방의 유대인 유지들도 많이 모였다. 거기에 사두개인과 바리새인의 당파들도 와있었다. 아그립바 왕이 재판석에 입장하자 모인 사람들이 모두 기립하여 왕을 환호하며 박수를 쳤다. 아그립바 왕은 모여온 자들을 살펴보며 재판석 중앙에 자리한 베스도 곁에 앉았다. 베스도가 주인인지 아그립바 왕이 주인인지 분간이 가지 않았지만, 총독 베스도는 별로 개의치 않았다. 재판은 많은 사람들로 마치 잔치처럼 성대하게 열렸다.

바울은 군사의 보호를 받으며 극장에 들어섰다. 재판 시작을 알리는 나팔소리가 나자 총독 베스도가 중앙으로 가서 입을 열었다. "존경하는 아그립바 왕과 여기 같이 있는 여러분이여! 당신들이 보는 이 바울이란 사람은 산헤드린공회가 강경하게 사형을 시켜야 한다고 주장하며, 예루살렘에서 내려와 청원을 했습니다. 그런데 내가 살펴보니 이자는 죽일 죄라고 할 만한 죄를 범한 일이 없었습니다. 그리고 그는 로마 시민이어서 황제에게 상소했습니다. 나는 그를 황제께 보내기로 결정했는데, 그 죄목도 분명히 하지 않고 보내는 것이 무리한 일인 줄 압니다. 피고 바울에 대하여 황제께 확실한 사실을 아뢸 것이 마땅치 않으므로, 심문한 후 상소할 자료가 있을까 하여 여러분들 앞, 특히 아그립바 왕 당신 앞에 그를 세웠습니다"하고 말했다.

총독이 자신을 존중해 주었으므로 아그립바 왕은 매우 흡족했다. 아그립바 왕에게 최대의 경의를 표한 총독 베스도는 바울을 보고 명했다. "피고 바울은 앞으로 나오라!" "바울은 쇠사슬에 묶인 채로 재판정에 나왔다. 바울은 잠시 목도를 했다. 순간, 일찍이 주께서 그가 회심했을 때 선지자 아나니아를 보내서 예언하신 말씀이 떠올랐다. "주께서 이르시되 가라! 이 사람은 내 이름을 이방인과 임금들과 이스라엘 자손들에게 전하기 위하여 택한 나의 그릇이라. 그가 내 이름을 위하여 얼마나 고난을 받아야 할 것을 내가 그에게 보이리라." 지금이 바로 그 시간이었다. 극장 안에는 왕, 귀족뿐 아니라 많은 유대인들이 입장해 있었다.

죄인, 바울이 복음으로 변론-총독과 왕, 문무 백관, 귀족 앞,
바울은 이 재판을 적극 활용해 그리스도와 복음을 전해야겠다고 결심했다. "주여, 도우소서 내게 지혜를 주사 저들을 감화하게 하소서!" 기도한 후, 용기백배해서 아그립바 왕의 면전에 나가 경의를 표했다. "피고인 바울! 너를 위하여 변호하기를 네게 허락하노라." 아그립바 왕이 위엄있게 말했다. 바울은 다시 한번 예를 갖추어 감사하고 입을 열었다. "존경하는 아그립바 왕이여! 유대인이 고발하는 모든 일을 오늘 당신 앞에서 변명하게 된 것을 정말 다행으로 여깁니다. 특히 아그립바 왕께서 유대인의 모든 풍속과 문제를 잘 아실 줄 알기에 더욱 그렇습니다. 그러므로 이 사람의 말을 너그러이 들어주시기 바랍니다."

바울의 인사를 받은 아그립바 왕과 베니게가 서로를 보며 웃었다. 남루하

게만 보이는 이 사람의 소리가 낭랑하고 힘이 있게 느껴졌고, 예의를 갖추는 것이 그냥 일반인은 아니구나 싶어서였다. "제가 젊을 때 예루살렘에서 제 민족과 더불어 어찌 지냈는지는 많은 유대인들이 알고 있습니다. 저는 우리 유대교의 가장 엄한 파인 바리새인으로 살았으므로 그들은 알 것입니다. 저는 예루살렘의 유명한 가말리엘에게서 수학하였습니다. 제가 여기 서서 심문받는 것은 단지 저의 어떤 주관적인 생각 때문이 아니라, 일찌기 하나님이 우리 조상에게 약속하신 것이 이루어지기를 간절히 바라는 것 때문입니다."

바울은 두 손을 하늘을 향해 들고 말을 이어갔다. "이 약속은 우리 열두 지파가 밤낮으로 간절히 하나님을 받들어 섬김으로 얻기를 바라는 것이었습니다. 아그립바 왕이시여! 이 소망이 바로 제가 유대인들에게 고소를 당하는 이유입니다." 온 극장 안은 조용해졌고 오직 바울의 소리만 들릴 뿐이었다. 간간이 불어 오는 바닷바람이 시원하여 연설을 듣기에 더 할수 없이 좋은 날씨였다. "여러분은 하나님이 죽은 사람을 다시 살리실 수 있다는 사실을 어찌하여 못 믿을 것으로 여깁니까? 저 역시 전에는 나사렛 예수의 이름을 대적하였습니다. 그들을 핍박하면 할수록 저는 하나님에게 충성한다고 생각했고, 그래서 더욱 열심을 내었습니다. 저는 전에 나사렛 예수의 대적자였습니다"

바울의 변론에 주목하는 사람들

사람들은 더욱 흥미를 가지고 바울을 주목하였다. "저는 예루살렘에서 이런 일을 주도적으로 행하며, 대제사장들에게 인정을 받았기에 그들에게서 권한을 받아 많은 성도를 잡아다 옥에 가뒀습니다. 또 그들을 죽일 때는 제가 주동이 되어 찬성 투표를 하였습니다. 저는 다만 예루살렘에 있는 그리스도인들을 핍박하는데 그치지 않았습니다. 더욱 열심을 내어 모든 회당을 찾아다니며 그들을 벌하면서 여러 사람 앞에서 예수를 모독하는 말을 강제로 하게 했습니다. 그리스도인에 대한 저의 적대감은 나날이 더해져서 국내뿐 아니라, 심지어 외국까지 가서 그들을 박해하였습니다."

청중들은 자신이 그리스도인들을 미워하지만 바울처럼 미워하지는 않을 것이라고 생각되었다. "그러던 어느 날, 그 일로 대제사장들의 권한과 위임을 받고 기독교인들을 잡으러 다마스커스로 가던 길이었습니다. 아그립바 왕이시여! 그때가 정오쯤 이었을 겁니다. 우리 일행이 다마스커스에 거의 다다았을 때, 홀연히 하늘로부터 해보다 더 밝은 빛이 저와 제 동행들을 둘러 비쳤습니다. 순간 우리 일행은 땅에 엎드러졌는데, 저는 히브리 방언으로 말하는 한 소리를 들었습니다.

'사울아! 사울아! 네가 어찌하여 나를 박해하느냐? 너는 가시채를 뒷발질하는 것같이 고생을 하는구나.' 그러자 저는 겁에 질려 즉시, '주여 주는 누구십니까?' 하고 물었습니다. 그리고 답하는 소리를 들었습니다.
'나는 네가 박해하는 예수니라!'라고 그는 계속하여 내게 말했습니다.
'일어나 너의 발로 서라! 내가 네게 나타난 이유는 네가 나를 본 일과 장차 내가 너를 통하여 나타낼 일에 너를 나의 종과 증인으로 삼으려 함이다. 너는 이스라엘과 이방인들에게 가서 그들의 눈을 뜨게 하여 사탄의 권세에서 하나님께로 돌아오게 하고, 죄 사함과 나를 믿어 거룩하게 된 사람들 가운데서 하늘의 기업을 얻게 하라.' 그렇게 말씀하셨습니다.

"존경하는 아그립바 왕이시여! 그러므로 하나님이 제게 보이신 것을 거역하지 못하고 먼저 다마스커스와 예루살렘에 있는 사람과 유대 온 땅과 이방인에게까지 모두 회개하고 하나님께로 돌아와서 회개에 합당한 일을 하라고 전하였으므로 유대인들이 성전에서 저를 잡아 죽이려한 것입니다. 그러나 나는 하나님의 도우심을 받아 오늘까지 살았습니다. 높고 낮은 사람 앞에서 증언하는 것은 저의 주관적 생각이 아니라, 선지자들과 모세가 예언하신 반드시 되리라고 말한 것을 전한 것 밖에 없습니다.

곧 그리스도께서 고난을 받으실 것과 죽은 자 가운데서 먼저 다시 살아나사 이스라엘과 이방인들에게 빛을 전하시리라 함을 이행한 것 뿐입니다."

베스도 총독의 반발

그러자 이말을 듣고 있던 베스도가 갑자기 일어나면서 크게 소리 내어 말했다. "바울아 네가 미쳤구나! 네 많은 학문이 너를 미치게 한다."

그러자 바울이 즉시 베스도를 보고 말했다. "베스도 각하! 저는 미친 것이 아닙니다. 저는 지금 참되고 온전한 정신으로 말하고 있습니다." 그리고 다시 아그립바 왕을 향하여 말을 이어갔다. "왕이시여! 왕께서는 이 일을 잘 아시기로 제가 자신있게 말합니다. 이 일에 하나라도 이해하지 못하심이 없는 줄 믿습니다. 이 일은 한쪽 구석에서 행해진 것이 아니고 다 공개된 사실이었습니다."

아그립바 왕의 답변

바울은 다시 아그립바 왕에게 두 손을 모으고 예를 표했다. "아그립바 왕이시여! 선지자와 그 예언을 믿으십니까? 저는 왕께서 믿으시는 줄 압니다." 바울의 말에 취하여 순간 감동하고 있던 아그립바는 여러 사람 앞에서 왕의 권위를 세워야 하며, 여기서 말을 잘못하면 유대인의 공분을 사기 십상이었다. "네가 몇 마디 말로 나를 그리스도인이 되게 하려는구나."

바울의 최후의 복음적인 변론

바울이 말하되, "말이 적고 많고의 문제가 아닙니다. 왕이시여! 왕뿐만 아니라, 오늘 제 말을 듣는 모든 사람이 다 저와 같은 신앙이 되기를 하나님께 원하는 바입니다. 지금 저처럼 묶여있는 것만 빼고요." 아그립바는 더 이상 듣고 있다간 자신도 바울이란 자의 웅변에 넘어갈 것 같다는 생각이 들었다. "됐다. 네 말을 잘 들었다." 그는 자리에서 일어났다. 이어서 서기가 "오늘 재판을 마친다. 퇴청!" 소리쳤다. 이어서 나팔 소리가 났다. 베스도와 베니게도 왕을 따라 일어났는데 연극장을 나오는 길에 총독 베스도가 아그립바 왕에게 동의를 구했다. "정말이지 이 사람은 사형이나 체포 당할 만한 행위가 없었지요?"

버니게가 말했다. "아에 그냥 석방시켜버리지 그래요." 그러자 아그립바왕도 동의했다. "이 사람이 만일 가이사에게 상소하지만 아니했더라면 우리가 석방시켜도 무난할 것 같소." "그러게요, 이미 그가 황제에게 송사를 청했으니 우리도 어쩔 수 없이 로마로 보내야하겠지요." 베스도가 말했다. 재판은 그렇게 끝났고, 베스도는 아그립바 왕의 도움을 받아 황제에게 가는 공소장을 작성하였다.

8-9
지중해를 넘어서

공소장이 완성되자 총독의 부관은 부하를 시켜 바울을 로마로 호송할 배편을 알아보게 했다. 드디어 배편이 결정되자 출발 날짜도 확정되었다.

바울은 누가와 아리스다고와 함께 로마로 가기로 결정했다. 총독은 그렇게 하도록 허락해주었다. 바울은 아우구스투스 부대의 백부장 율리오에게 인계되었다. 총독 베스도는 바울에게 로마에 가서 좋은 결과가 있기를 빈다고 오히려 축원해 주었다. 백부장 율리오는 백부장의 부대와 바울 일행, 그리고 여러 명의 죄수를 데리고 가이사랴 항으로 갔다. 날씨도 좋고 바람도 적당히 불어 항해하기에 아주 적합한 날씨였다. 항구에는 아드라뭇데노라는 배가 그들이 승선하기를 기다리고 있었다.

출항 준비가 완료되자 출발을 알리는 양각나팔 소리가 항구에 울려퍼졌다. 항구에 나와 바울을 전송하던 형제자매들은 눈물 어린 기도를 드리며 바울을 전송했다. 아드라뭇데노는 아시아 해변을 따라 각 항구를 들려서 가는 완행 여객선이었다. 얼마 후 배는 시돈 항에 도착했다. 백부장 율리오는 가이사랴 성채에서 이 년이나 머물렀던 바울을 잘 알고 있었다. 종종 조우하면 대화를 나누기도 하였는데, 그가 박식한 데다 다른 유대인처럼 이방인을 가리지 않고 친밀하게 대해서 호감을 갖고 있었다. 그는 바울이 도주할 위험이 없다는 것을 잘 알고 있었기에 시돈에서 배에 내려 그곳 형제들의 대접을 받는 것도 허용하였다.

바울이 시돈에 도착한 것이 금방 그곳 교회에 알려졌다. 형제들은 바울을 대접하고 함께 예배하며 여행의 안전을 위하여 기도하면서 주님의 큰 은혜를 깨닫게 되었다. 분명 바울 일행들만 로마로 갔다면 대적하는 유대인들로 인하여 언제 살해될지 몰랐다. 그러나 지금은 로마군 백부장의 부대가 바울을 호위하며 로마 황제에게 가는 것이다. 그야말로 국비(國費)여행이었다. 하나님은 일개 죄수를 위하여 로마 총독을 움직여 백 명이 넘는 로마 군대의 보호를 받으며 가게하셨다. 그들은 로마 황제 앞에 서서 복음을 증거할 수 있기를 간절히 기도했다.

시돈에서 떠난 배는 맞바람을 피하여 키프러스 해안을 의지하고 항해하다가 길리기아와 밤빌리아 바다를 건너 루기아의 무라 성에 이르렀다. 그들은 무라 성에서 다시 알렉산드리아로 가는 배로 갈아탔다. 배는 역풍을 받게 되었으므로 아주 더디게 항해하며 갔다. 간신히 니도까지 왔는데, 강한 역풍으로 인해 더 이상 항해할 수가 없었다. 그래서 배는 살모네에서부터는 크레타 섬을 끼고 항해했고, 미항이라는 곳에 겨우 도착할 수 있었다. 미항에서는 좋은 날씨를 기다리며 며칠을 소모하였는데, 얼마있지 않으면, 바다에 매우 위험한 계절풍이 시작되는 시기였다.

유라굴라 광풍의 예고

바울은 여행 경험이 많았다. 이 항해가 상당히 위험하다고 생각되었다. 그래서 바울과 형제들이 기도하니 성령께서 이번 항해가 심히 위태롭다고 알려주었다. 그래서 그는, "율리오 백부장님! 만약 지금 배가 출항한다면 매우 위태로운 항해가 될 것 같습니다. 배와 화물뿐만 아니라 사람의 생명에도 적잖은 위험이 있을 것입니다. 지금 기후가 항해하기에 좋지 않으니 이곳 미항에서 겨울을 보내고 가는 것이 어떨런지요?" 제안했다.

백부장 율리오는 놀란 듯 물었다. "선생이 그것을 어떻게 아시오?" "예, 우리 주님께 기도하고 얻은 답입니다." 이 사람이 신령한 점이 있기는 하지만, 단지 바울의 말을 듣고 항해 중지를 결정하기가 난감했다. 마치 그때 선장과 선주가 객실에서 선창으로 나오고 있었다. 선장, 선주를 불렀다. "선장, 바울 선생이 이번 항해가 기후로 인하여 심히 어려울 것이고, 배나 화물만 아니라, 사람의 생명도 위태로워질 수 있다고 하는데 지금 출항해도 괜찮겠소?" 염려스럽게 물었다. 그러자 선장과 선주의 얼굴색이 확 변했다. "아니, 선생은 무슨 근거로 그렇게 말합니까? 그렇게 말하면 백부장님이나 승객들이 불안해하지 않겠습니까?" 그들은 황당하다는 듯이 항의했다.

거칠게 항의하는 그에게, "특별한 근거는 없고요. 어제 기도를 하는데 우리 주님께서 큰 어려움이 있을 것이라고 말씀해 주었습니다. 느낌이 좋지 않습니다. 지금 계절에 지중해 항해는 유라굴로 폭풍을 만날 가능성이 농후하지요. 그래서 차라리 이 미항에서 겨울을 지내고 출발하는 것이 어떨까 말씀을 드린겁니다."

"저는 이 바다에서 잔뼈가 굵었습니다. 나이 먹도록 이 바다를 항해한 덕분에 바다를 손바닥 보듯 하지요. 제가 단언하건데 지금 이런 풍세로는 유라굴로 같은 바람을 만날 가능성은 전혀 없습니다." 선장이 호언장담했다. 선주도 말했다. "백부장님! 제가 한 두 해 이런 일을 한 사람이 아닙니다. 절대로 그런 일은 없을 것입니다. 제 배가 한 두 척이 아닌데 아직까지 한 번도 파선해본 일이 없습니다. 안심하십시오!"하고 큰소리 쳤다. 이에 백부장은 가볍게 받아넘기며 선장의 말을 따르겠다고 했다.

선주는 제안했다. "미항은 과동하기에 너무 적은 항구니, 우리가 크레타의 뵈닉스 항구로 가서 겨울을 보내는 것이 좋겠습니다." 배에 타고 있던 대부분의 사람들이 뵈닉스에서 겨울을 보낸다고 하니 좋아했다. 거기는 도시가 커서 각종 오락거리가 가득한 항구였다. 모두가 그렇게 말하니 바울도 더는 어쩔 수가 없었다. 누가와 아리스다고와 함께 주님의 도우심을 기도할 뿐이었다.

날씨는 항해하기에 더할 수 없이 청명했다. 배가 항구를 떠난지 상당한 시간이 지났다. 항해는 정말 순조로웠다. 배는 바다 안쪽으로 깊숙이 들어가며 뵈닉스로 방향을 잡고 속도를 냈다. 그들이 바다에 깊숙이 들어왔을 때 갑자기 배가 뒤뚱거렸다. 이어서 쏴-! 하는 바람소리가 나더니 바람이 강하게 불기 시작했다. 배에 꽂은 깃발들이 일제히 방향을 바꿔 나부끼며 펄럭거리기 시작했다.

유라굴라 광풍의 엄습

파도가 일렁이며 뱃창을 두드리는 횟수도 빨라지고 있었다. 배가 기우뚱할 때마다 놀란 승객들의 비명소리가 여기저기서 났다. 바람은 점점 더 강해지고, 먹구름이 모이며 하늘이 어두워졌다. 섬광이 번쩍하며 천지를 가를 듯한 뇌성이 배 위에서 연달아 내리쳤다. 이윽고, "쏴-!"하고 비가 내리기 시작했는데, 사태가 심각하다고 느낀 선장은 불현듯 바울의 말이 생각났다. 그는 빨리 대비를 해야겠다고 결정했다. 그는 북을 쳐서 선원들의 우두머리들을 모아 명령했다. "전 선원은 정위치하여 폭풍을 대비하라. 빠른 시간 안에 가까운 항구로 대피한다. 모든 승객은 선실로 들어가서 안전하게 무엇이든 붙잡으시오!" 백부장 율리오는 겁을 먹고 급히 바울을 찾았다. "선생! 이일을 어찌하면 좋겠소? 선생의 경고를 들었어야 했는데 …, 풍랑이 심상치 않은 것 같소" 걱정스럽게 말했다.

백부장의 구원 요청

"지금은 어찌할 수 없습니다. 선장과 선원들이 최선을 다하는 수밖에요. 저는 우리 주님께 이 배의 안전을 위하여 기도하겠습니다." 바울이 말했다. 비는 더욱 세차게 퍼부었고, 바람도 좌우로 회오리쳐 선원들이 배를 조종하기가 불가능해졌다. 자칫 잘못 조정하면 배가 뒤집힐 판이었다. 승객이나 군사들도 사색이 되어 이리저리 구르고, 잡을 만한 것이 있으면 필사적으로 매달렸다. 백부장은 바울에게 울부짖듯 말했다. "선생! 선생의 하나님께 빨리 우리를 구해달라고 기도해보시오" 육지에서 용감하던 아우구스두스 부대의 백부장도 거친 파도 앞에선 한낱 두려움에 찬 인간에 불과했다. 배가 좌우로 기울 때마다 사람들의 외마디 비명이 울려퍼졌다. 사람마다 자기 신의 이름을 부르짖으며 도와달라고 기도하였다.

| 그림-9 사도 바울 일행이 로마로 호송 도중 광풍을 만남

선장은 바다에서 익힌 경험을 총동원하며 배를 항해했다. 그러나 선장과 선주는 바로 유라굴라 광풍을 만났다는 것을 직감했다. "아 어쩌면 좋나? 키를 조종해도 아무 소용이 없습니다" 선장이 선주에게 말했다. 바람 소리는 더욱 거세졌다. 배는 바람따라 사정없이 밀려가며 선장이 통제할 수 없는 지경이 되었다. 결국 선장도 키 잡기를 포기하고, 기둥 하나에 몸을 의지해 바람에 배를 맡길 수 밖에 없는 지경이 되었다. 백부장과 바울,

누가, 아리스다고도 같은 방에서 난간대를 붙잡고 풍랑과 사투를 벌이며 몸의 균형을 유지하고 있었다. 배는 바람이 부는대로 끌려가다 선체가 뒤 집힐 판이다. 배는 계속 밀려서 가우다라는 작은 섬 곁을 지나게 되었다.

이튿날 파도는 더욱 높이 뛰어 올랐다. 화물과 짐짝들이 한쪽으로 밀리므 로 배는 더욱 위태해졌고 때로 사람들을 치기도 했다. "악-!" 여기저기 부 상자도 생겼다. "화물들을 모두 바다에 버리라!"고 선장이 소리쳤다. 선원 들은 즉시 화물들을 바다에 던져서 배를 가볍게 만들었다. 화주(貨主)들 은 작은 물품이라도 챙기려했다. "물건을 챙기려다 당신이 죽으면 아무 소용이 없소. 포기하고 당신 몸을 보호하시오!" 화주들은 화물이 바다에 내쳐지는 것을 보고만 있어야 했다. 파도 때문에 배에 물이 차올라 가볍 게 만들어야 했다. 다시 얼마쯤 지나자 선장은 선원들에게 명령했다. "선 박에 모든 무거운 기구들도 내버려라!" 그러자 선원들은 배에서 사용하는 쇠로 만든 무거운 도구들도 내던졌다. 구원될 가망은 보이지 않았다. 이 미 살기를 포기한 사람들처럼 기진맥진하여 배가 뛰뚱거리는 대로 죽어가 는 상태가 되었다. 그러나 바람은 여전히 그 세력이 약해지지 않고 있었 다. 선원들은 모든 행동을 포기하고 손을 놓고 있었다.

위기를 당한 배에서 하나님의 구원 요청
선장과 선주가 백부장과 함께 있는 바울을 찾았다. "정말 미안하고 죄송 합니다. 이런 일은 평생 처음 겪습니다. 당신의 말을 들었어야 했는데 무 시해서 이런 일을 당합니다. 선생! 당신의 신께 어떻게 도움을 청하면 안 되겠소?" 그들은 간곡히 사정했다. 그러자 바울은 선장에게 요청한다. "배 에 있는 모든 사람을 이리로 부르시오." 백부장과 선장은 선원, 군인, 죄 수, 승객들 모두를 불러 모았다. 그들은 바울을 중심으로 둘러앉았다. 바울은 그들 가운데 서서 전능하신 하나님께 구원 요청을 하기 시작했다.
"여러분! 여러분이 내 말을 듣고 그래데 항구93)를 떠나지 않았으면 이 재난과 손실을 면할 수 있었을 것이오. 그러나 이제는 안심하시오. 그리고 기운을 내시오. 여러분의 생명에는 손상이 없을 것이요. 다만 배는 잃게 될 것이오." 바울은 큰소리로 위로했다. 그들은 죽지 않는다는 말에 용기를 얻었다. 지금 상황에선 할 수 있는 일이 없으므로 생명을 건질 수 있다는 바울의 말에 희망을 걸 수 밖에 없었다.

"나의 속한바 곧 나의 섬기는 하나님의 사자가 어젯밤 내 곁에 서서 말씀하셨소. 바울아 두려워하지 말라. 너는 가이사 앞에 서야 하겠고 또, 하나님께서 너와 함께 항해하는 모든자들의 생명을 다 네게 주셨다"고 하셨습니다. 그러므로 여러분! 안심하시오. 나는 내게 구원을 약속하신 하나님의 말씀 그대로 되리라고 믿소. 그리고 이후에 우리가 반드시 한 섬에 걸리게 될 것이오." 비록 폭풍이 잦아든 것은 아니지만, 바울의 이 말에 그들은 희망의 끈을 놓지 않았다.

모두 조금씩 힘을 내기 시작했다. 폭풍에 휘말린지 십사 일이 됐을 때, 선장이 말했다. "그리스와 이탈리아 사이에 있는 아드리아 바다94)까지 밀려왔습니다." 선원들은 육지가 가까워지고 있다는 것을 알았다. 선장이 선원에게 수심을 측정하게 하니 스무 길이었다. 또, 얼마 후 측정하니 열다섯 길이 되었다. 점점 육지가 가까워졌다. 선장은 암초에 걸릴 것이 두려워 선원들에게 "닻을 배 네 곳에 내려라." 명령했다. 밤을 그곳에서 보내기 위해서였다. 선원들은 이미 육지 가까이 온 것을 짐작했다.

바울의 경고

그들은 자신들이라도 살겠다는 생각에 탈출을 모의했다. 닻을 내리는 척하며 구명보트를 내려놓았다. 누가가 바울에게 이 사실을 알렸다. 바울은 그들의 움직을 보고 곧 그들이 도망치려 한다는 사실을 눈치챘다. 그들의 협력 없이 배에 탄 사람은 구조 받기가 불가능함을 알았다. 백부장에게 고했다. "백부장님! 저들이 지금 도망치려 하고 있습니다. 배에 있는 사람들은 바다 경험이 없어 구출되기 힘듭니다. 저들을 붙잡으세요." 이에 백부장은 "군사들은 저 구명보트의 줄을 지금 즉시 잘라버려라." 구명보트를 묶은 줄을 자르고 보트를 바다에 버렸다. "선원들 중 누구든지 임의로 배를 이탈하면 죽는다." 선원들을 도망치기를 포기했다.

드디어 긴 밤이 지나 새벽이 왔다. 바울은 백부장에게 다시 사람들을 모으도록 요구했다. 배에 있는 사람 전체가 풍랑에 시달리고 먹지 못하여 빈사(瀕死)직전의 상태였다. 그들은 이제 바울이 시키는 대로 따라서 할 따름이었다. "여러분! 여러분이 기다리고 또, 기다린지 오늘이 열나흘 째요. 여러분은 그동안 아무것도 먹지 못했소. 지금 바로 음식을 먹도록 하시오. 이제 이 배에서 빠져나가야 할 것인데, 힘을 얻지 못하면 어려울 것이요. 우리 주님이 말씀하셨소. 우리 중에 그 누구도 머리카락 하나 잃음 없이 살아나게 될 것이오! 그는 가지고 있던 빵을 가지고 그들 앞에 축사하고 먼저 먹었다. 바울이 먹는 것을 본 그들은 그제야 안심하고 여기저기서 음식을 꺼내 황급히 먹기 시작했다.

생명을 위협하는 바람, 많이 잦아짐

백부장은 바울을 매우 신뢰하므로 그의 곁을 떠나지 않았다. 이 배에 있는 이백칠십육 명, 그 누구도 생명을 잃는 사람은 없다고 했기 때문이다.

또 배에 실린 말을 버리라고 요구한다. "배에 실려있는 밀들을 버려서 배를 더욱 가볍게 해야 합니다. 어떻게든 육지 가까이 접근해야만, 파도의 영향을 덜 받을 수 있습니다." "모든 밀을 바다에 버리시오." 선주나 모든 사람들은 배에 실린 말을 바다에 버리자 배는 훨씬 가벼워졌다. 수심이 낮아졌지만 바닥에 배 밑창이 닿지 않고 육지에 더 가까이 다가 갔다.

다음 날이 밝았다. 그들이 보니 멀찍이 육지가 보였다. 사람들이 일제히 소리쳤다. "육지다! 육지다!" 모두 기뻐서 소리쳤다. 선장이 백부장에게 와서 말했다. "저 섬이 무슨 섬인지 모르겠으나, 경사가 완만한 해안이 보이니 일단 저 섬에 접근하도록 하겠습니다." "그렇게 하시오!" 백부장이 허락했다. 선장은 선원들을 모아 각각 할 일을 지시했다. 닻을 끊고 키를 개방하고, 돛을 올리고 섬 해안에 최대한 가까이 접근하게 했다. 작은 돛을 올리자 배는 완만한 해안 쪽으로 서서히 접근하기 시작했다. 모두의 얼굴에 생기가 돌았다. 여기저기서 왁자지껄 떠드는 소리와 안도하는 웃음 소리도 간간이 들렸다.

육지로 접근하던 중 갑자기 쿵하고 배가 멈춰섰다. 해변에서 돌아오는 물과 바다에서 밀려가는 파도가 배를 때리자 역방향의 하중을 받으면서, "쾅!"하고 바닥이 부서지는 소리가 났다. 사람들은 배가 부서진다고 아우성이었다. "악! 배가 부서진다!"하며, 밑창에 있던 사람들이 선상으로 몰려 나왔다. 그러자 오십부장이 백부장에게 말했다. "백부장님! 배가 파선하면 죄수들이 탈출을 할 겁니다. 파선되기 전에 전부 죽여야 합니다." 오십부장은 지시를 기다렸으나, 백부장 율리오는 난처했다. 죄수들을 단 한 명이라도 탈출하게 되면 군법상 자신들의 생명으로 죄수들의 목숨과 바꿔야 했다. 그러나 죄수들을 죽이면 바울도 함께 죽여야 할 판이었다. 바울은 오늘 이 사고를 예언한 사람이었다. 바울은 말하기를 단 한명도 생명을 잃게 되는 사람이 없다고 했지 않은가?

백부장은 사실 저 사람이 없었으면 우리는 죽은 목숨이나 다름 없었다는 것을 깨달았다. 바울은 선지자고, 이 많은 생명을 살린 은인이다. "좋다. 죽게되면 내가 죽겠다! 저 사람을 해칠 수는 없어!" 그는 결단을 내려 명령했디. "오십부장! 아무도 죽이지 마라. 이렇게 긴 폭풍 속에서도 저들이 살아 남았는데, 우리가 죽인다면 아주 잔인한 일이 될 것이다. 또 신을 배반하는 짓이지." 선장이 다시 백부장에게 말했다. "배가 깨져가니 퇴선을 명하겠습니다. 모두 퇴선하시오." 선장은 크게 사람들을 향해 소리쳤다. "지금부터 퇴선한다. 헤엄칠 수 있는 사람은 헤엄쳐 나가고, 수영할 줄모르는 사람은 나뭇조각이나 물에 뜨는 것을 잡고 나가라. 장정들은 아이들과 노인들, 아녀자를 보호하고 해변으로 나가라!"

그때 마침 큰 파도가 치자 다시 "끼끼끼, 쾅! 쾅! 하고 배가 부서지는 소리가 연이어 울렸다. 백부장과 선장은 바삐 소리쳤다. "빨리 퇴선하라! 빨리, 빨리! 육지 쪽으로 빨리!" 오십부장도 소리쳤다. "죄수들은 한 쪽으로 같이 행동하라! 군사들을 죄수들과 함께 움직여라! 누구든지 탈주를 꾀하는 자는 가차없이 죽여라!" 명령이 떨어지기가 무섭게 배에서 뛰어내리는 사람, 줄을 타고 내려가는 사람들로 분주했다. 바울은 죄인 그룹에 끼어 누가와 아리스다고의 부축을 받으며 바다로 뛰어들었다. 그리고 파도와 물결을 헤치며 해안으로 접근하였다. 파도도 이미 상당히 잔잔해졌지만 해안에 접근하기란 쉽지 않았다. 악전고투 끝에 서로 도우며 모두가 무사히 해변에 올랐다. 바울의 예언대로 한 사람도 생명을 잃지 않았다.

모두가 무사히 섬에 상륙하자 백부장은 바울의 손을 잡고 말했다, "당신은 예언자요, 당신의 하나님은 참신이요. 정말 아무도 다친 사람 없이 다 살았다니 진정 이것이 기적이요! 당신의 주을 찬양하오!" "주님께서는 저의 주님도 되시고 백부장의 주님도 되십니다. 저를 사랑하시고 역시 당신을 사랑하셨습니다." "나도 이제 당신의 하나님 예수를 믿어 볼까 하오!" 백부장이 신나서 말했다. 군사들도 지나가다가 바울에게 고마움을 표했다. 선장과 선주도 바울을 찾아와 사과하며 진정으로 감사했다. 바울은, "선장님, 선주님! 저를 믿고 따라주어 이런 좋은 결과가 났습니다. 정말 수고하셨습니다. 비록 화물과 배를 잃게 되었지만, 우리 주님께서 당신들을 도우신 것입니다." 바울은 그들을 위하여 축복해주었다.

배에 탄 사람들이 피신한 섬의 이름은 멜리데[95]였다. 멜리데는 이탈리아 남쪽 시실리(수라구사) 남쪽에 있는 작은 섬이었다. 크레타의 미항으로부터 여기까지 너무 먼 거리를 유라굴로 광풍에 끌려 온 것이다. 아이러니하게도 유라굴로로 인해 이미 로마로 가는 여정의 삼분의 이를 오게 된 것이다. 만약 미항을 출발하지 않았더라면 올 겨울을 거기서 나야했기에 삼사 개월은 족히 허비했을 것이다. 얼마지않아 그들이 파선하여 섬에 상륙한 것을 안 섬 사람들이 그들을 찾아나왔다. 그리고 친절하게도 파선자(破船者)에게 구제의 손길을 뻗쳐 헌 옷가지와 물과 먹을 것들을 내오고 불을 피워 그들의 몸을 덥혀주었다.

그들이 땔 나뭇가지로 불을 피웠다. 바울도 그 모닥불에 몸을 말리고 있었다. 모닥불에 나무가 부족하자 바울은 나뭇단을 집어 불에 던져넣자 나무단 사이에 있던 독사가 화기(火氣)에 놀라 뛰쳐 나오며 바울의 손을 물고 늘어졌다. 함께 불쬐고 있던 사람들은 물론 현지인들까지 깜짝 놀랐다. 특히 현지인들이 더욱 놀랐다. 바울을 물고 있는 독사는 독이 지독한 것으로, 한 번 물리면 살아난 사람을 본 일이 없었다. 바울은 아무렇지도 않은 듯 손을 물고 놓지 않은 뱀을 떼어내어 불에 던져버렸다.

현지 원주민들은 바울이 어찌될까 주시하며 서로 수근거렸다. "저 사람은 정말 악한 죄를 지었는가 보네. 폭풍의 바다에서는 살았지만, 끝내 독사에게 물려 죽는구나." 바울은 몸이 따뜻해지니 감사가 절로 났다. 찬송을 흥얼거리며 아무렇지도 않은 듯 계속 불을 쬐고 있었다. 바울이 독사에 물렸다는 소식을 들은 백부장이 얼굴색이 변하여 급히 찾아왔다. "바울 선생! 어찌 이런 일이 있을 수 있소. 이렇게 겨우 살았는데 독사에게 물리다니?" "염려하지 마십시오, 별일 없을 겁니다. 우리 주님이 말씀하셨지요. 주님께 사명을 받은 자는 뱀을 집으며 무슨 독을 마실찌라도 해를 당하지 아니한다고요." 바울은 아무렇지도 않은 듯 말했다.

섬 사람들은 독성이 퍼져 바울이 죽게 되는 것을 볼까 봐 무서워했다. 그러나 오랜 시간이 지나도 아무 일도 없고, 바울이 오히려 찬송을 흥얼거리는 것을 보고 공경하는 마음이 생겨났다. "이런 일은 처음 본다. 저 맹독성을 가진 독사의 독을 이기다니, 저 사람은 사람이 아니고 신이다." 백부장도 바울을 치켜세웠다. "바울 선생은 정말 대단하시오. 위대하오!" 바울은 말했다. "아니오, 우리 주님이 위대하시지요. 주님을 믿는 자는 뱀을 집어도 해를 당하지 않는다고 말씀하셨습니다." 백부장은 사람들을 이곳저곳에 배치하여 그밤을 보내게 했다.

그곳을 다스리는 추장 보블리오는 바울 일행을 특별하게 환대하였다. 그가 독사에 물렸어도 죽지 않자, 그가 특별한 능력의 사람이라고 생각하고 사흘 동안 극진히 환대했다. 그런데 추장 보블리오의 부친이 열병과 이질에 걸려 고통받고 있었다. 이를 안 바울은 그를 안수로 기도했다. 그러자 열병은 곧 떨어졌고 보블리오의 부친은 회복되어 병상에서 일어났다. 그 소문은 많지 않는 섬사람들에게 곧 퍼져, 환자들이 몰려왔다. 바울과 누가, 아리스다고 세 사람은 주님께 간구하여 그들을 고쳤다. 그들은 그곳에서 다른 배가 그곳에 들어올 때까지 복음을 전하고 치료활동을 계속했다. 이른 봄이 되자 이집트 알렉산드리아에서 이탈리아로 가는 디오스쿠리호가 겨울을 지내기 위해 멜리데에 들어왔는데 그 배를 이용해 떠난다고 했다. 항해하기에 적합한 시기는 아니었지만, 작은 섬에 배가 자주 오는 것도 아니어서 백부장은 그 배를 타고 이탈리아로 갈 것을 결정했다. 물론 바울에게 의견을 구하고 바울도 빨리 로마로 가고 싶어 기도 후, '주님의 가라하는 싸인'을 주시므로 함께 가자고 했다.

바울 일행이 떠날 때, 추장 보블리오를 비롯한 그곳 섬 사람들은 바울 일행에게 특별히 여행에 필요한 많은 것들을 주었다. 그들은 병 고침을 받았고, 예수 그리스도의 복음도 받았기에 형제로서 열심히 섬겼다. 바울 일행은 그 배에서 가장 부요한 자가 되어 다른 사람들을 섬길 수 있었다.

멜리데 원주민과의 작별
백부장은 병사들의 인솔 하에 모든 죄수들을 그 배에 오르게 했다. 멜리데의 형제들이 항구까지 전송을 나와 작별을 아쉬워했다. 백부장은 바울에게 말했다. "사도님은 가는 곳 마다 가족이 있군요. 참 부럽습니다." 백부장이 어느새 바울을 '사도님'이라고 부르고 있었다. 배는 순항했다. 시칠리 수라구사에 도착하여 사흘을 보낸 후 레기온에 들렸고 남풍이 순하게 불어서 보디올에 도착할 수 있었다. 이제 로마도 그리 멀지 않았다. 백부장의 배려로 바울 일행도 그곳에서 내려 형제들을 찾아보았다. 그곳에도 이미 그리스도 신자들이 있었다. 교우들은 그들을 환대했고 바울은 머무는 동안 열심히 그들을 가르쳤다. 그들은 바울 일행을 융숭히 대접했다. 이레를 같이 지낸 후 그들은 또 쓸 것을 준비하여 바울 일행을 전송했다. 바울과 함께 있는 시간이 꿈 같은 시간이었으므로, 그의 떠나감을 매우 아쉬워했다.

바울의 로마 도착

한편 로마의 형제들은 바울이 온다는 사실을 미리 알았다. 그들은 로마에서 칠십 키로미터 남쪽에 있는 압비오와 삼관까지 마중나왔다. 레기온의 형제들이 바울의 도착을 미리 로마 교회에 알렸던 것이다. 로마 교회는 바울의 편지를 미리 받아보았기에 바울에 대해서 알고 있었다. 그가 보낸 편지가 성도들에게 믿음과 지혜와 위로를 주었으므로 바울이 온다는 소식만으로도 큰 기대에 차 있었다. 마중나온 형제들을 본 바울은 로마에 대한 두려움을 떨쳐버리고 담대함을 얻었고, 이곳에서 함께 일을 할 수 있는 동역자들이 있음에 감사드렸다. 백부장 율리오는 바울을 매우 신뢰하여 군사 한 명을 붙여 따로 자유롭게 지낼 수 있도록 배려했다.

로마의 성도들은 바울이 기거하며 사람을 만나 가르칠 수 있도록 넓은 공간이 있는 숙소를 제공했다. 참으로 감개무량하였다. 그가 얼마나 오랫동안 로마에 올 날을 기다려 왔던가?

제국의 수도는 많은 세계인이 와서 왕래하는 곳이었다. 이곳에서 복음을 전한다면 온 세계에 복음이 전파될 것이고, 하나님의 나라는 빠르게 확장될 것이었다. 또, 이제 스페인96)으로 갈 수 있는 교두보도 확보된 것이라 할 수 있었다. 이런 생각은 바울의 가슴을 방망이질쳤다. 그는 하루라도 빨리 복음을 전하고 싶은 마음에 밖으로 나가 시내에 있는 원형극장에 올라가 온 로마 성을 내려다보았다. 그곳의 모습도 아테네의 모습과 별반

다르지 않았다. 온갖 신전들이 곳곳에 자리해서 우상의 전시장이 된, 영적으로는 사단이 네 활개를 치고 활동하는 도시였다.

그는 그곳에서 하나님을 모르고 사는 많은 사람들을 생각했다. 그들은 바울이 전하는 신령한 하나님의 선물을 모르는 사람들이었다. 그는 원형경기장에서 복음을 전하고 있는 자신을 상상했다. 그의 눈에서 눈물이 흘러내렸고, 입에서 그 불쌍한 영혼들을 위한 기도가 쉴새 없이 새어나왔다. 얼마나 어렵게 당도한 로마인가? 목숨과 맞바꾸고 온 로마였다. 다음은 바울이 감동에 겨운 나머지 기도한 내용이다.

> "주여, 주님의 말씀으로 로마를 정복하소서. 주께서 이곳의 왕이 되시고 영광을 받으시며, 이 제국이 주께서 다스리는 나라가 되게 하소서!"

8-10
로마에 사는 유대인에게 복음을 전하다

바울이 로마에 도착한 지 사흘 후, 먼저 그곳 유대인 사회 원로들을 찾아가 자신이 예루살렘에서 왔음을 알리고 그곳 원로들을 자기 집에 청하였다. 그들이 물었다. "형제는 어떻게 이 로마에 오게 되었소? 죄수의 신분으로 왔다고 하는데 무슨 죄를 지어서 온 것이오?" 관심을 표했다.

바울은 그들에게 복음을 전할 기회가 왔다고 생각하고 자신이 죄수된 이유를 해명하려했다. 예루살렘의 장로들이 바울이 가이사에게 상소했다는 것을 알고, 이곳 유대인 장로들에게 미리 편지로 알려줬을지도 모를 일이었다. 바울은 좀 더 자세하게 설명을 해야겠다고 생각하고 입을 열었다.

"여러분 형제들이여, 제가 황제에게 상소를 하여 이곳까지 온 이유는 이렇습니다. 저는 이스라엘 백성이나 우리 조상의 관습을 배척한 일이 없는데, 예루살렘에서 고발당하여 로마인의 손에 죄수로 내주었습니다. 로마인은 저를 심문하여 죽일 죄목이 없으므로 석방하려 했지만, 유대인들이 반대해서 마지 못해 가이사에게 상소했을 뿐, 절대 제 민족을 고발할 생각은 없었습니다. 하여 여러분과 함께 대화를 나누고자 청했습니다. 저는 사실 이스라엘의 소망인 그리스도의 오심에 관한 것 때문에 이 쇠사슬에 매인 바 된 것입니다." 자기가 죄인이 되어 여기에 온 경위를 설명했다.

| 그림-10 사도 바울이 로마에서 복음을 전함

그러자 장로들 중 연장자가 "바울 형제! 우리는 이 일에 대하여 잘 알지 못하네. 유대로부터 당신에 관한 편지를 받은 일도 없고, 형제 중에 누가 와서 바울 형제에 대하여 좋지 못한 것을 전하거나 이야기한 일도 없었다네. 그러나 방금 형제가 이야기한 이스라엘의 소망이 구체적으로 어떤 것인지, 자네의 사상은 무엇인지 듣고 싶네. 듣자하니 자네가 속한 파는 어디서든 배척을 받는다고 들었네만..."하고 말했다.

"그렇다면 사흘 후에 다시 한 번 이곳에서 뵀으면 합니다." 바울이 말했다. "그럼세! 그럼 그때 다시 오겠네." 그들은 진지하게 약속하고 돌아갔다. 며칠 후, 상당히 많은 유대인들이 모여왔다. 인사를 나눈 후 각각 자리를 잡고 앉았다. 바울은 그들 앞으로 나가서 열심히 하나님 나라와 그리스도, 또 그리스도를 통한 구속을 율법과 선지자의 예언을 인용하여 조리있게 증거했고, 자신이 경험한 것을 아침부터 저녁까지 간증했다.

그 중 어떤 사람들은 그렇다고 감동했으나, 대부분의 유대인들은 반론을 제기했다. 나중에는 유대인 상호 간의 언쟁으로 변하면서 집회는 분노 중에 파하게 되었다. 바울이 그렇게도 사랑하던 민족이다. 그래서 로마 교인들에게도 편지했 듯 그들이 회개하기를 간절히 기대했지만 완악한 그들은 돌 같이 단단했다. 그는 유대인에게 희망이 없음을 확인했다. 그래서 듣지 않는 그들에게 유대의 풍습대로 마지막 단교의 선언을 함으로써 자신이 그들의 피에 대하여 무죄하다는 표시를 했다.

"여러분! 성령이 선지자 이사야를 통하여 여러분의 조상들에게 말씀하신 것이 옳습니다. 일렀으되 이 백성에게 가서 말하기를 너희가 듣기는 들어도 도무지 깨닫지 못하며, 보기는 보아도 도무지 알지 못하는도다. 이 백성들의 마음이 우둔하여져서 그 귀로는 둔하게 듣고 그 눈은 감았으니 이는 눈으로 보고 귀로 듣고 마음으로 깨달아 돌아오면 내가 고쳐줄까 함이라 하였습니다. 그런즉 하나님의 구원이 이방인에게로 보내어진 줄 아십시오. 그들은 그것을 들을 것입니다"

그러자 강력하게 항의하거나 욕하는 자도 있었으며, 또 피차 다투는 자들도 있었다. 바울은 이후로 유대인을 접촉하지 않았다. 시간 낭비인 것이다. 바울은 이전처럼 여러 곳을 다니면서 복음을 전할 수는 없었다. 그는 구금된 몸이었다. 바울은 이태를 자기 셋집에 머물면서 자기에게 오는 사람을 다 만나며 주님의 진리를 열심히 전했다. 로마 교회는 바울이 옴으로 인하여 큰 영적 부흥을 일으켰고 좋은 동역자들이 양육되었다.

8-11
사도행전 후

백부장 율리오는 바울이 재판을 받아 형이 확정되기 전에는 한 집을 정하여 구금 상태에서도 여러 손님들을 만날 수 있도록 배려해 주었다. 로마 제국은 컸고 네로 황제는 많은 재판과 전쟁, 통치로 바빴기 때문에 변방에서 종교문제로 상소한 바울의 재판에는 그다지 관심이 없었다. 바울이 재판을 기다는 동안 뒤로 밀려 언제 재판이 진행될지 기약이 없었다.

바울은 성경을 가르치고, 찾아오는 여러 교회의 일꾼들을 만났다. 또 동역자들에게 사명을 주어 보내면서 로마 주변과 헬라, 마케도냐, 에베소까지 사람을 파송하여 교회를 관리했다.

8-12
에바브라 디도, 오네시모를 만남

빌립보교회는 바울의 투옥(投獄) 소식을 듣고 안타까워했다. 교회는 회의를 소집하여 바울의 소식을 알리고 어떻게 도울 것인가 상의했다. 그들은 슬퍼하며 바울이 받고 있는 고난에 조금이라도 동참하고자 바울에게 보낼 헌금을 모았다. 고령(高齡)인 바울을 옆에서 섬길 신실한 사람을 보내기로 결정하였으며, 그편에 선교비를 보내주었다. 파송된 사람이 바로 에바브라 디도[97]라는 청년이었다.

에바브로 디도는 일찍이 빌립보에서 바울의 전도를 받아 바울을 부모처럼 따랐으며, 이후 교회에서 말씀을 가르치는 목회자가 된 사람이다. 빌립보 교회는 에바브라를 보내서 바울을 섬기게하는 한편, 바울의 제자로서 성경을 배우게 하여 빌립보교회의 교사로 삼을 계획이었다. 바울은 빌립보 교회의 사랑에 감격했다. 그들은 복음으로 인하여 바울에게 감사하고 있었고, 그를 그들의 영적(靈的) 부모로 여기고 있었다. 바울이 제안하는 선교와 선한 사업에 언제나 열성적으로 참여했다. 빌립보 교회가 헌금하여 지원하므로 바울의 로마 생활을 어렵지 않았다.

사도 바울의 동역자로는 디모데, 디도, 누가, 더디오, 브리스길라와 아굴라, 아리스다고, 두기고 등, 함께 죽을 고비를 넘겼던 전도자들이 많았다. 그들의 활발한 복음활동으로 곳곳에 교회들이 세워졌고 부흥하고 있었으므로 그들을 파송하여 교회를 돌보게 했다. 바울의 거처하는 로마 제국은 선교 본부가 되었다. 그러나 그를 수종할 사람은 없으므로 에바브라 디도에게 바울의 육체를 돌보고, 여러 가사(家事) 일을 보게 했다.

하루는 에바브라가 한 건장한 남자 청년을 데리고 왔다. 아주 총명하게 보였으나 반항아적인 기질이 엿보였다. 바울은 그가 한 눈에 노예 신분이라는 것을 알아보았다. 에바브라가 시장에 물건을 사러갔다가 그를 만났는데, 그가 구걸을 했다는 했다. 그에게 복음을 전했더니 그는 아주 쉽게 복음을 받아들였다. 그에게 어디에 사느냐고 물었더니 최근에 장사를 시작했으나, 속아서 돈을 다 잃고 할 수 없어 여관에서 나와 구걸을 시작했다고 했다. "자네는 어디 사람인가?" "저는 골로새에서 온 오네시모[98]라고 합니다." 첫 만남에서 서로의 대화를 통해 그의 형편을 대강 짐작했기 때문에 바울은 더 이상 묻지 않았다. 그는 갈곳이 없었고, 돈도 없기 때문에 노동이라도 해서 생계를 유지해야 했다. 로마는 정말 보통 사람이 살기에는 너무 삭막한 곳이라는 경험담을 바울에게 말했다.

바울이 제안했다. "잘 왔네, 오네시모 형제! 마침 내가 만들어 놓은 천막이 있는데 가져다 팔아 보겠나?" "예, 천막이요?" 오네시모는 의아한 눈초리로 바울을 쳐다봤다. "응, 내가 만든 천막이지, 그걸 해보면 수입도 괜찮을 거네." 오네시모는 못 믿겠다는 듯, "선생님은 저를 처음 보시잖아요. 뭘 믿고 제게 천막을 준다고 하십니까? 저는 아무 담보물도 없습니다." 바울은 어이 없듯이 말했다. "형제여! 이전의 자네는 누군지 모르지만, 이제 자네는 예수님을 구주로 영접한 형제가 아닌가? 내가 자네를 못 믿을 이유가 없지. 가져다가 한 번 팔아보게"하며 진지하게 말했다.

"형제! 만약 자네가 그것을 가져 간다면 그것은 주님이 주신 거네. 그러니 염려 말고 한 번 팔아 보게나. 나도 밖으로 나갈 수 있는 형편이 아니니, 자네가 이 일을 잘 한다면 내게 도움도 되지…!" 그러자 오네시모는 감격하여 흐느꼈다. "오, 하나님! 저 같이 악(惡)한 자에게 이런 자비를 다 베풀어 주십니까?" 그는 건장한 몸집에 어울리지 않게 울었다. 그런 후, "과거 일들은 나중에 다 말씀드리겠습니다. 우선 갈 곳이 없으니 사도님이 시키는 대로 하겠습니다"하고 말했다.

그날 후로 오네시모는 바울이 경영하는 회사의 직원이자, 제자가 되었다. 그리고 에바브라와 함께 바울을 열심히 섬기고 말씀을 배웠다. 둘은 형제처럼 가까워졌고, 바울도 오네시모를 아들처럼 생각하게 되었다. 어느날 오네시모가 에바브로에게 물었다. "바울 사도님은 무슨 죄로 구금이 됐기에 로마 병정의 감시를 받으며 생활하십니까?" 에바브라 디도는 바울 선생님이 복음을 전하다가 유대인의 모함을 받아 죄수 아닌 죄수가 되었고, 로마 시민이라 황제께 상소해 이곳에서 재판 대기 중이라고 말해주었다. "로마 시민! 아니 그러면 귀족이잖아요? 저 같은 사람을 형제라고 불러주시다니…!" 오네시모는 정말 감격했다. 갑자기 아버지처럼 생각되었다. 바울은 오네시모의 신앙과 성경 지식이 날마다 크게 변모되어 가는 모습에서 기쁨을 느꼈다.

어느 날 에바브라가 큰 병에 걸렸다. 열이 올라 사경을 헤멜 지경이 되었고 음시도 제대로 먹지 못했다. 심지어 숨쉬기조차 버거워했다. 바울은 특별기도도 하고 약도 써봤지만 별로 효과를 보지 못했다. 마음 착한 에바브라가 빌립보교회가 보낸 헌금이 떨어지면 부족한 부분을 보충하기 위해 천막까지 만들면서 과로로 병든 것이다. 바울은 눈물을 흘리며 에바브라의 회복을 구했다. 바울은 에바브라 디도의 건강을 회복시켜 빌립보교회로 복귀시켜야 한다는 책임감에 어쩔 줄 몰라 했다.

에바브라가 쓰러지니 오네시모는 에바브라의 몫까지 일을 했지만, 불평 한마디 하지 않고 바울을 섬기며 에바브라도 간호했다.
"아 참, 자네는 골로새에서 왔다고 했지?" 바울이 물었다. "예, 사실을 말씀드리면 골로새에서 노예였습니다. 일생을 노예로 썩는 것이 너무 억울해서 아는 사람이 없는 로마로 도망쳐 나왔는데, 나올 적에 주인의 귀중

품들을 도적질해서 가지고 나왔습니다." 오네시모가 고백했다. "노예였을 것이라 짐작은 했네만, 주인의 물건을 훔쳐가지고 나온 것은 몰랐네." 주인에게 걸리는 날엔 사형이겠지요. 어찌해야 할지 모르겠습니다."

바울은 측은한 눈으로 오네시모를 보며 물었다. "골로새의 누구 댁인가? 내가 골로새에 아는 귀족이 좀 있는데 …?" "예, 제 주인은 빌레몬이란 분이었습니다." "뭐, 빌레몬이라고 했는가? 골로새 동편에 사는 귀족 빌레몬?" 바울은 놀라 다시 물었다. "예, 사도님, 빌레몬 경을 아세요?" 오네시모가 되물었다. "아다마다! 그는 바로 내 제자고, 나의 중요한 동역자란 말일세. 그 아들은 아킵보로, 골로새 교회를 담임하고 있지…. 얼마 전 예루살렘으로 갈 때에 그도 만났었어"하고 말했다.

바울은 다시 오묘한 하나님의 경륜에 감탄했다. "세상에 이런 기이한 경우가 있는가? 우리 주님의 역사는 이렇게 오묘하다네! 참, 잘 됐군. 내가 자네 대신 빌레몬가에 용서를 빌어보겠네. 빌레몬 경! 대신에 오네시모가 나를 섬겨주고 있다고 하면서 말이지." 바울은 감격했다. "오, 주님! 저도 정말 감사합니다. 주님을 믿고 나서는 도둑질하고 나왔다는 것이 늘 마음에 부담이었습니다." 오네시모도 눈물을 흘렸다. 오네시모의 문제는 해결할 수 있을 것 같았다. 비록 오네시모의 죄는 로마법으로 사형에 해당하지만, 바울이 빌레몬 경에게 부탁한다면 야박하게 처리하지는 않을 것이었다. "염려하지 말고 기도하게! 에바브라가 회복되면 내가 편지를 써 줄 테니, 골로새에 한번 다녀오게나. 자네가 진정한 그리스도인이 되었다고 하면 빌레몬도 주안에서 자네를 형제로 받아 줄 것이라 생각되네."

오네시모는 감격하여 어깨를 들먹이면서 감격에 겨워 우면서 고백했다.

"예, 이제는 주인님이 절 죽인다고 해도 기꺼이 죽을 수 있습니다." 바울은 웃으며 말했다. "절대 그럴 일은 없을 걸세!" 에바브라디도가 병들어 유독하다는 소식은 빌립보교회에도 전해졌다. 온 교회는 에바브라를 위하여 크게 염려하며 집중적으로 기도했다. 그의 부모들은 자식을 염려하여 로마까지 찾아왔다. 바울은 그 부모들에게 미안하기 그지없었다. 마치 에바브라가 자신으로 인해 병든 것 같아 그 부모를 보기가 민망했다.

몇 달이 지나자 에바브라는 점점 의식을 회복했다. 그리고 음식도 먹고, 병을 이겨내기 시작했다. 회복되기 시작하니 식욕이 당기는 모양이었다. 에바브라는 다시 예전과 같은 건강을 회복했다. 바울의 기쁨은 이루 말할 수 없었다. 그때 에베소에서 두기고[99]가 돌아왔다. 그는 그곳 교회에 이방인 신자와 유대인 신자 간에 분란이 있었다고 전했다. 또 골로새도 다녀왔는데, 그곳에 이단의 공격이 있었으며, 헬라 철학과 배화교(拜火教)의 영향을 받은 무리가 그리스도는 거룩한 영만 존재하고 더러운 육신을 갖지 않았다고 하면서 제자들과 함께한 예수그리스도는 다만 환영체였을 뿐이라고 주장한다고 전해 주었다.

바울은 그들 교회가 사탄의 공격을 받고 있다고 생각되었다. 이에 대하여 빨리 조치를 해야만 했다. 그때, 마침 디모데와 누가, 다른 형제들도 돌아왔기 때문에 바울은 두기고를 다시 에베소와 골로새로 보내기로 했다. 동시에 에바브라를 빌립보에 보내 그곳 교회의 염려를 덜게 했다. 오네시모는 골로새로 보내 빌레몬 경에게 사죄하게 했고, 빌레몬의 동의를 얻어 다시 로마로 돌아와 계속 자기와 함께 일할 계획을 세웠다. 이 때에 마가도 로마로 왔고, 데마라는 젊은이도 바울의 중요한 동역자가 되었다.

마가는 옛일을 잊어버리고 진심으로 바울을 따랐다. 바울이 자기를 받아준 것만으로도 고맙기 그지없었다. 그는 정말 유능한 바울의 동역자가 되었다. 이미 예수님의 행적과 교훈을 담은 역사를 기록했는데, 훗날 마가복음이라는 책이다. 그는 어릴 때도 예수님을 따라다니기도 해서 주님의 사적(事績)을 기록하기에 적격자였다. 바울 선교부는 그동안 양성한 수많은 제자와 주님의 나라를 위하여 죽음을 두려워하지 않는 하나님의 군사들로 가득하게 되었다. 그들의 전도의 열매로 인해 기쁨의 날을 보냈다.

8-13
빌립보서, 에베소서, 골로새서, 빌레몬서

바울은 두기고에게 에베소와 골로새에 쓴 편지를 주고 오네시모에게는 빌레몬에게 쓴 편지를 주어 마가와 함께 골로새로 가도록 하였다. 동시에 에바브라도 디모데와 함께 빌립보로 보내기로 하였다. 역시, 빌립보교회에도 자신의 안부를 전하며 그곳 교회에서 최근에 다툼을 벌이고 있는 바울의 동역자인 유오디아와 순두게가 서로 화합하도록 당부하는 말도 썼다.

그리고 자신은 남은 동역자들과 함께 일하며 필요한 곳에 즉시 합당한 사역자들을 파송하였다. 그는 그리스도 군대의 사령관으로서 하나님 나라를 위하여 분투하고 있었고, 갇힌 중에도 그 일을 쉬지 않았다. 마치 바울이 있는 로마는 서방의 선교 본부처럼 되어갔다.

8-14
네로 황제와 만남

〈도표-15〉

제5차 로마선교(사역)

AD 62-64	**제5차 선교사역**(로마구금 이후/전도활동과 순교)
	(서바나,에베소,그레데,마케도니아,드로아,밀레도,
	고린도,니고볼리,로마 등에서 사역)
AD 60-63	⑪ <u>디모데전서 기록</u>(62-63년, 마케도니아)
AD 60-61	⑫ <u>디도서 기록</u>(63년, 마케도니아 혹 니고볼리 여행 중)
AD 64-65	바울의 체포와 두 번째 투옥
	⑬ <u>디모데후서 기록</u>(64년 혹 67년?, 로마)
AD 61-63	⑭ <u>히브리서 기록</u>(64년 혹 65년, 로마?)
AD 67	바울의 순교

어느새 이 년이 지났다. 드디어 재판 날이 와서 호출 명령이 떨어졌다. 주님이 미리 말씀하셨던 황제 앞에서 증거해야 하는 날이 드디어 된 것이다. 바울은 떨렸다. 지금까지 미결수였으나, 오늘 재판으로 죄수로 확정되어 감옥에 갇힐지, 사형으로 단죄될지, 혹은 완전히 석방되어 자유의 몸이 될지 결정이 나는 것이다. 그는 간절히 기도하고 쇠사슬에 묶여 황제의 재판정으로 나갔다.

네로 황제는 여러가지를 묻지 않았다. 호민관이 바울이 고소 당한 내용과 로마 시민의 권리로 상소한 것을 낭독했다. 또 오는 과정에서 로마 병사들을 구한 것도 상소 내용에 있었다. 그러자 황제 네로는 관심을 가지고 말했다. "재판 내용은 정말 보잘 것 없는 것인데, 로마 군대를 구했다고 하니 관심이 생기는구나. 어디 자신에 대해 변호해 봐라. 그들이 무엇이 잘못됐고 네가 왜 옳은지?"

바울은 아그립바 왕 앞에 했던 말을 그대로 하며 그리스도의 부활을 말했다. 그리고 그가 예루살렘 성전에서 아무 죄도 범하지 않았다고 변호했다. "그래 네가 말한 예수가 처형된 뒤 다시 살았다는 말은 믿기 어렵지만, 그것은 너의 경험이니 내가 뭐라 할 수 없겠다. 어쨌든 네가 유대인들의 성전에 이방인을 데리고 들어가지 않았다는 것은 분명한 것 같다. 경들은 어떻게 생각하오?" 네로는 자리에 배석한 원로원의 장로들에게 물었다.

장로들 모두가 황제의 뜻과 같다고 했다. 이의를 제기한 장로는 없었다. 황제 네로는 선포했다. "유대 제사장들이 고소한 바울의 성전 모독죄에 대한 사항은 여러 정황으로 비춰볼 때 근거가 없다고 판단된다. 그러므로 황제인 나 네로는 유대인이 고소한 본 심판에서 바울이 무죄임을 선언한다. 바로 석방하라!" 바울은 사례의 말을 황제 네로를 향하여 했다. 황제는 성가신 듯 말했다. "호민관, 다시는 이런 재판을 나에게 청구하지 말고, 현지에서 잘 해결하도록 하라. 이런 재판은 정말 지겹다." "자 다음은 무슨 사건이냐?" 벌써 바울의 사건을 잊은 듯했다. 옥사(獄吏)는 바울에게로 와서 쇠사슬을 벗기고 자유롭게 방면해 주었다.

황제가 재판을 마치고 들어가자 몇몇 원로원의 장로들이 바울에게 다가왔다. "석방을 축하하오! 우리 몇은 당신의 이야기에 매우 흥미를 가지고 있소. 당신이 말하는 그리스도교에 대하여 더 알고자 하니 우리 집에 한번 와주겠소?" 바울은 매우 반가웠다. 황제를 전도해야겠다고 생각했는데 황제가 별관심을 보이지 않아 자유의 몸이 되었어도, 조금은 실망한 상태였다. 언제 다시 이런 기회가 오겠는가 안타까웠다. 그런데 원로원의 장로 몇 사람이 관심을 갖고 청하는 것 아닌가! 그는 정말 기뻤다.

바울은 쾌히 승낙을 하고 날짜를 정하여 그집에 가기로 했다. 관심을 가진 사람은 바로 네로의 친구며 철학자인 세네카란 사람이었다. "바울, 나는 몇 년 전 당신에 관한 이야기를 들었다오." 세네카가 말했다. "예, 어디서 들었는데요?" 바울이 물었다. "기억나는지 모르겠지만 내 형은 아가야의 총독 갈리오였소! 그가 당신에 대하여 이야기한 일이 있었는데, 그때 매우 흥미롭게 생각했소. 오늘 당신의 변호를 들으니, 내 형이 소개하던 사람이 바로 당신이라는 생각이 들었소." 바울은 참으로 하나님의 역사는 조밀하다는 것을 알 수 있었다. 과거와 현재, 현재와 미래가 하나님의 주권 아래서 정밀하게 진행되어, 과거가 현재 일의 기초가 되고, 현재일이 미래 일의 원인이 되어 합력하여 선을 이루는 것이 아닌가? 그저 하나님의 섭리에 찬탄할 뿐이었다. 바울이 법정을 나오자 기다리던 수많은 형제자매들이 환호성을 질렀다. 그리고 서로 포옹하며 기뻐했다.

| 그림-11 사도 바울이 로마 옥중에서 성경을 집필함

바울은 형제들을 대면하고서야 석방이 실감이 났다. 이제 비로소 자유의 몸이 된 것이다. 그는 이제 어디든 자유롭게 갈 수 있었다. 로마에서 원로원의 장로들과도 교제할 수 있게 되었고, 그 중의 몇은 복음을 받아들이고 바울과도 매우 친하게 되었다. 심지어 황제 가문 중에도 예수 그리스도를 믿는 왕족이 생겨났다. 바울은 지체하지 않고 스페인으로 가고 싶었다. 그는 로마교회 사람들에게 도움을 청했다. 그들은 바울이 로마에 오기 전, 그의 서신을 통하여 바울 사도의 스페인 선교 계획을 잘 알고 있었다. 그가 석방되자 바울이 스페인에 갈 것을 예상한 로마교회는 그의 요청이 나오자마자 지원을 결의하였다.

경비를 준비하고 나이 많은 바울을 위해 여러가지를 세세히 준비하였다. 모든 준비가 갖춰지자 누가를 대동하고 뱃길을 따라 스페인으로 갔다. 바울이 이렇게 스페인에 가고자 하는 것은, 땅끝까지 가서 증인이 되라는 주님의 명령을 이행하기 위해서였다. 성령께서 바울을 서쪽 방향으로 이끄셨고, 서쪽 끝이라면 바로 스페인이 아닌가? 그는 생전에 그 땅끝을 밟고 주님을 만나고 싶다. 자신이 이곳에 가서 많은 일을 할 수 없어도, 상징적인 일을 할 수 있다고 생각했다. 즉, 자신이 가면 다른 동역자들이 그곳에 가기 쉽기 때문에 생전에 이길을 개척하는 일을 해보고 싶었던 것이다. 이는 그의 남은 소망이었다.

바울과 누가는 스페인(서바나) 최서쪽 해안에 도착했다. 그곳 바다도 지중해와 마찬가지로 에머랄드빛 바다가 끝없이 펼쳐져 있었다. 그 감회는 비교할 바가 아니었다. 그는 스페인 끝에 엎드려 간절한 기도를 했는데 이곳에도 하나님 나라가 되기를 ···. 그러나 그는 그 바다 너머에도 다른 세계가 있다는 것을 들었다. 그는 다시 로마로 돌아와 빌립보, 에베소, 크레타까지 이미 세운 교회들을 돌아다니며 감독을 세우고, 교리를 확정하여 가르쳤다. 또 이단을 예방하고, 분쟁을 해결하며 화해시키는 일을 쉬지않았다. 몸이 부서져라고 전도하고, 교회를 돌보았다. 문제가 있는 곳이면 노구를 마다않고 죽어라 전했고, 문제 있는 교회와 지도자를 바로잡기 위해 서신도 보냈다. 그는 교회를 감독하고, 감독을 임명할 목적으로 에베소서에 남겨둔 디모데에게 목회를 위한 편지(디모데전서)를 썼다.

그리고 역시 함께 선교를 갔다가 그곳 교회를 관리하도록 크레타(그레데)에 남겨둔 디도에게도 목회를 위한 편지(디도서)를 보냈다. 산과 들판을 넘고, 강을 건너고 고원으로 절벽을 타고 넘었으며, 강도를 만나고 배로 항해하고, 말이 다른 많은 나라들을 종횡무진 활보했다. 그는 세상에서 자기 집이 없었다. 오직 그의 전 재산은 예수 한 분뿐이었다. 그는 그리스도로 만족하고, 그리스도로 행복했다. 먹든지 마시든지, 살든지 죽든지 그는 그리스도를 위해 살았다. 하나님의 영광을 위하여 그 나라 확장에 전 생애를 경주했다.

8-15
사도 바울의 최후

네로 황제는 그가 초기에 정치를 잘하였음에도 그 권위에 큰 약점이 있었다. 네로는 정상적으로 왕위에 오르지 않았다. 아버지 클라우디우스 황제에게 재가한 네로의 어머니 아그리피나는 권력욕이 강한 여인이었다. 그녀는 권모술수로 그의 정적들을 제거하고 황후가 되었으며, 마침내 크라우디스 황제까지도 독살하였다. 그녀는 결국 자신의 아들 네로를 황제에 올리는데 성공한다.

그러나 아들이 황제가 된 네로는 그 어머니로 인하여 황제의 권력을 제대로 행사할 수 없음을 깨닫고, 어머니를 미워하게 됐다. 둘 사이의 암투는 결국 네로가 그 어머니 아그리피나를 처형하는 것으로 끝이 난다. 그런데다 자신이 정략 결혼한 아내 옥타비아도 자신의 정부를 황후로 만들기 위해 처형했다. 이런 악행은 로마 시민들의 반감을 샀고, 여러 곳에서 반란이 일어났다. 자신을 어려서부터 가르쳐주었던 스승 세네카의 형도 반란을 일으켰다. 반란은 진압되었지만, 네로는 그것을 빌미로 세네카를 자결하게 만들었다.

이 과정을 거치면서 네로는 점점 더 악랄하게 변해갔다. 특별히 그는 예술에 조예가 깊고, 시를 좋아했으며, 건축을 좋아했다. 로마 시민들이 네로에 대한 감정이 좋지 않은 그 때, 바로 64년 7월 18일 로마시에는 대화재가 일어나 육일 동안이나 계속되었다. 로마시는 더덕더덕 붙어있고 골목이 좁아서 화재 진압은 용이한 일이 아니었다. 더군다나 화재가 처음 발생한 팔라티네 언덕 근처에는 올리브유와 옷감을 파는 가게가 즐비했기에 기름통이 폭발하면서 그로 인하여 화재가 더욱 확장되었다. 그 화재로 로마시의 절반 이상이 황폐한 잿더미로 변했다. 시민들은 먹을 것, 마실 것, 입을 것도 없었다. 네로는 도시를 복구할 여러 대책들을 내어놓았지만, 백성들의 불만은 하늘까지 차올랐다. 심지어 황제가 자신의 신시가지 건축계획 실현을 위해 고의로 불질렀다는 소문이 공공연하게 들려왔다. 또 화재 때 궁전 높은 곳에서 불타는 로마를 보며 시를 읊었다는 말도 있어서 백성들은 네로가 방화했거나, 신들이 네로 황제의 악행에 노하여 벌을 내렸다고 불평했다. 백성의 불만은 쉽사리 가라앉지 않았다.

이에 크게 위협을 느낀 황제 네로는 원로원을 소집하여 물었다. "대체 이 일을 어찌 처리하면 좋겠소. 내가 뭐라고 하든 백성들이 안 믿으니 말이오?" "예, 이번 일은 쉽지 않을 것 같습니다. 저들의 요구가 하루 이틀에 해결될 것도 아니고요." 한 장로가 대답했다. "그러니 도대체 어쩌면 좋단 말이오?" 네로는 짜증을 내며 말했다. 네로의 근위대장 티겔리누스가 말했다. 이자는 네로의 많은 악행에 책략을 내어 관여하던 자였다. 그는 악마성을 발휘하는 데는 천재였다.

"황제여! 이번에는 아무래도 희생양이 필요할 것 같습니다. 그래서 성난 백성들의 분노를 풀게 해주어야 합니다." 네로가 물었다. "백성의 분노를 잠재울 그런 희생양이 어디 있단 말이오?" "예, 아주 좋은 대상이 있는데, 요즈음 로마에 창궐하고 있는 그리스도인들에게 덮어 씌우는 것 입니다. 백성들에게 그들이 이번 자기 종교를 위하여 로마시에 방화를 저질렀다고 하는 겁니다."

네로는, "그 말을 누가 믿겠소?" 어림없다는 표정으로 말했다. "그들이 충분히 믿을 만한 조건이 있습니다. 보십시오 이번에 불이 난 구역은 유대인이나 그리스도교인들의 구역은 포함되지 않았습니다. 그들의 구역이 멀쩡하니 그들이 연관되어 있다고 하면 백성들은 쉽게 믿을 겁니다." 네로는 눈을 반짝이며 금세 얼굴이 밝아졌다. "아, 그래요! 그런 근거가 있다면 백성들이 믿을 수도 있겠소."

네로는 그 의견에 동의했다. "예, 화재의 원인을 발표하는 동시에 방화범인 그리스도인들을 체포하라는 영을 내리십시오. 백성 중 다수가 다른 신을 인정하지 않고, 자신들만이 참 종교라고 말하는 그리스도인들에 대하여 반감을 갖고 있습니다. 더군다나 그들은 황제께서 추진하고 있는 황제 신상 숭배도 거역하고 있습니다. 자기들의 신 그리스도가 만왕의 왕이요 만주에 주라고 고백한다하니, 이참에 이들을 제거하는 것이 로마의 안녕과 질서에도 보탬이 될 것입니다. 바로 일석이조가 아니겠습니까?" 그는 자신의 제안에 스스로 감탄하면서 교활한 미소를 보였다.

네로도 별방법이 없다는 것을 잘 알고 있었으므로, 그냥 그렇게 밀고 나가기로 결심을 굳혔다. "그렇다면 장군이 이 일을 주도적으로 시행하시오. 이번 건이 잘 해결되면 내 큰 상을 주겠오! 필요한 경비는 얼마든지 내줄 것이오!" 티겔리누스는 불량잡배들을 사서 불만으로 가득찬 민중들 사이에 다니며 가짜 유언비어를 퍼뜨리게 하였다.

"이번 화재의 배후는 그리스도인들이다. 그들이 자기네 왕 예수를 로마의 신왕으로 세우려고 벌인 짓이다" 극도로 분노한 민중은 사실 여부를 판단할 것도 없이 그 말에 속아 넘어갔다. 그리고 황제에게 그들을 잡아 처벌하라고 상소문을 올렸다. 네로 황제는 기다렸다는 듯, 바로 그리스도인 체포 명령을 내렸고, 분노한 군인과 백성들은 그리스도인들을 체포하는데 혈안이 되었다. 그리스도교 신자들에게는 큰 수난의 시간이 닥쳐왔다. 자신이 그리스도인이라는 것을 시인하든지 부인하든지, 둘 중 하나를 택해야 하는 중요한 신앙고백의 순간이 온 것이다.

네로는 이전에 사용하지 않은 여러 잔인한 방법으로 기독교인을 처형함으로써 자신을 향한 백성의 시선을 그리스도인들인에게 집중시켰다. 피에 취한 백성들은 더 잔인한 방법으로 그리스도교인들을 처벌할 것을 요구하게 된 것이다. 그래서 기독교인의 몸에 기름을 뿌려 화형시키고, 소뿔에 묶어 끌려다니다 찢어죽였다. 어떤 때는 짐승의 가죽을 씌운뒤 맹견을 풀어 물어죽게했다. 또 사자와 싸우다 죽게하거나 무수한 그리스도교인들을 십자가 형에 처했다. 기독교인들은 억울하게 죽어갔지만 아무런 동정도 받지 못했다. 많은 기독교인들이 카타콤이나, 광야 동굴과 산골짜기 외딴 곳으로 피신했다. 그리스도교인들 중 배교하는 사람도 있었고, 자기가 살기 위하여 형제자매를 거짓 고발하는 사람들도 있었다. 기왕 이렇게 된 것, 네로는 이번 기회에 그리스도교를 말살해야겠다고 생각했다.

마침내 네로는 그리스도교의 지도자들을 체포하라는 명령을 내렸다. 바울은 마침 고난 당하는 형제들을 살피러 로마에 들어 왔다가 누가와 함께 체포됐다. 미쳐 버린 네로는 재판이고 뭐고 없었고, 그리스도인이라면 로마 시민권도 존중받지 못했다. 바울은 아주 깊고 차가운 지하 감옥에 누가와 함께 갇혔다. 그는 이제 그의 최후가 가까웠음을 직감하였다. 하루 하루 그가 있는 감옥에서도 신자들이 끌려나가고 다시 돌아오지 못했다. 그는 그 감옥에 들어오는 신자들에게 말씀을 전하는 한편, 그의 대리자, 신앙의 아들 디모데에게 유언을 남기기로 했다.

할 수만 있다면 디모데가 빨리 자기를 찾아오기를 바랬지만 그가 오기 전에 처형될지도 몰랐다. 그래서 이 세상에 남을 디모데에게 목회를 위한 두 번째 서신을 써 보내기로 했다. 지하감옥은 어두컴컴해서 그저 희미한 등불에 의지하여 양피지에 글을 써내려 갔다. "하나님의 뜻으로 말미암아 그리스도 예수 안에 있는 생명의 약속대로 그리스도 예수의 사도된 바울은 사랑하는 아들 디모데에게 편지하노니 하나님 아버지와 그리스도 예수 우리 주께로부터 은혜와 긍휼과 평강이 네게 있을지어다."

디모데는 성품이 착하고 온유한 사람이었다. 그러나 그가 하는 일들은 굳은 의지가 필요한 일이고 때로는 매우 엄격하게 처리해야 할 일도 많았다. 그런 디모데가 해야할 일들은 내성적인 디모데의 성격과 잘 어울리지 않는 일이었을 것이다. 그래서 얼마나 힘들어했을지 상상이 되었다. 디모데의 수고를 생각하니 아들의 고생을 보는 부모처럼 바울의 가슴이 아려왔다. 그리고 더욱 그리워 그에게 편지를 쓴다.

"내가 밤낮 간구하는 가운데 쉬지 않고 너를 생각하여 청결한 양심으로 조상적부터 섬겨오는 하나님께 감사하고 네 눈물을 생각하여 너 보기를 원함은 내 기쁨이 가득하게 하려 함이니." 그는 마지막으로 디모데에게 안수해 성령을 충만하게 함으로 그가 사역을 능력있게 감당하기 원했다. "하나님이 우리에게 주신 것은 두려워하는 마음이 아니요 오직 능력과 사랑과 절제하는 마음이니 그러므로 너는 내가 우리 주를 증언함과 또는 주를 위하여 갇힌 자 된 나를 부끄러워 하지 말고 오직 하나님의 능력을 따라 복음과 함께 고난을 받으라"고 권면했다.

그리고 여러가지 교훈을 기록했다. 그는 고개를 들어 어두움을 응시했다. 지나간 모든 일들이 파노라마처럼 스쳐지나갔다. 그는 감격했다. 그 기나긴 시간, 모든 훼방과 장벽과 욕망을 싸워이겼다. 그리고 주께서 맡기신 사명을 다 감당했다. 희열로 몸이 떨리고 감동이 파도처럼 밀려왔다. 다 하나님의 은혜로 되어진 일이다 바울은 자신의 일생을 스스로 곱씹었다.

> "내가 선한싸움을 싸우고 나의 달려갈 길을 마치고 믿음을 지켰으니 이제 후로는 나를 위하여 의의 면류관이 예비되었으므로 주 곧 의로우신 재판장이 그날에 내게 주실 것이며 내게만 아니라 주의 나타나심을 사모하는 모든 자에게도니라."

바울은 후회 없이 마음껏 주님을 위하여 살았다. 그는 마가도 보고 싶었다. 마가에게 바울은 많은 미안함을 가지고 있었다. 그래서 그는 디모데에게 "네가 올 때에 마가를 데리고 오라 그가 나의 일에 유익하니라"라고 했다. 바울의 선교단은 바울이 감옥에 갇혀있음에도 불구하고 아직도 도처에서 활발히 활동 중이었다. "두기고는 에베소로 보내었노라." 누가도 자신이 사도들에게 들은 내용과 바울과 함께 한 동안에 겪었던 모든 일들을 상세히 기록하고 있었다. 감옥은 어둡고, 춥고 습기도 많았다. 그가 감옥에 갇히기는 했어도 끝까지 말씀을 연구하는 일을 쉬지 않았다.

바울은 디모데에게 부탁했다. "네가 올 때에 드로아가보의 집에 둔 겉옷을 가지고오고 또, 책은 특별히 가죽 종이에 쓴 것을 가져오라." 그는 마지막 남은 그의 일, 즉 순교를 앞에 두고 주님의 도움으로 승리하게 될 것을 선언하였다. "주께서 내곁에 서서 나에게 힘을 주심은 나로 말미암아 선포된 말씀이 온전히 전파되어 모든 이방인이 듣게 하려 하심이니 내가 사자의 입에서 건짐을 받았느니라. 주께서 나를 모든 악한 일에서 건져내시고 또 그의 천국에 들어 가도록 구원하시리니 그에게 영광이 세세무궁토록 있을지어다" 그는 편지쓰기를 마치며, 평생의 동역자였던 브리스길라와 아굴라, 오네시모 등 여러 형제자매들에게 감사함을 전했다.

바울은 쓰기를 마치고 면회 온 형제 편에 이 편지를 전해주었다. 그리고 그는 주께서 부르시는 최후의 날을 기다리기로 하였다. 그는 두렵지 않았다. 그는 승리했고 또 이제 영광의 문에 들어가려 하는 것이었다.

몇 달이 지났다. 주의 은혜로 디모데와 마가와 두기고가 로마에 도착해서 바울을 면회했다. 그는 그들에게 남은 일들을 간절히 부탁했다. 황제 네로는 점점 더 완악해져갔고 잔인하게 피를 즐겼다. 날마다 많은 기독교인들이 로마 제국 여러 곳에서 순교했고, 수만의 기독교인이 원형경기장에서 구경거리가 되어 여러 방법으로 살해됐다. 바울은 그를 찾아온 디모데와 마가, 두기고에게 빨리 로마에서 떠나라고 당부했다. 그들은 비밀 신자인 간수의 배려로 마지막 대화를 나눴는데, 천국에서 만날 것을 소망하며, 제자들에게 이 세상에 남아서 교회를 잘 돌보라고 눈물로 당부했다.

로마 감옥에서 베드로와 바울의 만남

디모데와 마가, 두기고가 로마를 무사히 빠져나갔다는 것을 안 바울은 안심하고 누가와 함께 감사의 예배를 드렸다. 그러던 어느날, 지하 감옥의 문이 열리며 어둠 속으로 쇠사슬을 끌고 들어오는 사람이 있었다. 너무 어두워서 바울은 그가 누군지 알 수 없었다. 그 사람 역시 더듬 더듬으면서 감옥 안으로 들어왔다. "형제, 이쪽으로 오시오!" 누가가 그에게 걸터앉을 곳을 가르쳐 주었다.

어둠에 익숙해지자 그들은 깜짝 놀랐다. "오! 이거 누구요? 베드로 사도님이 아니요?" 바울과 누가가 동시에 소리쳤다. "아니 누구요? 나를 다 알고, 아니 바울 사도가 아니요!" 베드로도 바울을 알아보았다. 베드로와 바울, 누가는 오랫동안 얼싸안았다. 셋은 너무 반가워서 울었다.

"주님이 마지막으로 우리를 만나게 해주시는구려!" 베드로가 말했다. "그러게 말입니다. 이건 상상도 못한 일인데요" 바울과 누가도 심히 기뻐했다. 유대인의 대표 사도와 이방인의 대표 사도가 마지막을 한 감옥에서 조우한 것이다. 참으로 절묘한 주님의 배려였다. 그들은 함께 예배하고 남겨진 교회를 위하여 날마다 간절히 기도하였다. 그리고 서로 충성했던 하나님 나라의 일을 나누며 서로의 마지막을 격려하였다. 주님은 수시로 임하여 그들에게 하늘의 소망을 보여주셨다. 그들은 감옥에서 그동안의 일들을 회상하며 꿈 같은 한 주간을 보냈다.

어느 날, 간수가 문을 열고 베드로를 데리러 왔다고 말했다. 그들이 베드로를 처형하려 한다는 것을 간수의 굳은 표정으로 알 수 있었다. 베드로는 바울과 누가와 포옹을 했다. "바울, 누가 형제여! 이제 완전한 영광을 얻을 시간이 되었소. 저 영화로운 주님이 계신 그 나라 영광스러운 천국에서…, 주님 앞에서 다시 만납시다!" 베드로는 작별의 말을 하고 간수를 따라나갔다. 쇠사슬이 끌리는 소리가 점점 멀어져갔다. "베드로님 잘 가시오! 나도 곧 따라가리다."

바울도, 누가도 소리쳐 작별했다. 그날 오후에 잡혀들어온 신자에 의해 베드로가 십자가 형을 당했다고 들었다. 바울과 누가는 엎드려 그가 승리하였음에 감사했다. 주님은 그밤에 바울에게 나타나셨다. "바울아! 정말 고생이 많았구나! 이제 우리가 영원히 함께 거할 시간이 되었다.

> 너는 정말 나의 나라를 위하여 선한 싸움을 다 싸웠고, 달려갈 길을 다 마치고, 믿음을 지켰구나. 이제 내가 너를 위하여 예비한 영광의 집으로 너를 맞아주겠다!"

"주님께서 그렇게 인정하여 주시니 저는 정말 행복합니다" 바울은 감격했다. 세상에 그 무엇도 두렵지 않았다. 그는 이미 하나님 보좌 우편에 앉으신 주권자 주님으로부터 인정함을 받았다. 베드로가 십자가에 순교한 다음 날! 간수는 굳은 표정으로 바울을 데리러 왔다. 바울은 이미 자신의 최후가 임박함을 직감했다. 그러나 바울은 조금의 동요도 없이 화평한 얼굴로 찬송을 불렀다. 그리고 누가와 작별 인사를 나누었다.

"누가 형제, 그동안 정말 고마웠소. 당신은 끝까지 나의 아름다운 동역자였소. 우리 주님의 나라에서 다시 봅시다." 그는 누가와 포옹했다. 누가는 연신 우느라 어깨를 들먹이며 이별을 슬퍼했다. "주께서 승리하게 하시길 빕니다. 저도 곧 갈 것입니다." 두 사람은 감옥 입구까지 찬송을 부르며 나갔다. 바울이 지상에 올라오니 태양은 중천에 있었고 하늘은 더없이 푸르렀다. 신록이 우거졌고, 새소리는 더 할 수 없이 아름다웠다. 바울은 태양볕 아래 쇠사슬을 끌며 다른 성도들과 같이 찬송부르며 로마의 거리를 지나 형장으로 갔다. 로마의 병정들은 시끄럽다고 채찍질했다.

"만왕의 왕! 만주의 주! 예수 그리스도, 죽었다가 부활하신 살아계신 하나님! 호산나! 그를 믿으면 영원한 생명을 얻습니다" 성도들은 찬송을 계속하며 형장으로 갔다. "하늘 가는 밝은 길이 내 앞에 있네, 나는 우리 주님 계신 곳에 가네, 주의 인도하심 따라, 주의 인도 하심 따라, 나 영원한 곳에 가려네." 그들은 쉬지 않고 찬송과 복음을 전하며 형장으로 갔다. 병사가 다시 채찍을 들려 하자, 백부장이 만류했다. 바울은 오스틴 거리의 광장으로 끌려갔다. 거기엔 많은 사람들이 모여 있었다. 로마군은 바울을 돌 기둥에 묶어 놓고 판결문을 읽었다. 그때, 홀연히 하늘이 열렸다. 바울의 눈이 그것을 목격했다. 황금빛 찬란한 황홀한 빛이 바울을 비출 때, 천군천사의 옹위를 받으며 영광의 하늘 보좌에 앉아 바울을 기다리시는 그리스도의 얼굴이 해 같이 빛났다.

"보라! 천군 천사를 거느리며 보좌에 앉으신 만왕의 왕 예수를…!" 바울은 크게 소리쳤다. "주 예수를 믿으라, 그리하면 너와 너희 집이 구원을 얻을 것이라! 종국에는 주께서 왕이되어 다스리시는 하나님의 나라가 승리하리라!"

사도 바울의 최후

그는 죽기 전까지 이 말을 계속 되뇌였다. 병사가 칼을 높이 들어 올려 바울의 목을 겨냥했다.

"주 예수를 믿으라! 주 예수를 믿으라! 주 예수를 믿으라!"

칼이 바울의 목으로 떨어졌다. 머리가 몸과 분리되어 땅에 떨어지고, 붉은 피는 하늘 높이 솟아 올랐다. "주 예수를 믿으라!" 바울의 마지막 외침이 광장에서 처형 광경을 보고 있는 많은 로마 시민의 마음에 진한 여운을 남겼다. 그 광경을 본 사람들은 서로에게 물었다. "주 예수가 도대체 누구길래 저 사람들이 목숨까지 바쳐가면서 저렇게 충성할까?"

"그들이 그리스도의 일꾼이냐 정신없는 말을 하거니와 나는 더욱 그러하도다 내가 수고를 넘치도록 하고 옥에 갇히기도 더 많이 하고 매도 수없이 맞고 여러 번 죽을 뻔하였으니 유대인들에게 사십에서 하나 감한 매를 다섯 번 맞았으며 세 번 태장으로 맞고 한 번 돌로 맞고 세 번 파선하고 일주야를 깊은 바다에서 지냈으며 여러 번 여행하면서 강의 위험과 강도의 위험과 동족의 위험과 이방인의 위험과 시내의 위험과 광야의 위험과 바다의 위험과 거짓 형제 중의 위험을 당하고 또 수고하며 애쓰고 여러 번 자지 못하고 주리며 목마르고 여러 번 굶고 춥고 헐벗었노라 이 외의 일은 고사하고 아직도 날마다 내 속에 눌리는 일이 있으니 곧 모든 교회를 위하여 염려하는 것이라"〈고린도후서 11:23-33〉.

각 주

1) 예수 당시의 로마 총독부는 가이사랴(카에사리아)에 있었으며, 당시 총독 빌라도는 유월절 기간 동안에 자주 일어났던 반(反) 로마 시위를 진압하기 위하여 예루살렘에 와 있었던 것으로 여겨진다. 지금 예루살렘엔 선고교회 (Church of Condemnation)가 서 있다[네이버-지식백과].

2) 셀롯당. 1~2세기 중반경 로마의 지배에 항거하여 조직된 급진파 유대인 단체. 팔레스타인을 점령한 로마 제국을 상대로 해방되기 위해 폭력과 무력 사용을 주장한 열광적 애국자, 민족주의자의 집단으로, 예수의 제자 12사도 가운데 한 사람인 가나안인 사도 시몬[2]도 이 당원이었다. '셀롯'(젤롯)이라는 말은 그리스어 번역 어이며 히브리어로는 קַנָּאִי(kanai)라고 했다. 한국 성경에서는 '열심당원(熱心黨員)' 혹은 '열성당원'으로 번역하여 사용하고 있다[네이버-나무위키].

3) 메시야(Messiah는 유대 사람이 대망(待望)하는 구세주를 일컫는 용어이며, 예수를 가리킨다. 혹은 국가·민족 따위의 구제주(救濟主), 해방자를 말하기도 한다.

4) 가말리엘(Gamaliel), 히브리 원어는 '가믈리엘'로 그 의미는 "하나님은 나의 보답이시다."라는 뜻이다(민 1:10). 그는 유대인들의 율법과 유전을 연구하고 체계화하는 율법학자인 교법사이다(행 5:34). 산헤드린 공회에 바리새파를 대표하는 지도자의 한사람으로, 위대한 랍비 '힐렐'의 손자이며 힐렐학파 의 계승자이기도 하다[네이버 지식백과-라이프성경사전].

5) 바알세불(Beelzebub)은 히브리어로 '파리 떼의 왕'이라는 뜻이다. 구약성서에서는 에크론(에그론)의 블레셋인들이 섬기는 신으로 등장한다(열왕기하 1:2). 예수와 사도들의 시대에 바알세불은 '귀신들의 왕'인 사탄이라는 의미를 가지게 되었다. 예수의 적들

은 예수가 일으킨 기적이 바알세불의 힘에서 나온 것이라고 주장했다(마가복음 3:22, 누가복음 11:15)[네이버 지식백과-라이프성경사전].

6) 탈소(다소,Tarsus), '기쁨'이란 뜻. 소아시아 남부 길리기아 주의 수도(행 22:3). 사도 바울의 고향. 지중해에서 내륙으로 약 16km 들어간 탈소(다소) 강 연안의 길리기아 평원에 위치하여 비옥하며 농산물과 목재가 풍부하고 염소털로 된 모직물과 천막 제조로 유명했다(행 18:3). B.C. 850년경부터 앗수르, 바사 제국의 지배를 받다가 로마의 속주가 되었다. 그후 이 지역 주민들은 출생시부터 로마 시민권을 소지하여 자유민으로서의 특권을 누리게 되었다(행 21:39)[네이버 지식백과-라이프성경사전].

7) 폰티우스(본디오) 빌라도(Pontius Pilate), '창을 가진 자'란 뜻. 예수 그리스도에게 반역죄를 씌워 사형을 언도한(막15:15; 눅 23:23; 행3:13; 13:28) 유대 주재 로마 제5대 총독(A.D.26-36년경, 눅3:1). 티베리우스 황제 때 발레리우스 그라투스(Valerius Gratus) 후임으로 파견되어 유대·사마리아·이두매를 다스렸으며, 수리아 총독 비텔리우스(Vitellius) 지휘 아래 있었다[네이버 지식백과-교회용어사전].

8) 산헤드린공회(Sanhedrin), 원뜻은 '함께 둘러 앉다.' 유대인의 최고 의결(통치) 기관으로서, 흔히 '산헤드린 공회'라고 한다. 모세가 임명한 70인 장로회(민11:16)에 그 기원을 둔다. 산헤드린 공회는 대제사장이 의장이며 공회원은 바리새인, 사두개인(제사장 계급을 독점), 서기관, 장로 등 백성의 대표 71명(의장 포함)으로 구성되었다[네이버 지식백과-교회용어사전].

9) 헤롯 안티바스는 셋으로 갈라진 헤롯 왕국 중, 갈릴리 지역과 뵈레아 지방을 통치했다. 그는 "갈릴리 지방에서 가장 아름다운 게네사렛 호숫가에 수도를 건설했다. 이 곳은 헬레니즘 문화를 대표하며, 높은 인구 밀도를 중심으로 고소득을 올리는 어업과 상업이 번창하고, 예수의 활동 구역이었다. 훗날 이 두 도시는 랍비 유대교 중심도시가 되었다.아버지를 가장 많이 닮아 교활하고

잔혹하고 화려한 것을 좋아하했으며, 부왕의 통치 정책을 따랐다 [네이버 지식백과-이스라엘사].

10) 바라바(Barabbas), 강도요(요 18:40), 폭동과 살인죄로 기소되었던 자(막 15:7). 로마 총독 빌라도가 유월절 전례에 따라 예수님을 풀어주려 했으나(마 27:15; 요 18:39), 대제사장과 장로들의 사주를 받은 무리들의 강력한 요구로 예수님을 대신하여 석방한 죄수(마 27:16-20). 열심당의 핵심 당원이었던 것으로 추정된다 (Rengstorf)[네이버 지식백과-라이프성경사전].

11) 비아 돌로로사(라, Via Dolorosa) 혹은 비아크루시스(Via crucis)라고 불리는 '십자가의 길'은 예수 그리스도가 본디오 빌라도에게 재판을 받은 곳으로부터 십자가를 지고 골고다 언덕(갈라비아언덕)을 향해 걸었던 약 800m의 길과 골고다 언덕에서 십자가 처형에 이르기까지의 전 과정을 의미한다. 이 길은 복음서에 근거한 역사적인 길이라기보다는 순례자들의 신앙적인 길로써 14세기 프란치스코 수도사들에 의해 비로소 확정된 길이다. 현재 매주 금요일 순례자들은 십자가 수난을 기리는 의식을 거행한다 [네이버 지식백과-두산백과].

12) 바리새파(Pharisees), 히브리어 '페루쉼'에서 유래한 말로서 '분리주의자', '구별된 자', '거룩한', '배타적인 신앙의'라는 뜻. 율법을 지극히 세심하게 지키면서 불결한 것과 부정한 자들(세상, 이방인들)로부터 분리해 나온 사람들이라는 의미이다. 사두개파, 엣세네파와 함께 유대교의 3대 종파 중 하나다(마 12:2; 행 15:5; 빌 3:5).[네이버 지식백과-라이프성경사전].

13) 사두개파(Sadducees), B.C.2세기경 하스모니안 왕조 때 사독의 후예임을 자처하는 다수 제사장들에 의해 형성된 유대교 당파 중에 하나. 종교와 정치의 구심점이라 할 수 있는 대제사장을 중심으로 귀족의 권익을 대변하는 일종의 정치 집단이었다. 이들은 대중적이었던 바리새파와는 극명한 대조를 이루며, 성문화(成文化)된 율법(모세 오경)만 받아들이고 구전(장로의 전승)은 거부했다. 또 부활이나 천사, 영생, 영혼의 존재는 믿지 않았다[네이버

지식백과-교회용어사전].

14) 안나스(Annas), '여호와는 은혜로우시다(인자하시다)'는 뜻. 예수께서 십자가형을 당하실 당시 현직 대제사장이었던 가야바의 장인(눅 3:2; 요 18:13). A.D. 6년 수리아 총독 구레뇨(퀴리니우스)에 의해 대제사장으로 임명되었다가 16년에 유대 총독 그라투스에 의해 보직 해임되었으나 그는 여전히 유대 종교계의 막후 실력자로서(사위 외에도 다섯 아들들도 대제사장직을 수행했었다), 각종 사건에 깊이 관여했다. 특히, 안나스는 체포된 예수를 심문하는가 하면(요 18:14), 오순절 성령강림 이후 사도 베드로와 요한을 추궁하는 자리에 함께하기도 했다(행 4:6)[네이버 지식백과-라이프성경사전].

15) '勅'은 임금이 신하에게 말할 때 사용하며, 일꾼을 말한다.

16) 마가의 다락방,사도행전 1:12-13에는 "제자들이 감람원이라 하는 산으로부터 예루살렘에 돌아오니 이 산은 예루살렘에서 가까와 안식일에 가기 알맞은 길이라. 들어가 저희 유하는 다락에 올라가니"라는 말씀은, 제자들이 오순절 성령을 받은 곳이 바로 이 다락방이다. 이는 예루살렘에 있고 마가의 집이 예루살렘에 있다는 정황으로 인해 이 다락방을 마가의 다락방으로 보게 되었다.

17) [행2:1-4], "오순절 날이 이미 이르매 그들이 다같이 한 곳에 모였더니 홀연히 하늘로부터 급하고 강한 바람 같은 소리가 있어 그들이 앉은 온 집에 가득하며 마치 불의 혀처럼 갈라지는 것들이 그들에게 보여 각 사람 위에 하나씩 임하여 있더니 그들이 다 성령의 충만함을 받고 성령이 말하게 하심을 따라 다른 언어들로 말하기를 시작하니라."

18) 본-보기 (本-) 본을 받을 만한 것을 말하며 어떤 사실을 설명 또는 증명하기 위하여 내세워 보는 것이다. 그러므로 일의 처리법을 실지로 들어 보이는 일을 말한다.

19) 미문(Beautiful Gate), 예루살렘 성전의 동편에 위치한 문으로 베드로와 요한 사도가 이곳에서 앉아 구걸하던 앉은뱅이를 일으

켜 세우는 기적을 베푼 곳이다(행 3:2, 10). 요세푸스에 의하면 이 문이 고린도 건축 양식을 빌어 아름답게 지어졌다고 해서 '미문'(美門)이 되었다고 하며, 지금은 봉쇄되어 있다 [www.mannaworld.com].

20) 스데반(Stephen), 초대 교회 최초의 순교자이다(행 7:59-60). 그는 성령과 지혜가 충만한 사람으로 교회 안에서의 구제 사역을 맡을 일곱 집사 중 한 사람으로 뽑혔다(행 6:3-6).

21) 메주자(쉐마), 이 말씀에 따라 지금도 유대인들은 문기둥마다 "쉐마" 말씀을 붙여놓아 출입할 때마다 가볍게 입을 맞춘다. 또는 손등에 가볍게 입을 맞추고 손을 메주자(문설주)에 터치한다. 메주자 안에는 쉐마(신명기 6:4절)가 기록되어 있고, 바깥쪽에 보이는 글자는 "쉰"이며, 쉐마의 첫 자음이다.

22) 아나니아(Ananias), 다메섹에 살던 경건한 유대인 제자(행 9:10; 22:12). 주의 계시를 좇아 회심한 다소 사람. 사울의 시력을 회복시키고 세례를 베풀었으며, 또 사울을 다메섹의 기독교인들에게 소개시키는 역할을 했다(행 9:10-19)[네이버 지식백과-라이프성경사전].

23) 직가(Straight Street), '유뒤스'(곧은, 평평한, 곧장 나가는)에서 유래한 말로서 '곧은 길'이란 뜻. 다메섹을 동서(東西)로 관통하는(동문에서 서문을 잇는) 곧은 도로를 말한다(행 9:11). 도로 양쪽에는 행인을 위한 인도가 마련되어 있었다고 한다[네이버 지식백과-라이프성경사전].

24) 제1차 세계선교여행, 바나바와 바울의 함께 동행한 제1차 선교여행은 최초 이방 교회인 수리아의 안디옥 교회가 선교사를 파송했다. 이 전도여행은 A.D. 47-49년까지 약 2년 간 이뤄졌으며 이동 거리는 무려 2,240여㎞에 달한 것으로 보인다. 놀라운 사실은 교회 역사상 최초로 선교사를 파송한 수리아의 안디옥 교회가 박해를 피해 흩어진 유대인 성도들을 통해 복음을 들은 구브로, 구레네 등지의 헬라계 유대인 평신도들에 의해 세워졌다(행 11:19-30)[네이버 지식백과-라이프성경사전].

25) 실루기아 항구(Seleucia), '흰빛'이란 뜻. 셀류쿠스 1세 니카토르(Nicator, B.C. 312-281년)에 의하여 B.C. 300년에 건설된 성읍. 내륙으로 24km나 들어가 있어 수리아 안디옥의 항구였다. 바울과 바나바는 제1차 선교여행 때 구브로로 가기 위해 이곳에서 배를 탔다(행 13:4)[네이버 지식백과-라이프성경사전].

26) 키프러스(Cyprus), '구리'란 뜻. 수리아 서쪽 100여km, 소아시아의 길리기아 주 남단 74km 지점에 위치한 지중해상에서 세 번째로 큰 섬. 동서로 225km, 남북으로 80여km의 섬으로, 구리 산지로 유명하다. 이곳 원주민은 헬라 계통의 깃딤 사람들로서(창 10:4) B.C. 12세기경 아가야 사람들에 의해 식민지가 되면서부터 앗수르의 사르곤 2세(B.C. 709년), 페니키아(베니게), 애굽(B.C. 560년경), 페르시아의 아하수에로(B.C. 480년경), 알렉산더 대제(B.C. 333-323년경)의 지배를 받다가 B.C. 58년부터 로마의 식민 통치를 받았다[네이버 지식백과-라이프성경사전].

27) 살라미(Salamis), '던짐'이란 뜻. 지중해 동북부에 있는 구브로 섬의 동쪽 연안에 위치한 성읍. 헬라·로마 시대에 인구가 조밀하며 번성한 도시다. 바울과 바나바는 1차 선교여행 때 이곳 회당서 복음전파했다[네이버 지식백과-라이프성경사전].

28) 속죄 양(scapegoat), 타인의 불행이나 문제에 대한 책임을 부당하게 짊어지는 개인이나 집단을 말한다. 이 용어는 인간의 원죄를 염소에게 전가하고, 인간의 죄를 짊어진 염소를 황야로 내쫓아 버리는 성경 속의 유태인 관습으로부터 나왔다. 인간은 불행과 좌절의 책임을 상대적으로 힘이 없는 집단, 가령 유태인, 흑인 등 눈에 띄는 소수집단에게 전가시키기도 한다. 속죄양의 개념은 개인이나 집단이 목표달성을 방해받을 때 자신들의 공격의 수준을 상승시킨다는 불만-공격이론과 연관되어 있다[네이버 지식백과-사회학사전].

29) 대속자(代贖者, Redeemer), 남의 빚이나 허물(죄)을 대신해 자신이 당하거나 책임지는 자. '구속자'(욥19:25). 인류의 죄와 허물을 대신 짊어지시고 십자가의 희생제물이 되신 예수 그리스도

를 가리킨다[네이버 지식백과-교회용어사전].

30) 나사렛 예수(Jesus of Nazareth), 나사렛 출신 예수님을 일컫는 말(마26:71; 막1:24; 눅18:37; 요18:5,7; 행2:22; 6:14). 나사렛은 이방 땅과 가까운 갈릴리 지역의 작은 마을이라는 점에서 유대인들은 나사렛을 이방 땅으로 간주했고, 또 나사렛 출신을 경멸했다. 하지만, 예수님이 이곳 나사렛에 와서 자라셨고 활동하심으로써 이방의 흑암에 앉은 백성이 큰 빛을 보게 되었다(마 4:13-16). 더욱이 예수께서 '나사렛 예수'라 불려짐으로써 이방을 향한 하나님의 구원 계획(유대인뿐만 아니라 이방인의 구주 되심)이 명확하게 드러났다[네이버 지식백과-교회용어사전].

31) 시리아(Syria),'높은 곳'이란 뜻. 팔레스타인 북쪽에 위치한 이방 나라. B.C. 12세기경 아람 사람들이 점거한 이후 구약성경에는(히브리어로) '아람'으로 언급되었다. '수리아'는 헬라식 명칭이다. 위치는 동쪽으로 유브라데 강과 아라비아 사막, 서쪽으로 지중해, 남쪽으로는 팔레스타인의 갈릴리와 바산지역, 북쪽으로는 타우루스(Taurus, 길리기아지방) 산맥과 아마누스(Amanus) 산맥으로 둘러싸여 있다. 수도는 다메섹(사 7:8)이며 주요 성읍은 안디옥, 비블로스, 알렙포, 팔미라, 갈그미스 등이다[네이버 지식백과-라이프성경사전].

32) Chris·tian[krístʃən] n. 기독교도, 그리스도의 가르침을 지키는 사람. 다른 의미로서 문명인, 훌륭한 사람, 인간답게 행동하는 사람을 말한다.

33) 바보(Paphos), '입구', '대문'이란 뜻. 구브로(키프로스) 섬의 남서쪽 끝에 위치. 구브로 섬의 수도로 로마의 지방 총독의 주재지였다. 이 도시는 신(新) 바보로서, 로마 황제 아우구스투스 때에 재건되었다. 바나바와 바울은 1차 선교여행 때 이곳에서 복음 사역을 훼방하는 유대인 마술사 엘루마의 눈을 멀게 했고, 그 기적을 목격한 로마 총독 서기오 바울이 회심하게 된다(행 13:6-13). 오늘날의 '바포'(Baffo)로 불리고 있다[네이버 지식백과-라이프성경사전].

34) 아프로디테(비너스, Aphrodite), 그리스 신화에 나오는 올림포스 12신 중 하나로 미와 사랑의 여신이다. 여성의 성적 아름다움과 사랑의 욕망을 관장하는 여신이다. 제우스의 딸이라고도 하고 우라노스의 잘린 신체부분에서 흐른 정액이 바닷물과 섞여 생겨난 거품으로 태어났다 한다. 탐스러운 가슴을 드러낸 벌거벗은 몸으로 표현된다. 로마 신화의 비너스와 동일시된다[네이버 지식백과-그리스로마신화 인물백과].

35) 엘루마(Elymas), '점을 치는 자', '마법(마술)사', '박수'란 뜻. 구브로(키프로스) 섬의 바보에서 활동했던 유대인 거짓 선지자요 마법사의 별명. 본명은 '바예수.' 그는 바울의 복음 사역을 대적하다가 하나님의 심판으로 눈이 멀었으며, 그 결과로 그 섬의 총독인 서기오 바울이 하나님을 믿게 되었다(행 13:6-12)[네이버 지식백과-라이프성경사전].

36) 도(道)는 일반적으로 마땅히 지켜야 할 도리(道理)나 규범을 말하며, 종교적으로 깊이 깨달은 이치. 또는 그런 경지를 가리킨다. 그러나 여기서는 바울 일행이 이방 세계를 향해 전해야 할 복음(Gospel)을 의미하고 있다.

37) (사도행전13:9), 최초로 달소(다소) 사람 사울의 이름이 바울로 나타나는 성경구절이다. 최초의 세계전도여행에서 처음 개종자 서기오 바울의 이름에서 참작하여 사용된 이름이라 한다. 당시 많은 히브리인들은 자기 원 이름과 더불어 헬(로마)식 이름을 즐겨 사용했다.

38) 소아시아(Asia Minor), 아시아 대륙 서쪽 끝, 흑해, 마르마라 해, 에게 해, 지중해 등에 둘러싸인 반도. 터키 영토의 97%를 차지한다. 아나톨리아(Anatolia)라고도 한다. 아나톨리아의 어원은 그리스 어로 '태양이 떠오르는 곳', '동방의 땅'이라는 의미의 아나톨레이다. 예로부터 이 지역은 동방과 서방을 연결하는 통로로 갖가지 문명이 형성된 곳이다. 기원전 546년에는 반도의 거의 대부분이 페르시아 제국에 속했다. 기원전 133년 로마의 동방주가 되었고, 이후 동로마, 비잔틴 제국의 영토가 되었으며 1071년 셀

주크투르크의 침공으로 이슬람 세계로 바뀌게 되었다[네이버 지식백과-세계지명 유래사전].

39) 밤빌리아(Pamphylia), '모든 백성', '여러 족속'이란 뜻. '밤빌리아'는 도리아의 3부족 중 하나인 '밤빌리'(Pamphyli)에서 파생된 것으로 다른 도리아 부족이 대이동할 때에 밤빌리아에 들어간 것으로 추정된다. 위치는 소아시아 남부 지중해 연안에 위치한 주(州). 동쪽으로 길리기아 주, 서쪽으로 루기아 주, 북쪽으로는 비시디아 주에 둘러싸여 있으며, 비옥한 평야 지대다. 또 타우루스 산맥이 북쪽에서 남쪽 해안까지 이어지며 해안 지대는 좁은 지형을 이루고 있다[네이버 지식백과-라이프성경사전].

40) 타우루스산맥(Taurus Mountains), 터키 남쪽 지중해 연안을 동서로 뻗은 .토로스산맥이라한다. 길이는 800km이다. 최고봉인 에르지예스산(3,916m)과 해안 근처에 알라산(2,305m) 등의 고봉이 솟아 있다. 아나톨리아 고원에서 세이한강(江) 하류의 평야로 통하는 안부(鞍部)는 예로부터 '실리시아 관문(關門)'으로 불리는 교통로로서 현재는 횡단철도가 통한다. 세이한강에서 동쪽은 안티토로스산맥으로 불리며, 아르메니아 산지에 이어진다[네이버 지식백과-두산백과].

41) 버가 항구, 소아시아 남서부 버가 근처 밤빌리아 해안에 있던 큰 항구 도시. B.C. 145년경 버가모 왕 앗탈로스 2세(Attalus Ⅱ)가 자기 이름을 따라 세운 성읍. 사도 바울과 바나바가 제1차 선교여행 후반에 비시디아를 거쳐 밤빌리아 지방으로 가서 버가에서 말씀을 전한 후 안디옥으로 가기 전 잠시 방문했던 곳이다(행 14:25)[네이버 지식백과-라이프성경사전].

42) 비시디아 안디옥(Antioch of Pisidia), 이곳은 셀류쿠스 1세가 그의 부친 안티오쿠스를 기념하기 위해 세운 도시. 소아시아의 비시디아와 브루기아의 경계에 위치했었다. 로마 제국은 B.C. 25년경에 이곳을 갈라디아의 로마도(道) 일부로 편입시킨 후 강력한 수비대를 주둔시키고 이곳을 로마화의 전진기지요 야만족들을 제압하는 요새지로 삼았다. 바울과 바나바는 제1차 선교여행 중

에 이곳의 회당에서 복음을 전하였으나, 복음의 확산을 시기한 유대인들이 바울과 바나바를 그곳에서 이고니온으로 쫓아냈고, 심지어 루스드라까지 쫓아가서 복음전파를 방해했다(행 13:14 -50). 바울은 선교여행에서 돌아오는 길에 제자들을 세우고자 이곳을 재차 방문했고(행 14:19-21), 제2, 3차 선교여행에서도 이곳을 방문했다(행 16:6; 18:23)[네이버지식백과-라이프성경사전].

43) 묘실(墓室, tomb), 시체를 안치해 두는 곳. 무덤. 때론 무덤에 딸린 수목이나 땅을 이르기도 한다. 팔레스타인에는 무른 석회층 암반이 많아 자연 동굴이나 인위적으로 동굴을 파서 가족의 묘실을 만들어 사용하였다. 한편, 조상의 묘실에 들어가는 것은 평안한 죽음을 맞이하게 된다는 뜻이며(왕상 14:13), 조상의 묘실에 들어가지 못하는 것은 수치스런 죽음을 맞이하게 된다는 의미로 하나님의 진노와 심판을 상징하였다(대하 28:27)[네이버 지식백과 -라이프성경사전].

44) 이고니온(Iconium), 역사적으로 B.C. 3세기 이후 수리아의 안디옥을 본거지로 한 셀류쿠스 왕조가 지배했으나 B.C. 63년 로마 장군 폼페이우스가 갈라디아 지방을 제압한 후 비시디아와 루가오니아를 합병하여 로마의 한 속주(屬州)로 만들었다. 이곳은 에베소에서 다소로 향하는 로마 가도(街道)의 길목에 위치한 교통의 요지였다(행 13:51). 바울의 1, 2차 선교여행의 주요 행선지이며, 소아시아 복음 전도의 중심지이기도 했다[네이버 지식백과 -라이프성경사전].

45) 유대교(Judea教), 모세의 율법을 기초로 기원전 4세기경부터 발달한 유대 민족의 종교이며, 혹 유태교라고도 한다.

46) 루스드라(Lystra), '양의 무리'란 뜻. 소아시아 루가오니아 주에 속한 도시. 로마의 군용 도로가 지나가는 비옥한 평원 지대. 북동쪽 32km 지점에 이고니온이, 남동쪽 96km 지점에 더베가 위치해 있다. 바나바와 바울은 1차 선교여행 때 이곳에서 발을 전혀 쓰지 못하는 한 사람을 고쳐주어 '제우스'와 '헤르메스'로 추앙받기도 했으나 이를 전도의 기회로 삼아 많은 사람들이 하나님께로

돌아오는 역사가 일어나기도 했다(행 14:1-18, 21). 추측컨대, 이때 디모데가 복음을 듣고 회심한 듯하며, 그후 2차 선교여행 때 이곳을 방문한 바울에게 조력자(동역자)로 부름받았다(행 16:1-5)[네이버 지식백과-라이프성경사전].

　*더베(Derbe), 소아시아 남부 루가오니아 주(州)에 속한 도시. 사도 바울은 1차 선교여행 때 루스드라를 거쳐 이 지역에서 복음을 전했으며(행 14:6, 20), 2차 선교여행 때도 이 도시를 다시 방문하였다(행 16:1). 고린도에서 바울 일행에 합류했던 가이오는 더베 출신이다(행 20:4)[네이버 지식백과-라이프성경사전].

47) '제우스'(Zeus), 그리스 신화에 나오는 최고의 신이며, '주피터'라고도 불린다.

48) 위임(委任), 일의 처리를 남에게 책임 지워 맡기며, 당사자의 한 쪽이 상대방에게 사무 처리를 맡기고 그가 이를 승낙함으로써 성립하는 계약의 성격이 함축돼 있다.

49) 앗달리아 항구(Attalia), '앗탈로스의 성읍'이란 뜻. 소아시아 남서부 버가 근처 밤빌리아 해안에 있던 큰 항구 도시. B.C. 145년경 버가모 왕 앗탈로스 2세(Attalus Ⅱ)가 자기 이름을 따라 세운 성읍. 사도 바울과 바나바가 제1차 선교여행 후반에 비시디아를 거쳐 밤빌리아 지방으로 가서 버가에서 말씀을 전한 후 안디옥으로 가기 전 잠시 방문했던 곳이다(행 14:25)[네이버 지식백과-라이프성경사전].

50) 안디옥(Antioch), '반대자'라는 뜻. 헬라의 알렉산더 대왕 사후 그의 장군 중 한 사람으로서 셀류쿠스 왕조(B.C. 312-65년)를 창건한 셀류쿠스 1세(Selecus Nicator, B.C. 312-280년)가 그의 부친 안티오쿠스를 기념하기 위해 헬라 제국 내에 16개의 안디옥을 건설한 바 있다. 그중 성경에 대표적으로 언급된 곳이 수리아와 비시디아에 있는 안디옥이다.[네이버 지식백과-라이프성경사전].

51) 예루살렘 공회(總會, Council of Jerusalem), A.D. 49년경 기독교 역사상 최초로 회집된 공의회로, 초대교회의 사도 회의. '예

루살렘 공회', '예루살렘 회의'라고도 한다. 모임의 주축은 예루살렘 교회를 대표하는 야고보를 비롯한 사도들과 장로들이 안디옥 교회를 대표한 바울과 바나바를 맞이하여 개최하는 형식이었다. 개회에 앞서 예루살렘에 도착한 사도 바울은 우선 교회 지도자들에게 선교 보고를 통해 이방 선교에 성공한 사실을 납득시켰다(행 15:4; 갈 2:2). 참고로, 325년 니케아 공의회가 개최되기까지는 더 이상 이런 종류의 회의가 열리지 않았다[네이버 지식백과-라이프성경사전].

52) 제2차 세계선교여행, 바울에 의해 복음을 듣고 세워진 이방 교회들은 여전히 연약하고 도움이 필요한 형편에 있었다. 이런 교회들을 돌아보고 양육하기 위해 바울이 실라를 대동하고 출발한 여행이 2차 선교여행이다. A.D. 49년에서 52년까지 3년에 걸쳐 장장 4,500-5,600여km의 거리를 여행한 바울의 2차 선교여행에서는 유럽 지역에 복음이 처음으로 들어갔다는 측면에서 선교사적 의미가 크다 하겠다[네이버 지식백과-라이프성경사전].

53) 로마 시민권(市民權)은 고대 로마 시민에게 주어진 여러 권리이k 특혜가 있었다 여성에게는 시민권이 없었으며 로마의 충성하는 외국인이나 10년간의 노예 생활을 한 노예는 자유민 자격을 주었고 그 자식에게 시민권이 주어졌다. 사도 바울 경우, 로마 시민권을 가진 귀족 출신이었다.

54) 송:사(訟事), 백성끼리의 분쟁이 있을 때, 관부에 호소하여 판결을 구하던 일을 말한다.

55) 유니게(Eunice), '선한 승리', '유명한 정복자'란 뜻. 루스드라 출신의 헬라계 유대인으로, 디모데의 모친이자 로이스의 딸(행 16:1; 딤후 1:5). 사도 바울이 루스드라를 처음 방문했을 때 그의 전도로 신자가 되었다(행 14:6-20). 당시 불신 세계라 할 수 있는 헬라 사회에서도 믿음과 전통을 지킨 신실한 자의 표본이요(딤후 1:5), 신앙의 유산을 자식에게 아름답게 물려준 모범적 신앙인이었다(딤후 3:15)[네이버 지식백과-라이프성경사전].

56) 로이스(Lois), '더 나은', '유쾌한'이란 뜻. 디모데의 외조모요 유니게의 어머니. 헬라인 아버지와 유대인 어머니 유니게 사이에

태어난 외손자 디모데에게 경건한 믿음의 유산을 물려준 인물이다(딤후 1:5)[네이버 지식백과-라이프성경사전].

57) 할례(割禮), 남자의 성기 끝 살가죽을 조금 베어 내며, 유대교에서는 지금도 생후 8일째 되는 남아(男兒)에게 종교적 의례로서 이것을 행하고 있다.

58) 누가(Luke), 성경에 소개된 그에 관한 기록과 교회사가들의 증언 및 전승을 토대로 누가를 살펴보면, 그는 수리아의 안디옥 출신이며 이방인(그리스 사람) 개종자였던 것으로 보인다(Eusebius). 이런 사실은 사노행선에서 수리아의 안디옥에 관한 기사가 유난히 많고 상세한 데서도 잘 나타난다. 의사였던 누가는(골 4:14) 바울의 2차 선교여행 때 동행함으로써 바울과 교분을 쌓게 되는데, 혹자는 드로아에서 환상을 본 바울이 유럽(빌립보)에 첫발을 내딛게 된 데는 누가의 조력이 컸을 것으로 본다. 이렇게 바울의 동역자로 나선 누가는 바울이 빌립보를 떠나 타지에서 복음 사역을 할 때도 계속해서 빌립보에 머물며 사역했고, 후에 3차 선교여행에 나선 바울이 다시 빌립보를 방문할 때 합류했던 것으로 보인다(행 20:5-6). 그후 바울의 1차 로마 투옥 때에도 함께 동행하여 거의 2년 정도 바울과 함께 있었던 것으로 여겨진다. 이런 사실은 사도행전 후반부 바울의 로마 여행 기록이 매우 생생하고 자세하게 묘사되고 있는 데서도 잘 나타난다(행 28:8-9). 심지어 바울이 순교 직전 2차 로마 투옥 때는 누가만이 바울 곁을 지키고 있었던 것으로 보인다(딤후 4:11)[네이버 지식백과-라이프성경사전].

59) 간:질(癎疾), 발작적으로 경련을 일으키고 의식 장애 등의 증상이 나타나는 질환(눈알이 뒤집히고 졸도하여 게거품을 묾)이다. 혹 속어로는 지랄병이라고도 했다.

60) 누가복음(Luke 福音), 신약 성경의 제3복음서. 예수의 행적(行蹟) 외에 가르침과 의료에 대한 기사 등이 많이 실려 있으며, 바울의 동역자 누가의 저술이다.

61) 사도행전), 신약 성경의 하나. 사도들이 예수의 복음을 전도한 행적과 초대교회의 설립, 부흥 과정을 기록한 누가의 기록이다.

62) 빌립보(Philippi), 빌립보는 로마의 식민 도시요, 퇴역한 로마 군인들의 안식처로서 '콜로니아 줄리아 필립펜시스'(Colonia Julia Philippensis)라는 새 이름을 얻게 되었다. 이후 이곳 출신들은 대부분 로마 시민권자가 될 수 있었고, 시민권자로서의 고유한 권한(황제에게 호소할 권한, 특별한 이유 없이 신체를 구금 당하지 않는 권한 등)과 공물, 세금 면제 등의 특혜를 받기도 하였다. 그리고 로마 지방 총독의 간섭 없이 자치적으로 행정을 꾸려갈 수 있는 행정 특구의 혜택도 받았다.
바울과 실라는 2차 선교여행 때 이곳에서 옥에 갇히고 매를 맞는 고초를 겪으면서도 열심으로 복음을 전파하였고, 당시 회심했던 자색 옷감 장사(자주 장사) 루디아는 유럽 지역의 첫 성도가 되었다(행 16:14-15). 훗날 3차 선교여행 때도 이곳을 방문하며 교회를 돌보았는데(행 20:6), 이런 헌신적 노력으로 빌립보 교회는 훗날 바울의 복음 사역에 물심 양면으로 큰 힘이 되어 주었다[네이버 지식백과-라이프성경사전].

63) 루디아(Lydia), '생산'이란 뜻. 소아시아 서쪽 리디아 주의 두아디라 성에 살던 자색 옷감 장사(행 16:14). 그녀는 두아디라와 빌립보를 오가며 장사했었다. 일찍부터 유대교를 믿고 하나님을 경외했는데, 빌립보에서 사역하던 사도 바울의 전도로 기독교로 개종하여 유럽 최초의 신자가 되었다. 그후 온 가족이 세례를 받고 자신의 집을 집회처로 제공하기도 했는데, 그곳은 빌립보 교회의 전신이 된다[네이버 지식백과-라이프성경사전].

64) 암비볼리(Amphipolis), '흐르는 물(강물)에 둘러싸인 성읍'이란 뜻. 에게 해 북쪽 해안에 위치한 마게도냐의 성읍으로 스트리몬 강이 성읍을 둘러싸고 있어서 이런 이름이 붙여졌다. B.C. 436년 아테네의 식민지가 되어 군사적 요충지로서 뿐 아니라 통상(무역)의 주요 성읍으로 발전했다. 로마는 이곳을 자유 도시로 삼고 마게도냐 주의 핵심적인 도시로 육성했다. 사도 바울은 제2차 선교여행 때 빌립보에서 이곳을 지나간 적이 있다(행 17:1).
  * 아볼로니아(Apollonia), '아폴로에게 속한 곳'이란 뜻. 마게도냐의 한 성읍으로, 이곳은 암비볼리 서쪽 약 45km, 데살로니가 동쪽 약 60km 지점에 위치해 있다. 사도 바울은 제2차 선교여행

중에 이곳을 지나 데살로니가로 갔다(행 17:1)[네이버 지식백과-라이프성경사전].

65) 데살로니가([hessalonica], '텟살리의 승리'란 뜻. 에게 해 북서쪽 터마 만(Them- aic Gulf) 끝에 위치한 마게도냐의 주요 무역항이며 미항(美港)으로서 일명, '살로니키'(Saloniki). 발칸 반도를 횡단하는 로마의 주요 간선 도로였던 '에그나티아 가도'(Via Egnatia, 로마와 아시아를 연결하는 매우 중요한 도로)와 연결되는 교통의 요지다[네이버 지식백과-라이프성경사전].

66) 야손(Jason), 히브리어 '예슈아'의 헬라어 음사(音寫)로 '구원', '치유하다'는 뜻. 바울이 제2차 선교여행 도중 머물렀던 데살로니가 교회의 성도(행 17:1, 4-5). 그는 유대인들의 위협을 받던 바울과 실라를 자신의 집에 피신시켜 주었다가, 그 일로 유대인들에 의해 읍장에게 끌려갔으나 보석금을 내고 풀려났다(행 17:5-9). 로마의 성도들에게 보내는 바울의 편지에서 바울의 친척으로 언급되었다(롬 16:21[네이버 지식백과-라이프성경사전].

67) 베뢰아(Beroea), 데살로니가 서쪽 80km 지점 와다르(Wardar) 평야에 위치한 마게도냐 주(州)의 한 성읍. 북쪽으로 소아시아와 이탈리아를 연결하는 에그나티아 가도(Via Egnatia)가 통과하는데, 제2차 선교여행 당시 데살로니가에서 유대인들의 폭동에 직면한 바울 일행이 이 도로를 이용하여 베뢰아로 피신하였다(행 17:10). 바울 일행은 베뢰아에서도 회당에서 복음을 전했는데, 이곳에서의 전도 사역은 성공적이었다(행 17:11-15). 사도 바울은 이 지방 사람들을 가리켜 '데살로니가에 있는 사람들보다 더 너그러워서 간절한 마음으로 말씀을 받고 이것이 그러한가 하여 날마다 성경을 상고하였다'(행 17:11)고 평가하였다. 그들은 좋은 성품을 소유한 자들이요 진리 탐구에 열심을 가진 자들이었다. 바울이 전한 말을 들으면서 무조건 수용한 것이 아니라 성경을 깊이 묵상하여 그 사실을 판단하고 확인했다(딤후 3:16-17)[네이버 지식백과-라이프성경사전].

68) 아테네(Athens), 고대 그리스어(語)로는 아테나이(Athénai), 현대 그리스어로는 아티나이(Athínai), 고어로는 Athenae이다. 이

름은 시(市)의 수호신 아테나 여신과 관계가 있다. 아티카반도 중
앙 사로니크만(灣) 연안에 있는데 동쪽은 히메토스산(山), 북동쪽
은 펜텔리콘산, 북서쪽은 파르니스산, 서쪽은 아이갈레오스산에
둘러싸인 평야가 사로니크만으로 기우는 지점에 자리잡고 있다
[네이버 지식백과-두산백과].

69) 아레오바고(Areopagus), '아레스(Ares)의 언덕'이란 뜻. 아덴의
유명한 아크로폴리스 북서쪽에 있는 높이 115m의 석회암 언덕
(행 17:19). 헬라의 개혁자 솔론이 세운 대법원이 있었다. '아레
스의 언덕'이란 헬라의 전쟁신(훗날 로마의 전쟁신 마르스(Mars)
와 동일시됨) 아레스가 바다의 신 포세이돈(Poseidon)의 아들 하
리로티오스를 살해하여 처음으로 이곳에서 재판을 받았다는 고사
에 근거하여 명명되었다. 재판이 진행된 언덕 정상에는 두 개의
돌단이 있는데, 그 하나는 '악행의 돌', 다른 하나는 '비정의 돌'
이라고 붙여진 원고와 피고석이 있었다. 아레오바고 회의는 아덴
에서 가장 역사 깊고 또 최고 권위를 인정받은 회의로서 초기에
는 소송을 다루는 '법원' 역할을 했었다[네이버 지식백과-라이프
성경사전].

70) 에피쿠로스학파(Epicurism), . 그리스 철학자 Epicurus(전
342~270)의 철학. 그는 감각만이 진리의 규준이며, Democritus
의 유물론적 원자론을 지지, 불멸성을 부정했다. 그의 인생관은
쾌락주의를 주장했다. 고통을 피하기 위해 난세에서는 공직을 버
리고 은둔 생활을 하는 편이 좋다고 했다. 사도행전에 그에 관한
언급이 있다(17.18). 그의 철학은 바울이 그리스 아덴에서 복음
을 전할 때에 그곳에서 유행했다[네이버 지식백과-Epicurism].

71) 그리스의 스토아철학은 로마의 스토아학파와 기독교에 영향을
미쳤다. 키케로와 세네카로 대표되는 로마 법사상은 그리스 스토
이즘을 계승한 것이다. 이 정신은 구체적 제도에도 스며들었다.
에드워드 기번에 의하면 로마에선 노예에 대한 가혹한 규제와 잔
인한 취급이 자기 보호를 위한 자연법칙에 적합하다고 보았다.
하지만 경제적 이유 때문에 주인이 노예를 인간적으로 대하기 시
작했고, 그 경향은 황제의 덕행이나 정책에 의해 더욱 가속화됐
다[네이버 지식백과-인권].

72) 디오누시오(Dionysius), 사도 바울이 아덴에서 전도할 때 회심한 아레오바고 공회의 관리(재판관, 행 17:34). 그는 아덴의 첫 번째 감독이 되었다[네이버 지식백과].

73) 브리스길라와 아굴라(Priscilla and Aquila), '브리스길라'(행 18:2)는 '브리스가'의 애칭이며 정식 이름은 '브리스가'(프리스카, 롬 16:3)로 '작은 노부인'이란 뜻. '아굴라'는 '독수리'란 뜻. 브리스길라는 유대 사람인 아굴라의 아내로서 로마 귀족 출신으로 추정된다. 로마 황제 글라우디오 때(A.D. 41-54년) 로마에서 추방되어 고린도로 이주했다(행 18:2). 그곳에서 천막 만드는 일을 업으로 삼았으며 2차 선교여행 때 고린도를 방문한 바울에게 거처를 제공하고 함께 장막을 만들며 복음 사역에 조력하였다(행 18:3). 그후 에베소로 건너가 지속적으로 바울의 전도 활동을 도왔고(행 18:18-19), 알렉산드리아 태생의 유대인 학자인 아볼로에게 복음의 진리를 전했다(행 18:24-26). 이때 이들 부부는 자신의 집을 예배 처소로 제공했던 것으로 보인다(고전 16:19). 그후 글라우디오 황제가 죽자 다시 로마로 건너가 로마 교회를 섬겼다(롬 16:3)[네이버 지식백과-라이프성경사전].

74) 고린도(Corinth), 학문(철학)과 우상 숭배가 극명하게 대립되며 조화를 이루던 고린도에 사도 바울이 첫 발을 내디딘 것은 제2차 선교여행 때였다. 빌립보에서 데살로니가 → 베뢰아 → 아덴을 거쳐 고린도에 도착한 사도 바울은 본도 출신의 신실한 전도자요 천막 제조업자인 아굴라와 브리스길라 부부의 도움을 받으며 고린도에서 복음 사역을 시작하였다. 고린도에서 마게도냐로부터 온 실라와 디모데가 합류하고 고린도의 회당장 그리스보의 회심으로 복음 사역은 일취월장(日就月將)하였다(행 18:1-8). 고린도에서 사도 바울은 18개월을 체류하며 사역하였다(행 18:11)[네이버 지식백과-라이프성경사전].

75) 해외에 흩어진 유대인, 그들은 어디서나 공동체를 이루고 있다.

76) 그리스보(Crispus), '곱슬곱슬하다'는 뜻. 고린도에 있는 유대교 회당의 회당장. 사도 바울의 전도로 복음을 받아들이고 바울에게 직접 세례를 받았다(행 18:8; 고전 1:14)[네이버라이프성경사전].

77) 소스데네(Sosthenes), '견고하다', '힘이 있다'는 뜻. 바울의 제
  2차 선교여행 때 고린도에서 바울로 인해 갈리오 앞에서 유대인
  들에게 폭행당했던 고린도 지역 회당의 회당장(행 18:17; 고전
  1:1). 이 사건 후 독실한 성도가 된 듯하다[네이버 지식백과-라이
  프성경사전].

78) 제3차 세계선교여행, 다메섹 도상에서 회심하여 2차에 걸쳐 5
  년여 동안 무려 6,200여㎞에 이르는 광대한 지역에 복음을 전한
  바울은 2차 선교여행 후 불과 몇 개월을 지나지 않아 다시금 3
  차 선교여행길에 오른다(A.D. 53년, 52세 정도로 추정됨). 이 여
  행에서 바울은 거의 5년에 걸쳐 4,500-5,600여㎞에 이르는 거리
  를 여행하며 복음을 전한다[네이버 지식백과-라이프성경사전].

79) 골로새(Colosse), '버림'이란 뜻. 소아시아 브루기아 주(州)의 고
  대 도시. 라오디게아에서 동쪽으로 18㎞, 히에라볼리에서 남쪽으
  로 21㎞ 떨어진 루커스(Lycus) 강 남부 언덕에 위치하였다. 골로
  새는 에베소에서 유브라데 강에 이르는 동서 교통의 요충지에 위
  치하여 동서(東西) 사상의 교류지로서 여러 철학과 종교들이 만
  연하였다. 이 도시에 세워진 골로새 교회는 바울의 제3차 선교여
  행 때, 에베소에 장기간(약 2년) 체류하는 동안 바울에게서 복음
  을 들은 에바브라가 개척하였다(골 1:7, 12-13; 2:1)[네이버 지식
  백과-라이프성경사전].

80) 라오디게아(Laodicea), '백성의 정의'란 뜻. 수리아 왕 안티오쿠
  스 2세(Antiochus Ⅱ, B.C. 262-246년경)에 의해 건설되어 그의
  아내 '라오디케'(Laodice)의 이름을 따서 명명된 도시. 교통, 무
  역, 금융의 중심지며, 면직과 모직 산업이 발달했던 도시다. 라오
  디게아 사람들은 부족함을 몰랐고, A.D. 60년경에 발생한 대지
  진 때도 자력으로 피해를 복구할 정도로 재력이 탄탄했다[네이버
  지식백과-라이프성경사전].

81) 갈라디아(Galatia), '젖처럼 희다'는 뜻. 본래는 유럽 민족인 골
  (Gaul) 족속이 거주했던 소아시아 중앙의 해발 700-1000m 고원
  지역. 북쪽으로 비두니아, 남쪽으로 브루기아, 서쪽으로 아시아,
  동쪽으로는 본도와 갑바도기아 주(州)에 둘러싸여 있다. 헬라인들

은 이곳을 '골 사람의 마을'이란 뜻으로 '갈라타이'라 불렀는데, 지명 '갈라디아'는 이 말에서 유래되었다. B.C. 25년에 로마의 식민지가 되면서 로마의 행정 개편에 따라 갈라디아 주(州)가 되었다. 이 지방에는 비시디아 안디옥, 이고니온, 루스드라, 더베와 같은 성읍들이 있었다. 사도 바울은 세 차례에 걸쳐 이곳에서 복음을 전파했으며(고전 16:1; 갈 1:2; 딤후 4:10) 사도 베드로 역시 로마에서 순교하기 전 이곳에서 복음을 전파한 것으로 보인다(벧전 1:1)[네이버 지식백과-라이프성경사전].

82) 진-면목(眞面目), 본디부터 지니고 있는 그대로의 상태를 말한다.

83) nominal[nάmənl], 이름뿐인, 유명무실한; 보잘것 없는 의미만 지니는 식의 명의상을 말한다.

84) 광인(狂人),미친 사람 혹은 광자(狂者)라고도 한다.

85) 뵈뵈(Phoebe), '빛나는', '맑고 깨끗한'이란 뜻. 고린도 시(市)의 외항 겐그레아 교회의 여집사. 바울이 로마 교회에 쓴 편지(로마서)를 전달한 자로 추정된다(롬 16:1-2)[네이버 지식백과-라이프성경사전].

86) 무역(貿易), 그 당시에 행하는 무역은 지방과 지방 사이에 서로 물건을 팔고 사거나 교환하는 일을 주로 했다. 심지어 나라와 나라 사이에 서로 물품을 팔고 사고하는 것을 했다.

87) 유두고(Eutychus), '행운', '운이 좋은'이란 뜻. 드로아의 한 청년으로, 그는 3층 창에 걸터 앉아 바울의 설교를 듣던 중 졸다가 떨어져 죽었으나 바울이 그 위에 엎드려 그 몸을 안고 그의 생명을 회생시켰다(행 20:9-12)[네이버 지식백과-라이프성경사전].

88) 밀레도(Miletus), '피난민'이란 뜻. 에베소 남쪽 45km 지점에 위치한 항구 도시. B.C. 5세기경 헬라에 멸망할 때까지 천 년 역사를 자랑할 만큼 일찍부터 문명화되었으며, 그 결과 아폴로 신전, 경기장, 야외 극장 등 문화, 종교 시설들이 많았다. 특히 야외 극장은 소아시아에서 그 규모가 가장 컸다. 바울 일행은 3차 선교

여행 후 귀향 길에 밀레도에서 에베소 장로들을 불러 교회를 잘 다스리도록 당부하며 고별 설교를 했었다(행 20:15, 17-35)[네이버 지식백과-라이프성경사전].

89) 결례는 사람이 머리털을 깍지 않고 나실인 서원을 하는 기간 동안 시체를 가까이 하지 않는 것이다(참조, 민6:6). 바울이 이런 의식을 지킨 것은 유대인과 화평하여 그들과의 불필요한 마찰을 없애기 위함이었다.

90) 가이사랴(Caesarea). 신약성경에서 가이사랴는 집사 빌립이 전도한 성읍 중 하나로 언급되었다(행 8:40). 베드로는 이곳에서 로마 백부장을 회심시켰다(행 10:1, 24; 11:11). 회심한 바울이 고향 다소로 가는 도중에 이 도시에서 복음을 전하였고(행 9:30), 후에 2차, 3차 선교여행에서 팔레스타인으로 귀향할 때 이 항구를 이용하기도 하였다(행 18:22; 21:8). 또한 3차 선교여행 후 예루살렘에서 체포된 바울은 이곳에 감금되어 있다가 총독 벨릭스와 베스도, 아그립바 2세 앞에서 변론하였고(행 23:23; 25:12), 로마로 압송될 때, 이곳에서 출항하였다(행 25:13-27:1). [네이버 지식백과/ 라이프성경사전].

91) 총독 베스도(Festus). 바울 당시 유대를 다스린 로마 총독인 벨릭스의 후임자였다. 그는 부임한 지 3일 만에 가이사랴에서 예루살렘으로 올라갔다(행 25:1). 부임 직후 그는, 지난 2년 동안 전임자 벨릭스 손에서 지지부진했던 바울의 송사 사건을 처리하는 과정에서도 드러났듯이(유대인들의 요구를 받아들여 2년 동안 가이사랴의 옥에 감금되었던 바울을 소환하여 재판함, 행 25:1-5) 베스도는 바울의 무죄를 확신하고 로마 황제 앞에서 재판을 받도록 주선해 주는 등 전임자에 비해 판단력과 행정 처리 능력이 뛰어났으며(행 24:27-26:32), 또한 유대인들에게도 호의적이었다[네이버 지식백과-라이프성경사전].

92) 헤롯 왕 아그립바(Agrippa). 헤롯 대왕의 증손자요 아그립바 1세의 아들인 헤롯 아그립바 2세(A.D. 53년 즉위, 100년 사망). 성경에는 '아그립바'로 묘사했다. 그는 부친의 영토 일부분인 갈릴리와 베레아 지방의 분봉왕이었다. 자신의 배우자로 누이 버니

게를 맞았다. 한편 사도 바울은 아그립바와 베스도 앞에서 심문을 받았다(행 25:23-26:32)[네이버 지식백과-라이프성경사전].

93) 그레데 항구(美港 , Fair Havens), 지중해상의 그레데(크레타) 섬 남쪽 해안에 위치한 항구 도시. 이름 그대로 아름다운 항구다. 죄수의 신분으로 로마 황제 앞에서 재판받기 위해 로마로 항해하던 바울 일행을 실은 배가 바람을 피하기 위해 이곳에 잠시 정박한 바 있었다(행 27:8). 미항은 항만에 작은 섬들이 있어 계절풍에서 배들을 보호해 주기는 하지만 심한 바람 때문에 겨울철에 정박하는 것은 적절치 않은 것으로 알려져 있다(행 27:12)[네이버 지식백과-라이프성경사전].

94) 아드리아 바다(Adriatic Sea), 그리스와 이탈리아 사이에 있는 바다. 넓게는 그레데와 시칠리아 섬 사이에 있는 이오니아 바다까지를 포함한다. '아드리아 바다'란 베네치아 성읍 포 강 어구의 상업 도시 아드리아(Adria)에서 유래했다(Strabo). 성경에는 바울이 가이사에게 상소하여 로마로 호송되면서 탄 배가 난파된 곳으로 소개된다(행 27:27)[네이버 지식백과-라이프성경사전].

95) 멜리데(Malta), 시실리 남부 약 95km 지점에 위치한 지중해상의 섬. 로마로 향하던 중 유라굴로를 만나 난파한 바울 일행이 상륙하여 구사일생으로 목숨을 건진 섬(행 28:1). 페니키아, 카르타고의 식민지를 거쳐 2차 포에니 전쟁(B.C. 218년경) 이후 로마의 지배하에 있던 섬으로 원주민들은 카르타고 말을 사용하고 있었다. 바울 일행은 이곳에서 3개월을 체류하며 추장 보블리오 부친의 병을 고쳐 주기도 하였다(행 28:1-10)[네이버 지식백과-라이프성경사전].

96) 스페인, 성경에서 말하는 "땅끝까지 이르러 복음을 증거한다'는 말에서 '땅끝'은 유럽의 땅끝 스페인을 말하고 있다.

97) 에바브로 디도(Epaphroditus), '매력 있는', '사랑스런'이란 뜻. 로마 감옥에 투옥되었던 바울을 돕기 위해 빌립보 교회에서 파송한 신실한 성도(빌 2:25; 4:18). 그는 죽을 병이 걸릴 정도로 바울에게 헌신적이었다(빌 2:16-30). 바울은 그를 가리켜 '나의 형제', '함께 수고하고 함께 군사 된 자', '내게 쓸 것을 돕는 자'라

고 언급하기도 했다(빌 2:25). 그는 빌립보서의 전달자이기도 하다[네이버 지식백과-라이프성경사전].

98) 오네시모(Onesimus), '유익한', '이익'이란 뜻. 신약성경 빌레몬서의 수신자인 빌레몬의 노예. 주인 빌레몬의 물건을 훔쳐 로마로 도주했다가 당시 옥중에 있던 바울을 만나 그리스도인으로 회심하고 주인에게로 돌아간 자(몬 1:9-10). 바울은 회심한 오네시모를 신실하고 사랑받는 형제로 인정했고(골 4:9), 또 그를 '갇힌 중에서 낳은 아들'(몬 1:10), '내 심복(심장)'(몬 1:12), '사랑받는 형제'(몬 1:16)라 부르며 주변 사람들에게 그를 따뜻하게 맞아줄 것을 부탁했다[네이버지식백과-라이프성경사전].

99) 두기고(Tychicus), 아시아 출신으로 바울의 3차 선교여행 때 그리스에서 드로아까지 바울을 수행한 신실한 동역자(행 20:4). 그뒤 사도 바울이 로마 감옥에 1차 투옥되었을 때 바울의 편지(에베소서, 골로새서)를 가지고 소아시아에 위치한 에베소 교회(엡 6:21-22)와 골로새 교회(골 4:7-9)에 전달하기도 했다. 그리고 이방 지역 교회들이 예루살렘 교회를 돕기 위해 보낸 연보를 전달하기 위해 파견된 7명 중의 한 사람이기도 하다(고전 16:3). 훗날 디도의 후임으로 그레데(딛 3:12)에서, 그리고 에베소 교회(딤후 4:12)에서 사역하게 된다. 그는 바울의 사랑받는 형제요, 주 안에서 신실한 종이라 칭찬받았다[네이버 지식백과-라이프성경사전].

'생생한 비브리칼 장편 스토리
└**사도 바울**┘을 마감하는 글'

본서를 마감하면서 크게 6부분 [6.1-6.6]의 항목으로 엮어 본다. 6부분 중 마지막을 '마감하는 결론부'로 매듭짓는다.

6.1 사도 바울 자신의 생애 마지막 부분까지 헤아려 보면, 그가 전 세계를 3번이나 순회하며 선교사역을 담당한다. 로마 시민권 자이면서 로마를 한번도 가지 못하고서도 로마까지 복음을 전하고 유럽을 수없이 드나들면서 교회 공동체를 세우거나 복음으로 지역을 확산해 가고 있는 것을 본서에서 살필 수 있다. 그리고 땅끝, 스페인까지 복음을 들고 갔다는 것까지….

6.2 본서, 사도 바울의 생애는 전 8부로 구성된 것을 보면, 장편 다큐멘타리 생생한 비브리칼 스토리라는 것을 금방 느끼게 한다.
1부-사도바울 로마 총독부/2부-탈소 사람 바울 등장/3부-사울, 오순절 성령/4부-사울의 회심/5부-1차 세계선교여행/6부-2차 세계선교여행/7부-3차 세계선교여행/8부-사도바울 로마여행.

6.3 신약성경 13권(히브리서 포함 14권) 저술 사역을 기록해 드러내고 있다.

6.4 지중해를 중심한 세계 전 지역에 아직 거룩한 복음이 전해지지 않았고, 더욱 지상교회는 한번도 세워지지 않았던 그 동네에 목숨을 담보로 고난을 무릅쓰고 기필코 교회 공동체를 세우는 스토리가 뜨겁다.

6.5 희곡 드라마를 위한 씨나리오 타잎으로 집필된 사도 바울의 일생을 다룬 전기적인 글로 엮은 본서는, 인간 바울로 시작하여 율법주의자 사울로 활동하고 그리스도의 사랑의 전사, 바울로 순교하는 결말을 맺고 있다.

6.6 장편으로 엮어진 본서는 6.1로 시작하여 6.6의 결론으로만 끝나지 않는다. 다음의 4가지 덕목, 6.4.1에서 6.4.4에서 '바울의 복음 전도의 대전제'가 있었다고 본다. 그 말 한마디를 이렇게 요약하여 적는다.

"나를 믿지 말아라, 예수 그리스도만 믿어라!"(Don't believe me, just believe Jesus!). 본서에서 사도 바울의 선교사역에서 성찰할 수 있는 덕목을 생산했는데 그것이 바울의 대전제에서 파생된 4가지의 진지하고 실용적인 면에서 찾을 수 있다. 4가지를 나열한다.

6.4.1 의지(willingness)이다.

바울의 선교적 사명에서 그를 끌고가는 간과할 수 없는 덕목 중 하나는 그의 의지였다. '영생의 길로 생명을 이끌어 가야 하는 동력이 '의지'였으며, 사도 바울은 생명을 살리는 행동은 항상 기꺼이, 솔선수범하려 하는 'willingness'에서 찾는다. 이는 하나님에게서 이른 것임을 본서는 말한다.

6.4.2 믿음(believe)이다.

본서에서도 밝히는 것처럼, 바울 일생을 들여다보면 그의 정체성을 혼동케 하는 사건들이 무수히 그를 향해 도전해 왔다. 그럴 때마다 바울은 믿음의 근원을 예수님에게 두고 그를 따랐다. 그 근원적인 믿음이 연약한 보통 인간을 위대한 영적 인간으로 새로 나게 했으며 그 믿음을 보여주고 있다.

6.4.3 자비(merciful)이다.

바울의 심리적인 면은 '모 아니면 도다' 율법사일 때, 율법이 요구하는 대로 사상에 흠뻑 젖어있었다. 한편 은혜의 사람으로 거듭날 때, 율법을 능가하는 수준의 자비로움에 사로잡혔다. 본서에서 말하는대로 바울은 유독 자신이 악(惡)할수록 자비를 더 베푸셨던 merciful한 하나님을 발견했다.

6.4.4 성취(fulfillment)이다.

본서는 인간과 불변의 약속을 계약하신 분이 주님이시고 그걸 성취하는 분이심을 보여준다. 그분과의 약속은 언제나 유효하다. 그분은 약속하면 결국은 인간(나) 안에 성취하시는 우리가 믿는 주님이시다. 반면, 인간은 약속을 지키려고 법, 제도, 규약 등을 세웠지만 번번이 무위로 돌아갔다.

생생한 비브리칼 장편 스토리

사도 바울-Apostle Paul
The Realistic Biblical Story-APRS

첫 번째 찍은 날-2020. 5. 5
첫 번째 펴낸 날-2020. 5. 10

저 자-김순남
발행인-배수영
만든곳-도서출판 러빙터치 Jesus Loving Touch
펴낸곳-도서출판 러빙터치 Jesus Loving Touch

등록/제25100-2016-000073(2014.2.25)
서울 도봉구 덕릉로 66길 17, 주공 1709동 203호
010-3088-0191
E-mail : pjesson02@naver.com

저자 연락처(학교) : 제주특별자치도 제주시 애월읍 하광로 208-22
저자 연락처(자택) : 제주시 한경면 신한로 111-11, 103동
Cell Phone : 010-9305-5908